中國歷代墨寶

[台湾商务印书馆学术经典]

中国历代思想家

现代

（二）

主编：

台湾中华文化总会

王寿南

九州出版社 JIUZHOUPRESS | 全国百佳图书出版单位

目　录

马一浮

郑大华　著

目 录

一、生平事迹

1. 绍兴一神童

马一浮，浙江绍兴上虞长塘乡后庄畈人，乳名锡铭，幼名福田，后改名为浮，字一浮，别号湛翁，取《楞严经》："如湛巨海，流浮沤起灭元从"之义，晚号蠲叟，或蠲戏老人，取《法华经》："蠲除戏论"之义，一生还用过"忧生"、"耕余"、"太渊"、"一佛"、"藏用"、"被褐"、"圣湖居士"、"宛委山人"、"服休"、"圣湖野老"、"夕可老人"、"绥山老衲"等笔名和别号。

公元一八八三年（清光绪九年）二月二十五日，马一浮出生于四川成都。其时他父亲马廷培正游宦四川，为仁寿县知县。廷培是一个典型的儒家仕宦学者。清咸丰十一年，因他伯父兰舫公在四川仁寿县廷尉职上战死，死后无嗣，他以序宜为后过继给兰舫公为嗣子。入川后，他先是究心经世学，凡法制、条例、刑名、钱谷及掌故民物，无不精通。后来被四川叙州府知府招为幕僚，不久即擢升为四川潼川府通判，最后调任为四川仁寿县知县。为官期间，他勤政清廉，声名卓著，深得老百姓的爱戴。后因生母倪太恭人去世，上司未准回籍治丧，而悲念阴郁，遂辞官回到杭州。那一年马一浮才有六岁。廷培有孩子四个，前三个皆为女孩，男孩仅马一浮。为了使儿子能荣祖光宗，他对一浮的教育十分严格，经常告诫儿子要读史通经，深究儒家的义理之学。如他告诫儿子说："立身制行之道，约之以不苟二字。不苟，即主敬也。事事不苟，然后能事事体察，以深其条理，主敬穷理，一以贯之，非有二也。"这些告诫对马一浮日后研究儒家义理之学，并成为一代儒宗，是大有影响的。

马一浮自幼聪敏，勤奋好学，有神童之称。他三岁开始在母亲何定珠的教育下认字读书，五岁即能吟诗对句，八岁能作诗，九岁能诵读《文选》、《楚辞》，到十岁时，已能出口成章。据说，他十岁那一年，母亲患疾，自知不起，为了考考儿子的才学，看他将来能否有大的出息，一天，她指着庭前盛开的菊花，命儿子作五言律诗一首，并限麻字韵。马一浮未加思索，应声而就，诗云：

我爱陶元亮，东篱采菊花。
枝枝傲霜雪，瓣瓣生云霞。
本是仙人种，移来处士家。
晨餐秋更洁，不必羡胡麻。

母亲听后十分高兴，认为他长大必能作诗，但又觉得幼年出句竟似不食人间烟火，只怕一生"少福泽耳"。这就是文坛盛传的马一浮的"神童诗"、"菊花诗"。此事不久，母亲病故。他父亲为了使马一浮能得到名师指点，特地为他延聘了一位很有声望的老举人郑墨田先生来家教读。但没多久，这位郑老先生即提出辞职。他父亲以为是儿子不听管教，惹老师生了气，或是家人怠慢了老师，经再三盘问，才知道孩子的才智非凡，在某些方面已超过老师，老师自感不能胜任，又怕耽误人家子弟学业，所以自请辞馆。他父亲开始不信，亲自试教后，才相信儿子果然颖悟异常，所读书籍能过目不忘，不禁暗暗称奇，自叹弗如。从此，他不再为儿子延师，听任自学。

一八九八年（清光绪二十四年），不满十六岁的马一浮奉父亲之命，赴绍兴县城参加县试。当时，他父亲已患病在身不能陪往，特意托了一位身强力壮又懂事理的乡亲结伴赶程。马一浮的家乡长塘离绍兴县城有四十里之遥，由于当时交通落后，一无汽车，二无轮船，如要乘埠船，还需要先走十八里的旱路。这是马一浮第一次出远门，他人又长得矮小，走不多远就走不动了，而要赶上那趟班船，不走又不行，最后只好苦了那位乡亲："骑在我的头上赶路吧。"据数据记载，参加县试的有好几位日后都成了知名人物，如鲁迅兄弟，竺可桢的哥哥等。考试的结果，马一浮竟独占鳌头得了个全县第一名。本来马一浮就有"神童"之称，这一下更是名声鹊起，其闱卷被人誊抄，广为流传。当时绍兴有一位名叫汤寿潜的社会贤达（汤后来是著名的立宪派领袖，辛亥后尝做过浙江第一任都督，南京临时政府的交通总长），看到流传中的闱卷不禁拍案称奇，大为赞赏，认为马一浮日后必成大器，于是，挽人执柯，将长女许配给他。这样，马一浮就成了汤寿潜的东床快婿，受业门生。

大概是福祸相依的缘故，马一浮成为汤家的东床快婿不久，家庭便迭遭不幸，先是二姐一病不起，接着是父亲病辞人间，父亲病逝后的第二年，妻子又魂归西天。妻子死时马一浮才二十岁。也许是这一连串的不幸对他的打击太大，也许是他对妻子的感情太深，此后马一浮没有再娶。他曾告诉那些劝他续弦的亲朋好友说："孔子的子孙是濂、洛、关、闽，而不是曲阜的圣衍公。"所以马一浮一生没有子嗣。

2. 发愤苦读书

其时，经过戊戌变法的洗礼，新学在中国逐渐兴起，为了探究新学，接受新知，一八九九年马一浮与汤寿潜的另一受业弟子谢无量一同赴上海学习英文、法文和拉丁文。

一九〇一年，他与谢无量、马君武共同创办了一份名叫《二十世纪翻译世界》的杂志。介绍西方思想文化，以期唤起民众，振兴中华。一九〇三年，马一浮因迭遭丧姐、丧父、丧妻的不幸，思图远游。当时正好清政府驻美使馆留学生监督公署，需聘一位既懂中文又懂英文和拉丁文的秘书，马一浮便报名应聘。是年六月，他东渡太平洋，到设在美国北部圣路易斯城的留学生监督公署走马上任。在美国的一年多时间里，除主办留学生监督公署中文文牍和兼任万国博览会中国馆的秘书外，马一浮把大部分精力和时间都花在了接受新知上，他如饥似渴地阅读亚里士多德、斯宾塞、黑格尔、赫胥黎、达尔文、孔德、鲁索、但丁、拜伦、莎士比亚和马克思等人的著作，从他的日记来看，他读过的书有《亚里士多德政治学》、《拜伦诗》、《佛教原理论》、《日耳曼社会主义史》、《宾塞尔伦理学原理》、《达尔文物种由来》、《孔德传》、《狄摩斯谛尼演说集》、《但丁诗》、《莎士比亚集》等，并用英文翻译了《日耳曼之社会主义史》、《露西亚之虚无主义》和《法国革命党史》。这期间，他还买了两本《资本论》。实际上，早在出国之前他就听说马克思写有一本《资本论》，而在当时的中国是不可能买到的，所以他一到美国就时时留意。有一天他正患感冒，带病到一家"约翰书店"去买书，竟不想书架上有一本英译版的《资本论》。他大喜过望，立即买了下来。在日记中他写道："昨日，吃种种之药，吃一块之面包，吃半杯之饭，都不觉好恶。晚来，脸痛略减，蚤起，又甚，奇哉！下午，得英译本马格士《资本论》一册。此书求之半年矣，今始得之，大快，胜服仙药十剂！余病若失矣！"后来，他又买了一本德文版的《资本论》。

一九〇四年五月，马一浮携带他买的两本《资本论》经日本回国。当时，谢无量、马君武都在日本留学，他们劝马一浮也留下来，马一浮便在日本西京逗留了半年，向一位名叫鸟隆谦三的日本友人学习日文，于是年十一月才与谢无量一起回到祖国。据杭州师院的赵士华女士研究，马一浮带回的《资本论》是进入我国的第一部马克思的著作。后来，马一浮将他带回的两本《资本论》，英文版的送给了谢无量，德文版的送给了当时上海的“国学扶轮社”。

马一浮回到祖国后，还是继续他的读书生活，先是与谢无量在镇江焦山海西庵隐居了一年，刻苦研读西学，期间曾翻译西班牙文学名著《唐·吉诃德》，题为《稽先生传》，刊于上海《独立周报》上，笔名“被褐”。后又一人在杭州西湖广化寺借居了三年，天天到广化寺附近的文渊阁借览《四库全书》。据说，文渊阁所藏的《四库全书》共有三万二千七百多册，马一浮基本上借阅一过。正因为马一浮学习勤奋，读书殊多，所以他的好友弘一法师（即李叔同）曾告诉弟子丰子恺说：“马先生是生而知之的。假定有一个人，生出来就读书，而且每天读两本（他用食指和拇指略示书之厚薄），而且读了就会背诵，读到马先生的年纪，所读的书还不及马先生之多。”（见丰子恺《桐庐负暄》）几年的广阅博览，大大丰富了马一浮的国学素养，这也就为他日后弘扬中国传统文化，阐发儒学义理之学，打下了坚实的学术基础。

尽管马一浮自美回国以后闭门谢客，潜心读书，然而作为一个爱国青年，他仍时刻关注着国家的命运，民族的前途。其时，孙中山领导的反清革命运动正日益高涨，风起云涌。马一浮虽然没有参加任何革命团体，但他对反清革命运动持理解和同情的态度。一九〇七年，秋瑾、徐锡麟二烈士因反清革命被清政府杀害后，他悲愤异常，并挥笔写了一首题为《悲秋四十韵》的排律诗，声讨满清政府，悼念革命烈士，相信烈士的鲜血不会白流。“隐雾来玄豹，神飙动赤虬”，两位烈士倒下了，但会有更多的像“玄豹”、“赤虬”

那样的革命志士起来与清政府斗争，推翻清政府。辛亥革命后，浙人改葬徐锡麟遗骸于孤山之阳，马一浮为之特撰《烈士徐君墓表》。

正如马一浮所信念的那样，烈士的鲜血没有白流，统治中国长达二百六十多年之久的清政府终于被辛亥革命推翻。一九一二年一月一日成立了以孙中山为临时大总统的南京临时政府，与马一浮有世谊的蔡元培在临时政府中担任教育总长一职。蔡元培走马上任后，即致函马一浮，邀请他来教育部任秘书长，襄助部务。本来马一浮当时正潜心于祖国传统文化之学，对做官毫无兴趣，但念及自己不仅与蔡有世谊之交，而且彼此还很倾慕，于是勉强答应了蔡的邀请，到南京任职。但他到任不满三周，就因不善官场应酬而提出辞职。他对蔡元培说：我这个人不会做官，只会读书，不如让我仍回西湖去读书吧。辞职回到杭州后，他身居陋巷，潜心读书。后来蔡元培出长北京大学，又邀请他担任北京大学文科学长，但马一浮未加思索，即以“古闻来学，未闻往教”八字回电辞之。一九三〇年，陈百年继任北大校长，因倾慕马一浮的道德文章，几次函电邀请他到北大任教，也被一浮婉言辞谢。几乎同时，他还谢绝过浙江大学校长竺可桢的几次邀请。

从一九〇四年十一月，他自美经日本回国，到一九三七年抗日战争全面爆发这长达近三十三年的时期内，除民国元年担任过三个星期的教育秘书长外，马一浮基本上是隐迹林下，潜心读书治学。回国的第一年他读的主要是西书。然而从第二年即一九〇五年底起，他则转为读中国古书，凡中土九流百家之学，汉宋经师论、文史词章、小学杂记，无不涉猎。其间还致力过训诂考据之学，但不久就觉悟其非，认为即使训诂严密，考据精确，于自己身心及民风政教了无干涉。大约在一九一七年前后，马一浮读书的兴趣又发生变化，从广阅博览转为主要读佛道二氏经典，自一九一七年到一九二七年，这十年间，他几乎通读过“三藏十二部”等佛学著作和《老子》、

《庄子》等道家著作。到了一九二七年前后，他又觉得“禅”是闲名，大可束阁。性是实德，必须亲证，与其涉猎二氏之学，还不如“归而求之六经，取法宋贤”。于是他读书兴趣再次发生变化，从佛道二氏经典变为主要读儒学经典，尤其是对儒家六经开始做认真的研究。马一浮虽然身居陋巷，不求闻达，但随着他学业日进，名声也因而大著，加上他为人宽厚耿直，因而深得学术界的推重和敬慕，当时海内学者来西湖质疑问难者是络绎不绝，来者莫不为马一浮的博学通洽所叹服。一些著名学者如梁漱溟、熊十力、马寅初、汤用彤、朱光潜、李叔同、苏曼殊等都和他磋切过学术，并与他保持着深厚友谊。

3. 讲学与刻书

一九三七年“七七事变”的枪声，打破了马一浮平静的读书治学生活。抗战初期为避战争烽火，他携带书籍万卷由杭州南迁，先居桐庐，后转开化，不久因日寇进逼，怕书籍遗失，乃致函时在江西吉安的浙江大学校长竺可桢，请他代谋为所携书籍找一妥善的椽寄之处。竺可桢收函后，即飞电马一浮邀请他以大师名义到江西泰和浙大讲学。在当时已走投无路的情况下，马一浮不得已改变初衷，接受了竺可桢的邀请，于一九三八年春节后不久到了泰和。

马一浮在泰和讲的内容是国学。他以张载“为天地立心，为生民立命，为往圣继绝学，为万世开太平”四句教为宗旨，系统阐述了他的“六艺论”和“义理名相论”（“义理名相论”在泰和没有讲完）。听讲的除文科的学生外，还有包括竺可桢在内的各系教授，如文科教授梅迪生、张其昀，理科教授苏步青都听过他的讲学。他讲学的时间不分星期，是“逢五”进行，即每月的五号，十五号和二十五号，风雨无阻。为什么要“逢五”上课呢？他解释道：“定五号为讲期自有义在。十即是一，故数穷于九，而五居中。皇极位次于五，亦是此理。”在此期间，他还应竺可桢的请求，为浙大创作了校歌歌词。是年六月，浙大举行毕业典礼，马一浮应邀在典礼上向毕业生发表演讲，鼓励学生要树立“抗战必胜，正义必申”的坚定信念。马一浮在泰和共讲了十一讲，后来讲稿辑成为《泰和会语》，公开问世。

马一浮在江西泰和大约住了半年之久。一九三八年八月，赣北战事日紧。为避日锋，浙大师生于是月十三日起，分批乘卡车西行，经湖南衡阳迁往广西宜山。马一浮没有随浙大师生一起走，而是南行过大庾岭，入广东，走水路到广西柳州，再乘车北上到桂林，与旧友马君武（时任广西大学校长）及弟子丰子恺、吴敬生相聚，到十二月二十五日，他才离开桂林，到了宜山，继续他的浙大讲学。马一浮在宜山共讲了九讲，其主要内容是讲他在泰和没有讲完的“义理名相论”。他在宜山讲学的讲稿，后来辑成为《宜山会语》，与《泰和会语》一道合刻出版。

马一浮虽因形势所逼而接受了竺可桢的邀请，以大师名义到浙江大学讲学，但其内心深处则对大学制度抱有成见，认为在大学制度下，学生“务求多闻，则义理非所尚，急于用世，则心性非所先”，不能造就符合儒家理想的人才。这也是他所以三番五次地拒绝到北大、浙大任教的原因之一。故此，他到浙大不久，即在给弟子刘伯闵等人的通讯中，流露出想离开浙大，另找一处山水胜地，创办一所古典式的书院讲学的愿望。刘伯闵是国民党 CC 系的干将。他于是将马一浮的这一愿望告诉了 CC 系首领、时任教育部长的陈立夫。陈又将它转告给了国民党总裁蒋介石。蒋对马一浮的道德文章早就心存敬仰，加上其时国难当头，需要网罗各方人才，以树立自己礼贤下士的形象，他便指示教育部向行政院提出议案，经院会通过，以行政院长孔祥熙的名义，向正在宜山讲学的马一浮发出邀请电，除表示敬慕之意外，恭请他主持拟议中的书院，并告诉他，政府“已拨定基金”，作为书院经费。于是，一九三九年春节前夕，马一浮离开宜山，到了战时中国的首都重庆。在离开宜山时，他曾作《将去宜州留别诸讲友》诗一首，向浙大告别，诗中写道：“故国经年半草莱，瘴乡千里历崔嵬。地因有碍成高下，云自无心任去来。丈室能容师子坐，褒斜力遣五丁开。苞桑若系安危计，绵蕞应培禹稷才。”

经过一段时间的筹备，一九三九年八月，书院宣告成立。书院设置董事会，由国民政府教育部聘请屈映光、陈其采、陈布雷、叶楚伧、周钟岳、陈果夫、寿毅成、沈尹默、邵力子、谢无量、熊十力、刘伯闵、贺昌群、赵尧生、梅迪生、张晓峰、梁漱溟、朱铎民、况敬仲等为董事，屈映光为董事长，陈其采为副董事长，刘伯闵为总干事。董事会又聘请马一浮为主讲并总摄书院事务。书院经费，除蒋介石拨三万元专款作为建院基金外，另由教育部和四川省政府每年给预定额补助。书院设在四川省乐山县乌尤山的乌尤寺，根据马一浮的建议，称为复性书院。为什么要称为“复性书院”？马一浮对此曾在《书院名称旨趣及其简要办法》中作过说明，他说：书院，在古代的时候以地名命名，如鹅湖书院、白鹿洞书院等等，进入近代以后开始出现以义命名的现象，如诂经书院、尊经书院等等皆是，今如果以义命名，可命名为复性书院。因为“学术，人心所以纷歧，皆由溺于所习而失之，复其性则同然矣。复则无妄，无妄即诚也。又尧舜性之，所谓元亨，诚之通，汤武反之，所谓利贞，诚之复。自诚明，谓之性，自明诚，谓之教。教之为道，在复其性而已矣，今所以为教者，皆囿于习而不知有性。故今揭明复性之义，以为宗趣”。从马一浮的上述说明中可以看出，复性书院与一般的学校或研究院不同，它实质上是宋明时期的书院在现代的新版。

是年九月十五日，复性书院正式开讲。本来按照马一浮的计划，书院应开设“四学”，即“玄学”、“义学”、“禅学”和“理学”，并拟请谢无量讲“玄学”，熊十力讲“义学”，肇安法师讲“禅学”，“理学”则由他本人担任。但不料谢无量和肇安法师婉言谢绝，熊十力虽然接受了邀请，但开讲不久，即因对书院规制发生意见而离开书院。不得已，马一浮只好独自承讲六经大义，其讲稿后来被辑为《复性书院讲录》。

马一浮在复性书院只讲了四个学期，就因为不满当道者所为而停止了讲学。事情是这样的：一九四一年上半年国民政府教育部要书院填报讲学人员履历及所用教材备核。马一浮对此事十分愤慨，严辞拒绝。因为在书院正式创办之前，他在写给教育部的《书院名称旨趣及其简要办法》中明确提出：“书院之设，为专明吾国学术本原，使学者得自由研究，养成通儒，以深造自得为归。譬之佛家之有教外别传。应超然立于学制系统之外，不受任何限制。书院为纯粹研究学术团体，不涉任何政治意味。凡在书院师生，不参加任何运动。”教育部当时不仅对此表示同意，而且还明确表示，对马一浮“始终以宾礼相待”，彼此不存在隶属关系。故此，在收到教育部要书院填报讲学人员履历及所用教材备核的通知后，马一浮即致书教育部，责以违背当时“以宾礼相待”的诺言，并决定辞去讲席，专事刻书。后经陈立夫和书院董事会的一再挽留，他才勉强答应再讲半年。一九四一年十二月三十一日，他写了一篇《告书院学人书》，表示自一九四二年一月起，书院“将以刻书为职志”，“以便寓讲习于刻书”，“庶使将来求书稍易，不患无书可读”。

为了筹集刻书经费，马一浮于一九四二年初写了一篇《蠲戏老人刻书启事》和一首《神助篇》的诗，向四方友朋宣布他将“鬻字刻书”的心愿，他同时向董事会表示，将以笔润“易饘粥”，不受书院一粟一币。经过一段时间的鬻字，加以朋友和弟子们的自动捐助以及他本人的平时积蓄，共筹集到刻书资金二万多圆。马一浮对刻书工作非常重视，他曾多次对弟子们说："多刻一板，多印一书，即是天地间能多留一粒种子。"他并亲自起草了《复性书院拟刻诸书简目四种》，其中拟先刻《群经统类》四十二种，《儒林典要》三十六种，《文苑菁英》二十种，《政典先河》十六种。除此，他还拟有计划地组织编刻《诸子会归》，从周秦、两汉、魏晋以迄隋唐、宋代等诸子，凡一百十四家六百二十七卷的古书。虽然由于经费和人力的限制，实际上在马一浮的主持下，复性书院先后只刻了《群经统类》和《儒林典要》等丛书共二十八种，三十八册，但在当时的条件下，编刻这么多的书也是相当不容易的。马一浮的刻书为保存祖国传统文化作出了巨大贡献。

一九四五年八月十五日，日本宣布无条件投降，中国人民经过八年的浴血奋战终于取得了抗日战争的彻底胜利。翌年五月五日，国民政府还都南京。二十日马一浮也自重庆乘飞机经上海回到阔别八年多的杭州。这时，复性书院也迁移到了西湖的葛荫山庄。本来他打算就此离开书院，但经复性书院董事会的再三挽留，他不得已同意仍以书院主讲兼总纂的名义继续刻书。然而同时表示，不受书院敬修，其薪金全部捐作刻书资金。如此，他又主持复性书院刻书工作约一年半之久，直到一九四八年初，他才离开复性书院，结束了长达近十年的半讲学半刻书的生活。

4."落日下崦嵫"

一九四九年十月一日，大陆易帜，中华人民共和国成立。翌年马一浮应弟子蒋苏庵之请，迁移到花港蒋庄居住。一九五二年四月，出于对马一浮的敬仰，时任上海市市长的陈毅，在浙江省文教厅厅长刘丹的陪同下，轻车简从，到蒋庄拜访了马一浮。据说，陈毅拜访之先，曾在上海向沈尹默问过马一浮之为人。沈告诉陈毅，"其人其学，纯正博大，近世学者，实罕甚匹。泰山北斗，可敬可佩”。陈还问过谢无量。陈先是向谢学旧体诗，谢介绍说学诗应向马一浮学，但去时必须师礼事之。所以拜访那一天，陈毅特穿了一件长褂，以示对马一浮的尊重（见《中国当代理学大师马一浮》第一八七页）。经过长时间的畅谈，马一浮深为陈的学识、人格所感动，并视陈为知己，从此他成了陈的老朋友。在事后不久的一首《赠陈毅同志》的诗中他写道：“不恨过从简，恒邀礼数宽，林栖便鸟养，与诵验民欢。皁帽容高卧，缁衣比授餐。能成天下务，岂能一枝安。”陈毅的这次访问，对马一浮的影响很大，使他改变了终身不仕的初衷，而同意出任公职。这次访问不久，他被聘为上海市文物保管委员会委员，翌年三月又受聘为浙江省文史馆首任馆长。一九五四年后历任第一、三届政协全国委员会特邀委员，第四届全国政协委员，中央文史研究馆副馆长。

周恩来对马一浮也很敬重。一九五七年他在陪同前苏联国家元首伏罗希洛夫到杭州参观访问时，曾和伏罗希洛夫一起到蒋庄探望马一浮，并和他一起合影留念，称他为“中国现代唯一的理学家”。马一浮每次到北京参加全国政协会议，周恩来都要对他坐什么车，住什么房间乃至房间里的暖气、窗帘等一一过问。为了使他能安度晚年，周曾多次指示浙江省领导，要从各方面照顾好马一浮。一九六三年是马一浮八十生辰。为了表彰他对保存和发扬中国传统文化所作出的突出贡献，在当时大陆财政十分困难的情况下，周恩来特批拨一万元人民币专款作为马一浮的生活保障。正因为得到了周恩来的关心和保护，所以马一浮是一九四九年后留在大陆的老一辈知识分子中仍然坚持自己的学术观点，而未受到政治批判的少数几个人之一。

一九六六年，大陆开展所谓“文化大革命”。在这场“史无前例”的人类大灾难中，马一浮也未能幸免。他被红卫兵扣上“反动学术权威”的帽子，赶出蒋庄，其毕生收藏的古书、文物和字画被投进火海，化为灰烬。经此劫难，马一浮的身心受到极大损害，他终于一病不起，于一九六七年六月二日在杭州与世长辞，享年八十有五。他病重住院期间，自知卧床不能再起，曾在病床边，以欹斜的笔迹，费力写下了他最后一首绝笔诗《拟告别诸亲友》，其诗曰：

乘化吾安适，虚空任所之。
形神随聚散，视听总希夷。
沤灭全归海，花开正满枝。
临崖挥手罢，落日下崦嵫。

二、思想来源

从上一章对马一浮生平事迹的介绍可以看出，他一生主要是读书治学。马一浮读书治学过程可分为几个阶段，即：一八九九年前是学习古文，应试科举；一九〇三年后留学美国、日本，一段时间里研究过西方文化；自一九〇五年起开始广阅博览中土文献，并致力于训诂考据之学；一九一七年时觉悟其非，而转为深入究研诸子百家之说，尤其是佛道二氏之学；但到一九二七年前后又感到二氏之学有精有粗，有得有失，皆不足备义理大全，尽心性之大用，于是始折而返求儒家，深契六经。从此，为发掘、整理和阐释儒家思想而贡献了全部精力，直至去世。所以，有的人以“博道诸子，精研老庄，深探义海，妙悟禅宗，返求六经”来概括他一生读书治学的过程。马一浮虽然先后研究过西方文化、佛道二氏之学和儒家思想，尤其是儒家六经，但他研究西方文化的时间很短，前后仅只两三年，西方文化对他的思想并没有产生过什么大的影响，对他思想产生过大的影响的主要是儒家思想，其次是佛道二氏之学。尽管他于一九二七年前后就已从深究佛道而转为深究儒家，成了一位儒家思想的发掘、整理和阐释者，然而由于他深究二氏之学达十年（一九一七——九二七年前后）之久，受其影响很大，所以实际上二氏之学和儒家思想一样，仍是他思想的一个来源，他后来研究、阐释儒家思想，其方法是以儒学融会佛道，同时又以佛道论证儒学。因此，有人评价他的学说是融贯儒释道。当然在儒释道这三个思想来源中，儒家思想是其主干。如果借用中国传统的哲学范畴“体用”来表示，儒家思想是体，佛道思想是用，佛道思想在马一浮这里是为论证儒家思想服务的。下面我们就马一浮的三个思想来源作一介绍。

1. 佛家思想

马一浮一生写的佛学论著不多，而这些不多的佛学论著也因战火人祸而大部分散佚，现在辗转遗留世间的只有少数短文，如《十二等观》、《颂箴铭》、《童蒙箴》，以及他为寺院高僧所作的塔铭传记，如《重修禅峰禅师塔铭》，《昭庆同戒录书后》，《虎跑定慧寺五百应真造像石刻后记》，《楞严正脉科会序》、《楞严开蒙小引》、《唐高僧鉴真法师赞》、《香积佛智禅师传》、《重刻连池大师戒杀放生文序》、《旭光宅记》、《印光法师文钞序》、《弘一律主衣钵塔铭记》、《万慧法师塔铭》等。据马一浮的远房侄儿、杭州师范学院马一浮研究所副所长马镜泉教授介绍，最近他们在整理马一浮遗著、遗稿时，发现了一篇重要的反映马一浮早年佛学活动的论文和一部未出版的著作手稿。

这篇论文的题目叫做《般若会约》，是马一浮一九二四年在杭州组织般若学会时写的。全文分为“一标名字；二明宗趣；三摄诲众；四推善友；五示轨法；六显行布”。并在文末的附言中阐明了成立该学会的宗旨，强调“本会系以个人自由意志，本于正当宗教之趋向，为纯粹道德哲学上之集合，不含何等政治社会之意味，不受任何方面权利的干涉，为现今世界共和国法律所共许，故无呈请官厅立案之必要”。此文的后面，还附有一份马一浮起草的《因社刻书启》，对“因社”作了具体解释：“因者，对革为言，由今之俗蔽于革，而不知因，为一类。蔽于不善，因而不知革，复为一类。虽或革或因等蔽也。今欲解蔽，乃在善因。善因者，未有不能损益者也。《论语》曰：‘殷因于夏，周因于殷’。《孟子》曰：‘为高必因丘陵，为下必因川泽。学而不因圣贤之道，非学也。’《中庸》曰：‘天之生物也因材而笃明圣人之为故非能取而与之，因其所固有而已。’以佛义言，则自觉为了因，觉他为缘因，法不无因，故从缘起。”故取名因社。马一浮在解释了因社缘起后，对印书之分门别类作了具体介绍。

马一浮的这部未出版的著作手稿，名叫《法数钩玄》，这也是至今发现的他的唯一一部佛学专著。“法数”是佛经的术语，意指法门之数，如谓三界、五蕴、五位、七十五法、四谛、六度、十二因缘等。“钩玄”是简明扼要，深入浅出地解释深奥玄妙的道理的意思。顾名思义，马一浮的这部佛学专著，是要简明扼要，深入浅出地解释佛经的术语法数的奥妙。全书共分五卷。

第一卷解释佛经的“三十七道品”：四念处、四正勤、四如意足、五根、五力、七觉支、八正道。何谓四念处？念谓能观之慧处，即所观之境，观身不净，名身念处。观受是苦，名受念处。观习无常，名心念处。观法无我，名法念处。何谓四正勤？正谓无邪，勤谓不怠。已生恶，令永断，未生恶，令不生。已生善，令增长，未生善，令得生。何谓四如意足？一为“欲如意足”。欲者，向慕企求之意。是说凡修习一切善法，若无乐欲之心，事必难遂，而求之真切，如饥似渴，必能成就所愿。二为“念如意足”。念者，一心专注之谓。是说行者如不专注，不能入理，即有所入，亦易退失，而专念之人，所愿必得成就。三为“精进如意足”。不杂曰精，无闲曰进。是说一心观理，使无闲杂，则凡所修习，皆得成就。四为“思维如意足”。不思不得，是说凡细心析理，必用思维，心不驰散，不走作，所谓置心一处，无事不办，如是修习，皆得成就。何谓五根？根者喻如草木，根深则枝叶繁茂。五根，即信根、精进根、念根、定根、慧根。如是五根，为人道根本，所生一切无漏善法，故为修习之要。何谓五力？即信力、精进力、念力、定力、慧力。由上述五种善根增长，故能发生力用，如人举重，久刃增强，能胜钧石，如车船发动机，其力愈大则载重愈多。何谓七觉支？即择法觉支、精进觉支、喜觉支、除觉支、舍觉支、定觉支、念觉支。破迷曰觉。行者善根力增长，自然具此七种觉，照了分明，不生迷惑。何谓八正道？即正见、正思维、正语、正业、正命、正精进、正念、正定。通达无碍曰道，远离邪曲曰正。由五根、五力、七觉支渐次增进，能证实智，故为正道。第一卷还解释了“三解脱门”（空解脱门、无相解脱门、无作解脱门）、“三德三身”（法身德、般若德、解脱德、法身、教身、化身）、“翻三染成三德”（翻法身成法身德、翻烦恼成般若德、翻结业成解脱德）、“常乐我净四德”（常德、乐德、我德、净德）、“二乘四倒”（常计无常、乐计非乐、我计无我、净计不净）、“四谛”（苦谛、集谛、灭谛、道谛）、“十二因缘”（无明、行、识、名色、六人、触、受、爱、取、有、生、老死）等问题。

第二卷内容，按天台四教仪，解释了“五停心”（多贪众生不净观、多嗔众生慈悲观、多散众生数息观、多痴众生因缘观、多障众生念佛观）、“八种恶觉”（贪觉、嗔觉、恼觉、亲里觉、国土觉、生死觉、族姓觉、轻侮觉）。还按佛遗教经，解释了“八大人觉”（少欲觉、知足觉、寂静觉、正念觉、正定觉、精进觉、正慧觉、天戏论觉）、“十信”（信心、念心、精进心、慧心、定心、不退心、护法心、回向心、戒心、愿心）、“十住”（发心住、治地住、修行住、生贵住、方便具足住、正心住、不退住、童真住、法王不住、灌顶住）、“十行”（欢喜行、饶益行、无嗔恨行、无尽行、离痴乱行、善现行、无着行、尊重行、善法行、真实行）、“十地”（欢喜地、离垢地、发光地、焰慧地、难胜地、现前地、远行地、不动地、善慧地、法云地）、“般若十喻”（如幻、如焰、如水中月、如虚空、如响、如乾闼婆城、如梦、如影、如镜中缘、如化）、“楞伽五法”（名、相、妄想、正智、如如）、“楞伽三自性”（遍计所执性无自性性、依他起性无自性性、圆成实性无自性性）、“楞伽二无我”（人无我、法无我）。

第三卷内容，按瑜伽师地论，释“二烦恼”（根本烦恼、随烦恼）。按天台教义，释“见思二惑”（见惑、思惑），“三止三观”（三止：体真止、方便随缘止、离边分别止。三观：空观、假观、中观）。按法华文句，释“四安乐行”（身安乐行、口安乐行、意安乐行、誓愿安乐行）、“四悉檀”（世界悉檀、为人悉檀、对治悉檀、第一义悉檀）。按华严经随疏演义钞，释“四食”（段食、触食、思食、识食）。按涅槃经玄义，释“三种三修”（邪三修、劣三修、胜三修）。

第四卷内容，按圆觉经，释“四大”（地大、水大、火大、风大）。按金光明经文句记，释“四微”（色微、香微、味微、触微）。按大庄严经，释“五蕴五喻”（色如聚沫、受如水泡、想如阳焰、行如芭蕉、识如幻事）。按法华文句，释“四难”（值佛难、说法难、闻法难、信受难）。按诸经要集，释“四不可得”（常少不可得、无病不可得、长寿不可得、不死不可得）。按法界次第，释“四摄法”（布施摄、受语摄、利行摄、同事摄）。按增一阿含经，释“四事供养”（衣被、饮食、卧具、医药）。按杂阿含经，释“三明”（宿命明、无眼明、漏尽明）。按法界次第，释“六神通”（无眼通、无耳通、他心通、宿命通、身如意通、漏尽通）。

第五卷内容，按法界次第，释“五盖”（贪欲盖、嗔盖恚盖、睡眠盖、掉悔盖、疑盖）。按翻译名义集，释“十缠”（无惭、无愧、嫉、悭、悔、睡眠、掉举、昏沉、嗔忿、覆）。

就上述内容来看，马一浮的《法数钩玄》可以说是一部佛学百科全书。他认为，佛学的内容虽然广博，但千言万语，概而言之不外两事，即“所破者为感染执着，虚妄分别，此皆习心；所显者为真如涅槃，此即本心”。而习心亦就是儒家所说的私欲或己私，又名人心；本心，亦就是儒家所说的天理、良知、明德，又名道心。他研究佛学的目的，就是为了探明如何才能保持本心，而去掉习心。

马一浮所以认为佛家的习心，即儒家的人心，佛家的本心，即儒家的道心，这是他根据自己的“儒佛互摄说”得出的结论。“儒佛互摄说”是他的主要佛学思想。他认为：“从本源上看，儒佛等是闲名，孔佛所证，只是一性，果能洞辙心源，得意忘象，则千圣所归，无不一致。”故此，他提出“菩提涅槃是一性，尧舜孔佛是一人”之说。也就是说，自心源而言，儒佛没有什么区别，既然在心源上儒佛没有什么区别，因此两家学说也就可以互摄。这一思想他在《与蒋再堂论儒佛》一文中曾作过详细阐述。他指出：“六艺之言，显于此土。三藏之奥，演自彼天。法界一如，心源无二。推其宗极，岂不冥符。果情执已亡，则儒佛俱泯。”所以，“前贤以异端屏释，古德以外道判儒”的做法，都是不对的，都是“考之未尽周密”的草率之举。正确的做法是“观其会通”，儒佛互摄，“若定以儒摄佛，亦听以佛摄儒”。而儒佛互摄，则“须以本迹二门辨其同异”。因为迹异，故缘起有殊；本同，故归致是一。就迹，则不夺二宗；依本，则不害一味，如果迹同，则二俱不成。如果本异，则一亦不立。“今双立儒佛，正以同本异迹故。存迹以明非，即就本以明非。离则不失于二，不违于一，是以儒佛得并成也。”

在阐述了儒佛所以应该互摄的理由后，马一浮又以佛的五教（小乘教、大乘始教、终教、顿教、圆教）与儒的六艺（即六经：《诗》、《书》、《礼》、《乐》、《易》、《春秋》）进行对比，以进一步说明儒佛是迹异本同，彼此可以互摄。比如，他指出，《诗》次风雅颂，正变得失，名系其德；自佛教言之，即是彰依正之胜劣也。《书》叙帝王伯，虞夏商周，各以其人；自佛教言之，即是示行位之分圆也。《春秋》实并《诗》、《书》二教，推见至隐，拨乱反止，因行事加王心；自佛教言之，即是摄末归本，破邪显正，即俗明真，举事成理也。终顿之义，亦可略摄于兹。然此是迹异门。迹中有本，本同故可摄。唯以其迹，则不见有摄义。若《易》与《礼》、《乐》，则是本同门，本中亦有迹，本同故迹泯。唯以其本，故不见有不摄义。举例而言，乐主和同，即是平等一心。礼主别异，即是差别万行，万行不出一心，一心不违万行，故有礼不可无乐，有乐不可无礼。礼乐皆得，谓之有德。此即摄圆教义。乐由中出，故静不动，真常湛寂之本也。礼自外作，故文不坏，功德业用之相也。乐者，天地之和，礼者，天地之序。和，故百物皆化，无量世界海，佛身悉充徧，所谓化也。序，故群物有别，一尘一毛端，各各现刹土，所谓别也。这就是圆教义。《大学》明德新民，止于至善，先后有宗，是《礼》教义。依性说相，即性之相也。《中庸》大本达道，一于至诚，天人合言，是《乐》教义。会相归性，即相之性也。《大学》摄终，《中庸》兼顿，合即成圆。故先儒双提二篇，以显圣道。乐由天作，礼以地制，明于天地而后能兴礼乐。天地者，法象之本，乾知大始，即表心真如，所谓一大总相法门体也。坤成作物，即表心生灭，生出一切法能摄一切法也。终顿圆三教并用此义。乾坤成列而《易》行乎其中，性相交融而觉周于无际。体用一源，显微无间，故圣道而得而立，佛法由是而现。天道、地道、人道，一也。苦身法身，烦恼般若，结业解脱，一也。此为圆教义。《礼》、《乐》统于《易》，犹终顿该于圆。《礼》、《乐》以人道合天地之道，犹一心开二门，终顿准之。《易》以天地之道昌人道，犹以一法界总收一切法，圆教准之。儒家的“仁者见之谓之仁，智者见之谓之智，百姓日用而不知”，“继之者善，成之者性”，“易无方无体无思无为而崇广业，开物成务，原始反终，穷神知化”之言，亦即佛家的“众生心中悉有如来智慧”，“从初发心便成正觉”，“以言乎远则不静，以言乎迩则静而止，寂而常感，感而常寂”之语。孔子叹《易》之德“非天下之至精至变至神，其孰能与于此”，犹如华严之称“大方广矣”。

《与蒋再堂论儒佛》一文写于一九一八年，其时，马一浮正潜心深究佛道二氏之学。尽管自一九二七年前后起他由深究佛道二氏之学转为深究儒家六艺，但他的“儒佛互摄说”则没有因他研究兴趣的改变而改变。也正是从“儒佛互摄”这一思想前提出发，他在江西泰和、广西宜山讲“六艺论”和“义理名相论”，在四川复性书院讲儒家群经大义时，采取的是以儒融佛，又以佛证儒的进路，这并且构成了他学术方法上的一大特点。

2. 道家思想

和他研究佛家思想一样，马一浮研究道家老庄之学所花的工夫和精力也相当不少。一九二〇年他以佛释道，写过一部《老子道德经注》。后因病中辍，共注释了三十章，没有注完。他后来在著稿前作了一小记，介绍此书的写作经过 ："此庚申年避暑所作。以老子义，印合般若方等。于禅则与洞山为近。触言玄会，亦似通涂寥廓，无有塞碍。后以病缘中辍，不复措意。虽老氏之旨，未必如斯，理既冥符，言象可略。如遇悬解之士，亦可相与解颐耳。"他也以佛学对庄子的《逍遥游》和《齐物论》作过详述，定名为《庄子笺》，后也因病中辍，没有写完。据马镜泉先生介绍，马一浮在这两部没有写完的遗稿中，对道家老庄之学有比较全面的评述。但遗憾的是，笔者未见到这两部未出版的遗稿，不知道马一浮在其中究竟写了些什么。就笔者所了解的情况而言，在已公开发表或出版的马一浮的论著中，专论道家思想的文章只有一篇《论老子流失》，此文作为附录收录在《泰和会语》之中。

马一浮在此文的一开头就指出 ："周秦诸子以道家为最高，道家之中又以老子为最高，而其流失亦以老子为最大。"所谓"流失"，是指对儒家六经（马一浮称之为"六艺"，即《诗》、《书》、《礼》、《乐》、《易》、《春秋》）的流失。马一浮的一个基本观点，是认为儒家的六艺是孔子之教，我国固有的一切学术皆出于此，包括道家在内的其他诸子与六艺的关系，犹如《庄子·天下》中所讲的"道术"与"方术"的关系，"方术"（诸子）既出于"道术"（六艺），又是对"道术"（六艺）的流失（关于马一浮的这一基本观点，详见第四章"六艺论"）。

在马一浮看来，老子出于六艺的《易》，因为《易》以道阴阳，故长于变。而老子对爱恶相攻而吉凶生，远近相取而悔吝生，情伪相感而利害生的道理观之最熟，故常欲以静制动，以弱胜强。比如老子说 ："重为轻根，静为躁君"，"反者道之动，弱者道之用"。其宗旨就在退处无为，自立于无过之地，以徐待物自变。马一浮以为老子的这种"绝不肯伤锋犯手"的处世之道，"真是全身远害第一法门，任何运动他决不参加，然汝任何伎俩他无不明白”。禅师家有一则机语，问：“二龙争珠，谁是得者？”答曰：“老僧只管看。”老子的态度便是如此。他看世间一切有为只是妄作，自取其咎，浅陋可笑。所以他对一切皆采取超然的态度，看汝颠扑，安然不动，令汝捉不到他的败阙，不奈他何。以佛家判之，这是有智而无悲，以儒家判之，这是不仁。老子宣扬失道而后有德，失德而后有仁，把仁义看得甚低，同时又极力推崇自然，认为道是天然之徒，天是道之徒。然而他自己却极端收敛，自处卑下，既宣称自己有三宝，“曰慈，曰俭，曰不敢为天下先。慈，故能勇；俭，故能广，不敢为天下先，故能成器”。又提出，“曲则全，枉则直，洼则盈，敝则新。明道若昧，进道若退，夷道若类”。前者说的是“弱者道之用”，后者说的是“反者道之动”。由此可见，老子“于《易·象》‘消息盈虚，无平不陂，无往不复’之理，所得甚深”。

马一浮进一步指出，老子虽然出于“六艺”的《易》，并深得《易·象》的“消息盈虚，无平不陂，无往不复”之理，但他对“六艺”的流失也最多，这主要表现在他的“权谋术数”上。马一浮认为，老子的“权谋术数”有两个特点，一是“弃圣绝智”，看低众人；二是“无为而无不为”。比如他说：“古之善为道者，非以明氏，将以愚之”；“取天下，常以无事；乃其有事，不足以取天下”；“将欲翕之，必固张之；将欲取之，必固与之”。由于“弃圣绝智”，看低众人，因此他对众人不甚爱惜，公开主张“以百姓为刍狗”。刍狗者，缚刍为狗，不是真狗。这是说百姓极其无知而可任意践踏宰割。由于“无为而无不为”，所以他虽不自主张，也不反对你与他不同，任他总比你技高一着，你不能出他掌心。就此而言，尽管老子不像后世权谋家那样，“以任术用智自喜”，机及“深知智数之卑”，这是他“深远”于权谋家之处。然而“其所持之术”又与后世权谋家十分接近，二者之间没有什么根本不同。稍后于老子的法家如商鞅、韩非、李斯之流，就是“窃取”了老子看低众人，“以百姓为刍狗”的主张，认为“众人太愚而可欺”，于是“参刻寡恩”，抬出一个法来压倒群众，想用法来树立一个至高无上的权威，使人人皆入他彀中。故此，马一浮指出：“法家之不仁，不能不说老子有以启之。”而这也正是老子之“流失”。

老子为什么得《易》最多，而“流失”也最大呢？马一浮认为，“老子的病根所在只是外物，他真是个纯客观大客观的哲学，自己常立于万物之表”。这与孔子之道不同。孔子讲万物一体乃是将万物摄归到自己性分内，“成物即是成己”。而老子则言圣人无私，故能成其私。“明明说成其私，是己与物终成对待，其所以失之也。”正因为孔子是“成物即是成己”，而老子是“己与物终成对待”，所以老子讲“万物并作，吾以观其复。夫物芸芸，各复其根”。孔子则说：“圣人感人心，而天下和平，观其所感，而天地万物之情可见矣。”“作复”是以物言，“恒感”是以心言。老子连下两其字，是在物一边看；孔子亦连下两其字，是在自己身上看。其言“天地万物之情可见”，是即在自己恒感之理上见的，不是离了自心恒感之外，别有一个天地万物。老子说“吾以观其作复”，是万物作复之外，别有一个能观之我。

以上是马一浮《论老子流失》一文的主要内容。就其主要内容来看，马一浮对道家老庄之学的评价，与对佛家的评价有所不同。他认为佛学与儒学在心源上没有区别，“法界一如，心源无二”；而道家则出于儒家之“六艺”，是六艺的支流。佛学与儒学是“本同迹异”，所以佛儒能并得而成，而道家则是六艺的“流失”，在心术的发源处，就偏向了外物一边，“其流弊不可胜言”。故此，在儒佛关系上，他提出“儒佛互摄说”。而在儒道关系上，他则主张“六艺统诸子”，其中包括道家的老庄。

马一浮虽然对道家老庄之学的评价与对佛学的评价有所不同，

但他认为在周秦诸子中以道家老庄之学为最高。所谓“周秦诸子”当然不包括儒家在内，因为在马一浮看来，儒家与周秦诸子不属于同一层次，儒家是源，诸子是流，包括老庄在内的周秦诸子都出于儒家六艺，是儒家六艺的“流失”。故此，马一浮讲周秦诸子中以道家老庄之学为最高，不是说道家老庄之学比儒家高，而是比墨家、法家、名家、阴阳家、农家等其他各家高。应该说马一浮的这一见解是站得住脚的。实际上在先秦诸子中，除儒家外，真正对后世中国的思想文化产生重大影响，并与儒学、佛教一起成为中国传统文化之主要代表的只有道家学说。马一浮认为周秦诸子中，所以以道家为最高，这是由于道家出于儒家六艺的《易》，而“《易》为六艺之原，《十翼》是孔子所作，一切文理之所从出，亦为一切义理之所宗归”。(《泰和会语·义理名相一：理气——形而上之意义》）和道家不同，其他诸子如墨家、法家、名家等则大都出于六艺的《礼》。因此，与周秦其他诸子比较，道家“体大观变最深”，(《泰和会语，论六艺赅摄一切学术》）其思想内涵也最丰富。

3. 儒家思想

在介绍马一浮的儒家思想之前，有一个十分重要的问题须先回答，这就是马一浮是不是现代新儒家或称当代新儒家？对此，海峡两岸学者的分歧颇大，就笔者看到的材料而言，台湾学者在介绍或研究现代新儒家人物及思想时，从未将马一浮纳入其中，而大陆不少学者则认为马一浮是现代新儒家的中坚，一九九五年北京中国广播电视出版社出版了一套由天津南开大学方克立教授主编的《现代新儒学辑要丛书》，其中就有一本《马一浮新儒学论著辑要》。笔者认为要回答马一浮是不是现代新儒家的问题需作三步论证：第一，什么是现代新儒家？第二，现代新儒家具有哪些共同思想特征？第三，现代新儒家所具有的共同思想特征在马一浮身上是否同样具备？如果是肯定的回答，那么，马一浮就是一位现代新儒家；如果是否定的回答，那么马一浮就不能算为一位现代新儒家。

所谓现代新儒家，是区别于宋明新儒家和先秦原始儒家而言的一个概念。虽然作为同一（思想）学派，无论是现代新儒家，还是宋明新儒家，抑或先秦原始儒家，都具有强烈的忧患意识和使命感，强调“修己安人”和“内圣外王”，但是由于时代的更迭以及由此而引起的社会问题的不同，他们又有着各自的性格特征和思想内容。先秦原始儒家身当我国奴隶社会向封建社会过渡的大变革时代，面临的是周文隳堕，礼崩乐坏，儒法道墨诸说并起，学派的创始人孔子及其后学子思、孟子诸人，统承三代以来文化传统，首先奠定了儒家的仁义之学，努力开发人心的内在根源，肯定道德的资源和判断力为人性所本有，开创了道德的形上世界，从而使内圣外王之道有了超越的根据和内在的源头。

宋明新儒家处于我国封建社会已进入其后期发展阶段的历史时代，面临的是佛老冲击，人伦颓废，高度集中的封建专制主义制度急需一套与之相适应的意识形态。其代表人物二程、朱陆、王阳明尽管存有理学与心学的分野，然其宗旨都在弘扬儒学，维护先秦原始儒家的正统地位，他们援佛入儒，批判地吸取和运用佛教精深的思维理论，对“性”与“天道”问题作了深入细致地探讨，充分揭示和发挥了个人存在的道德主体，确立起一套个人的修炼工夫，并肯定儒家的“伦理精神象征”，建立起了哲学、伦理、政治三位一体的博大精深的思想体系。

现代新儒家作为一个文化哲学流派出现和形成于本世纪二、三十年代，面临的是西学东渐，传统文化日益瓦解，因“道德迷失”、“存在迷失”和“形上迷失”引起的“意义危机”严重等问题，其代表人物围绕如何认识和处理中学与西学，传统与现代，西化与现代化的关系和西化派、马克思主义者展开过激烈的论争。尽管海峡两岸学术界对马一浮是不是现代新儒家的看法颇不一致，但都认为梁漱溟、熊十力、张君劢、冯友兰等人是现代新儒家的代表人物。这些人虽然在学术途径上各有殊异，然而作为一个学派群体，他们有着共同的思想特征。

（1）以儒家文化为中国文化之正统和代表，在儒家文化中又特别服膺宋明新儒学，视儒家的道德理想和宗教精神为人类最高的文化成果，具有放之四海而皆准的普遍价值。

（2）具有"为往圣继绝学，为万世开太平"的强烈使命感和道德忧患意识，力图接承儒家孔孟、程朱陆王之"道统"，重建儒学的价值统，使儒学继第一期（先秦）和第二期（宋明）发展之后，在当今获得第三期发展。

（3）视中国之历史文化为一精神实体，强调对历史文化的研究应具有同情和敬意的态度，反对把历史文化作为"国故"加以"客观和冷静"的分析，认为这只能重建传统文化的外观而无法把握深藏于其中的精神道德意义。

（4）不反对发展科学，但反对科学主义对人生本质的全面理解和对丰富的文化生命的肢解割剖。他们把人分为官能体和精神体，把世界分为自然领域与人事领域，把万有分为现象界和形上真实界，认为科学在官能体、自然领域和现象界有用，而于精神体、人事领域和形上真实界则毫无价值。只有"直觉"才是沟通主观与客观、精神与官能、人事与自然的桥梁，他们相信科学主义包含的功利主义会使人性丧失，过度的行动主义会破坏人与自然的和谐。

（5）他们主张"援西学入儒"，"儒化、华化西洋文化"，用儒学来会通消融西学，重建以中国儒家文化为本位、为主体的新文化系统。

就马一浮来看，上述现代新儒家所共同具有的思想特征，他基本上是具备的。

首先，他具有“为往圣继绝学，为万世开太平”的强烈使命感和道德忧患意识。他泰和讲学首先讲的就是张载的“为天地立心，为生民立命，为往圣继绝学，为万世开太平”这四句教，并希望听课诸生依此立志，做一个堂堂正正的人。后来在《复性书院缘起叙》一文中，他更明确表示要以“继绝学，广教化”为自己的一生使命。从而使“洙泗之业晦而复明，伊洛之绪绝而复续”。可以说他为实现自己的一生使命而贡献出了毕生精力。

其次，他以儒家文化为中国文化之正统和代表，认为儒家六艺是孔子之教，为中国文化的根本，其他诸学都不过是儒家六艺的支流而已。故此，他主张重新楷定国学名义，以儒家六艺来代替国学。在儒家文化中他又特别服膺宋明新儒学，他讲“六艺论”，讲“义理名相论”，依据的就是宋明新儒学的思想原则。

第三，他提出以儒家六艺赅摄一切学术，其中也包括西来学术，所谓“赅摄”，也就是包含摄取、融会的意思，因此，以儒家六艺赅摄西来学术，不过是现代新儒家，“援西学入儒”，“儒化、华化西洋文化”的主张的不同表述而已。就实质而言，马一浮与梁漱溟等人一样，文化取向上也是一位儒家文化本位论者。

第四，他也反对用所谓科学方法整理和研究中国传统文化，尤其是儒学，认为科学方法大致由于经验推想观察事相而加以分析，虽其浅深广狭所就各有短长，但同为比量而知则一，或因苦思力索如鼷鼠之食郊牛，或则影响揣摩如猿狙之求水月。所以尽管科学方法较胜理论组织饶有思致可观，然它只能重建传统文化之外观，而无法理解深藏于其中的精神道德意义，“以视中土圣人始条理，终条理之事，虽霄壤未足以为喻”。(《尔雅台答问》一卷）故此，当一位姓张的求学者给他去信，表示“欲建立大同文化系统，用科学方法研究儒学”，马一浮即在回信中明确表示反对。

既然马一浮基本具备了现代新儒家所共同具有的思想特征，因此，我们完全有理由得出结论：马一浮是现代新儒家。实际上早在三、四十年代，人们就将马一浮和另外两位现代新儒家的代表人物梁漱溟、熊十力称之为儒家“三圣”。三人不仅学术见解基本一致，私人关系也非常亲密，经常在一起磋切学术，他们的学生也是彼此交流，同拜三人为师。他们之间的深厚友谊是现代中国学术界的一段佳话。

马一浮不仅是现代新儒家，而且在现代新儒家中，他的思想很具有自己的特色。

我们在前面已经指出，服膺宋明新儒学是现代新儒学的思想特征之一。然而在宋明新儒学内部存在着程朱理学与陆王心学的分野。究竟是服膺程朱理学，还是服膺陆王心学，现代新儒家的选择是不同的。梁漱溟、熊十力等人选择的是陆王心学。梁漱溟在《东西文化及其哲学》中就认为，孔子是中国文化的创造者，孔子之后能继其真精神者为孟子，孟子之后能继其真精神者为王阳明，王于“孔子的人生态度颇可见矣”。而对于程朱他则非议颇多，认为他们“不甚得孔家之旨”，因此，他对儒家思想的诠释遵循的就是陆王心学，而不是程朱理学的思想进路。但和梁漱溟、熊十力等人相反，冯友兰选择的则是程朱理学。冯曾公开声明，他创立的“新理学”哲学体系，是“接着”程朱而不是陆王讲的。

既不同于梁、熊，也不同于冯友兰，马一浮则主张调和程朱陆王。他在《尔雅台答问》中明确指出“程朱陆王岂有二道，见性是同垂语稍别者，乃为人悉檀建化边事耳”。这也就是禅语所讲的“云月是同，溪山各异”。他并批评那些强调程朱与陆王不同的“俗儒”，是“不明古人机用，妄生同异”，“自己全不曾用力”，搞不清楚宋明新儒学的“源流”，而只知道信口雌黄，“瞎汉赃诬古人”。既然程朱陆王没有二道，因此在他看来，就不应当“取此舍彼”，于程朱与陆王之间有所选择，而应“不分朱陆”之学，将他们同视为“百世之师”。(《尔雅台答问》一卷）我们在后面将会看到，马一浮讲“六艺论”，讲“义理名相论”，既不是“接着”程朱讲的，也不是“接着”陆王讲的，而是接着程朱陆王一起讲的，具有超越程朱陆王分歧的显明特征。

马一浮不仅主张调和程朱陆王，而且还主张调和今古文之分。他认为“今古文之分乃是说经家异义，于本经无与，今文出日授，古文出壁中，偶有异文，非关宏旨”。比如，他举例道，《易》用费氏，《诗》用毛氏，如果硬说京孟梁丘齐鲁韩胜于费、毛，其义就不具。《论语》今用张侯本传，鲁论而兼齐说，古论与鲁论同无齐论“问王、知道”二篇义，亦无关今古文，更不可分。《周礼》决非刘歆所能造，古文《尚书》亦非梅赜所能伪，即出纂辑亦必有依据。《春秋》左氏公羊的解释分异最大，但本经异文亦不多见，故此只要“以经为主”，今古文之见即可泯没。在马一浮看来，大抵今文家为博士之学，古文多为经师之学，家法者即《汉志》所谓安其所习，毁所不见。实际上，今文家亦有情义，古文家亦有驳处，反之亦然。所以，治经应观其通，以义为主，今古文并用，而不可偏执所谓家法。他并批评清代经学家今古文各立门户的做法，“多不免以胜心私见出之，其述虽多，往往乖于义理。”(《尔雅台答问》卷一）

马一浮主张调和程朱陆王、今古文之分，还反映了他的一个基本思想，即儒家“义理之学最忌讲宗派，立门户，所谓同人于宗吝道也”。(同上）所以在现代新儒家中他是最少宗派门户之见的学者，无论是程朱，还是陆王，是今文，还是古文，只要适用，都可以作为他的思想来源。

以上我们主要讨论了马一浮是不是现代新儒家的问题，以及他新儒学思想的特色。至于他对儒家思想的研究，他研究儒学思想所得成果（著作）的主要内容，以及他的“六艺论”和“义理名相论”，我们将在以下几节中加以介绍，此不赘述。

三、主要著作

马一浮已经出版的著作可分为两大类：一类是思想学术著作，一类是诗词著作。他的思想学术类著作有：(1)《泰和会语》一卷。版本有王子余印的绍兴活字本；吴敬生等刻的桂林本，沈敬仲等刻的乐山本。(2)《宜山会语》一卷，版本有沈敬仲等刻的乐山本，即《泰和宜山会语》合刻本。两书均为一九三八年间马一浮在江西泰和和广西宜山浙江大学讲学之讲稿，在内容上具有连续性。(3)《复性书院讲录》六卷，有复性书院刻书处刻的木刻本，有台湾广文书局、复学社两种影印本。该书是一九三九年九月十五日至一九四一年五月二十五日，马一浮在四川乐山复性书院讲学的讲稿。(4)《尔雅台答问》一卷，续编六卷，有复性书院刻本，台湾广文书局影印本，该书正编收录马一浮答复院内外学人的书札共五十三篇，续编除答书外，还收录了马一浮平时对学生的示语和批语。以上四书，是马一浮的思想学术类的代表作。(5)《濠上杂著初集》(包括《太极图说科判》、《太极图说赘言》以及《尔雅台答问补编》二卷)，复性书院木刻本。

马一浮不仅是一位思想家，还是一个大诗人，据不完全统计，他一生创作的诗词约有三千一百余首。一九四九年前创作的诗词已整理出版，共四种，一九四九年后创作的诗词正在整理出版之中。他出版的四种诗词著作是：(1)《蠲戏斋诗前集》二卷，复性书院木刻本。该书收录的是马一浮于抗战以前创作的诗作，除少部分可以考知其创作的年代外，其余大部分已无法次第。就可以考知其创作的年代的作品看，最早创作于一九一三年。(2)《避寇集》一卷，复性书院木刻本。该书收录的是马一浮于抗战初期，为避战火而由杭州到桐庐、开化，再到江西泰和、广西宜山，沿途“亲见乱离”而“触境遇境”有感之诗作。他的好友谢无量在为此书所作的序中，对马一浮的诗作予以了很高的评价，认为“繇诗亡以事，寥寥千载”，能得“诗人之正者”，唯马一浮一人而已。(3)《蠲戏斋编年集》八卷，复性书院木刻本，该书收录的是马一浮于一九四一年至一九四八年之间创作的诗作。其中一九四一、一九四二年两年作品来自弟子们平日抄录，无法次第，故别为一卷，置于最后，而以一九四三年的诗作为正式编年之始。马一浮在《自序》中对该书诗作自视甚高，认为“如使文字犹存，不随劫火俱尽，六合之内，千载之下，容有气类相感，遥契吾言，而能通其志者，求之斯编而已足。庶无间于遐迩，可接于神明。虽复毁弃烟灭，靡有孑遗，夫何恨焉”。(4)《芳桂词》一卷，附于《避寇集》后。该书是马一浮的唯一词集。作品均有年代，最早的是一九一七年，最晚的是一九四七年，共计三十二阕。后来台湾自由出版社将以上四种诗词著作，合影印为《蠲戏斋诗集》出版。徐复观为之作序，他在序中对马一浮的诗作推崇备至，写道：“凡是看到马先生所作的诗的人，只要稍有这一方面的修养，便不难承认他是当代第一流乃至第一人的手笔。”

下面我们就《泰和宜山会语》、《复性书院讲录》和《尔雅台答问》这几种马一浮的思想学术类的代表作的内容作一介绍。

1.《泰和宜山会语》

该书是《泰和会语》和《宜山会语》的合刻本，而《泰和会语》和《宜山会语》如我们已经指出的那样，是马一浮一九三八年期间以大师名义在浙江大学讲学的讲稿。马一浮在《泰和宜山会语》卷端题识中自称："浮平生杜门，虽亦偶应来机，未尝聚讲。及避寇江西之泰和，始出一时训问之语。其后逾岭入桂，复留滞宜山，续有称说，皆仓卒为之，触缘而兴，了无次第。始吾乡王子余见《泰和会语》，曾以活字本一印于绍兴，吴敬生、曹叔谋、陶赐芒，詹允明为再印于桂林，旋已散尽。今羁旅嘉州，同处者皆故旧，沈无倦、詹允明、何懋桢诸君及从游之士乌以风、张立民、赖振生、刘公纯诸子复谋醵资，取泰和、宜山会语两本而锓诸木，且为校字，欲以贻初机之好问者，刻成而始见告。"马一浮作此《题识》时已任复性书院主讲，这里所说的"取泰和、宜山会语两本而锓诸木"，指的就是复性书院刻刊的《泰山和宜山会语》合刻本。因复性书院地处四川乐山，乐山古称嘉州，故又称《泰和宜山会语》合刻本为嘉州本。

《泰和会语》内容有：引端；论治国学先须辨明四点；横渠四句教；楷定国学名义：国学者六艺之学也；论六艺赅摄一切学术；论六艺统摄于一心；论西来学术亦统一于六艺；举六艺明统类是始条理之事；《论语》前末二章义；君子小人之辨；义理名相一：理气——形而上之意义；义理名相二：知能。

在"引端"中，马一浮指出，他来浙江大学讲学的意义，在于使听讲诸生于吾国固有之学术，得一明了之认识，然后可以发扬天赋之知，能不受环境的陷弱，对自己完成人格，对国家社会乃可以担当大事。故此，他希望听讲诸生能树立一种信念，"信吾国古先哲道理之博大精微，信自己身心修养之深切而必要，信吾国学术之定可昌明，不独要措我国家民族于盘石之安，且当进而使全人类能相生相养，而不致有争夺、相杀之事”。他并再三强调：只有树立了上述信念，然后才可以讲国学。

在“论治学先须辨明四点”中，马一浮指出，欲治国学必须辨明以下四点，方能有入：(1) 国学不是零碎断片的知识，是有体系的，不可当成杂货；(2) 国学不是陈旧呆板的物事，是活泼泼的，不可目为古董；(3) 国学不是勉强安排出来的道理，是自然流出的，不可同于机械；(4) 国学不是凭借外缘的产物，是自心本具的，不可视为分外。由明于第一点，应知道本一贯，故当见其全体，不可守于一曲；由明于第二点，应知妙用无方，故当温故知新，不可食古不化；由明于第三点，应知法象本然，故当如量而说，不可私意造作，穿凿附会；由明于第四点，应知性德俱足，故当向内体究，不可徇物忘己，向外驰求。这亦可以说是马一浮对中国传统文化的基本态度。

在“横渠四句教”中，马一浮希望听讲诸生竖起脊梁，猛著精采，依张横渠的“为天地立心，为生民立命，为往圣断绝学，为万世开太平”四句教立志，做一个堂堂正正的人。因为“须知人人有此责任，人人具此力量，切莫自己诿卸，自己菲薄，此便是仁”。他并且对四句教的理义作了阐解。所谓“为天地立心”，他指出：盖人心之善端，即是天地之正理，善端即复，则刚浸而长，可止于至善，以立人极，便与天地合德。“故仁民爱物便是为天地立心，天地以生物为心，人心以恻隐为本。”所以学者之事，莫要于识仁、求仁、好仁、恶不仁。所谓“为生民立命”，他指出，圣人吉凶与民同患，未有众人皆忧而己独能乐，众人皆危而己独能安者。儒家说万物一体，也即是说万物同一生命，若人自扼其吭，自残其肢，自剜其腹，而曰吾将以求生，决无是理。所以学者立志，应具有“须是令天下无一物不得其所，方为圆成”的气象，“此乃是为生命立命也”。所谓“为往圣继绝学”，他指出，圣学不是别的，即是义理之学，此义理不为尧存，不为桀亡，在圣不增，在凡不灭，只是因人为气习所拘蔽，不肯理会，遂成衰绝，其实人皆可以为尧舜。故学者立志，应当确信圣人所学而至，尤其在当今人欲横流之时，要除却人心晦盲，“必须研究义理，乃可以自拔于流俗，不致戕贼其天性”。所谓“为万世开太平”，他指出，学者须知孔孟之言，政治其要，只在贵德而不贵力。然而孔孟有德无位，其道虽不行于当时，而其言则可垂法于万世。所以张载只说开而不说致，因为致是现实之移，开则期待之谓。只要人们遵照六经所陈之治道去做，天下太平就必有实现之一日。他进而认为，如果将六经所陈之治道，与今日所推崇的西方富国强兵的政论“比而观之”，则知碔砆不可以为玉，蝘蜓不可以为龙，其相去何啻霄壤之别。故此他强调指出：“中国今方遭夷狄侵陵，举国之人动心忍性，乃是多难兴邦之会，若曰图存之道，期跂及于现代国家而止，则亦是自己菲薄。”

在后面的内容中，马一浮首先阐述了他的“六艺论”，接下去讲了他的“义理名相论”。如果说“六艺论”是马一浮的学术文化观，那么“义理名相论”则是他的哲学思想。由于日寇侵犯，浙江大学南迁，他的“义理名相论”在泰和没有讲完。关于马一浮的“六艺论”和“义理名相论”，因为后面辟有专章予以评介，于此故不赘述。

除了上述这些内容外，《泰和会语》还附录有《论老子流失》、《赠浙江大学毕业诸生序》和《对毕业诸生演词》三篇文章。《论老子流失》的内容，我们在上一章中已作过介绍，此不赘述。在《赠浙江大学毕业诸生序》中，他勉励大学毕业生们但求无负其所学，而不期于必用，斯在己者重而在人者轻，无失志之患而有进德之益，在艰苦蹇难之中，养成刚大弘毅之质。在《对毕业诸生演词》中，他指出，国家生命所系实系于文化，而文化根本则在思想。从闻见得来的是知识，由自己体究能将各种知识融会贯通成立一个体系为思想。人生的内部是思想，其发现于外的是言行，思想是体，言行是用。他要求学者须具有“认识过去”,“判别现在”和“创造未来”的三种力量，要认识到“吾国家民族方在被侵略中，被侵略者正是一种现实势力”，但“势力是一时的，有尽的，正义公理是永久的，是必申的”，从而树立公理必能战胜势力的信念，并以此“为行为之标准”。

《宜山会语》内容有：说忠信笃敬；释学问；“颜子所好何学论”释义；续义理名相一：说视听言动；续义理名相二：居敬与知言；续义理名相三：涵养致知与止观；续义理名相四：说止；续义理名相五：去矜上；续义理名相六：去矜下。主要是接着讲泰和讲学没有讲完的“义理名相论”。

和《泰和会语》一样，《宜山会语》也附录有一篇文章：《拟浙江大学校歌》。先是在泰和讲学期间，马一浮应浙江大学校长竺可桢之请，为浙江大学作了一首校歌歌词。歌词共三十六句，分为三段，其全文如下：“大不自多，海纳江河。惟学无际，际于天地，形上谓道兮，形下谓器。礼主别异兮，乐主和同。知其不二兮，尔听斯聪。”“国有成均，在浙之滨。昔言求是实，启尔求真。习坎示教，始见经纶。无曰已是，元曰遂真。靡革匪因，靡故匪新。何以新之，开物前民，嗟尔髦士，尚其有闻。”“念哉典学，思睿观通。有文有质，有农有工，兼总条贯，知至知终。成章乃达，若舍之在镕。尚亨于野，无吝于宗。树我邦国，天下来同。”由于歌词中用语多出于经，马一浮既怕不曾读经的大学生们因不知来历，而不明其意义，又耽心制谱之师于此歌词不能“深具了解”，从而使所安声律与词中意旨不相适应，于是他“不避迂妄，略为注释”，写了这篇《拟浙江大学校歌》。据说竺可桢对马一浮作词的这首校歌非常重视，每逢重大集会，他都要全校师生员工唱这首校歌，并且自己以身作则，带头放声歌唱。

2.《复性书院讲录》

该书共六卷，是根据马一浮在复性书院讲课的讲稿陆续编刻而成。第一卷包括《开讲日示诸生》、《学规》、《读书法》和《通治群经必读书举要》四篇讲稿以及一篇文章：《复性书院缘起叙》。这是全书的总纲。《开讲日示诸生》，是马一浮在复性书院开学典礼上的讲话，在讲了一番如何于国家危难之际，处变知常，穷理尽性的道理后他指出："当此蹇难之时，而有书院之设置，非今学制所摄，此亦是变。书院所讲求者在经术义理，此乃是常。书院经始，资用未充，斋舍不具，仅乃假屋山寺，并释奠之礼而亦阙之，远不逮昔时书院之规模，此亦处变之道则然"。他并期望书院学生能明了穷理尽性、明伦察物是人人分上所有事，不患不能御变，患不能知常；不患不能及物，患不能尽己。毋守闻见之知，得少为足；毋执一隅之说，以蔽为通。马一浮在《学规》中为书院学生规定的为学目的是"主敬"、"穷理"、"博文"、"笃行"，并阐明了相对方面的关系。他指出：主敬为涵养之要，穷理为致知之要，博文为立事之要，笃行为进德之要。四者内外交彻，体用全该。优入圣途，必从此始。最后两篇讲稿讲的是读书方法及治经入门。就读书方法而言，马一浮认为，第一要通而不局，第二要精而不杂，第三要密而不烦，第四要专而不因。因为，执一而废他者局，多歧而无统者杂，语小而近琐者烦，滞迹而遗本者固。通则曲畅旁通无门户之见，精则幽微洞彻而无肤廓之言，密则条理谨严而无疏略之病，专则宗趣明确而无泛滥之失。所以，"不局不杂知类也，不烦不固知要也，类者辨其流别，博之事也；要者综其指归，约之类也。读书之道尽于此矣”。他尤其强调读书要虚心涵泳，切己体察，切不可以成见读书，妄下雌黄，轻言取舍，像时人那样动言创作，动言疑古，不信六经，不信孔子。他问道，如果六经、孔子都不可信，那么还有什么可信的呢?

《复性书院缘起叙》是一九三九年五月，亦即复性书院筹办期间，马一浮写的一篇介绍创办复性书院的原因、经过和目的的文章。他在是文中写道：国之根本，系于人心；人心之存亡，系于义理之明晦；义理之明晦，系于学术之盛衰。中国的圣贤道要，尽在六经，唯六经可以统摄一切学术，一切学术莫能处之。故必确立六经为道本，而后中国学术之统类可得而明，文化之原流可得而数，即近世西方新知也可范围之内。今日学者之大患，是舍己而徇物，逐末而遗本，而不知六经为圣人之权度，要想彰往知来，别是非，辨义利，正人心，厚风俗，其必由斯。他认为，人心之所以会走向歧途，学术之所以会出现弊端，原因就在“皆由溺于所习而失之”，因此“复其性则同然矣”。尧舜之元亨，是诚之通；汤武反之利贞，是诚之复。自诚明谓之性，自明诚治之复，教之道在复其性而已。所以，要明因革之道，就必须先知性习之分，其可得与民革者，习也；其不可得与民变者，性也。率以仁，民从而仁，性之符也；率以暴，民从而累，习之蔽也。循理则安，驱策无所用；从绳则正，禁遇无所施，这些都是自然效用，非可以智要而力取。先儒修德讲学，本以求己，不期于化民而民自化；本以自身，不期于成俗而俗易成。不必居司徒之任，为太学之师，然其教未有不能及人者。故古之为教，不尽出于学官。他正是有见于此，而有创办复性书院之议，希望像先儒那样，通过“解说旧闻，镛启初学”，来“继绝学，广教化”，从而“养成知类通达之才，以为振民育德之助”。

《讲录》第二卷是《群经大义》。从这一讲开始，马一浮系统讲说儒家经义，《群经大义》包括《群经大义总说》和《论语大义》

两大部分。总说先阐明了“判教与分科之别”，指出：“分科者一器一官之事，故为局。判教则知本之事，故为通。”并认为儒学有判教而无分科，六艺之教，通天地亘古今，而莫能外也。六艺之人，无圣凡无贤否，而莫能出也。散为万事，合为一理，此判教之大略也。次言“玄言与实理之别”，指出“六艺判教乃是实理，不是玄言”，须落实于笃行上，所以不能承言失旨，而务在直下明宗。上述观点不过是他在《泰和会语》中所讲的“六艺论”的进一步发挥。《论语大义》部分则细分为《诗教》、《书教》、《礼乐教上》、《礼乐教中》、《礼乐教下》、《易教上》、《易教下》、《春秋教上》、《春秋教中》和《春秋教下》等十讲，认为“今欲通治群经，须先明微言大义”，而六经的微言大义就蕴藏在孔子的《论语》之中，“今当略举《论语大义》，无往而非六艺之要，若夫举一反三，是在善学”。如闻《诗》而知《礼》，闻《礼》而知《乐》，是谓告往知来，闻一知二。故此，欲通儒经，必先从《论语》开始，只有明白了《论语》大义，才能读懂六经。

《讲录》第三卷为《孝经大义》，首有《孝经大义序说》一篇，后面共有六讲。《孝经》自汉代被列为儒家的“七经”之一以来，关于其书为何人何时所作，历来就存有争论。马一浮对此也无明确说法，但他认为《孝经》是儒家的一部重要经典，其地位可以与《论语》相提并论。在其《序说》中他指出：“六艺皆以明性道，陈德行，而《孝经》实为之总会。”因为德性是内征属知，行道是践履属行；知为行之质，行是知之验；德性至博而行之则至约。当其行时全知是行，亦无行相可得。故可以行摄知，以德摄德，以约摄博。“明此则知《诗》、《书》之用，《礼》、《乐》之原，《易》、《春秋》之旨，并为《孝经》所摄，义无可疑，故曰孝德之本也。”他甚至认为，“三代之英，大道之行，六艺之宗”，无有过于《孝经》之义者。所以，他在讲了《论语大义》之后，接下来便先于儒家六经而讲《孝经大义》，“以为向上提持之要，使学者知六艺之要，约归于行”。可见其对《孝经》的重视程度非同一般。

《讲录》第四卷为《诗教绪论》和《礼教绪论》两部分，每部分前各有《序说》一篇。他在《诗教绪论序说》中指出：“六艺之教，莫先于诗，于此感发兴起，乃可识仁，故曰兴于诗，又曰诗可以兴。诗者志之所之也，在心为志，发言为诗，故一切言教皆摄于诗。”又说：“前谓志于学，志于道，志于仁，一也。学是知仁，道是行仁，今治六艺之学，为求仁也，欲为仁须从行孝起，欲识仁须从学诗入。”这也是他继《孝经大义》之后，所以接着讲《诗教绪论》的主要原因。在《礼教绪论序说》中，马一浮首先辩明了学诗与行礼之间的关系，他指出：“六艺之教，莫先于《诗》，莫急于《礼》。诗者志也，礼者履也。在心为志，发言为诗，在心为德，行之为礼。故敦诗说礼，即是蹈德履仁。”也正因为诗以道志，礼以道行，诗之所至，礼亦至焉，所行必与所志相应，所以，他才将《诗教绪论》与《礼教绪论》放在同一卷内。

《讲录》第五卷为《洪范约义》，专讲《尚书》中的《洪范》篇，共分十讲。和卷三、卷四一样，此卷亦有一篇《序说》。马一浮首先解释了为什么在《尚书》诸多的篇目中，他唯独只讲了《洪范》的原因，指出：“《尚书》内容，包括甚广，前人论说已多。惟《洪范》一篇精义，先儒隐而未发，故首讲此篇，以补先儒未尽之意。”在他看来，《洪范》的主要内容是所谓“九畴”，而“洪范九畴者，犹曰九种大法耳”。何谓“九畴”？一曰五行；二曰敬用五事；三曰农用八政，四曰协用五纪；五曰建用皇极；六曰乂用三德；七曰明用稽疑；八曰念用庶征；九曰向用五福，威用六极。他认为：“洪范九畴，亦可总摄六艺。”因为“洪范者，大法也。大者，能莫外也。法者，可执持也。理者，性所具也。当时国无六艺之名，亦无书教之别也。及孔子删书洪范，始列于《书》教。然先圣后圣，其揆一也”。

《讲录》第六卷为《观象卮言》，主要讲的是马一浮的易学思想。此卷卷首也有一篇《序说》，马一浮在《序说》中开宗明义就指出：“天下之道，统于六艺而已。六艺之教，终于《易》而已。学《易》之要，观象而已。观象之要，求之十翼而已。”他认为，大抵观变者不必尚古，观象者先求尽辞，故说义不能祧王程，玩占不能废京房。设卦观象的目的并非仅在于明吉凶，圣人所以如此，“皆忧患后世，不得已而垂言”。圣人的真正目的是要通过设卦观象，使人明天地之理，行穷理尽性之事。所以他批评说：“清儒力攻图书，将天一地二之言亦可废乎？近人恶言义理，将穷理尽性之说为虚诞乎？何若是之纷纷也！”总而言之，象数义理均不可废，但又不能拘执于此。《序说》之后，马一浮又就“原吉凶、释德业”、“审言行”等问题进行了分讲。后来，他又专门写了一篇题为《三易略义》的文章，对他在《观象卮言》中所讲的易学思想，作了进一步的系统阐发。

《复性书院讲录》讲的主要是群经大义，但除第二卷以《论语》总说群经提到《乐》与《春秋》外，《讲录》没有儒家六经中这两部重要经典的专门之讲，其原因如我们在其生平部分所指出的那样，是由于马一浮不满于国民政府教育部的所作所为，只在复性书院主讲了四个学期就停止了讲学，所以，没来得及将六经讲完。

从全书的形式和内容来看，《讲录》与传统书院经师的讲经十分类似，尽管具体入微，但因受体例的限制，而不能像《泰和会语》和《宜山会语》那样系统地阐述自己的中心思想。当然这并不能说马一浮的《讲录》就没有自己的特点。首先，他尽可能地避免以往经学支离破碎的缺点。他不仅始终将自己对儒学的基本看法贯彻于全部的讲解之中，而且还努力将自己对于六经的理解在理气、知行等关系上贯通起来。他虽然在讲解中对先儒的经训广征博引，但又不为其所束缚，对整个儒学的基本内容，他有自己的一套看法。其次，在方法上，他以佛证儒，融佛入儒，以老庄证儒，融老庄入儒，力图使儒、佛、道三家融为一体，这正如他在《观象卮言序说》中所指出的那样："今为初学聊示迷津，逮未遑博引，但欲粗明观象之法，直抉根原，刊落枝叶，必以十翼为本，间有取于二氏之说，假彼明此，为求其易喻。"文中所说的"二氏"，亦即佛道两家。所以，在整个讲解中，除了对先儒的经训广征博引外，他对佛道两家的典籍也是博引广征，尤其对于佛典，更是信手拈来，如数家珍。以佛、道论证儒学，又以儒学融合佛、道，这是马一浮学术方法上的一个重要特点。

3.《尔雅台答问》

该书共七卷，其中正编一卷，刘锡瑕、王培德辑录，续编六卷，张立民、王培德辑录，收录的主要是马一浮在复性书院期间答问书院内外学人的信札和示语。为什么称之为"尔雅台答问"呢？因为复性书院设在四川省乐山县乌龙山的乌龙寺。乌龙山上除乌龙寺外，尚有古迹一处，名"尔雅台"，相传晋人郭璞曾在此地注解过《尔雅》。书院选定乌龙寺为复性书院院址后，即由院方与寺僧交涉，租用尔雅台、旷怡亭、罗汉堂外两侧小院、荔枝楼、东客堂等房舍。一九三九年八月书院宣告成立，尔雅台遂成为马一浮居住之所。来年，院方复与寺僧签约租地，在山下叫"麻濠"的小溪旁边，建筑精舍数椽，供马一浮居住。马命名为"濠上草堂"。故此，马一浮将自己在复性书院期间答复院内外学人的书札和示语，取名为《尔雅台答问》，同时期创作的书法作品则用的是"濠上草堂"、"濠叟"的落款。

该书正编一卷，收录马一浮答复院内外学人的书札五十三通。

续编卷首有马一浮一九四三年一月写的“弁言”一则。他说：他本来是不想将这些答问书札和示语公开出版的，因为这些书札和示语“不独存者未免瑕谪，其遗者亦多非肯綮；既病无益于当人，尤恐见讥于达者”。但无奈弟子们“请之甚力”，加上考虑到这些书札和示语如能“过而存之，亦不掩其陋”，于是他只好改变初衷，同意弟子的“复就其掌录，续有答问之辑”。他表示：“若会心不远，何假枝叶之多。细语尘言皆归圣谛，知我罪我俟之当事，庸何伤焉？”续编的卷一至卷四是“示语”，收录马一浮写给弟子的示语九百九十九则；卷五是“答书”，收录马一浮答复院内外学人的书札十九通；卷六是“附录”，收录马一浮告书院学人书八件。其内容大体上包括：他对中国文化、中国哲学的基本看法及其与西方文化、西方哲学的比较；他对其“六艺论”的文化学术观和“义理名相论”的哲学思想的进一步阐发；他对儒学经典的义理阐释；他对儒释道三家思想的融会贯通；他对治学及作诗之道的精彩论述；他对人生的体悟和对社会的观察；他对求学者以及门人弟子的忠告和教诲，如此等等，所涉及的内容非常广泛。所以，该书既和《泰和会语》、《宜山会语》不同，也与《复性书院讲录》有异，没有一个贯穿始终的中心思想或讲解主题。实际上，就其形式来看，它是先秦宋明语录体的继承。

《尔雅台答问》中有不少精彩之论。譬如，他论作诗之道：诗第一要胸襟大，第二要魄力厚，第三要格律细，第四要神韵高，四者备乃足名诗。古来诗人具此者亦不多。因为诗之外大有事在，无一字无来历，亦非蓄养厚，自然流出，不能到此境界，这不是勉强就能做到的。世俗人能凑一二浅薄语，便自命诗人，此实恶道。诗只是道性、情性，情得其正，自然是好诗，至格律藻采，则非学不可。又说：诗贵神悟，要取精用宏，自然随手拈来，都成妙谛。搜索枯肠，苦吟无益，语拙不妨，却不可但先求妥帖，煞费工夫。切忌杜撰不属善悟者，不须多改，近体法门亦已略示，舍多读书外，别无他道，只要读破万卷书，就不患诗之不工。

再如他对历史上一些诗人的评价：作诗以说理为最难，禅门偈颂传说理非不深妙，然不可以为诗。诗中理境最高者，古则渊明、灵运，唐则摩诘、少陵，俱以气韵胜。陶似朴而实华，谢似雕而弥素，后莫能及。王如羚羊挂角，杜则狮子嚬呻。然王是佛氏家风，杜有儒者气象。山谷荆才非不大，终是五伯之节制，而不敌王者之师。尧夫深于元白，元白只是俗汉，尧夫则是道人，然在诗中亦只能为别派，而不能称之为正宗。

又如他论知与学的关系：知之者不如好之者，好之者不如乐之者，到得乐之者地位，则如四时行百物生，通身是道与之为一，出之无尽不为多，一字不形不为少，莫非性分内所有也，此理境骤难领会，要先做到个知之者，非学不可，今人不肯学，又焉得知。须知知者亦待自证，如人饮水，知其冷暖不可从人得也。

还如他论如何读中土圣贤经籍及濂洛关闽诸儒遗书：首先不可着一毫成见，虚心涵咏，先将文义理会明白，着实真下一番涵养工夫，认得自己心性义理端的，同时要不被其他杂学惑乱，这样方可得其条理。另有一法，就是要研究佛乘，将心、意、识诸法名相，认识清楚，然后知一切知解只是妄心计度，须令铲除净尽，习气一旦廓落，大用自然现前，回头再读濂洛关闽诸儒遗书，自能具眼，知所抉择，更无余疑，直下受用。但这两种方法却非痛下一番工夫不可。

《尔雅台答问》中也反映出马一浮对弟子的严格要求和无微不至的关心。如有一次王星贤的作业做得不太认真，马一浮即在示语中对王提出了严格批评：“作书草草如此，深负老夫之望。须知寻常写一短札，亦可见人之用心，即此便是学，不可放过。若以为吹毛求疵，老夫此后亦不敢更着一字矣。”马一浮虽然对弟子们的学业要求很严，但在生活上对他们则是体贴入微。也就是这个王星贤，有一段时间，身体不太好，一天马一浮看见他“行步犹弱”，于是便在示语中希望他注意身体健康，“宜加意调护，勿勉强过劳为上”。并以自己的切身经验告诉他如何调养身体。“洞山不病者，公案最好看。仆尝于此得力，每遇病时饮食可废，而言语不废，有不病者在也。”还是这个王星贤，有一天收到家信，得知祖父病逝，而自己则因天长路远，战火阻隔，不能奔丧尽孝，十分悲戚。马一浮从弟子张立民那里得知此消息后，即示语给王，劝他节哀，不要因祖父去世，自己不能奔丧尽孝而忘戚过情，因为“忘戚则害性，过情则伤毁。二俱失中，此非俗士所知”。他希望王星贤能接受他的劝告，明白“所以全其孝事者，为道方遒”的道理，而“勿区区自束于俗也”。他还建议王星贤变通丧礼，凡闻丧而不能奔丧，以闻丧之日为位而哭，变服如其所当，服朝夕奠，卒哭而后辍奠，以殡葬之事未能亲也。“今在流离中，衰麻之制亦不能具，但可执心丧耳。”同时，缩短丧礼日期，“从闻丧之日起，以日易月，二十七日而彻朝夕之奠，亦可以出矣。”

再如他关心王伯尹。王伯尹是复性书院的高材生，人很聪颖，懂诗道，马一浮对他很器重，有意培养他成为一位学人，并经常为他改诗。但王由于家境贫困，意多愁苦，心情郁抑，再加上平日用功过度，所以身体一直不好，经常闹病，马一浮因懂医道，便经常为他处方医治。有一次，马一浮偶然从王伯尹那里知道他家的情况，“乃悦然于贤者（指王——引者）致疾之由”，于是他即在示语中劝王说：“世乱年荒，尽人颦蹙，何独一乡、一邑、一身、一家而已邪！”因此，王应当谋所以纾亲之力，而不当因愁益病，反过来以贻亲之忧。他并为王设想，“能还家将母，上也；择事而就翼，可以代负米之勤，次也；坐困荒山日事药饵，但有嗟叹无益身心，下也”。尽管他对王很器重，认为是一个可雕之材，但为了王的身体和家庭着想，他还是劝王能接受他的建议，回家奉养母亲，他写道：“鄙意且宜自宽，结忧无益，忧己之疾，犹为身见，忧亲之劳，乃是秉彝，均是忧也。一则可忘，一则当解。今欲忘则近空言，然求解固是实理，解之之道，当见于行，宜更思之，庶于事理有当。所言依止者，不必以地为重。若以吾言为可信，何地而非依止，岂必相从山寺哉。”后来王伯尹经过慎重考虑，还是决定留在复性书院，继续师从马一浮问学。乃至抗战胜利，书院迁杭，仍未离去，后痼病遽发而去世，年仅三十九岁。在王病重期间，马一浮数次亲至病榻看望。王去世后，马一浮很为惋惜，曾作《哀王伯尹》诗一首以志怀念。

总之，《尔雅台答问》虽因体例的关系，而不像《泰和宜山会语》和《复性书院讲录》那样有一个中心思想或讲解主题，但也正因为此，它的内容十分的广泛而丰富，常常给人以做人、为学、玄思等多方面的启迪，同时它也有助于我们进一步了解马一浮本人的思想、经历和人格。故此，熊十力的弟子、现代新儒家的著名代表人物徐复观对马一浮的《尔雅台答问》评价甚高，他在为台湾广文书局影印本所写的代序中认为：“以书札论学者殆无过于朱元晦、陆象山。今日尚持此传统，而文字之美，内容之纯，可上比朱元晦、陆象山诸大师而毫无愧色者，谨有熊（十力）先生的《十力语要》及马先生的《尔雅台答问》，虽非系统的著作，但熊、马两先生皆本其圆融地思想系统，针对问者作具体而深切地指点提示；其中无一句门面话、夹杂话，及敷衍应酬话；可以说真是‘月印万川’的人格与思想的表现，对读书最为亲切而富有启发的意味。”就《尔雅台答问》的内容来看，应该说徐复观的上述评价是有一定道理的。

四、“六艺论”

我们在前面介绍马一浮的生平和著作时已经指出，他泰和讲学的一个重要内容，是讲他的“六艺论”。据马一浮自己说，早在他应浙江大学校长竺可桢的邀请，以大师名义到浙大讲学之前，他就准备仿照东汉郑玄撰《六艺论》的故事，另撰一部自己的《六艺论》，以系统地阐述自己的文化学术思想，但不料“未成而遭乱，所缀先儒旧说，群经大义俱已散失无存”。这里所讲的“遭乱”，即指一九三七年“七七事变”后日本帝国主义对我国发动的侵略战争。所以，他在泰和讲学时开宗明义就指出：“今欲为诸生广说《六艺论》，恐嫌浩汗，只能举其要略，启示一种途径，使诸生他日可自己求之，且为时间短促，亦不能不约说也。”（《泰和会语·楷定国学名义：国学者六艺之学也》）因此，尽管因“遭乱”他的《六艺论》没有写成，但其基本思想已见于他泰和讲学的讲稿《泰和会语》之中。后来在《宜山会语》、《复性书院讲录》和《尔雅台答问》中，马一浮又就他的“六艺论”作了进一步的阐述。概而言之，他的“六艺论”包括以下几方面的内容。

1.“国学者六艺之学也”

马一浮对这一问题的阐述首先是从解释什么是“学”而开始的。

他指出：大凡一切学术皆由思考而起，故曰学原于思。思考所得，必用名言，始能诠表，名言即是文字，名是能诠，思是所诠，凡要立一种名言，必须使本身所含摄的义理明白昭晰，使人能喻，借用佛教的语言来表示，这称之为教体。而要使人能喻，就先要喻诸自己，因人所已喻，而告之以其所未喻，这样才能明彼即晓此。因喻甲事而及乙事，辗转关通，可以助发增长人的思考力，方名为学，故学必读书穷理。书是名言，即是能诠，理是所诠，亦曰格物致知。物是一切事物之理，知即是思考之功。所以，《易·系辞传》上说："唯深也，故能通天下之志。"如果把这句话翻译成白话文，即是于一切事物表里洞然，更无暌隔，说与他人，亦使各各互相知晓。如是乃可通天下之志，也才能名之为学。（《泰和会语·楷定国学名义：国学者六艺之学也》）

就马一浮对什么是"学"的上述解释来看，他认为学即是通过名言的诠表，使人们能辗转关通，明了一切事物所包含的义理。因此，它不仅要格物致知，读书穷理，而且还要借助于思考，换言之，求知（致知）、穷理和思考是为学的三大要素。在这三大要素中，求知是不可缺少的，但穷理才是目的，思考则是方法和手段。不过，马一浮虽然认为穷理才是为学的目的，但他对所穷之"理"，仍然是从理事双融、性理合一的观点上加以说明的。所谓"理事双融"，包含两层涵义：第一，"事虽万变，其理则一"，亦即事事物物虽各有其理，但总归又只是一理；第二，"理在事中，事不在理外"，二者不能打成两橛。故此马一浮指出："若舍理而言事，则是滞于偏曲；离事而言理，则是索之杳冥。须知一理赅贯万事，变易元是不易，始是圣人一贯之学。"（《泰和会语·举六艺明统类是始条理之事》）所谓"性理合一"，是指此理不仅是宇宙的本体，天地间万事万物存在的根据，亦是道德的本原，人内在本存之性德或良知的显现。因此，为学的目的不仅在于认识天地间万事万物之理，更重要的是要认识自己内在的性德，并使之得到扩充和提升，最终完成自我道德品格的塑造，而对自己内在之性德的认识，只有自证自悟才能获得。所以马一浮一再指出：“学是要自己证悟，如饮食之于饥饱，衣服之于寒暖，全凭自觉，他人代替不得。”（《宜山会语·释学问》）

基于对“学”的上述解释，马一浮认为，今日国人已使用惯了的“国学”这一名词，其实是很不适当的。因为照旧时的用法，所谓国学，指的是国立大学，今人以我国固有学术名为国学，为的是把它与外国学术区别开来。姑且不论这种称法“为依他起”本不可用，即使暂不改立名目，但依固有学术为解，所含的义理亦太广泛笼统，使人闻之不知所指为何种学术。今人一般依照四部立名，将我国固有学术分为小学（文字学）、经学、诸子学、史学等类。然而四部之名本是一种目录，和今日图书馆的图书分类法相类似，它并不能说明学术流别。在马一浮看来，“能明学术流别者，惟《庄子·天下》、《汉书·艺文志》最有义类”。（《泰和会语·楷定国学名义：国学者六艺之学也》）

在批评了一般人对国学的所谓不正确的理解后，马一浮进一步指出，要正确理解或研究国学，首先就必须楷定国学的名义。他认为：“举此一名，该摄诸学，唯六艺足以当之。”（《泰和会语》）所谓“六艺”，亦即儒家的《诗》、《书》、《礼》、《乐》、《易》、《春秋》这六部经典。他所以喜欢依据《汉书·艺文志》的叫法称儒家的这六部经典为“六艺”而不是“六经”，是因为“经者常也，以道言谓之经。艺犹树艺，以教言谓之艺”。“六艺”要比“六经”所包含的意蕴更广泛一些，它不仅仅概指儒家的这六部经典，而且还包括儒家的其他典籍。因此在《泰和会语》中，他强调“六艺之者，散在《论语》而总在《孝经》”，并将先秦儒家典籍具列入宗经论和释经论，认为皆为“六艺”之遗存。稍后他在复性书院讲《论语大义》

时又指出《论语》为“六艺”之汇归，并散见于诸子各书。在马一浮看来，“六艺”是孔子之教，我国两千年来普遍承认一切学术之原皆出于此，其他诸学均是它的支流和发展。因此，以“六艺”为中国一切固有学术的代表，才能“广大精微，无所不备”(同上)。

“六艺”所以能成为中国一切固有学术的代表，或者说能楷定为“国学”，这是由“六艺”的宗旨所决定的。马一浮认为，关于“六艺”的宗旨，自古以来有种种说法，但以《礼记·经解》及《庄子·天下》概括得最为简明。《礼记·经解》引孔子的话说：“人其国，其教可知也。其为人也，温柔敦厚，《诗》教也；疏通知远，《书》教也；广博易良，《乐》教也；洁静精微，《易》教也；恭俭庄敬，《礼》教也；属辞比事，《春秋》教也。”《庄子·天下》写道：“《诗》以道志，《书》以道事，《礼》以道行，《乐》以道和，《易》以道阴阳，《春秋》以道名分。”马一浮指出：以上《礼记·经解》所引孔子的话，和《庄子·天下》庄子的这一段话说明了一个道理，即“有六艺之教，斯有六艺之人”。故孔子之言，是以人说，庄子之言，是以道说。从孔子的话来看，六艺的宗旨在于努力提升与完善人的本身，它不仅教人能疏通知远，洁静精微，属辞比事，而且更教人要温柔敦厚，广博易良，恭俭庄敬，使人的智识与道德都得到完满的发展。就庄子的话来看，“六艺”的宗旨所在也是人的理想与志向，即人对自然与社会的认识，人的道德行为，人与人的关系和秩序。总而言之，“六艺”的宗旨，就在于使人获得知识与道德等各方面的全面提升，从而成为一个品格完美的人。

正因为六艺的宗旨在于使人获得知识与道德等各方面的提升，从而成为一个品格完美的人，所以，马一浮强调，“六艺不是空言，须求实践”，它与人类心灵和日常生活有着密切的关系。比如，他指出，礼者天地之序，乐者天地之和，故曰礼乐不可斯须去身。仁者见之谓之仁，知者见之谓之知，百姓日用而不知，自性本身是仁智，由不见故日用不知，溺于所习，流为不仁不和。礼乐本自粲然，不可须臾离。由于不肯率由，遂至无序不和。“今人亦知人类须求合理的生活，亦曰正常生活，须知六艺之教即是人类合理的正常生活，不是偏重考古徒资言说而于实际生活相远的事。”（《泰和会语·论六艺赅摄一切学术》）也正是在这个意义上，马一浮认为六艺代表了中国的一切固有学术，其他诸子都不过是它的支流而已。这也是他后来提出“六艺赅摄一切学术”的立论依据。

显而易见，马一浮是站在儒学本位的立场上来楷定国学之名义的。它反映了马一浮的现代新儒家的文化取向和思想特征。实际上，作为我国固有学术的代名词，国学所包含的内容十分广泛和丰富，绝不是儒学的“六艺”所能替代的，故此，马一浮的此论一出，立即遭到了人们的非议，他的一位朋友就曾当面指出，“若依此说法，殊欠谨严，将有流失”，并希望他能“亟须自己检点”。（转引见《泰和会语·举六艺明统类是始条理之事》）

2.“六艺赅摄一切学术”

既然“六艺”是孔子之教，我国两千年来普遍承认一切学术之原皆出于此，其他诸学均不过是它的支流而已。因此，马一浮认为，六艺不仅可以楷定为“国学”，而且可以“赅摄一切学术”，他并从事物种类之归属角度阐述了“六艺赅摄一切学术”的理由。他指出，“何以言六艺赅摄一切学术？约为二门：一、六艺统诸子；二,六艺统四部”。（《泰和会语·论六艺赅摄一切学术》）

所谓“六艺统诸子”，即是说“诸子出于六艺”。马一浮既反对《汉志》关于先秦诸子出于王官的说法，同时也不赞成章学诚在《文史通义》所提出的“六经皆史”的意见。他辩驳章学诚的“六经皆史”说道：章氏的“六经皆史”之说，以六经皆先王政典，守在王官，古无私家著述之例，遂以孔子之业并属周公，而不知孔子祖述尧舜，宪章文武，乃以其道言之，着政典则三王不同礼，五帝不同乐，且孔子称韶武则明有抑扬，论十世则知其损益，并不专主于从周。如果像章氏所说的那样，则孔子未尝为太卜，不得系《易》；未尝为鲁史，不得修《春秋》矣。由此可见，“实斋（章学诚字——引者）之论甚卑而专固，亦与公羊家孔子改制之说同一谬误”。（同上）

实际上，马一浮指出，诸子不出于王官，而出于六艺，六艺与诸子的关系，犹如《庄子·天下》中所说的“道术”与“方术”的关系，“道术为该遍之称，而方术则为一家之言，方术（诸子）出于道术（六艺），是道术（六艺）之流失，《礼记经解》就说过：“《诗》之失愚，《书》之失诬，《乐》之失奢，《易》之失贼，《礼》之失烦，《春秋》之失乱。”其实六艺本来是没有流失的，“学焉而得其性之所近，俱可适道”。所以会有流失，这都是“习”所造成的结果。因为心习才有所偏重，便一向往习熟一边去，而于所不习者，便有所遗。“高者为贤知之过，下者为愚不肖之不及，遂成流失。”（《泰和会语·论六艺赅摄一切学术》）

他进一步指出《汉志》所记诸子九流十家，举其要者仅为五家，即儒、墨、名、法、道是已。墨、名、法、道这四家而言，墨家统于《礼》，名法亦统于《礼》，道家统于《易》，它们与六艺的关系可概括为四句话，即（1）得多失多，（2）得多失少，（3）得少失多，（4）得少失少。具体来说，墨家虽非《乐》，而“兼爱”、“尚同”实出于《乐》；“节用”、“尊天”、“明鬼”出于《礼》，而“短丧”不与《礼》悖，《墨经》难读，又兼名家，亦出于《礼》。是墨家之于《礼》、《乐》，得少而失多。名家如惠施、公孙龙之流，虽极其辩，无益于道，可谓于六艺是得少失少。法家统于礼，但同时又往往兼道家言，如管子《汉志》本在道家，韩非也有《解老》、

《喻老》，自托于道。“其于《礼》与《易》，亦是得少失多。”道家统于《易》，体大观变最深，故老子得于《易》为多，而流为阴谋，其失亦多。《庄子·齐物》好为无端厓之辞，以天下不可与，故庄子虽然得于《乐》之意为多，但“不免流荡，亦是得多失多，《乐》之失奢也”。据此，马一浮得出结论：观于四家之得失，“可知其学皆统于六艺，而诸子学之名可不立也”。（《泰和会语·论六艺赅摄一切学术》）

所谓“六艺统四部”，即是说传统的学术分类方法：经、史、子、集都源自六艺。首先就经部而言，马一浮指出，今经部立十三经、四书，而以小学附之，本为未允。六经唯《易》、《诗》、《春秋》是完书，《尚书》今文不完，古文是依托。《仪礼》仅存《士礼》，《周礼》亦缺《冬官》。《乐经》本无其书。《礼记》是传不当，遗大戴而独取小戴。左氏、公羊、谷梁三传亦不得名经，《尔雅》是释群经名物，唯《孝经》独专经名，其文与《礼记》诸篇相类似。《论语》出孔门弟子所记，《孟子》本与《荀子》同列儒家，与二戴所采曾子、子思子、公孙尼子七十子后学之书同科，应在诸子之列。但以其言最醇，故以之配《论语》。然曾子、子思子、公孙尼子之言亦醇，何以不得与孟子相并列。故此，他主张应该仿照佛书书目，“定经部之书为宗经论、释经论二部”，而原有的经学、小学的名目则可废而不立。具体来说，六艺之旨散在《论语》而总在《孝经》，是为宗经论；《孟子》同二戴所采曾子、子思子、公孙尼子诸篇，也同为宗经论；子夏所作的《仪礼丧服传》，左氏、公羊、谷梁所作的“三传”以及《尔雅》、《礼记》等为释经论。

其次，从史部来看，马一浮指出，司马迁作《史记》，自附于《春秋》，班志因之纪传，虽由司马迁所创，但实兼用了《春秋》的编年之法。多录诏令、奏议，则亦《尚书》之遗意。诸志特详典制，则出于《礼》，如《地理志》祖《禹贡》，《职官志》祖《周官》。而纪事本末体类的史书，则是左氏《春秋传》之遗则。由此可见，编年记事出于《春秋》，多存论议出于《尚书》，记典制者出于《礼》。既然“诸史悉统于《书》、《礼》、《春秋》，而史学之名可不立也”。子部已见于“六艺统诸子”。

再其次来看集部，马一浮指出，集部的文章体制，流别虽繁，但“皆统于《诗》、《书》”。诗以道志，书以道事，所以文章尽管极其变化，然而终究“不出此二门”。志有浅深，故言有粗妙；事有得失，故言有纯驳。思知言不可不知人，知人又当论其世，故观文章之正变，而治乱之情可以洞见。《诗大序》曰：“治世之音安以乐，其政和；乱世之音怨以怒，其政乖；亡国之音哀以思，其民困。”《论语》也说：“诵诗三百，授之以政不达，虽多亦奚以为。”可见诗教通于政事，书以道事，书教亦即政事也。故知诗教通于书教，诗教本仁，书教本知。古时候教诗于南学，教书于北学，即表仁知。教乐于东学表圣，教礼于西学表义，故仁、知、圣、义，即是诗、书、乐、礼四教。诗之失愚，而失愚者不害为仁，所以在六艺之中，诗教失之最少。既然“一切文学皆诗教、书教之遗”，那么集部之名也就没有任何存在的理由。

马一浮进一步认为，“六艺”不仅“赅摄”中国固有的一切学术，而且也可“赅摄”西来的一切学术，是整个人类思想文化的代表。他在《论西来学术亦统于六艺》的讲解中指出：六艺不唯统摄中土一切学术，亦可统摄现在西来一切学术。具体来说，西方的自然科学可统于《易》，社会科学（或人文科学）可统于《春秋》。因《易》明天道，凡研究自然界一切现象皆属之；《春秋》明人事，凡研究人类社会一切组织形态者皆属之。物生而后有象，象而后有滋，滋而后又数，今人以数学、物理为基本科学，是皆《易》之支派与流裔。以其言皆源于象数，而其用在于制器，所以，“凡言象数者，不能外于《易》也”。人类历史进程皆由野蛮而进于文明，由乱世而进入治世，其间的盛衰、兴废、分合、存亡之迹，蕃变错综。欲识其因应之宜，正变之理者，必比类以求之，是即《春秋》之比事；说明其教，此即《春秋》之属辞。属辞以正名，比事以定分。社会科学之义，亦是以说明名分为依归。所以“凡言名分者，不能外于《春秋》也”。其他如文学、艺术，统于《礼》、《乐》，政治、法律、经济，统于《书》、《礼》。宗教虽信仰不同，亦统于《礼》，所谓之于礼者之礼也。哲学思想派别虽殊，浅深大小亦皆各有所见，然而大抵本体论近于《易》，认识论近于《乐》，经验论近于《礼》，唯心者《乐》之遗，唯物者《礼》之失。凡言宇宙者，皆有《易》之意，言人生观者，皆有《春秋》之意。

“西来学术亦统于六艺”，还不仅仅在于从“类”的角度看，儒家六艺之学已大致涵括了西方学术所研究的对象和范围，而且从其为学的目的和本质看，儒家的六艺之学也能够“赅摄”西方学术。马一浮指出，西方为学的目的和本质是追求所谓“真”、“善”、“美”，而“真”、“善”、“美”则包含于六艺之中，“《诗》、《书》是至善，《礼》、《乐》是至美，《易》、《春秋》是至真”。因为《诗》教主仁，《书》教主智，合仁与智，则是至善。《礼》是大序，《乐》是大和，合序与乐，则是至美。《易》穷神化，显天道之常，《春秋》正名拨乱，示人道之正，合正与常，则是至真。就此，马一浮得出结论：“全部人类之心灵其所表现者，不能离乎六艺也；全部人类之生活其所演变者，不能外乎六艺也。”（《泰和会语·论西来学术亦统于六艺》）

就马一浮的“西来学术亦统于六艺”来看，实际上它与近代以来的“西学中源”说相类似，或者说是“西学中源”说的翻版或变种。“西学中源”说的中心思想是认为西方近代文化源自于古代中国，所谓“西学之渊源皆三代之教所有事”。近代倡说“西学中源”说的主要是早期洋务派和后来维新派，他们倡说“西学中源”说的目的，是为了排除顽固守旧派对学习西学的强大阻扰，说明西学并非是与华夏文明异类的夷狄之学，而是我们自己祖宗所创后来又丧失了的文化遗产，向西方学习不是什么“以夷变夏”，而是“礼失求诸野”。但与早期洋务派和后来维新派不同，马一浮提出“西来学术亦统于六艺”说的目的不是为了向西方学习，而是为了说明儒家的“六艺之道”是放之四海而皆准的真理，能够成为未来世界文化发展的方向和依归。他在《论西来学术亦统于六艺》中写道：“学者当知六艺之教因是中国至高特殊之文化，唯其可以推于全人类，放之四海而皆准，所以至高；唯其为现在人类中尚有多数未能了解，百姓日用而不知，所以特殊，故今日欲弘六艺之道，并不是狭义的保存国粹，单独地发挥自己民族精神，而只是要使此种文化普遍地及于全人类，革新全人类习气上之流失，而复其本然之善，全其性德之真。方是成己成物，尽己之性尽人之性，方是圣人之盛德大业。”他并且断言，只要天地一日不毁，人心一日不灭，则六艺之道就会炳然常存，“世界人类一切文化最后之归宿，必归于六艺，而有资格为此文化之领导者，则中国也”。（同上）

马一浮提出“西来学术亦统于六艺”说是在抗日战争初期，其时不仅东方日本发动了对中国大规模的侵略战争，西方的德国也在蠢蠢欲动，即将挑起第二次世界大战，人类文明面临着被毁灭的危险，用马一浮的话说，是“劫火洞然，已遍大千，定业难回，真是佛来亦救不得”。（《尔雅台答问续编》卷一）面对如此处境，马一浮主张弘扬儒学六艺之道，使之成为世界未来文化发展的方向和依归，从而“革除人类习气上之流失，而复其本然之善，全其德性之真”，这一方面固然反映了他对人类前途的忧虑与关怀，他并将这种忧虑与关怀升华为神圣的使命感，力图以儒家的六艺之道来拯救人类于水火之中；但另一方面也体现了他那保守主义的文化立场和心态。因为就其主张的实质而言，这是一种“东方文化救世论”。

“东方文化救世论”是第一次世界大战后出现的一种具有国际性质的文化思潮，这种思潮认为，西方文化已陷入严重的危机，只有古老的东方文化，尤其是中国的儒家文化才能拯救其弊，因为以精神文明为特征的中国儒家文化从根本上来说，远比以物质文明为特征的西方文化优越。五四前后的梁启超、梁漱溟、张君劢等人就是“东方文化救世论”的鼓吹者。如梁启超在其《欧游心影录》中号召中国青年以“孔老墨三位大圣”和“东方文明”来拯救第一次世界大战后陷入严重危机的西方文明，他大声疾呼：“我们可爱的青年啊，立正，开步走！大海对岸那也有几万万人愁着物质文明破产，哀哀欲绝地喊救命，等着你来超拔他哩。”梁漱溟在《东西文化及其哲学》的《序言》中，谈到他为什么提倡“新孔学”的原因时指出：“我又看着西洋人可怜，他们当此物质的疲弊，要想得到精神的恢复，而他们所谓精神又不过是希伯来那点东西，左冲右突不出此圈，真是所谓未闻大道，我不应导他们于孔子这一条路上来吗？”和梁启超、梁漱溟相类似，马一浮也在其《泰和会语》中，希望人们慎勿安于卑陋，以中国经济落后为耻，以能增高中国国际地位遂以为可矜，而舍弃自己无上之家珍，拾人之土苴绪余以为宝。须知今日西洋的发达国家，虽然民富国强，但在文化上实是疑问，它们只有进于儒家的“六艺之教”，而后才有可能成为“有道之邦”。他“不独希望吾国人兴起，亦望全人类兴起，相与坐进此道，勉之，勉之”。(《泰和会语·论西来学术亦统于六艺》)

这里需要指出的是，马一浮虽然认为儒家的“六艺之道”是放之四海而皆准的真理，能够成为世界未来文化发展的方向和依归，但他并不主张固守传统，而是对“六艺之道”作了现代的诠释和理解，他要求听他讲“六艺论”的诸生应认识到六艺之道是前进的，绝不是倒退的，切勿误为开倒车；是日新的，绝不是腐旧的，切勿认为重保守；是普遍的，是平民的，绝不是独裁的，不是贵族的，切勿误为封建思想。他并强调，要说解放，这才是真正的解放，要说自由，这才是真正的自由，要说平等，这才是真正的平等。（同上）马一浮的这种既认同和维护传统，又不固守传统的思想特质，在现代中国思想文化史上具有其典型的代表意义。

总之，在马一浮看来，无论是中国的固有学术，还是西方诸学，不管何种学派，何种学科，均可统摄于儒家的六艺之学，所以说："六艺赅摄一切学术。"

3. "六艺统摄于一心"

马一浮指出，明了六艺赅摄一切学术，其中包括西方学术，这只是始条理，还不是终条理。始条理讲的是"统类是一"，为"智之事"，终条理讲的是"本末一贯"，为"圣之事"，而圣之事高于智之事，或者说圣之事是智之事的目的或依归。所以，仅仅明了六艺赅摄一切学术还不够，还必须明了六艺统摄于一心，这样才能"言必归宗，期于圣人之言，无所乖畔"。（《泰和会语·举六艺统类是始条理之事》）

为什么说"六艺统摄于一心"呢？他指出，六艺本是吾人性分内所具有的事，不是圣人突发奇想而安排出来的。吾人性量本来广大，性德本来具足，六艺之道就是从此性德中自然流出来的，所以说"性外无道"。从来讲性德者，举一全该则曰仁；开而为二为仁知，为仁义；开而为三则为知、仁、勇；开而为四则为仁、义、礼、知；开而为五则加信而为五常；开而为六则并知、仁、圣、义、中、和而为六德。就其真实无妄言之则曰至诚；就其理之至极言之则曰至善。故一德可备万行，万行不离一德。知是仁中之有分别者，勇是仁中之有勇决者，义是仁中之有断制者，礼是仁中之有节文者，信即实在之谓，圣则通达之称，中则不偏之体，和则顺应之用，这些都是吾人自心本具的。而“心统性情”，性是理之存，情是气之发，存谓无乎不在，发则见之流行。理行乎气中，有是气则有是理，因为气禀不能无所偏，故有刚柔善恶，先儒称之为气质之性。圣人之教所以能使人自易其恶，自至其中，原因就在于它能变化人的气质，能复其“本然之善”。此本然之善又名为“天命之性”，亦即“纯乎理者”。此理自然流出诸德，故亦名为天德；见诸行事，则为王道。“六艺者，即此天德王道之所表现。故一切学术皆统摄于六艺，而六艺实统摄于一心。即是一心之全体大用也。”(《泰和会语·论六艺统摄于一心》)

就马一浮的这一段论述来看，他所以认为“六艺统摄于一心”，是以宋明新儒家的心性之学为立论基础的。所谓“心性之学”是研究人的本质、本性和自我价值及其如何实现的哲学理论。它探讨人与自然社会的相互关系，说明人的生命、情欲、知觉和道德理性、精神自由的相互关系及心性修养方法。其基本特征表现为：通过人的自我意识对生命、情欲，及至伦理道德和自然、社会的一切物质、精神现象进行自我超越。这些理论又涉及人的生理（生命、食色)、心理（感情、意志)、伦理（仁、义、礼、智、信）和认识论（知、行、学、思）等各方面的综合关系。所以“心性之学不仅是一种形上的本体哲学，而且具有生理、心理、伦理和认识论相结合的特征”。(韩强《现代新儒学心性理论评述》第二页，辽宁大学出版社一九九二年版)

心性之学是儒家传统的主流。早在春秋时代，儒家学派的创始人孔子就提出了“性相近也，习相远也”的观点，尽管他没有具体论述人性善恶问题，但在其仁学思想中已包含有心性修养的内容。战国时期，孟子提出性善论，荀子提出性恶论。孟子的性善论从强调道德感情的先天性走向了内心直觉的良知、良能。荀子的性恶论从强调自然情欲走向了认识后天道德的理智方法。孟、荀在承认人类先天性善或性恶的同一性基础上，认为具体个人的道德修养决定君子与小人的社会差别。孟子的性善论和荀子的性恶论的提出，标志着儒家心性之学的基本形态的确立。后来又经过两汉儒家宇宙本质的气化人性论和魏晋玄学的人性本体论的发展，到宋明时期形成了宋明新儒家的心性本体论。宋明新儒家的心性本体论是儒家心性之学最为丰富和完备的学说。

宋明新儒学的心性本体论在吸收、扬弃和融合先秦儒家的先天人性论、两汉儒家的气化人性论、魏晋玄学的人性本体论，以及佛教的“自性清净心”的心体用论的基础上，探讨了人性的来源和心、性、情的关系等问题。其特点是把人的存在、本质及其自我价值提升到宇宙本体的高度，从而充分体现了道德理性的自我超越意义。但由于对理、气、心、性等范畴的解释不同，宋明新儒学的心性本体论又分为程朱理学的心性论和陆王心学的心性论两大流派。程朱理学的心性论认为性即理，而心则不即是理（性），心是理与气合而后有，“心统性情”。陆王心学的心性论认为，心即性即是理，反对外于心而求理。

马一浮是站在调和程朱理学的心性论与陆王心学的心性论之立场上来说明“六艺统摄于一心”的。一方面他吸取了陆王心学的心外无理、性外无道的观点，认为六艺之道根于人心，是人心中所包含的性德的自然流露，或者说是自己性分内中的“本然之理”；另一方面他又接受了程朱理学的“心统性情”的命题。“心统性情”的命题最早是由张载提出来的，张载认为，心是总括性情与知觉而言，“合性与知觉，有心之名”，是根本的；“天授于人则为命，亦可谓性，人受于天则为性，亦可谓命”；“性即天也”，所以“性又大于心”，有性再加知觉，便成为心；性之发则为情，情亦是心的内容。后来朱熹发挥了张载“心统性情”的思想，使之成为理学心性论的重要组成部分。朱熹说：“横渠云‘心统性情’，此说极好。”

因为“统，犹兼也，心统性情，性情皆因心而后见，心是体，发于外谓之用”。“性者，理也。性是体，情是用，性情皆出于心，故心能统之。”他还用水的静动来说明“心统性情”，心如水，性如水之静，情如水之流。和朱熹一样，马一浮也认为“心统性情”，性与情是心的体与用。在给学生张德钧的示语中他写道：“性即心之体，情乃心之用，离体无用，故离性无情，情之有不善者，乃是用上差忒也，若用处不差，当体即是性，何处更觅一性。”（《尔雅台答问》续编卷一）故此他认为，一切学术皆统摄于六艺，而六艺又统摄于一心。亦即一心之全体（性）大用（情）。具体而言，他提出，《易》本隐以之显，即是从体起用；《春秋》难见至隐，即是摄用归体，故《易》是全体，《春秋》是大用。《易》言神化，即体乐之所从出；《春秋》明人事，即性道之所流行，《诗》、《书》并是文章，文章不离性道，故《易》统《礼》、《乐》，《春秋》该《诗》、《书》。

正是从“心统性情”这一命题出发，马一浮又接受了程朱理学的心性论的另一重要思想，即认为性有“天命之性”和“气质之性”，“天命之性”是“理”，“气质之性”是“气”。“气”有“清”、“浊”之分，因而人也有善与恶之分，人禀其清气者为善，禀其浊气者为恶。朱熹就说过：“人之性皆善，然而有生来善底，有生下来便恶的，此是气禀不同。且如天地之运，万端而无穷，其可见者，日月清明，气候和正之时，人生而禀此气，则为清明浑厚之气，须做个好人，若是日月昏暗，寒暑反常，皆是天地之戾气，人若禀此气，则为不好的人何疑！”（《朱子语类》卷四）所以，儒家的任务，就是通过道德修养的提倡，使人们变化气质，弃恶从善，“存天理而灭人欲”。和程朱理学的心性论不同，陆王心学的心性论是不讲“天命之性”与“气质之性”的，而专讲“性本善”，“善”是人性之本，“恶”是物欲之迁。只要反身内求，修身养性，“人人皆可为尧舜”，“成圣人”。马一浮关于“理行乎气中，有是气则有是理，因为气禀不能无所偏，故有刚柔善恶，先儒称之为气质之性”的说法，显然源自于程朱理学的心性论；而他对人性“本然之善”的强调，又与陆王心学的“性本善”如出一辙。马一浮的这种调和程朱理学与陆王心学的取向，在他的“义理名相论”，亦即他的哲学思想中体现得更为鲜明。

马一浮还借用佛教的总相与别相的概念对“六艺统摄于一心”作了进一步的说明，他指出，《中庸》所说的“惟天下至圣，为能聪明睿智，足以有临也”，这为“德之总和”；“宽裕温柔足以有容也”，这为“仁德之相”；“发强刚毅足以有执也”，这为“义德之相”；“齐庄中正足以有敬也”，这为“礼德之相”；“文理密察足以有别也”，这为“智德之相”；而所有这一切又“为圣人果上之德相”。《礼记经解》所讲的温柔敦厚，疏通知远，广博易良，恭俭庄敬，洁静精微，属辞比事，“则为学者因地之德相”。其中洁静精微之因德与聪明睿智之果德，并属总相，其余则为别相，曰圣，曰仁，亦是因果相望，并为总相。但“总不离别，别不离总，六相摄归一德，故六艺摄归一心”。（《泰和会语·论六艺统摄于一心》）

“六艺统摄于一心”，也就是“万行不离一德”。什么是“一德”呢？马一浮认为，这“一德”便是“仁”，而“仁”是天理，亦是人性，“人之性即天之理”，（《尔雅台答问》续编卷二）因此，“六艺统摄于一心”，即是六艺统摄于“人性”，或“天理”。故此，他一再强调“仁是性德，道是行仁，学是知仁；仁是尽性，道是率性，学是知性，学者第一事便要识仁”。（《复性书院讲录》卷二《论语大义》）

以上是马一浮的“六艺论”，亦即他的学术文化观的主要内容。就其主要内容来看，它反映了马一浮的现代新儒家的文化取向和思想特征，这主要表现在以下几个方面：

第一，以儒家文化为中国文化的正统和代表。马一浮的“六艺论”的一个重要观点，就是认为儒家六艺才是中国文化的本源和正统，其他诸学都不过是儒家六艺的“支与流裔”，二者之间的关系，是“道术”与“方术”的关系。所以，他主张重新楷定国学名义，以六艺之学来取代国学作为中国固有学术的代名词。

第二，以儒家文化为未来世界文化发展的方向和依归，中国文化向何处去？世界文化向何处去？这是自第一次世界大战结束以后中国学术界比较关切的问题之一。早在一九二一年，现代新儒学的开山人物梁漱溟就在他那本毁誉参半的《东西文化及其哲学》中公开打出了复兴儒学的旗号，主张以“孔家的路”为未来世界文化发展的方向和依归。犹如梁漱溟，马一浮也在他的“六艺论”中主张以儒家六艺为“世界人类一切文化最后之归宿”。正如我们在文中已经指出的那样，他提出“西来学术亦统于六艺”的目的，就是为了说明儒学的“六艺之道”是放之四海而皆准的真理。因此未来世界文化发展的方向和依归非儒家六艺而莫属。

第三，以儒家文化会通中西一切学术。马一浮在“六艺论”中提出“六艺赅摄一切学术”，其中包括西来学术，而“赅摄”如我们在介绍他的思想来源时所指出，不是取代、排斥的意思，而是包含、摄取融合的意思。马一浮的一个基本观点就是认为，儒学是全部人类思想文化的精华和代表，其所阐扬的六艺之道，并非为儒学所专有，同时也包含在其他学术之中，只是儒家六艺得其全，而其他诸学仅得其部分而已。如他论六艺统诸子时，就认为包括墨、法、名、道在内的诸子都是六艺的“流失”。论西来学术亦统于六艺时也指出：西来学术皆各有对执，而不能观其会通。庄子所谓各得一察焉以自好，各为其所欲以自为方者，由其习使然。若能进之以圣人之道，它们就都能成为六艺之材。道一而已，因有得失，故有同异。同者得之，异者失之，这也就是《易》所说的“天下同归而殊途，一致而百虑”。但遗憾的是，“彼虽或得或失皆在六艺之中，而不自知其为六艺之道”。(《泰和会语·论西来学术亦统于六艺》)故此，他主张以儒学会通一切学术。当然在其会通中，要以儒学为主，其他诸学包括西学只能处于从属或被统摄的地位。

五、“义理名相论”

如果说“六艺论”是马一浮的学术文化观，那么，“义理名相论”则是他的哲学思想。在《宜山会语》首篇《说忠信笃敬》中，马一浮指出，他向来所讲，谓一切学术皆统于六艺，而六艺之本，即是吾人自心所具之义理，义理虽为人心所同具，但不致思则不能得，故曰：学原于思。而要引入思维，先须辨析名相，故先述六艺大旨，其后略说义理名相，以便指出一条路径，为听他讲学的诸生致思穷理之助。因此，他泰和讲学讲完“六艺论”后，接下来便讲“义理名相论”。但只讲了两讲，浙江大学就因日寇进逼而南迁广西宜山，他的“义理名相论”最后是在宜山讲完的，后来在《复性书院讲录》、《尔雅台答问》和《太极图说赘言》中，他又作了进一步的补充和发挥。概而言之，马一浮的哲学主要由本体论和认识论组成，在本体论上，他主张“理气一元”，在认识论上，他主张知行合一，性修不二。

1. 理与气

马一浮对理气关系的探讨，首先是从辨明理之本体与名相的关系开始的。他在《义理名相一：理气——形而上之意义》中开章明义就指出：今欲治六艺，以义理为主。义理虽然是人心都具有的，但非有证悟，不能显现。尽管由于根器有利有钝，用力有深有浅，证悟不是一时就能得到的，然而只要向内体究，落实在人的身心上，而不专持闻见，停留在知识一边，久久必可得之。而体究下手之方，是先入思维。因为体是反之自身之谓，穷是穷尽所以然之称，亦称之为体认，认即审谛、察识或体会之意。所以引入思维要赖名言，名言是能诠，义理是所诠，诠表之用，在明其相状，故曰名相。

名相亦就是言象。他打比方说，这就像一个人，名是他的名字，相是他的状貌，如他的照相。在未识此人之前，举其名字，看其照相，可以对此人有一个大概的印象。然而亲见此人之后，照相便用不着了，因为人的状态是活的，决非一张或多张相片所能表现，人也毕竟不是名字，不可将名字当做人，识得此人，便不必一定要记他的名字。故《庄子》上说："得言忘像，得意忘言。"《易传》上说："书不尽言，言不尽意。"《老子》上说："道可道，非常道；名可名，非常名。"

由此出发，马一浮不赞成那种认为魏晋间人善名理的观点，他指出："魏晋间人好谈老庄，时称为善名理，其实即是谈名相。"因为所言之理，只是理之相，若理之本体，亦即"性"，只有通过自证才能显现，而非言说可以得到。宋儒程颢、程颐就说过："才说性时，便已不是性了。"所以可以说出来的，不过是名相亦即义理的状貌或现象而已。实际上，在马一浮看来，要认识义理的本体，即"性"，就应像佛家那样，每以性相对举，先是依性说性，最终

“会相归性”，亦即通过自反、自证这些向内体究的功夫，以自己的性同所了解的义理加以印证，而不能像魏晋间人那样，空谈名相，仅仅满足于对义理作出某种文字上的解释。

在辩明了义理之本体与名相的关系之后，马一浮就理与气的关系展开了充分论证。在他看来，《易》为六艺之原，十翼是孔子所作，它既是一切义理之所从出，也是一切义理之所宗归，所以要说义理名相，就应先求之于《易》。他认为《易》有三义，一为变易；二为不易；三为简易。气是变易，理是不易，全气是理，全理是气，即是简易。如果只明变易，易堕断见；只明不易，易堕常见。只有明了变易原是不易，不易即在变易的道理，双离断常二见，才能名为正见，正见亦就是简易。“易简而天下之理得矣，天下之理得而成位乎其中矣。”

马一浮在这里所说的“断见”，是指对宇宙运动中现象的认识，所说的“常见”，是指对宇宙运动中本体的认识，前者只看到宇宙运动中气化流行，万物滋生的现象，后者只看到宇宙运动中虚静常在之本体，因而都是片面的，都不是对宇宙运动的正确认识与理解。就马一浮上述论证来看，他认为理与气的关系，犹如不易与变易的关系一样，第一，气从乎理或理为气之主宰（所谓“变易原是不易”），第二，理在气中（所谓“不易即在变易”）；第三，理气合一或理气一元（所谓“全气是理，全理是气，即是简易”）。

马一浮还从形而上与形而下、道与器、体与用的分别上对理与气的这种关系进行了说明。他指出，形而上者谓之道，形而下者谓之器，道即言乎理之常在者，器即言乎气之凝成者。又说：理气同时而具，并无先后之分。就其流行之用而言谓之气，就其所以流行之体而言谓之理，用显而体微，言说可分，实际不可分也。

我们知道，理与气是宋明新儒学的一对主要范畴，几乎所有的宋明新儒家都对理气关系作过探讨，并根据对理气关系的不同认识，他们鲜明地分为理本论与气本论两大流派。理本论的代表人物有程颢、程颐和朱熹。气本论的代表人物有张载、王廷相、罗钦顺和王夫之。作为宋明新儒学中主要派别程朱理学的奠基者，程颢和程颐继承和改造了中国哲学史上“理”的概念，把它说成是宇宙的最高本体，天地万物存在的根据，并在此基础上认为万物皆由气变化而成，而气有其所以然，气之所以然就是理，也称为道，理（或道）与气的关系是形而上与形而下的关系，“气是形而下者，道（或理）是形而上者，形而上者则是密也”。他们虽然没有提出和讨论过理气先后的问题，但他们认为“有理而后有象，有象而后有数”，实际上仍是一种“理在气先”论。后来朱熹又进一步继承和发展了二程的理本论观点，对理与气的关系作了论证。他说：“天地之间有理有气。理也者，形而上之道也，生物之本也；气也者，形而下之器也，生物之具也。”在讲到具体生物的生成时，朱熹虽然强调理气不分，“天下未有无理之气，亦未有无气之理”，但他认为理与气的地位和作用是不一样的，前者是“生物之本”，是事物生成的根据或本原，后者只是“生物之具”，是构成事物的材料。他进而明确指出：“有是理使有是气，但理是本”，从事实上讲，理气不离，“本无先后之可言”，但从逻辑上“抑其所从来”，“以本体言之”，则“先有是理，后有是气”。

和理本论者相反，气本论者则肯定实体“气”是一切存在的基础，“理”是气变流行的秩序、条理，不是“理在气先”，而是“埋在气中”，理和气是不可分离的。理气关系是物质运动的规律和物质自身的关系。如气本论的奠基者宋代的张载就认为一切存在都是气，“凡可状皆有也，凡有皆象也，凡象皆气也”，如果离开气的运动变化，就根本无从谈理了。明代哲学家王廷相继承和发展了张载的气本论的思想，认为气是世界上唯一的实体，而理是“虚无象”，不能离开气而独立存在。与王廷相同时代的罗钦顺则强调“理在气中”，认为理气为一，而决非两种物，“理只是气中之理”。明清之际的王夫之更将气本论发展到一个新的水平，明确提出“气”是世界的本体，“理”不过是气固有的秩序条理，即气运动变化的规律，理气是不可分离的，认为程朱“将理气分作二事，则是气外有理矣”，而事实上“气外更无虚托孤立之理”，并针对程朱的“理先气后”说，他强调指出“理在气中”，理气没有先后之分。

就马一浮对理气关系的论证来分析，他显然与二程、朱熹一样，是一个理本论者。首先，他也认为理是宇宙的最高本体，是万物存在的根据。比如他在谈到天地万物形成的原因时就指出：天地万物是形而上之“理”，逐节往下推，而产生的结果，有天地然后有万物，有万物然后有男女，物生而后有象，象后有滋，滋而后有数见，乃谓之象形，乃谓之器。天尊地卑，乾坤定矣；卑高以陈，贵贱位矣；动静有常，刚柔断矣；方以类聚，物以群分，吉凶生矣；在天成象，在地成形，变化见矣。“这一串都是从上说下来，世界由此安立，万事由此形成，而皆一理之所寓也。”（《泰和会语·义理名相一：理气——形而上之意义》）又说：“万物一理，即万物一体，实理为一切人与物之鼻祖。”（《太极图说赘言》）其次，他也认为气从乎理，理是气的主宰，“即有此理，便有此气”，“变易（气）原是不易（理）”，气虽与理同时存在，但因理动才显现出来。他说：理本是寂然的，及动而后始见气，故曰气之始。气何以始？始于理动，理动而后能见也。动由细而渐粗，从微而至著，故由气而质，由质而形，形而上者即从粗以推至细，从可见者以推至不可见者，逐节推上去，即知气未见时纯是理，气见而理即行乎其中，“故曰体用一原，显微无间，不是元初有此两个事物相对出来也”。（《泰和会语·义理名相一：理气——形而上之意义》）第三，正因为在马一浮看来气从乎理，理是气的主宰，所以犹如朱熹，尽管他一再强调体用一原，理气不相分离，但他认为理与气的作用和地位是不一样的，理是形而上之道，气是形而下之器，“道”是“常在者”，而“器”是“凝成者”；理是宇宙流行之“体”，气是宇宙流行之“用”，“体”是天地万物生成的根据或本原，而“用”不过天地万物的各种表现而已。

马一浮虽然和二程、朱熹一样是一个理本论者，但他并不赞成二程、朱熹的“理在气先”的观点，而是认为理气同时俱在，没有先后之分。他在解释《乾凿度》上的“太易者未见气也，太初者气之始也，太素者质之始也，太始者形之始也”这一句话说：此言有形必有质，有质必有气，有气必有理。未见气即是理，这犹如程子所谓“冲漠无朕”，理气未分可说是纯乎理，然非是无气，只是未见。邵康节讲：“流行是气，主宰是理。”不善会者每以理气为二元，不知动静无端，阴阳无始，“理气同时而具，本无先后，因言说乃有先后（两字不能同时并说）”。我们在介绍朱熹对于理气关系说明时已经提到，朱熹认为从事实上讲理气不离，本无先后之可言，但从逻辑上“推其所从来，是先有是理，后有是气，理先气后”。然而马一浮则认为无论从事实还是从逻辑上讲，理气都同时俱在，本无先后，只因用言辞表达时两字不能同时并说，乃有先后之分。

从理气同时俱在，本无先后这一前提出发，马一浮特别强调理气在宇宙运动变化过程中的不可分离性；气不能离理而存在，理也不能离气而存在。他说：法象莫大乎天地，此言天地设位，乾坤成列，皆气见以后之事，而易行乎其中，位乎其中，则理也。乾坤毁则无以见易，离气则无以见理，易不可见，则乾坤或几乎息矣，若无此理，则气亦不成。他还借用儒家的“生生之谓易”思想对理气在宇宙运动变化过程中的不可分离性进行了说明：“易有太极，是生两仪，两仪生四象，四象生八卦，故曰生生之谓易。生之理是无穷的，太极未形以前冲漠无朕，可说气在理中，太极既形以后万象森然，可说理在气中。”（《泰和会语·义理名相一：理气——形而上之意

义》)

既然理气在宇宙运动变化的过程中并非是分离的，在形上阶段只有理，在形下阶段只有气，而是无论在形上或形下阶段，理气都互相依凭，圆融统一，所以马一浮不同意曹月川引朱熹关于“理之乘气，犹人之乘马”的说法，认为这样的说法，则人为死人，而不足以为万物之灵；理为死理，而不足以为万化之原，并引黄宗羲的话说：“以理驭气，仍为二之。气必待驭于理，则气为死物。抑知理气之名，由人而造，向其浮沿升降而言，则谓之气；自其浮沉升降不失其则而言，则谓之理。盖一物而两名，非两物而一体也。”(《太极图说赘言》)

从以上马一浮对理气关系的论证可以看出，就本质而言，和二程、朱熹一样，他是一个理本论者，但在理本论的框架内，他又强调理气同时俱在，和它们在宇宙运动变化过程中的不可分离性，亦即比二程、朱熹更强调理气一元。因此，他的理论又具有某些气本论的因素或色彩。马一浮理论的这一特点说明：在本体论上，他的哲学是对宋明新儒学中程朱理学的继承，但同时又在继承的基础上对程朱理学作了某些修正。

2. 知与能

“理与气”探讨的是本体论，“知与能”探讨的则是认识论。在认识论上，马一浮主张知能合一(知行合一)，性修不二。他在《义理名相二：知能》中开章明义就写道：人受天地之中以生，凡属有心自然皆具知能二事。孟子说：“人之所不学而能者，其良能也；所不虑而知者，其良知也。”其言知能实本孔子《易传》。在《易传》谓之易简，在孟子谓之良，就其理之本然则谓之良，就其理气合一则谓之易简，“故孟子之言是直指，而孔子之言是全提”。所谓“全提”，是指体用、本末、隐显、内外，举一全该，圆满周遍，更无渗漏。所以全提“乃明性修不二，全性起修，全修在性”，是“简易之教”。而单提直指不由思学，不善会者便成“执性废修”。

“良知”、“良能”是孟子哲学中的一个重要思想，意思是说人一生下来就具有天赋的道德知识和天赋的道德能力。孟子的这一思想曾对中国哲学尤其是儒家哲学产生过巨大影响，明代的哲学家王阳明就在孟子这一思想的基础上提出了“致良知”的学说。但在马一浮看来，虽然“理之本然谓之良”，故良知良能即性，为人心所固具，然而不能只讲良知良能，即不能“单提直指”，因为单提直指不由思学，弄得不好会使人走上“执性废修”的歧途。

为什么不由思学的“单提直指”会使人走上“执性废修”的歧途呢？马一浮认为，其原因主要在于它与“全理是气”、“全气是理”的“理气一元”的思想不合。因为孟子讲的“良知良能”是“理之本然”，不是“理气合一”。而“理气合一”体现在认识方面就是“性修不二”，其中性以理言，修以气言，知本乎性，能主乎修，如果只讲良知良能，亦即只讲“理之本然”，那结果必然是以理废气，执性废修。

马一浮进一步指出，所谓“修”，也就是“行事”，又称“践形”，“性唯是理，修即执事”，所以“性修不二”，亦即“知行合一”，或“理事双融”。“知行合一”在概念涵义上又等于“知能合一”。因为知是本于理性所现，起之观照自觉自证境界，亦名为见地。能是随其才质发见于事为之著者，属于履边事，亦名为行。“故知能即是知行之异名，行是就其施于事者而言，能是据其根于才质而言。”（《泰和会语·义理名相二：知能》）

“知行合一”本来是王阳明提出的认识论和道德修养学说。作为宋明新儒学中陆王心学的集大成者，王阳明提出这一学说，是为了反对宋明新儒学中程朱理学“将知行分作两件去做，以为必先知了然后能行”的“知先行后”说，以及由此而造成的重知轻行，“徒悬空口耳讲学”的学风。他强调知与行的统一，特别强调“真知即所以行，不行不足以谓之知”。他论证知与行不能分离的关系说：“知是行的主意，行是知的工夫；知是行之始，行是知之成。”从知与行的这种不可分离性的前提出发，他进而否认知与行的差别和界限的存在，认为知行本体只是一个，知行工夫不能分做两截去做。“只说一个知，已自有行在；只说一个行，已自有知在。”他还提出“一念发动处，便即是行了”，认为良知向外发动时所产生的主观意念、感情、动机都可以称之为“行”，甚至知可以代行。他说：“行之明觉情察处便是知，知之真切笃实处便是行。”王夫之曾对王阳明的这种以知代行，合行于知的观点提出过批评，指出王阳明所说的知是非知，而行也是非行。“知者非知，然而犹有其知也，亦倘然若有所见也，行者非行，则确乎其非行，而以其所知为行也。”（《说命中》，《尚书引义》卷三）

马一浮主张“知能合一”（或“知行合”），“性修不二”，这显然是对王阳明的“知行合一”之认识论的继承。但他又和王阳明不同。他虽主张“知能合一”（“知行合一”）、“性修不二”，然而反对以知代能（或行），执性废修，明确指出“知是本于理性所现，起之观照自觉自证境界，亦名为见地。能是随其才质发见于事为之著者，属于履边事，亦名为行。”二者有明确的界限，不能混淆，更不能彼此取代。也正是从知行不能混淆，更不能相互取代这一前提出发，他批评王阳明的“即知即行”以知代行的观点，是“以见性为亟”，而不知道“融通”，“且但求融通，亦只是要说不重在行，言不止一端，贵有真实见地，自能真实行履”。（《尔雅台答问》续编卷一）

当然，这只是问题的一方面，问题的另一方面，或更主要的方面，马一浮所说的“知能合一”或“知行合一”指的又是什么呢？

就马一浮的整个理论来看，他说的“知”，虽然与“思”有关，但它并非是指一般对事物或知识对象的思考，更不是“闻见之知”，而是“本于理性所现”的自我反省、观照和自觉自证，因此他一再强调“知”是“亲知”，是“自我证悟的”。他解释《易·系辞》中的“易知则有亲”这句话说：“此知若是从闻见得来，总不亲切，不亲切便不是真知；是自己证悟的方是亲切，方是真知。”（《泰和会语·义理名相二：知能》）他说的“能”或“行”，虽然也含有“行为”或“践履”的涵义，但它指的主要不是人的改造客观物质世界的社会实践活动，而是个人的道德实践或道德修养行为，用他的话说：“德为内外之名，在心为德，践之于身为行，德是其所存，行是其所发；自其得于理者言之则谓之德，自其见于事者言之则谓之行。”（《复性书院讲录》卷二《复性书院学规》）所以，他一再强调“尽能”是“践形尽性”，“穷理即是尽性之事，尽性即是践形之事”。（《宜山会语·说视听言动：续义理名相一》）而要“穷理”就不能像魏晋人那样仅仅停留在对义理作出某种文字上的解释，而应像佛家那样“每以性相对举，先是依性说性，后要会相归性”，亦即通过自反、自证这些向内体究的功夫，以自己的性（或“理之本然”）同义理加以印证，实现道德的自我践履。他在解释《易·系辞》中的“易从则有功”这句话时指出：“此能若是矫揉造作，随人模仿的，无功用可言，必是自己卓然有立，与理相应，不随人转，方有功用。”（《泰和会语·义理名相二：知能》）正因为他说的“知”是“本于理性所现”的自我反省观照和自觉自证，他说的“能”或“行”是个人的道德实践或道德修养行为，故此，“知”也可以称为“性”，“能”也可以称为“修”，而“性以理言，修以气言”，所以“知能合一”或“知行合一”，也就是“理气合一”或“理事双融”。由此可见，马一浮的“知能合一”或“知行合一”、“性修不二”的认识论，和王阳明的“知行合一”的认识论一样，也是一种道德修养学说。王阳明的所谓不曾被私意隔断的知行本体，是“见父自然知孝，见兄自然知弟，见孺子人井自然知恻隐”的良知（也即马一浮所说的“理之本然”)，认为“至吾心之良知于事事物物”就是行。他的“知行合一”就是“去恶从善”，“去人欲，存天理”的工夫。

马一浮的“知能合一”或“知行合一”、“性修不二”之道德修养学说的性质，还体现在他对知能的目的与关系的说明上，他说：“理得心而不失谓之德，发于事为而有成谓之业。知至是德，成能是业也。”又说：“始条理者智之事，明伦察物尽知也；终条理者圣之事，践形尽性尽能也，圣人之学亦尽其知能而已矣。”（同上）圣人之学在“尽知尽能”，尽知是明伦察物，亦即认识人与自然的道理，成就自己的德性；尽能是“践形尽性”，亦即以自己的性（或“理之本然”）与义理加以印证，实现道德的自我践履。他在解释人所知所能是何等事时指出，说知莫大于《易传》：“仰以观于天文，俯以察于地理，是敢知幽明之故，原始反终，故知生死之说，情气为物，游魂为变，是故知鬼神之情状。”通乎昼夜之道而知，知变化之道者，其知神之所为乎？穷神知化，盛之德也，知几神乎？君子知微、知彰、知柔、知刚，万夫之望，由此可见，圣人所知是何等事。说能莫大于《中庸》：“唯天下至诚，为能尽其性，能尽其性，则能尽人之性，能尽人之性，则能尽物之性，能尽物之性，则可以赞天地之化育。”唯天下至诚为能化，唯天下至诚为能经纶天下大经，立天下之大本。知天下之化育，夫焉有所倚？由此可见，圣人所能是何等事。（同上）正因为尽知是智之事，尽能才是圣之事，所以，尽知的目的在于尽能，亦即“明伦察物”的目的在于“践形尽性”，而“性德之所寓者，气也，即此视、听、言、动四者是也”。（《宜山会语·说视听言动：续义理名相一》）气关于修与行，性德寓于气即是寓于行，故也只有通过道德的自我践履才能显发自己的德性。因此，马一浮一再强调“从性起修，举理成事，全修在性，即事即理”。理不离气，性不废修，知不弃行，并称这为“全提”，而认为只讲良知良能的“单提直指”，容易使人走上“以理废气”、“执性废修”的歧途。这也是他主张“知能合一”或“知行合一”、“性废不修”的根本原因。

这里需要指出的是，马一浮虽然认为只讲良知良能的“单提直指”容易使人走上“以理废气”、“执性废修”的歧途，但他并不否定孟子良知良能学说的本身。在他看来，“人受天地之中以生，凡属心自然皆有知能二事”。因此孟子提出良知良能学说，认为人一生下来就具有天赋的道德知识或天赋的道德能力，这是对的。所以他多次引用过孟子说的“人之所不学而能者，其良能也；所不虑而知者，其良知也。孩提之童，无不知爱其亲者，及其长也，无不知敬其兄也，亲亲，仁也；敬长，义也”这段话，以说明人的道德意识的先天存在。问题的关键在于：如果只讲良知良能，而否定后天的功业修行，否定自我的道德践履，那么这种先天具有的道德知识和道德能力，在“不善会者”那里，就很难转化为具体的道德实践和道德修养行为，甚至会流于空谈心性，“执性废修”。故此，他在《复性书院学规》中强调“笃行是进德之要”，并指出：“学者当知有性德，有修德，性德虽是本具，不因修证则不能显。”性德是本体，修德是功夫，“全性起修”，即本体即功夫；“全修在性”，即功夫即本体。修此本体之功夫，证此功夫之本体，“乃是笃行进德也”。又说：“性修不二，不是性德之外另有修德。修德须进，性德亦有进。”

性德本无亏欠，为什么还须有进呢？这是因为天地之道只是至诚无息，不息则进。与天合其德只是贵其不已，所谓不息则久，久则征，征则悠远，悠远则博厚，博厚则高明，博厚配地，高明配天，悠久无疆，这是进德之极。行之不笃，即是不诚，不诚则无物。一有欠阙，一有间断，便是不笃。行有欠阙，即德有欠阙；行有间断，即德有间断，“故虽曰性德无亏，亦须笃行（即修德）到极致处始能体取。所以言笃行为进德之要”。（《复性书院讲录》）这正如有的研究者所指出：马一浮从理气一元论出发，提出“知能合一”或“知行合一”、“性修不二”的主张，以避免人们对孟子良知良能学说的误解。这一思想虽然体现出强调后天之知行的色彩，但本质上却是要求以后天之知行的努力，来扩充先天之性德。我们也可以这样说：马一浮提出“知能合一”或“知行合一”、“性修不二”之主张的目的，是要人们将先天所具有的良知良能（亦即马一浮所讲的“理之本然”或“性德”）转化成后天的道德实践或道德修养行为，从而实现理与气、性与修的合一。这也是他所说的“有是气必有是理，有是理必有是气，万物皆备于我，反身而诚乐莫大焉”的“易简之学”。（《泰和会语·义理名相二：知能》）

正是从这一目的出发，他要求人们当思圣人所知如此其至，今我何为不知？必如圣人之知，而后可谓尽其知；圣人所能如此其大，今我何为不能？必如圣人之能，而后可谓尽其能。并认为只有像圣人那样“尽其知能”，才“可期于盛德大业”。（同上）

3. 涵养与致知

涵养与致知是认识的两种方法，对这两种方法及其相互关系，马一浮站在会通传统儒学的立场上，采取以儒融佛，以佛证儒的方式，从以下几个方面展开了探讨。

第一，涵养与用敬。什么是涵养？马一浮指出，凡物不得涵濡润泽，即不能生长，如草木无雨露就会逐渐枯槁。此是养其生机，故又称为涵养。涵有含容深广之意，这就像修鳞之游巨泽，活泼自如。否则如尺鲋之困泥沙，动转皆碍。又有虚明照澈之意，如镜涵万象，月印千江。人和草木一样，也需要涵养，以养其本体元气，复其本然之生机。因为“人心虚明不昧之本体，元是如此，只为气禀所拘，故不免遍小而失其广大之量；为物欲所蔽，故不免昏暗而失其觉照之用。气夺其志，则理有时而不行矣。然此是客气，如人受外感，非其本然。治病者先袪外感客邪，乃可培养元气。先以收摄，继以充养，则其冲和广沛之象可徐复也”。(《复性书院讲录·复性书院学规》)

人需要涵养。但怎样才能涵养呢？马一浮认为，“涵养须用敬”。敬则自然虚静，故能思，深思者其容寂；敬则自然和乐，故能安，气定者其辞缓。圣人所以能动容周旋，莫不中礼，酬酢万变，而实无为，“皆居敬之功”。常人所以会憧憧往来，朋从尔思，起灭不停，妄想为病，“皆不敬之过”。正因为“唯敬可以胜私，唯敬可以息妄”，“敬之一字实为入德之门”。故此他一再强调“主敬为涵养之要”。主敬即是以志率气。以志率气，则气顺于理，心主于义理而不走作，气自收敛，精神摄聚，则照用自出，自然宽舒流畅，绝非拘迫之意。“故曰主一无适之谓敬，此言其功夫也；敬则自然虚静，敬则自然和乐，此言其效验也；敬是常惺惺法，此言其力用也。”从以上马一浮的论述来看，作为道德涵养之功夫，主敬具有反省本心，收敛向内的特点。因为“人人自己本具德性之知，原无欠少”，只是由于不敬，才“本心汩没，万事堕坏”，以至“此心放失，私欲萌生”，“昏浊之气展转增上，通体染污，蔽于习俗，流于非僻而不自知，终为小人之归而已矣”。所以主敬的目的就在收摄自心，精神内敛，从而使“此心常存，义理昭著”，这样“气之昏者可明，浊者可清，气即清明，义礼自显，自心能为主宰”。(同上)

第二，致知与穷理。什么是致知？马一浮认为，世界上有两种知，一是“德性之知”，一是“闻见之知”。德性之知是不假他求的“本分之知”，亦即是对自我心中的先天之理的认识。闻见之知是通过后天学习而获得的“外在之知”，亦即对外界各种事物的具体认识。闻见之知虽然是人的认识所不可缺少的，但由于它不能认识自我心中的先天之理，所以还不是“真知”，只有“性之知方是真知”。（《尔雅台答问》一卷）所谓“性之知”亦就是认识自我心中的先天之理的“德性之知”。故此，他强调：“知是知此理，唯是自觉自证界，拈似人不得，如人饮水，冷暖自知，而一切名言诠表只是勉强描模一个阶段，只有到此理显现之时，始名为知”。（《复性书院讲录》卷一〈复性书院学规〉）而致则是竭尽之称，如事父母能竭其力，事君王能致其身，这也就是《孝经》上所说的“养则致其观，丧则致其哀”的意思。由此可见，马一浮讲的“致知”，并非是尽力扩充后天的知识，而是努力认识自我心中的先天之“理”，亦即孟子所讲的“良知良能”，让它得到充分显现。因此就实质而言，它也就是王阳明所讲的“致良知”。

怎样才能“致知”？马一浮认为要致知就须穷理，“穷理是致知之要”。所谓“穷理”，亦就是宋明新儒家讲的“格物”，二者名异而实同。马一浮本人就曾指出：“今言穷理为致知之要在，亦即是致知在格物也。”为什么不言“格物”而言“穷理”呢？他解释其原因说：“从来学者都被一个‘物’字所碍，错认物为外因，而再谈复认理为外。今明心外无物，事外无理，事虽万殊，不离一心。”（同上）不言“格物”而言“穷理”，是为了避免人们的误解，即认为物在外，理在外，格物就是格（认识）外在之物，外在之理，实际上“心外无物，事外无理”，“理事双融，一心所摄”，人们所要认识的不是别的，而是自我心中的先天之理。故此，他强调指出：所言穷者究极之谓，究极自我心中先天之理，周匝圆满，更无欠阙，更无渗漏，一滞一偏一曲，“如是方名穷理”。又说：“今明心外无物，事外无理，即物而穷其理者，即此心之物而穷其本具之理也。”（同上）

既然穷理是“究极”自我心中的先天之理，那么，在马一浮看来，穷理工夫的入手处，就不是其他，而只能依照古圣先贤所说的“一一反之自心，仔细体究，随事察识，不等闲放过，如人学射，久久方中”。比如，他打比方道，以读书为例，读书既须简择，字字要反之身心，当思圣贤经籍所言即是我心中本具之理，何以我心不能与之相应？苟一念相应时复是如何？平常动静云为之际我心又置在何处？如此方有“体认之意”，当思圣贤经籍所言皆事物当然之则，今事物当前何以应之未得其当？苟处得其当时复是如何？平常应事接物之时我心如何照管？如此方有“察识之意”。“无事时体认自心是否在腔子里，有事时察识自心是否在事上”，这才是思，也才能穷理。思就像打井一样，必当及泉；亦如抽丝，须端绪不紊，然后引而申之，触类而长之，曲畅旁通，豁然可待。体认亲切时，如观掌纹，如识痛痒；察识精到处，如权衡在手，铢两无差。马一浮指出，只有对自己心中先天之理的体认与察识达到这种“豁然贯通，表里洞然，不留余惑”的程度时，“方可以言穷理，方可以言致知”。

第三，涵养与致知之关系。概括马一浮的观点，他认为涵养与致知有以下三层关系。其一：涵养与致知是两种不同的认识方法，涵养是“顿教”的方法，致知是“渐教”的方法。“极教”（又称“顿悟”），“渐教”（又称“渐悟”）这本是佛教的两个重要概念，前者是说众生无须长期修习，一旦把握佛教真理，显露真如本性，顿然觉悟，当即成佛。在中国佛教思想史上，首倡大乘佛教“顿悟”学说的是晋、宋间的竺道生。慧达《肇论疏》说：“竺道生法师大顿悟云，夫称顿者，明理不可分，悟语照极。以不二之语，符不分之理，理智恚释，谓之顿悟。”意谓佛理为不可分割的整体，故悟理亦不能分阶段实现。唐时禅宗创始人慧能进一步对“顿悟”说作了继承和发挥，认为“顿悟”就是自识本体，自见本性，并将自己的这一主张称之为“顿教”。后者是说众生必须经过长期的修习，才能达到佛位。唐时禅宗内部北派创始人神秀持“渐悟”说，与慧能的“顿悟”说相对立。马一浮认为不仅佛教示教之言有“顿渐”之分，“儒者示教之言亦有顿渐”之分。（《宜山会语·涵养致知与止观：续义理名相三》）如阳明主尊德性，强调涵养的作用，其特点是“就自家得力处说”，故是一种“顿教”的方法；朱子主道问学，强调致知的作用，其特点是明先后次第，故是一种“渐教”的方法。“顿渐”的不同，亦就是“涵养与致知”的不同。

其二：涵养与致知作为两种不同的认识方法，彼此相互依存，不可偏废。他以《易·文言》：“君子敬以直内，义以方外”来说明涵养与致知的这种相互依存关系。他说：“主敬集义，涵养致知，直内方外，亦如车两轮，如鸟两翼，用则有二，体唯是一。敬义立而德不孤者，言其相随而至，互为因籍，决无双翼单轮各自为用者。”（《宜山会语·涵养致知与止观：续义理名相三》）主敬与集义（穷理），涵养与致知是一体二用之关系，就涵养主敬而言，它教人悟取自性，反身而诚，直下承当，简明易快，然而这只有“上根之人”才能做到。“上根之人，一闻千悟，拨着便转，触着便行，直下承当，何等骏快，岂待多言。”但上根难遇，中根最多。而中根之人往往易为“习气缠缚”，以至自性汩没，不得透露，故不经过一番致知穷理的功夫，就无法“识取自性”，从习气中解放出来。“习气廓落，自性无须少，除得一分习气，便显得一分自性。”（同上）

其三：涵养与致知虽然是一体两用的关系，二者相互依存，不可偏废，但并不是说它们在认识过程中的作用是完全相等的，实际上涵养比致知更重要一些。这表现在以下三个方面：（1）致知穷理“必先以涵养为始基，及其成德，亦只有一敬，别无他道”。（《复性书院讲录·复性书院学规》）因为唯敬可以胜私，唯敬可以息妄，而私欲尽则天理纯全，妄心息则真心显见，只有天理纯全，真心显见之后，“天下之至赜者始可得而理也，天下之至动者始可得而正也”。

同时也只有以涵养为始基的“致知穷理”，则“知为心德”为“正知”。否则，只是寻声逐响，徇物之知，或反为心害。“此知乃是习气也。”（《宜山会语·涵养致知与止观：续义理名相三》）（2）致知穷理的入手处，是依照古来圣贤所说：一一反之自心，仔细体究，随事察识，而“涵养愈深醇”，体究与察识才能“愈精密”，思得的道理也才能愈“明明白白”，胸中才也能“更无余疑”，也只有这样，“一切计较利害之私”才会“自然消失”，逢缘遇境处皆能自主，皆有受用，“然后方可以济艰危，处患难，当大任，应大变，方可名为能立”。（《宜山会语·说忠信笃敬》）（3）致知穷理是为了使人“识取自性”，从而“从习气中解放出来”，但一旦人们识取了自性之后，则需要涵养用敬“保任长养”，以避免再为“习气缠缚”，使自性汩没。所以涵养用敬是“成始而成终”之事，须臾不可或缺。马一浮对涵养于认识过程中之重要作用的强调，符合其理气合一，或理气一元论中气从乎理，理为气的主宰的思想。

马一浮还以天台宗止观法门进一步对涵养与致知的上述关系作了说明。止观本是印度佛教修习的重要方法。“止”梵文音为奢摩地，意为“止寂”、“禅定”等，谓止息妄念，专心一境。“观”，梵文音为毗婆舍那，意为在“止”的基础上所发生的智慧。“止观”即“禅定”和“智慧”的合称。《佛说大安般守意经》有所谓“六妙法”，即数、随、止、观、还、净，已有止观之说。中国佛教天台宗继承和发展了印度佛教的“止观”学说，提倡“止观双修”或“定慧双修”，并以此概括一切修习方法。天台宗的创始人智顗在其《摩诃止观》中说：“法性寂然名止，寂而常照名观，虽言初后，无二无别，是名圆顿止观。”意谓“止”“观”虽有先后之分，但并非两回事，两者是不能分离的，这是最圆满的修习方法。后来禅宗也接受了天台宗的由定（止）生慧（观）为修习的根本方法的思想，并从“体用”关系的角度对此作了说明，谓“定是慧之体，慧是定之用”。这一思想是禅宗理论和实践的基础。

马一浮认为：涵养主敬与致知穷理和天台宗的“止观双修”或“定慧双修”的学说“实有可以互相助发之处”。主敬是止，致知是观，彼之止观双运，即是定慧兼修。非止不能得定，非观不能发慧。然观必先止，慧必由定，亦如此言。涵养始能致知，直内乃可方外，言虽先后，道则俱行。所以“虽彼法所明事相与儒不同，而其功夫途辙理无有二”。（《宜山会语·涵养致知与止观：续义理名相三》）

“非止不能得定，非观不能发慧。”这是对涵养主敬与致知穷理是“一体两用”之关系的另一种表述。当然，马一浮进一步指出，止与观或定与慧虽然作为修习的根本方法，彼此不能分离，但它们在修习过程中的作用是不一样的，止和定更重要于观和慧。这是因为心不能止，即堕无记，以散心观理，其理不明，如水混浊，如镜蒙垢，影象不现。所以，“智照之体，必于定心中求之”。换言之，“既无无定之观，亦无无定之慧”。如果有之，就绝不是“正观”，而只能为“狂慧”。正是在这一意义上，马一浮认为：“未有致知而不在敬者，敬实双赅止观二法。”他并由此得出结论：“盖心体本寂而常照，以动乱故昧，惟敬则动乱止息，而复其本然之明。”（同上）

以上是马一浮的“义理名相论”，亦即他的哲学思想的主要内容。就其主要内容来看，他的哲学思想体现出以下三个特点：

第一，是对宋明新儒学的继承和发展。宋明新儒学是我国传统儒学成熟和完备的思想形态和阶段。它兴起于北宋、南宋，明时达到鼎盛，至明末开始走向衰微，其代表人物主要有北宋的周敦颐、邵雍、张载、程颢、程颐，南宋的陆九渊、朱熹，明代的王阳明和明末清初的王夫之。

马一浮哲学思想对宋明新儒学的继承主要表现在两个方面：一是对宋明新儒学所讨论的主要问题的继承。宋明新儒学所讨论的主要有三个问题：（1）本体论问题，即世界万物的本原问题；（2）心性论问题，即人性的来源和心、性、情的关系问题；(3) 认识论问题，即认识的来源和认识方法问题。就马一浮的“义理名相论”的主要内容来看，所讨论的亦不外这三个问题。二是对宋明新儒学主要观点的继承。在本体论上，二程、朱熹主张理本论，以理为世界的本原，认为气从属于理；陆九渊、王阳明主张心本论，以心为世界本原，认为心即理；张载、王夫之主张气本论，以气为世界的本原，认为理气不可分。在心性论上，张载提出天地之性与气质之性和心统性情的学说，认为天地之性源于太虚之气；二程提出性即理的命题，把性说成形而上之理；朱熹认为心之本体即是性，是未发之中，心之作用便是情，是已发之和，性和情是体用关系而心是“主宰”；陆九渊认为心即是性，即是理；王阳明提出心之本体即是性，即是至善。在认识论上，张载提出“见闻之知”与“德性之知”两种知识，并提倡穷理尽性；二程通过对《大学》“致知在格物”的发挥，提出格物致知的认识学说；朱熹提出“即物穷理”的系统方法，主张格物致知不可分离，穷理多后，便能“豁然贯通”，内外合一；陆九渊提倡“反观”，认为心便是理，只需向内反观，不必向外求索；王阳明提出“致良知”说，认为格物致知就是致吾心之良知于事事物物。除此，他们还讨论了知行关系问题。二程、朱熹主“知先行后”，王阳明持“知行合一”。就马一浮“义理名相论”的主要内容来看，不少观点都可以从宋明新儒学这里找到其来源。

当然，对宋明新儒学的继承这只是马一浮哲学思想的一个方面，或主要的方面，另一方面，马一浮哲学思想在继承的基础上又发展了宋明新儒学。这也表现在两个方面：一是试图在融会贯通的基础上，超越宋明新儒学各派的分歧。如在本体论上，他和二程、朱熹一样，是一个理本论者，但同时又接受了气本论者提出的某些观点，主张理气一元或理气合一论。在认识论上，他继承了王阳明的“知行合一”的思想，但他又和王阳明不同，反对以知代行，认为知行本为二事，彼此不能取代。在认识方法上，他力图调和陆王的尊德性与程朱的道问学，提出尊德性与道问学或涵养用敬与致知穷理是“一体两用”的关系，二者彼此依存，不可偏废。二是试图从先秦易学出发，以易学思想来指导理论的建构。譬如他以易学的三义即变易、不易和简易来说明理与气之间的那种气从乎理，理在气中和理气一元的关系；认为言知能实本于孔子的《易传》，孔子所提倡的“全体”是“简易之教”，有是气必有是理，有是理必有是气，万物皆备于我，反身而诚乐莫大焉是“易简之至”；如此等等。这表明马一浮的哲学思想在继承宋明新儒学的同时，又力图以先秦易学为自己的理论来源，从而使宋明新儒学得到新的发展。

第二，是一种道德修养学说或道德哲学。和宋明新儒学一样，马一浮哲学所讨论的，不是纯粹的认识问题，主要是道德意识的自我认识和实践问题。在马一浮看来，理不仅是万事万物存在的依据，亦是道德的本原，所谓理，不过是人们心中的先天之理，“理之本体即是性”。理作为道德本原，又称之为“仁”，“仁者心之本体，德之全称”。人之所以异于禽兽者，就在于人一生下来就具有“性”或“仁”，亦即具有自我心中的先天之理。

当然，马一浮指出，人一生下来虽然就具有“性”或“仁”，亦即具有自我心中的先天之理，但由于后天有的人为“习气缠缚”，以至“自性汩没，不得透露”，于是人便有了君子与小人之分，君子是那些自性没有汩没者，小人是那些自性已经汩没者。由于自性没有汩没，所以君子没有终食之闲违仁的，“一或有闲，则唯唯恐失之”，而“小人唯知徇物，不知有性，通体是欲”，根本就不讲仁。故君子是仁，小人是不仁。君子喻于义，小人喻于利，“喻义故无适无莫义之与比；喻利故见害必避，见利必趋”。故君子是义，小人是不义。“君子上达循理，故日进乎高明；小人下达从欲，故日究乎污下。”故君子是智，小人是不智。“君子泰而不骄，由礼故安舒；小人骄而不泰，逞欲故矜辞。”故君子无非礼，小人则无礼。而“不仁不智，无礼非义则天下之恶皆归之矣。”他进一步指出，君子小人之间虽有仁与不仁，智与不智，义与不义，礼与无礼的不同，然根本之分途，则“在心术隐微之地，只是仁与不仁而已矣。必己私已尽，浑然天地，然后可以为仁，但有一毫人我之私，便是不仁，便不免为小人”。(《泰和会语·君子小人辨》)

君子与小人之间的仁与不仁，又表现为公与私的区别，“仁者廓然大公，物本而顺应，反之自私而用智，必流不仁”。公则物我兼照，故仁所以能恕，所以能爱，恕则仁之施，爱则仁之用。恕之反面是忮，爱之反面是忍。君子之用心公以体人，故常恕人爱人；小人之用心私以便己，流于忮流于忍。与人相处，君子周而不比，小人比而不周，周公而比私，故一则普遍，一则偏党。君子和而不同，小人同而不和，和故无乖戾，同则是偏党。君子成人之美，不成人之恶，小人反是，一则与人为善，一则同恶相济。君子易事难说，说之不以其道就不说，及其使人也器之；小人难事而易说，说之虽不以其道也说，及其使人也求备焉。君子之心公而恕，小人之心私而刻。君子求诸己，小人求诸人。君子唯务自反，小人唯知责人。君子坦荡荡，小人常戚戚。廓尔无私，故宽舒，动以不正故忧吝。总而言之，君子与小人的不同，“只是仁与不仁，公与私之辨而已”。(同上)

马一浮指出，作为得天地之灵秀者，“人苟非甚不肖，必不肯甘于为小人”。有的人所以会成为小人，这都是“念虑之间，毫忽之际，一有不存则徇物而忘己，见利而忘义”。从而使“自性汩没”所造成的，因此人们要想不使自己成为小人而成君子，就“亟须在日用间自家严密勘验，反复省察”，“其或发现自己举心动念有属于私者，便当用力克去”。但如果此心义理未明，就会“昏而无觉”，“故必读书穷理，涵养用教，进学致知”。因为“学进则理明，理明则私自克，久之私意自然不起，然后可以为君子而免于小人”。（同上）正是从如何使人们能成为君子而免于小人这一目的出发，马一浮在“义理名相论”中着重探讨了道德修养问题，并提出了“知能合一”、“性修不二”，涵养用教与致知穷理相互依存，不可偏废的主张。

第三，是以儒融佛，以佛证儒。我们在第二章介绍马一浮的思想来源时已经提到，他的一个重要思想就是认为儒佛心源同一，可以互摄。既然儒佛心源同一，可以互摄，所以，马一浮在建构他的“义理名相论”时，所采用的一个重要方法，就是既以儒融佛，同时又以佛证儒。除了我们在文中所提到的他以佛教的“顿教”与“渐教”，“止”与“观”来证明涵养主敬与致知穷理是两种不同的认识方法和它们的相互关系外，他还借用佛教的其他概念，对儒家的一些用语进行了解释和说明。如他说儒家所讲的“气质之性”，即佛家的“识”；“天地之性”即佛家的“智”；“善反之，则天地之性存焉”，即佛家的“转八识，成四智，但转名言无实性”也。“形而后有气质之性”，是“全真起妄”；“善反之”，是“举妄全真”。“君子有弗性焉”，即“不认识践也”；“天地之性存焉”，即“三身四智体中圆也”。（《尔雅台答问》续编卷二）诸如此类的说明，在马一浮的论著中可以信手拈来，举不胜举。

六、结论

马一浮在中国现代史上的影响不仅不如陈独秀、胡适、鲁迅等五四新文化派那样显赫，甚至还不能与同是现代新儒家的梁漱溟、张君劢、冯友兰等人相比，他的影响仅限于十分狭小的学术圈内，对于同时代的中国人来说，很少有人知道或听说过他的名字。这有两个方面的原因：第一、马一浮一生主要是读书和治学，一九四九年之前，他除了当过三个星期的教育部秘书长外，没有担任过任何公职，不像胡适、梁漱溟、张君劢那样是“徘徊于政治与学术之间”的人物，在中国社会政治舞台上十分活跃。而在中国，政治上的影响力要比学术上的影响力来得快，大得多。他除了以大师名义在浙江大学讲过一段时间的“六艺论”和“义理名相论”外，也没有在大学正式任过教，不像胡适，冯友兰等人那样是大学的名教授，有一大群学生追随自己。第二、马一浮的思想虽然有其自己内在的逻辑结构，但由于他所使用的基本概念和命题都是传统的，缺之新的创造，因此未能建构起一个如同梁漱溟的“新孔学”、熊十力的“新唯识学”、冯友兰的“新理学”和贺麟的“新心学”那样精深的现代新儒学思想体系。就其内容来看，他的思想主要偏重了对儒学精义的阐发。

我们说马一浮在中国现代史上的影响力不大，并不意味他的思想就无意义，其历史地位就不重要。实际上，一个思想家对当时社会影响力的大小与他思想的价值和历史地位并不完全成正比。古今中外，有不少思想家生前默默无闻，备受冷落，只是到了他们死后，甚至死后很久很久，他们思想的价值才随着时间的推移而逐渐被人们发现和承认。马一浮大概就属于这类的思想家。他一生以阐发儒学精义为己任。他泰和宜山讲学，讲的是“六艺论”和“义理名相论”；复性书院主讲，讲的是儒家的群经大义。他为数不多的几部思想学术类著作，基本上都是围绕如何认识、理解和弘扬儒学精义而展开的。在他看来，儒学的精义就是儒家的“义理之学”，所以他阐发的儒学精义也就是儒家的“义理之学”。而儒家的“义理之学”在本质上是一种道德学说。在整个人类思想文化的遗产中，儒家的道德学说有其独到的价值和意义，不仅内容十分的丰富，而且在许多方面也非常的深刻，值得认真地发掘、认识、批判、总结和继承。如果说在马一浮时代儒家还处于受批判的地位，其道德学说的合理价值还未被人们所认识的话，那么到他死后，尤其是进入八十年代后，随着西方后现代化问题的降临和大陆文化热的兴起，儒学特别是它的道德学说的合理价值则为人们越来越重视和承认。虽然阐发儒家的“义理之学”是现代新儒家的共同思想特征，但与其他新儒家相比，马一浮对儒家“义理之学”的阐发用力最多，也最为系统和精到。马一浮对儒家“义理之学”的阐发无疑有助于人们对儒学，特别是它的道德学说的认识和理解，同时也有助于消解西方文化因重知识、轻道德而产生的种种弊端和危机。这是马一浮思想的重要意义。当然，马一浮在阐发儒家的“义理之学”时，对它的积极意义肯定有余，而对它的消极作用认识不足，具有传统儒家所具有的轻知识、重道德的道德理想主义思想倾向，这又反映了他思想的局限性。

马一浮思想的另一意义是以儒学会通释道，尤其是在会通佛学方面，下了很大的工夫，他“义理名相论”的一大特色，就是以儒融佛，以佛证儒。我们知道，自汉代佛教自西域传入中土之后，儒佛就作为两种不同的思想传统，处于对立的地位，有时甚至视同水火。宋明新儒家尽管面对佛老的冲击，从维护先秦原始儒家的正统地位出发，援佛入儒，批判地吸取和运用佛教精深的思维理论，对“性”与“天道”问题作了深入细致的探讨，但在主观态度上他们仍不能真正接纳佛学，佛学在他们心中是儒学异端或化外文化。现代新儒家的梁漱溟虽然具有浓厚的佛学思想，有的学者甚至称他为“佛光烛照下的一代儒宗”，尤其是佛学的唯识学是他研究文化的一种重要方法，但他认为“孔与佛恰好相反，一个是专谈现世生活，不谈现世生活以外的事；一个是专谈现世生活以外的事，不谈现世生活”。所以他在《东西文化及其哲学》中对中国未来文化做出选择时，主张“要排斥印度的态度丝毫不能容留”。真正能从主、客两个方面超越儒佛对立的只有马一浮。他认为从本源上看，儒佛等是闲名，孔佛所证，只是一性，并据此提出“尧舜孔佛是一人”之说。正是从儒佛心源同一这一认识出发，他主张儒佛互摄。为此，他做了大量的努力。尽管他的这些努力如同我们已经指出的那样，基本上还停留在借用佛教的一些概念对儒家的用语进行解释和说明的阶段，但他从主、客两方面超越儒佛对立，努力实现儒佛会通的方向无疑是正确的，值得我们认真地总结和借鉴。

总之，马一浮是中国现代史上一位杰出的思想家。他一生不图名，不图利，默默无闻地为阐发儒学精义，弘扬中国优秀传统文化贡献出了毕生精力。尤其是他能言行一致，表里如一，无论其道德文章，都堪称楷模，他将自己对儒学的追求落实到一生的道德实践之中。就此而言，他是一位真正的儒者或儒学大师。

参考书目

（一）马一浮著作

《泰和会语》，复性书院木刻本，一九四〇年版；台湾广文书局影印本，一九六四年版。

《宜山会语》，复性书院木刻本，一九四〇年版；台湾广文书局影印本，一九六四年版。

《复性书院讲录卷一》，复性书院木刻本，一九四〇年版；台湾广文书局影印本，一九六四年版。

《复性书院讲录卷二》，复性书院木刻本，一九四〇年版；台湾广文书局影印本，一九六四年版。

《复性书院讲录卷三》，复性书院木刻本，一九四〇年版；台湾广文书局影印本，一九六四年版。

《复性书院讲录卷四》，复性书院木刻本，一九四〇年版；台湾广文书局影印本，一九六四年版。

《复性书院讲录卷五》，复性书院木刻本，一九四一年版；台湾广文书局影印本，一九六四年版。

《复性书院讲录卷六》，复性书院木刻本，一九四二年版；台湾广文书局影印本，一九六四年版。

《尔雅台答问》，复性书院木刻本，一九四〇年版；台湾广文书局影印本，一九六四年版。

《尔雅台答问续编》，复性书院木刻本，一九四〇年版；台湾广文书局影印本，一九六四年版。

《濠上杂著》，复性书院木刻本，一九四〇年版。

《蠲戏斋诗词全集》，复性书院木刻本，一九四三年版；台湾自由出版社影印本，一九六五年版。

《马一浮遗稿初编》，台湾广文书局，一九九二年版。

（二）其他人著作（含论文、数据）

马镜泉：《马一浮理学思想浅析》，《马一浮学术研究》，杭州师院马一浮研究所编。

马镜泉：《马一浮传略》，《中国当代理学大师马一浮》，上海人民出版社。

马镜泉：《怀念伯父》，《中国当代理学大师马一浮》，上海人民出版社。

马镜泉、赵士华：《马一浮评传》，百花洲出版社，一九九三年版。

马镜泉、章建明：《近代著名学者马一浮先生的生平及书法艺术介绍》，香港《书谱》，一九八七年第三期。

滕复：《马一浮新儒学论著辑要》，中国广播电视出版社，一九九五年版。

王凤贤、滕复：《现代新儒学的典范》，《中国当代理学大师马一浮》，上海人民出版社，一九九二年十二月第一版。（下同）

滕复：《马一浮的六艺论》，《马一浮学术研究》，杭州师院马一浮研究所编。

滕复：《马一浮儒学思想初探》，《学习与探索》，一九九〇年第五期。

滕复：《马一浮的新儒学评述》，《社会科学辑刊》，一九九一年第四期。

楼宇烈：《理学大师马一浮》，《中国当代理学大师马一浮》，上海人民出版社。

陈来：《马一浮的理气体用论》，《马一浮学术研究》，杭州师院马一浮研究所编。
杨儒宾：《马一浮六艺统于一心的思想析论》，《马一浮学术研究》，杭州师院马一浮研究所编。
林安梧：《马一浮心性论的义理结构》，《马一浮学术研究》，杭州师院马一浮研究所编。
蒋年丰：《马一浮经济思想的解释学基础》，《马一浮学术研究》，杭州师院马一浮研究所编。
李明友：《马一浮的“三教”圆融观》，《马一浮学术研究》，杭州师院马一浮研究所编。
成大荣：《独尊六艺绾经学与心性之学为一途》，《马一浮学术研究》，杭州师院马一浮研究所编。
成大荣：《马一浮伦理思想述要》，《马一浮学术研究》，杭州师院马一浮研究所编。
罗义俊：《学问方向之扭转与生命进程之展示》，《马一浮学术研究》，杭州师院马一浮研究所编。
夏瑰琦：《略论陆王心学在马一浮哲学中的地位》，《马一浮学术研究》，杭州师院马一浮研究所编。
张家成：《千年国粹，一代儒宗——杭州首届马一浮国际学术研讨会综述》，《马一浮学术研究》，杭州师院马一浮研究所编。
吴林伯：《马先生学行述闻并赞》，《中国当代理学大师马一浮》，上海人民出版社。
黄萍荪：《陈毅与马一浮》，《文汇读书周报》，一九九一年十月二十六日。
任继愈：《马一浮论蒋介石》，《中国当代理学大师马一浮》，上海人民出版社。
盛经鸿：《引进《资本论》原版的第一个中国人》，《历史大观园》，一九九一年第三期。
赵士华：《马一浮最早把《资本论》带进中国》，《共产党员》，一九八七年第五期。
赵士华：《马一浮著述系年》，《中国当代理学大师马一浮》，上海人民出版社。
赵士华、徐文莺：《我国现代著名学者马一浮》，《浙江社会科学信息》，一九八五年第五期。
赵士华：《马一浮先生诗词简介》，《刊授辅导》，一九八七年第五期。
刘操南：《马一浮所作浙江大学校歌之释疏》，《中国当代理学大师马一浮》，上海人民出版社。
马以风：《马一浮先生学赞》，《马一浮遗墨》，华夏出版社。
徐复观：《如何读马一浮先生的书》，台湾广文书局影印马一浮先生《尔雅台答问》之代序。
陈锐：《二十世纪中国的隐士——马一浮》，《杭州师院学报》，一九九一年第四期。
叶圣陶：《与马一浮先生交往琐记》，《马一浮遗墨》，华夏出版社。
胡乔木：《介绍马一浮先生》，《人民日报》海外版，一九九二年二月一日。
陈雪湄：《马湛翁与谢无量》，《马一浮遗墨》，华夏出版社。
林子青：《马一浮居士与弘一法师的法缘》，《马一浮遗墨》。
吴无闻：《马一浮与夏承焘》，《马一浮遗墨》，华夏出版社。
袁卓尔：《一代儒宗，高山仰止》，《马一浮遗墨》，华夏出版社。
虞逸夫：《近代名书家马一浮先生轶事》，香港《书谱》，一九八七年第二期。
虞逸夫：《马湛翁先生书法赞》，《马一浮遗墨》，华夏出版社。
熊复夫：《马一浮先生与复性书院》，台北《传记文学》，二十四卷三期。

关国愷：《马一浮小传》，台北《民国人物》第五册。
刘又铭：《马一浮研究》，台湾政治大学中国文学研究所硕士论文。
丰华瞻：《丰子恺与马一浮》，《西湖》，一九八三年第一期。
释ヶ洽：《怀念当代维摩居士》，《马一浮遗墨》，华夏出版社。
朱渊明：《忆马一浮先生》，香港《中国学人》，第三期。
朱守正：《马一浮先生之学术及其事略》，香港《珠海学报》，一九七一年第四期。
余青：《一代大儒马一浮先生轶事》，《掌故漫谈》上册，香港大华书店出版。
余青：《近代中国的读书种子》，香港《春秋》，一九八二年七月。
释遍能：《马一浮先生与复性书院》，四川省《文史资料》。
龚慈受：《一代大儒吾师马一浮先生》，《古今谈》，创刊号。
朱国才：《马一浮国学大师》，《学海泛舟》浙江名家成才佳话。
汤彦森、丁敬涵：《学融百家，一代宗师》，《古今谈》，一九八九年第三期。
蔡吉堂：《缅怀马湛翁大师》，《中国当代理学大师马一浮》，上海人民出版社。
丰一吟：《马一浮与丰子恺》，《中国当代理学大师马一浮》，上海人民出版社。
唐至中：《纪念前辈马一浮先生》，《中国当代理学大师马一浮》，上海人民出版社。
梁培宽：《先父梁漱溟与马一浮先生》，《中国当代理学大师马一浮》，上海人民出版社。
楼达人：《"文革"中的马一浮先生》，《中国当代理学大师马一浮》，上海人民出版社。。
楼达人：《现代新儒学的先驱》，台中东海大学《中国文化月刊》，一九九〇年四月。

楼达人：《从马一浮的诗看民族文化传统》，台中东海大学《中国文化月刊》，一九九〇年十月。
程千帆：《读蠲戏斋诗杂记》，《中国当代理学大师马一浮》，上海人民出版社。
缪钺：《我所收藏的马一浮先生诗词》，《马一浮遗墨》，华夏出版社。
郭齐勇：《侧身天地更怀古，独立苍茫自咏诗——论马一浮的人格、文格和哲理诗》，《马一浮学术研究》，杭州师院马一浮研究所编。
潘慧惠：《儒学大师的心迹——记〈蠲戏斋诗前集〉》和〈避寇集〉印象》，《马一浮学术研究》，杭州师院马一浮研究所编。
龚道运：《马一浮论诗教》，《马一浮学术研究》，杭州师院马一浮研究所编。
李立心：《读马一浮抗战时期的诗歌》，《马一浮学术研究》，杭州师院马一浮研究所编。
沙孟海：《论马一浮的书法艺术》，《中国当代理学大师马一浮》，上海人民出版社。
沙孟海：《蠲戏斋印存题辞》，《马一浮遗墨》，华夏出版社。
苏渊雷：《文苑儒林，孤神独逸——记马一浮先生》，《书法》，一九八八年第一期。
杜巽：《马一浮先生书法艺术》，《马一浮学术研究》，杭州师院马一浮研究所编。
方爱龙：《马一浮书法论》，《马一浮学术研究》，杭州师院马一浮研究所编。
黄慎明：《马一浮书法篆刻艺术"管窥"》，台中东海大学《中国文化月刊》，一九九五年十月。

（此文的写作得到杭州师范学院马镜泉教授的帮助，在此表示衷心感谢）

熊十力

李霜青 著

目 录

一、传略

一代大哲熊十力，是一个毕生孤苦力学的典型人物，在中国当代学术史上，有其卓然成家的地位。公元一九六八年五月，年届八十五岁的汉米敦（C. H. Hamilton）老博士，为我国这一代学人写成小传，载于一九六八年版的《大英百科全书》，使熊十力先生在世界学术史上也将永垂不朽。不过，关于熊十力先生的身世，汉米敦老博士写得太简单，只说：

熊十力（一八八五—一九六八、五、二三）……他是湖北人，早年为一排满的革命家，三十岁之后，完全献身于哲学，从一九二五年起，到他退休止，他是北京大学的哲学教授。

熊十力先生的弟子们，也都只能各就所知去写出他的吉光片羽。因此，他逝世后，没有综括一生的年谱，更没有详细的传记。这一方面，正如他的入室弟子牟宗三先生所说："只好留待有心人去博采旁搜，以成其事。"现在，我以熊先生同乡晚辈身分，应中华文化复兴运动委员会的邀聘，居然担当了这一份工作。

我在遍函熊先生的弟子，遍访了熊先生的老友及同乡之后，始能大致写成他的传记。

光绪十一年（乙酉）（一八八五年）熊十力先生出生于地球东

经一一四又十分之九度，北纬三十又十分之四度，湖北省黄冈县但店乡大木桥村西边靠河沿的熊家冲，是熊其相老先生的第三个儿子，取名叫子贞，十力是他后来取的号。

光绪二十年（甲午）（一八九四年）中日甲午战争爆发。熊子贞九岁，开始随父读书，颖悟过于其他学生。

光绪二十一年（乙未）（一八九五年）熊其相老先生逝世，熊子贞十岁，遂因家贫辍学，随长兄去牧牛、卖鱼。夏天在野寺中，常爱裸体走出户外，被他父亲的一位姓余的学生责骂后，始知悔改。

光绪二十六年（庚子）（一九〇〇年）熊子贞十五岁，他的长亲很可惜他的因贫失学，何炳藜听了愿免费收他为学生。入学后，得认识何自新、王汉为好友。但因熊子贞成绩第一，为富家子所疾，遂离开此专为富家子所设之私塾而又告辍学。熊子贞一生正式拜师读书，只有这半年。

光绪二十七年（辛丑）（一九〇一年）熊子贞十六岁，读陈白沙的禽兽说，忽起觉悟，已悟血肉之躯不是真我。

光绪二十八年（壬寅）（一九〇二年）熊子贞十七岁，与好友何自新、王汉共游江汉，参加革命。何自新、王汉住在旅舍，结交贤豪，熊子贞投军凯字营，运动诸悍卒。

光绪三十年（甲辰）（一九〇四年）王汉、胡瑛密议刺杀清朝钦差铁良。十九岁的熊子贞参加科学补习所。

光绪三十一年（乙巳）（一九〇五年）王汉于春首独自行刺铁良于河南彰德火车站，未中，被清兵追捕时投井而死。夏天，熊子贞等于武昌成立日知会，积极推动革命。熊子贞由行伍考入陆军特别学堂。时年已二十岁。

光绪三十二年（丙午）（一九〇六年）熊子贞时年已二十一岁，在营中运动甚力，被湘人何锡藩密告张彪，欲捕捉他。熊子贞得到消息，星夜潜逃。十月，湖南萍醴发难，熊子贞等也谋响应，被郭尧阶告密，刘敬庵等九人被捕，熊子贞逃回黄冈。

光绪三十三年（丁未）（一九〇七年）秋天，日知会被查封，有人怀疑武汉不易发难成功，二十二岁的熊子贞和好友何自新力斥此种说法。军中接着成立群治学社。

宣统二年（庚戌）（一九一〇年）军中组成振武学社。何自新卒于黄冈故里。熊子贞仍在黄冈策动反正。时年已二十五岁。

宣统三年（辛亥）（一九一一年）元旦，振武学社更名文学社。十月十日，辛亥革命武昌起义成功。十月十三日，黄冈光复。熊子贞在黄冈初任秘书，旋赴都督府任参谋。时为二十六岁。

一九一二年三月，二十七岁的熊子贞在武昌请求黎元洪表彰王汉，被秘书长饶汉祥压抑不报。袁世凯用手段摧残革命党人，熊子贞遂无意于政治。一日坐车，见街道石板如幻如化，感到世情可哀。袁世凯有意裁撤革命军，熊子贞也受遣散。

一九一三年，二十八岁的熊子贞以所领资遣费，在江西德安购田，嘱弟兄前往耕种，以维持生活。熊子贞自己也开始读先秦诸子及商务印书馆译印的西方哲学书籍。

一九一六年，孙中山先生为广州护法政府大元帅，桂军北伐，熊子贞时已三十一岁，又参加北伐军任参谋。

一九一七年，熊子贞三十二岁，与友人同住广州，住了半年，见革命同志，绝无在身心上用功夫者，感慨万千。想到好友何自新当年说自己是学问中人，乃决志向学。陈铭枢有意延揽他为高级幕僚，他毅然拒绝，返回德安。因与武昌友人通信，某先生见了，便介绍他到江苏去教中学，他便起程乘船赴沪。

一九二〇年，八月，辞去江苏某中学教职，开始用熊十力这个名字，游学于南京支那内学院欧阳竟无大师之门。时年三十五岁。

一九二二年，蔡元培赴支那内学院请欧阳大师推荐一门人至北京大学任教，欧阳大师请蔡元培先生自行选择。蔡元培先生见熊十力先生的唯识论稿，大为赞赏，遂聘为特约讲师。时为三十七岁。

一九二三年，熊十力先生三十八岁，学问又有进境，将去岁在北京大学所讲唯识论稿焚掉，另草创新论。并与林宰平讨论内容，以收切磋之效。夏初，与梁任公在秘魔岩晤谈。

一九二四年，熊十力先生三十九岁，夏，赴山东曹州访梁漱溟、高赞非、周绍贤等得列门墙。这一年，北京大学发不出薪金，熊十力先生又体弱多病，只好南返故乡。林姓富人为子延师，在马鞍山朝天寺设立私塾，请他前往执教。傅家河的傅老秀才，慕他的文名，也以次女许配给他。

一九二五年，熊十力先生四十岁。春天，受石蘅青校长邀聘至武昌大学任教。与方东美教授相识，互受切磋之益。暑期，武昌大学招考新生，熊十力先生对胡秋原之国文考卷，甚为赏识。秋初，熊十力先生返北京大学任教。常往返者仍为梁漱溟、林宰平、石蘅青等。尝回忆生平好友，写成《子贞心书》。因治学太勤，得咯血病与漏髓症。

一九二七年，熊十力先生四十二岁，经蔡孑民校长安排，南下养病。先住中央大学约二十日，再移居杭州西湖广化寺。每天以咸菜拌饭吃，仍读书不辍。曾寄函责侄儿非武不知力学。登杭州南高峰叹息人才凋零。

一九二八年，熊十力先生四十三岁，应中央大学哲学系汤锡予主任之聘前往讲学，唐君毅得列门墙。蔡孑民校长探访，熊先生与蔡校长谈到设哲学研究所以培养英才问题。言谈中，二人均以天下无才为叹。

一九二九年，熊十力先生四十四岁。春天，胡秋原考取日本留学，始谒熊十力先生，转请蔡孑民先生致函推荐胡秋原为湖北省官费生。秋天，熊十力先生返北京大学任教。支那内学院王恩洋发表《破新唯识论》。

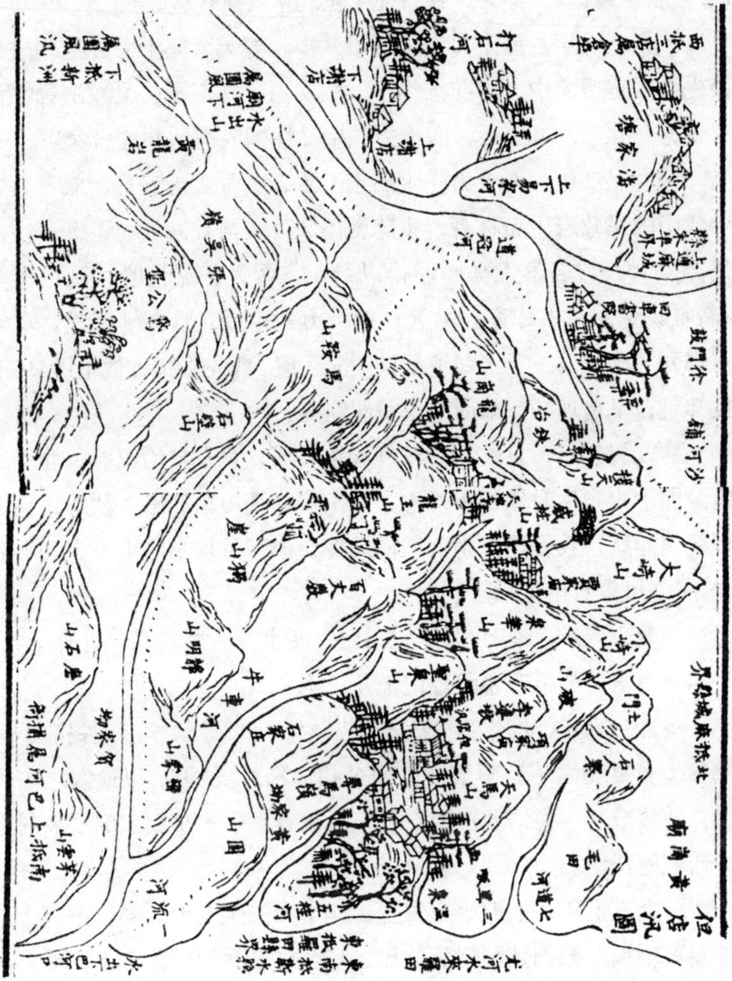

但店泛图（本图取材于《黄冈县志》）

熊十力先生曾在马鞍山东麓的朝天寺任教私塾

一九三〇年，熊十力先生四十五岁。春天，熊十力先生出版《破破新唯识论》。冬天，钱穆先生至北京大学任教。

一九三一年，熊十力先生四十六岁。春天，熊十力先生住进钱穆先生二道桥家中。常与汤锡予、蒙文通、林宰平、梁漱溟等在钱家辩论。九一八事变后，熊十力先生又忧国成病，赴杭州养病。

一九三二年，熊十力先生四十七岁。一月二十五日，熊十力先生致函国民政府主席林森，指陈救国大计，与日寇战而不宣。在杭州养病时，与名学人马一浮得以结识，两人相见恨晚。马一浮为《新唯识论》一书作序。秋天，熊十力先生返北京大学任教。牟宗三得列门墙。冯友兰至二道桥访熊先生时，熊先生指责他不懂良知，良知是自呈自现的，如何可说是假定的？

一九三三年，日本利用汉奸殷汝耕成立冀东自治政府，北平吃紧。熊十力先生时年四十八岁，暑期避难至山东邹平，秋后，再度至杭州养病。蔡元培先生前往西湖探访他，见从学之士不少，笑着说：“你可以自由讲学了。”

一九三五年，熊十力先生五十岁，返北京大学任教。九月十日，写《十力语要》第一卷印行记于苍茫室。

一九三六年，熊十力先生五十一岁，在北京大学应刘锡嘏、阚悌徐、黄艮庸之请，写成《佛家名相通释》。秋天，以逸翁之名作序。并集成《十力语要》第二卷。另推荐牟宗三至山东邹平乡村建设研究院任职。

一九三七年，七七事变发生，熊十力先生五十二岁，携《十力语要》书稿，回到黄冈但店故居。叹乡村盗匪为患。冬天，携妻子儿女避难入蜀。

一九三八年，熊十力先生五十三岁，与老友居觉生相晤于四川重庆，同乡方毅及居公子浩然得拜识先生。方东美先生也特于旅舍探访，老友重聚，相谈甚欢。夏初，移居璧山锺芳铭家，与邓子琴、钱学熙诸弟子及友人王绍常相依于患难之中。作《中国历史讲话》。钱学熙并将《新唯识论》译成语体文，仅至《转变章》而罢。七月，黄本初至来凤驿拜晤先生，从而问学。

一九三九年，熊十力先生五十四岁。牟宗三赋闲昆明，熊十力先生函汤锡予先生请予设法聘用，因某派人士不赞成，未能成功。五月，《中国历史讲话》由中央陆军军官学校印行四千册。夏天，应马一浮之邀赴四川乐山复性书院任教，韩裕文追随熊先生，代译《新唯识论》为语体文。九月，熊先生写《复性书院开讲示诸生》。不久，因推荐牟宗三任教之事，与马一浮意见不合，乃辞职返回璧山狮子场寄寓小学校长刘永若处，韩裕文随熊先生同进退。居璧山期间，集成《十力语要》第三至第四卷。

一九四〇年，三月三日，蔡元培先生在香港逝世，熊十力先生时已五十五岁，闻讯，甚为感叹。《新唯识论》语体本上卷由吕汉材印刷出版。

一九四一年，熊十力先生五十六岁。秋天，自译《新唯识论》的《功能章》为语体文。七月，覆黄本初函中说："近年辩证唯物论风行，青年受害，不得了。"方东美先生与唐君毅商量，拟邀熊先生至中央大学任教，熊先生因须助梁漱溟办勉仁书院，乃予辞谢。十月，赴北碚勉仁书院。钱穆先生往访熊先生，畅谈国学复兴大事。冬天，居正先生代为筹款印行《新唯识论》上中卷。

一九四二年，熊十力先生五十七岁。写《王汉传》以表彰故友忠烈，应万耀煌先生之请，为万树辰老先生《周易变通解》写序。与怀德海之入室弟子谢幼伟缔结文字之交。同乡名政论家陶希圣先生常至北碚访熊先生畅谈。熊先生写《示菩儿》一函，为儿子世菩阐释独立、平等、自由的精义。

一九四三年，熊十力先生五十八岁。二月二十三日，欧阳竟无大师逝世于江津，熊十力先生庐墓三月始他往。并自译《新唯识论》

下卷为语体文。三月，商务印书馆印行《新唯识论》语体本。八月，西南联大由清华少壮派执政，对熊先生不到校，加以非难。

一九四四年，熊十力先生五十九岁。一月，在北碚勉仁书院写《新唯识论》全书序文，交商务印书馆印行。春初，讲《读经示要》。徐复观致函求见熊先生，执弟子礼。七月，国立编译馆张北海邀熊先生前往讲学，熊先生以病辞谢。并函告说："编经史教科书，必义精仁熟，而后立言无弊。"张选澄这位上校团长学生与熊先生遇于金刚碑。居正、陶希圣、陶钧等先生为熊先生筹办中国哲学研究所。十一月，告柯树屏养生之理。

一九四五年，熊十力先生六十岁。八月十日，日本投降。冬天，陶希圣先生主持的重庆南方书店，为熊先生印行《读经示要》。

一九四六年，熊十力先生六十一岁。春天，由四川返汉口，熊先生家与张选澄家同住在汉口街宝元里十二号楼上。熊先生向省议会建议为刘敬庵、王汉、何自新建祠，虽获通过决议，惜未实行。十二月，熊先生应友人孙颖川之邀，返四川五通桥黄海化学社主持哲学研究部。嘱柯树屏向中华书局舒新城接洽出版《十力语要》事，未成。由王星贤编成《十力语要》第二、三卷。又以高赞非记的《尊闻录》列为第四卷。张立民代为印行。

一九四七年，熊十力先生六十二岁。仲春，再候船由四川东下，返回湖北，友人袁道冲促请印《十力语要》。返回北京大学，在中国哲学会上与林宰平、张东荪、孟实诸先生有所论辩。十月，熊先生门生柯树屏、明无垢、周通旦等筹印《新唯识论》。鄂省主席万耀煌、教育厅长王文俊、议长张弥川、参事程发轫，均乐拨经费。熊先生在北京大学孑民纪念馆上课时，殷海光、刘孚坤均曾前往听课。秋天，写成《纪念北京大学五十周年校庆并为林宰平七十大庆祝嘏》。九月，因江西侄儿出了乱子，南返汉口，经上海时，住学生朱惠清家，与牟宗三等合影。国民政府蒋主席电令湖北省府主席

1947 年 9 月返汉口经上海时在学生朱惠清家与学生牟宗三等合影留念，由右至左为：丁实存、熊世菩、徐复观、朱霈（男童）、熊十力、高幼秋（后立）、朱宣琪（女孩）、张立民、朱雷民、牟宗三（最左边）。

万耀煌拨二十万元资助熊十力先生兴办书院，熊先生谢而未受。

一九四八年，熊先生六十三岁。正月，由汉口赴上海转杭州。五月，函柯树屏代为校对《读经示要》。六月，商于马一浮，收安陆池师周四女池际安为仲女，易其名为熊池生，取字仲光。七月，应浙江大学哲学系主任谢幼伟之邀，前往讲学，并为建一小屋，熊先生抱膝其间，作《漆园记》。自此署名漆园老人。八月十四日，牟宗三、唐君毅至浙大探访熊先生。九月二十三日致函柯树屏，告以儿子世菩与万幼璞先生之小女儿订婚事。冬天，携熊池生南返黄冈。

一九四九年，熊十力先生六十四岁。春初，率熊池生（仲光）至广州，住化龙乡中心墟黄艮庸家。一月十五日，写《十力语要初续》序文，送香港出版。三月二日，覆柯树屏信，示意不可留家于杭。信中畅谈时局，并云中大哲研所事宜请离明先生担任。五月，嘱池生代写《陈白沙先生五百二十周年纪念文》。熊再光由武汉来广州，带来世菩积蓄八两黄金。徐复观存金十两于黄艮庸家。张北海、钱穆、牟宗三等曾赴黄艮庸家探望熊先生。与熊先生以书信讨论时局者有陶希圣先生及张选澄等人。在局势紧张中，熊先生仍写成《答某君书》，概述生平治学旨趣。七月，寄函台北居正先生，介绍周绍贤。又寄函方东美先生介绍殷海光至台湾大学任教。八月十八日，致函柯树屏谈共军入武汉，自己有意入川。八月二十日，函柯树屏嘱向杭立武部长、吴俊升先生致意所写孔子诞辰纪念文事。八月二十五日，再与柯树屏谈中共，自己有心想去印度，因四川无可安。又与徐复观函商可否入台？九月四日，函告柯树屏，四川大学黄季陆校长有邀聘赴川之意，苦于行李难运。九月十二日，函告柯树屏，台行作罢。另于致函万幼璞信中，言为《韩非子评论》一稿，对徐复观颇为生气。因徐复观诘责熊先生何故赞同韩非，是否预为靠拢共党铺路？九月二十六日，函万幼璞决返徐复观之十两黄金，教育部名义不必要，以中大教授名义留广州。主要的是因李四光已至广州劝熊先生不必赴台湾。十月，熊先生返北京大学，途经汉口时，林彪设宴欢迎，熊先生竟于席上批评共产主义不能适于中国，弄得林彪瞠目结舌。至北平后，住于什刹海，日唯以读书著述自遣，并不授课。

一九五四年，熊先生六十九岁。春天，起草《原儒》上卷，仲秋脱稿。冬天，共党组织批准熊先生退休，由平至沪与儿子世菩共同寓居上海闸北青云路。

一九五五年，熊先生七十岁。《原儒》上卷印行一百部，秋，起草下卷。

一九五六年，熊先生七十一岁。夏初，《原儒》下卷脱稿，立秋日以漆园老人署名，作序，印行一百部。初秋，起草《体用论》。十二月，《原儒》再印五十部。

一九五七年，《体用论》初冬成书，原拟写成《明心篇》，因心脏病加剧，作罢。

一九五八年，甲寅月，韩元恺以花甲之年至上海随侍先生。并为《体用论》作序。斯年，病稍减，写成《明心篇》。

一九五九年，熊先生七十四岁。《明心篇》一卷出版。

一九六一年，熊先生七十六岁。《乾坤衍》一卷出版。序文署名漆园老人。

一九六八年，熊先生八十三岁。五月二十三日，熊十力先生逝世于上海旅寓，年寿八十三岁（虚岁为八十四岁）。

二、治学方法

凡是一个大学问家，必然有一番读书经验，或治学方法。说到治学方法，西方人与中国人似乎有点不同。尤其在哲学方面，迄今中国人仍主张研究中国哲学要用中国的方法。

熊十力先生似乎不太喜欢别人问他读书的方法。他在答邓子琴等人的信中说："每见青年人问学，开口就说到方法。要知道，学问的方法，一定要在学成以后方知道是什么原故。求学时代，则全仗自己一副精心及果决的毅力，暗中向方方面面去摸索，不怕繁难，经过了许多层层累累的曲折，例如：疑惑、设计、集证、决断、会通、类推等等。其间所经历的困难与错误，正不知有多少？穷年矻矻，而后有成。一旦豁然贯通，回想以前经历，方见到自己有所循的方法，但要举证向人说明，也只能说出个大概。《庄子》的“斫轮”说，父不可以告子，师不可以告徒，就是这番意思。今日的青年人，开口便问方法，至于自己，是否具有真实心力？否则一向对学问怠慢，不会反省，好像懦夫，自己连行路的力量也没有，空向人家问路，他敢不敢举步前进呢？”

熊先生虽反对谈读书方法，这里已说明了读书先要有探索的勇气，不怕繁难。这就是最基本的方法。有了这种基本方法，便可进一步去运用疑惑、设计、集证、决断、会通、类推等等方法。

这篇文字中，熊先生也指明了：“凡读书者，需要有主观方面的采获，有客观方面的探求。主观方面，即是读任何书，胸中预先有模范，有计划，方能得其真、得其全，触类融通。否则读一本书死守一本书的文义，读两本书死守两本书的文义，成了书蠹而已。客观方面，某一学派的大著，必有独到的精神，独立的系统，必对他的宏纲众目，作客观的探讨，以见出我与他，他与其他各家之不同。益发觉得理道是无穷的，宇宙是无量的，方可不致落得人家说你混乱与讥你以管窥天了。”

我们再看熊先生自己读书的经过。他从小即能疑其所疑，思其所思，例如他看戏时，见汉人衣冠很美，问现在的人为什么不是那个样子？父老告诉他，现在是满洲人的天下。他又问：是满人多，还是汉人多？父老说：汉人多。他说：多数的汉人，为什么受制于少数的满人？父老竟不能答其所问。他跟着父亲读书时，要求多授章句。又要求站在旁边听父亲向年龄大的学生讲解书中的道理。父亲死后，他随大哥种田，学大哥的样子，带书田畔，抽暇便读。又常向邻县某孝廉家借书读。十六七岁，读陈白沙的禽兽说，就觉悟到血肉之躯与禽兽一样，只有此心此理方是真我。少年时，不了解

《大学》明德。读郑康成的注释，认为只是注释文句而已，读朱子的注释，说明德是虚灵不昧的，开始反求自心。到了读王阳明咏良知的诗，又大生诧异。二十五岁左右，读《列子》，只是傥然一悟，未到邃密境地，但却由而了解了什么是良知、明德。忽然触悟，天地万物本与我是一体，须向天地万物同体处，即万化大原处，认识本心。现前虚灵不昧的，只是本心的发用，并不就是本心，虚灵是一种动相，动可以违离本心，只有动而恒寂，才是本心通体呈现。朱子只取虚灵为宰，是不对的。王阳明说：无声无臭独知时，始是乾坤万有基。这是从虚灵而认识到寂然无扰的真，方是证见宇宙万有的本心。

做学问，全靠自己发真心。熊十力先生在给侄儿非武的信中说："我相信作学问的事，不由天启，不由人授，唯有自心一念之诚，发而不容自已，将以往种种不良的习染痛切涤荡除去，使胸中没有滞碍，则天地万物的道理，自而贯通起来，而不知其所以。古人所谓至诚所感，金石为开。到了这种境界，始信这不是妄语。你应当以此为念，从现在开始愤发，成就当不可限量。只怕你不发真心呢！"

熊十力先生认为：为学当先立志。他说："儒家论学，开始就要立志。佛家论学，开始要发心愿。志趣不正，心愿不宏，纵然勤于世智辩聪，终不过成为一个细人。"细人就是心地狭窄，眼光短小，只知自私自利的人。

孔孟主张为学要志在圣贤，熊先生也主张：

凡古代大人物的精神，流露在他的著作中，后人读古书，而默会古人的精神，则于不知不觉之间，感怀兴起，方求向上，不甘自暴自弃而以与小人或禽兽为伍，为最痛心的事，使心胸开拓，魄力伟大。日用生活上，事事都是精心毅力流行，则已上追古代伟大人物，与他成为一体了。

熊先生向弟子们提出为学的态度是：戒俗心，戒轻心，戒贱心，戒骄心。何以要戒俗心？因为，一个人的心思，若被世俗浮浅的知识及肤滥的论调所笼罩，他的思路必无从启发，眼光必无由高尚，胸襟必不得开拓，生活必无有根据，气魄必不得宏壮，人格必不得扩大。

何以要戒贱心轻心？熊先生说："为学最忌的是有贱心与轻心，这些不能除去，不足谈到为学。对古今知名之士，不知道这些人的学问价值是什么？见人家崇拜，自己便跟着盲目崇敬，这就是贱心。轻心，就是自己本来对古人毫无所知，而爱用个人的意见，去衡量古人的长短，譬如读一本书，自己识见本不够窥其义蕴，而妄说：我已了解了。这就是轻心。贱心就是盲其目，轻心且更盲其心。有了这两种心，想要在学识上有所成就，是绝不可能的事。对这种人，只合可怜他罢了，贱他恶他都是不对的。"

何以要戒骄心？熊先生说："人的情感若有所骄矜，有所偏向，就会失其中正，而暴乱必至于不可止灭。对于仁义、人道、文明或其他美的标帜，若假借这些美名以自矜自尚，自封圣人，诈伪所至，必流为凶毒。这是负责领导教化群众的人，应深知戒惕的。老庄皆对这些有所谨慎。"

为了去俗心、轻心、贱心、骄心，熊先生认为：凡有志于根本学术的人，当有孤往的精神。

熊先生把握了学思并重的原则，他读书极博。他说：自己对于群经要旨，平生用过苦功，不像一般人只是浮泛的见闻知解的学问。又说他平生治学，奉博约为准绳，说到方法，他认为只有引用岳飞的"运用之妙，存乎一心"来作说明。他认为：哲学家不只是钻研某一家学派的说法，应当从上下古今，观其会通。不仅是翻弄名词，而当深穷真理。不仅是依据科学，而当领导科学，使科学的知识得到哲学的启示与批判，而涉入宇宙真相。不仅是解释宇宙，而当改造宇宙。不仅是思辨，而当如《礼经》中所说：博学、审问、慎思、明辨、笃行。达成王阳明所说的知行合一的学问。变更人类的思想，激扬时代的精神，涵养特殊的人才，这等大责任，全在哲学。

熊先生治学，从来不拘守门户，却有自己的悟解。他说："老夫挥了许多血汗，读宋明学者的书，不满意。读六经四子，也不深契我的心。读老庄的书，乍喜而终于舍弃他们。读佛家唯识宗的书，始好而终不谓然。读般若佛经，大喜，而嫌其未免耽于空寂。最后用反求于自心，久而恍然有悟，始叹儒家的《易经》，佛教的《般若经》，皆在真实根源的甚深处，确有发明。儒家的穷神，而不能深深的体察到寂然处，便将发生滞有的缺陷。佛法归寂，而过分比喻于幻化，反会有耽空的拖累。在空寂上，而认识了生生健动的精神，在生生健动的精神上，而见出他是湛然冲寂的。反求我的自心，觉得道理实在是如此的。自此以后，复探究《华严》、《楞伽》、《涅槃》等经，更回思无著、世亲的学问，以及中国本土晚周诸子，所有宗门的大德，宋明诸老的学说，觉得这些众贤群圣，造诣不齐，却都有自己的得力长处。乃至西方哲人所研究宣示的见解，也莫不是大道的散着。我析其异，而会其通，去其短，而融所长。则一致而百虑的奇诡，殊途而同归的至妙，这种伟大奥妙，都具备在我的身上。而后，我才相信：证真，即妄法也是真的。随妄，则一切都是沦没无倚的。感怀世变，我很想弘扬儒学。德治，礼治，都是以性地为根源。从这里出发，就可以挽救失掉人性的残酷，而要使世间不异涅槃，便不能光靠耽空的佛教了。大凡一个人为学，眼光透上天去，还须遍观大平地上的万类，始能有所获得。天在上么？地面地下，莫不都是天。只知仰视，不知俯察，不能说是见到了天。况且连仰视也没去作，而敢妄臆的说自己是见到了天吗？"

熊先生的治学，固然得力于研究佛典。他说：佛书不易读，读的人必具四个条件：(1) 抽象力极高：否则于其高广幽深的玄境，不可攀援。（2）分析力极强：否则于其方方面面，无穷的义蕴，寻不着端绪与脉理。（3）会通力极大：否则如盲人摸索于大詈，终不得其纲领所在。（4）必有广大心、真实心：不是只在语言文字上作活计，以肤乱的知解，诳无知，趋势途者。有此修养，方许了解文字，而终会意于文字之外。智慧之神，不会来居于杂染心中，此事宜知。上列四条件，缺一不可。而第四条件为根本。

熊先生认为：我们今日求为己之学，只有下工夫去创生，凡所创生，都要有所依据，凭借以为创生的基础。不是突然凭空撰出什么物事而始叫做创生。人所有的天性、本心、明智，也是从人本身创生的，若自恃这都是固有具足的，而只以灭除物欲去下工夫，物欲也是人的生生之具，岂能说都是恶的害的而都灭去吗？纵灭到极点，也不是体天立极之道，所以，我的为学，主张一个创字。这是我自己切实的体验，从孔孟遗训中去征察，也是相符合的。

熊先生说：我们必多读古今书籍，以补自己经验的不及，而又必须将书籍中所发明的部分，用自己经验来反省，辨别它是否妥当，若不这样，又将为书所欺骗而不自知。

治学方法，是求得知识的手段和途径。以网得鱼，以箭得鸟。方法不对，目的难得。西方人的求知方法，形成了哲学上的知识论。西方哲学的知识，大概说来，只重在感性的知识、理性的知识。中国人更有一种自性的知识。这自性的知识，是超乎感性与理性之上的，西方宗教家有一种超性的知识，只一意上求，与此相似而实不同。中国人的自性的知识，实乃将超性的知识涵摄在内，上下一贯，天人合一。这种自性的知识，又可名为真性的知识，本性的知识。当然不能用西方哲学的感性方法或理性方法去求得。

哲学大概有两个方向，一是知识的，一是超知识的。西洋哲学属于知识的，从科学出发，所发现的真实，只是物理世界的真实，而本体世界的真实，毕竟无从证会或体认得到。中国与印度佛家哲学则是超知识的，寻着哲学本身的出发点而努力，于科学知识也有相当基础，像中国先哲，对物理、人事，均有相当的甄验。他们所以证会或体认到本体世界的真实，是直接本诸他的明智之灯，易言之，这个是自明的理，不倚感官的经验而得，也不由推论而得，所以是超知识的。又当知道，超知识路向的哲学家中，佛家大乘空有两宗，有用逻辑做护符的。中国哲学，更有一意深造的自得，而不事辩论，竟用不着逻辑。

熊十力先生虽是继承中国圣哲相传的血脉，却并不反对知识、经验与科学。有一个学生问他："知识的来源，自是先天的理性的活动力，先生何以要纯归之经验呢？"熊先生答："先天理性的活动力，本不可否认，它当然是明智的功能，没有它，不会成功知识。但若把我们的日常经验剥夺得干干净净，空剩下先天底理性的活动力，看它还会不会发生知识？经验的材料，譬作模型。先天底理性的活动力，可以说是摹写的画师，不过画师摹写的时候，他的自身也没入模型中去了。"理性的活动力，埋没于经验所有的模型之中，岂不是完全物化了？岂不是明智之障？熊先生认为："人自有本能的明智，只要锢蔽不过于沉重，便时而有一种旷观，游履高明，能照见他的知识是物化了的，是限于经验界的。若涵养有素，常得明智出现当前，不但不妨碍经验界极尽其知识之能事，而也自会有超脱的意味。"凡向外探求本体，都是虚悬一个可追慕而不可实得的理想世界，作为目的，向之奔赴。因此便有一种超越感，与宗教情感相同。宗教以为上帝是外在的，是超越于万有之上的，即因之而起超越感，向上帝追求。中国哲学有一种特别精神，即是治学方法，根本注意体认。体认就是觉入所觉，浑然一体，而不可分，所谓内外、物我，一异，种种差别，都不可得。须知真理不是他物，即是我人所以生生之理，也就是宇宙形成之理，我人生命与大自然即宇宙，是互相融入而不能分开的，同是此一真理显现的。

体认，又名智证，或名证量。智指性智，证是证知，不是知识的知。智证，就是性智的自明自瞭。西洋哲学向外探求本体，所以偏重于理智与思辨。中国哲学在反己而认得本体，所以要有特殊的修养功夫，终于超脱理智，而得证量。证量，部是在本体呈露时，炯然自明自瞭的意思。又叫证解。反己就是修养功夫，只是去私，把私欲克除尽净，使本体呈露而无障蔽。

人能涵养本有的性智，而勿放失，则后起的理智作用，与一切知识，也都是性智的发用。科学便是站在经验范围内，把一切事物看作客观独存的，用理智去摹准它、剖析它，所以，是纯粹知识的。哲学所有的事，是要剥削经验界的一切杂染，而证会实体。人的良知，即是实体。良知炯然自知，便是证会。王阳明指良知为实体，理也相同。哲学若只用知识去推度实体是如何如何，自然是错误了。开始学哲学的人，不能不在知识的路上转折几番，却不可长此自误，须作鞭辟入里的切己工夫，到了深造自得，居安资深，左右逢源的时候，才忽然见得自身有一个主宰，浑然与万物天地同为一体，健行不息。

熊先生谈到为学时，说："为学是一种苦事，也是一种乐事，唯有真正有志于学问的人，乃能忘其苦而知其乐。若他一心想在学问上有所造就，则凡世间的一切富贵荣誉，都不能去一顾。甘于贫贱，忍受澹泊，岂不是最苦痛的事吗？功名富贵，只是世俗之乐。有志于学问的人，不以这种世俗之乐为乐，纵或得不到，也不会有痛苦。世俗的快乐，是心有所追逐而生，有所追逐，痛苦必然随之而有。逐利的人，疲精敝神的去营谋，患得患失，心绪不宁，虽得到利，却无片刻之安。逐名者，徘徊周旋于人心风会的迎合中，受毁誉的情感拨弄，虽得到名，却无自得之乐。逐物，得到必不能久守，不能久守，失掉此物则痛苦更甚。世人所说的乐，恒与苦相对，岂是有志向学的人所愿贪图的？有志向学的人，不贪世俗的乐，也不会有世俗的苦。孜孜求学，不顾其他。到了学而有得，便感到悠然油然，有包络天地的气概。这是学人之乐，这才是真乐，毫无痛苦相随。这岂是无志向学的人能懂得的吗？”

对于研究学问，熊先生虽主张以本国学术为根本，而尤贵吸收西洋学术思想，以为自己改造与发挥的资源。对于书院与大学教育，熊先生认为：两者不容偏废。凡自然科学的研究，需有宏大的规制与设备，自非有大学及研究院不可。像文哲、历史、政治、社会等学科，则尽可在大学文法各学院以外，由践履笃实、学术深醇的儒者，别立书院，以补大学教育的不及。书院的设立，一是保留过去民间自由研究的风气。二是改正现行学校制度的弊端，如学生缺乏身心陶养，教材与科目庞杂。书院可以依准今世，从事一种新制度的试验。

熊十力先生的治学方法，迄今恐怕仍为西方哲学界及中国学西方哲学方法的若干人士所不甚明白。例如，贺麟就曾经这样说：“至于他如何精研法相唯识之学，而又超出旧唯识论以创立新唯识论的甘苦经历，作者不懂佛学，不能阐述。”

中国人学西方哲学的，常停留在哲学平面，缺乏向上一机，所以常鄙视中国哲学而高标科学，甚至主张“哲学消灭论”。熊十力先生认为：现世科学复杂，科学重要自不待言，而综合各种科学思想，以探究宇宙实相及人生真性，则不能不有赖于哲学。若对社会政治各种问题，高瞻远瞩，察微洞幽，数往知来，明辨得失，为群众的先导，作时代的前驱，励实践的精神，振拔人类的忧患，都是哲学所有的事。

哲学是什么？熊先生认为：哲学是思修交尽之学。中国古无哲学之名，只有义理之学与哲学的概念相当。所以熊先生特别重视义理之学，认为是一切学问的根本。中国学问虽有义理、经济、辞章、考据四科，义理之学居于主脑地位。诸子百家之学，都要以六经的义理来衡断其得失。习六经的义理，而自得于躬行之际，则经济等科的学问，方有根可依。经济不以义理为本，则流于功利，甚至习为险诈，以凶于国，以害于家。考据不以义理为本，则以支离破碎为务，而绝无安心立命之地，甚至对于有价值的问题，不知道去留心考察，思想便一天天的卑陋起来。辞章不以义理为本，则性情会失其所养，神解便无由启发，何足以表现人生？只习为雕虫小技而已。所以，四科学问以义理为宗，义理又必以六经为宗。

如何研读经书？熊先生认为：有志研读经学的人士，当由宋代的学问，上追孔门的学问。汉学家的书，只可备作读经的参考而已。宋代学问是入门。心性之学，先要研究王阳明的学旨，而后探究濂、洛、关、闽及陆象山兄弟的学问，则可知道王阳明学问的来源及他所以要反对程朱的原故。折而考究王船山的学问，王船山对生与有及动与性等四大基本概念，都是来自《易经》，中为宋明诸大儒家思想之总结，下与现代思想融通，虽在本原处有所未透彻，而大义已举示出来了。进而参稽新唯识论，旁治西洋学术，再上溯孟子。荀子确然不见本原，不是孔门正统。由孟子上追孔门，便得到学门的根本了。

熊十力先生又认为：中国应融摄西学来扩大自己，但对我先哲的长处，却不可舍失。今日研究哲学，应向西方理智、思辨路数，多下功夫。然后采取佛学、老学的浩荡胸怀，宋明儒学的严谨态度，归向《易经》乾元行健的精神，以达到富有日新，扩充无已的盛业。可惜今世的人，智慧太劣，不足以谈这种大事。

熊先生说：我只希望今后的中国人，凡谨习我国固有哲学思想的，应发扬精要，并勤治外国学问，博采新的知识。更致力践履，求思想与行为之一贯。以此养成一种学风，中国学术始有独立发皇的希望。至于对西洋学术，应各自由研究，力求精要，但对本国学问，如六经诸子等等，若有致力之暇，自当随分参考察稽，否则也不必妄言轻诋。今后学术界如有此气象，当无绝学之忧。民族虽危，终当奋起。也可以自淑之学，去拯救全人类。

熊先生说：我胸中的主张与趋向，就是要发扬先圣的道理，拯救民族的灭亡。也就是用此种道理，拯救全人类。这就是我六十多年来所提撕自己，警觉自己，尝以此自己熏陶，而唯恐会丧失了这种理想。

三、哲学本体论

熊十力先生自己说："吾学贵在见体。"这体，就是西方哲学所说的"本体"，这本体在西方哲学，是自康德以来所不愿也不敢提及的一门大学问。中国古代哲学，虽然无本体之名，然却有本体的概念。康德认为本体是不可知的。中国古代哲人则认为本体是可知而不可说的，"道可道，非常道"。(《老子》)"得意别忘象，得象别忘言"。(王弼)"书不尽言，言不尽意"。(《易经》)在不可说又需说与世人知晓，怎么办呢？老子只好"字之曰道，强名之曰大"。中国古人从不同角度来窥察宇宙本体，乃有了"道、大、一、天、性、体、心体、道心"等等不同的名称，能会其意的哲学之士，则知此名称虽然不同，所指皆为本体则一。不能会其意的笨伯，常在言语名词上生出纷争。能会其意则为"见道"，为"慧解"。不能会其意而生纷争，便是"下士"，"下士闻道则大笑，不大笑不足以为道"。(《老子》)

熊十力先生的思想既是“贵在见体”，换句话说是“贵在见道”，自为中国一般“下士”所不懂。西方人因语言的隔膜，也无法懂得。替熊十力先生在《大英百科全书》上写略传的汉米敦（C. H. Hamilton）老博士，对熊先生所说的本体，认为“它的基本的性质即心、意志和意识的性质”。这很易引人误认为熊先生是唯心论者。贺麟在《当代中国哲学》一书中，直认熊先生为“泛心论”。现在哲学界人士，尤其学西洋哲学而对中国哲学缺乏深度的人士，也视熊先生为“唯心论”者。见一个“心”字便视为唯心论，见一个“物”字便视为“唯物论”，尤其唯物论者，见“致知在格物”一句，便说孔子是唯物论者，真是“愚而好自用”。

然则，对熊十力先生的思想如何去了解呢？熊先生的思想，直从中国文化思想的大本大源处生根，像对中国诸子百家的思想一样，要了解他们，不可只拘泥于表面文字，要注意每一名词所内含的概念。否则，必致“张冠李戴”，“郢书燕说”。

据熊门弟子王准记录，有一天林宰平（志钧）给熊十力先生来信说，“兄所作《新唯识论》语体本，立义、用意皆极好。立义方面，则能把握住体用不二之绝对一元论。中西及印度哲学说不通处，此书能通之，而更透出一关。中国古人非不依稀仿佛，似达此境，而见之未透，故握之不坚。兄独玄珠在抱，横说竖说，百度不离宗，《新唯识论》是如此，《读经示要》也是如此。《读经示要》更加成熟”。王准见了这封信说：“西洋人谈实体与现象，毕竟未得圆融，印度佛家，把生灭的现象界与不生灭的实体，说成两片。缺点与西方哲人相同，都是根本不通，虽然自成体系，终是戏论。《新唯识论》出版，使真理高悬，如日中天，真是人天盛事。”熊先生笑着说：“真理没有隐蔽，古今许多人都是一偏之见，所以得不到真理。只是个人杂着情感成见去推求，反而增加迷惘。”曹慕樊向熊先生说：“心物问题，西洋人一向聚讼不休，《新唯识论》，说明由体成用，譬如由大海水，现出众沤，所以体用不二。众沤各有现象可说，与大海水未尝无分别。从本体上说，本无所谓心与物，因为，本体是超越对待关系的绝对存在，备万理，含万善，至虚至灵，具有无限的可能，然实无形无象，无有作意。唤作物，固不得。唤作心，也不是。心是与境相对待的名词，本体是超对待的绝对存在，如何会有心之名？从本体可以显为大用，从大用上说，翕则为物，辟乃为心，翕与辟，只是一体的流行，而表现为相反相成的两种势用。在此等意义上，随顺俗说，则心与物都有，不可以心消归于物，而说是唯物，也不可以物消归于心，而说是唯心，致而只在翕、辟或心、物二势用中随执其一种，便以为是第一因。这都是不对的。因这些都是对待的说法。《新唯识论》告诉人们，不得执取任何一方而言唯，若明白翕辟成变的道理，就不会执取任何一方为第一因。如此便没有唯心、唯物之弊。”

“印度哲学，数量、说境。量有现量（直接知识）、比量（推理知识）。境指识（意识作用）之对象。佛家的唯识论，有八识与种子的一套说法，却是一种堆集论。八识，已是拆得很零碎。种子也是众多颗粒。不是堆集论是什么？这种说法不合乎真理，是很易见出的。”

熊先生说：“哲学家谈本体者，大抵把本体，当做是离我的心而外在的物事。因凭理智作用，向外界去寻求。由此之故，哲学家各用思考去构画一种境界，而建立为本体。纷纷不一其说。不论是唯心唯物，非心非物，种种之论，要皆以向外找东西的态度来猜度。各自虚妄安立一种本体。这个，固然错误。更有否认本体，而专讲知识论者。这种主张，可谓脱离了哲学的立场。因为哲学所以站脚得住者，只以本体论是科学所夺不去的，我们正以未得证体，才研究知识论。今乃立意不承认有本体，而只在知识论上钻来钻去，终无结果。如何不是脱离哲学的立场？凡此种种妄见，如前哲所谓道在迩而求诸远，事在易而求诸难。此其谬误，实由不务反识本心。易言之，即不瞭万物本原与吾人真性，本非有二（此中真性即谓本心。以其为吾人所以生之理则云真性。以其主乎吾身则曰本心），遂至妄臆宇宙本体为离自心而外在。故乃凭量智以向外求索，及其求索不可得，犹复不已于求索，则且以意想而有所安立。学者各凭意想，聚讼不休，则又相戒勿谈本体。于是盘旋知识窠臼，而正智之途塞，人顾自迷其所以生之理。古德有骑驴觅驴之喻，言其不悟自所本有而妄向外求也。”

熊十力先生所说的本体，没有固定的名词，颇与老子“道可道，非常道”的意味相同。他说：“本心是绝对的全体，然依其发现有差别的意义，所以不得不多取些名词。……一名为心，是主宰的意思。……二名为意，有定向的意思。……三名为识，是指本体的发用。……借感官去了解外境的，名叫感识，……不依感官而独起筹度的，名叫意识。所以，心、意、识三个名字，各有所取的意义。心的名词，主要是指宇宙的统体。意的名字，主要是指万物皆各具有殊相与本性。识的名字，主要是指能了解外境。”他答复别人的询问时说：“真如，就是本体之名。本体这个名词，是赅括万有而说明它的原委，就是遍为万法的实体。万物就是一切的物。就我们本身来说，这就是本心。正智，就是这个本体或本心。正智，是说他昭昭明明，无有亏欠，无有昏蔽，是一切智识的本原，是万善之所从出。”

熊十力先生认为心无内外可分。在知的作用上，心有返缘之用，可以自明自瞭，则不妨说为内向。心有外缘之用。可以缘虑一切外境，则不妨说是外向。实在说来，境不是离心独自存在的，虽假说为外缘，毕竟无所谓外。在返缘时，如体是迥然无所系依的，在外缘时也是如此。知体恒自迥然，无定在，而实无所不在，何可横截成内外之别，《中庸》说：“合内外之道，故时措之直也”，就是这种道理。

有人见熊十力先生用本心二字来说明本体，便说他是唯心论，他在给友人的信中说："我的唯识论，虽是从印度佛家嬗变出来的，而思想的根底，实乃源于《易经》，旁及老子、庄子，下迄宋明巨子，也皆有所融摄。囊括万有，主要归于认识本心。此所说的心，与西洋唯心论者所说的心是截然不同的。此意未可以简单言之，更难向不知者去说。试想，我有生命，必有所以生的道理。这种道理在我们生活日用之中，是流行不息的，就是我所说的主宰我身而不为形役的本心。"

熊先生认为：西洋哲学谈本体者，常不免隘于戏论，只把本体，看成是超乎法象之上而独在，当做外界的存在物，刻意去推度，所用方法，就是析物的方法，如所说的一元、二元、多元等，则是数量的分析。唯心、唯物、非心非物等，则是性质的分析。熊先生告诉牟宗三说：新唯识论所谈的本体，归本于性智，仍是申王阳明的宗旨，但王阳明究竟是释、道二家的成分过多，其后学遂走向狂禅的道路。因佛家唯识论识本体是潜隐于法象的背后，道家视本体是空洞寂寥，包含宇宙万象。熊先生说："我所说的明智，与王阳明所说的良知有所不同，王阳明以为良知是固有具足的，这是纯依天事去立言。我和王阳明都认为明智只是一个人的天性的萌蘖，但我更主张明智的扩充却要靠人自己去开创，这是就人的能力来说的。便与王阳明不同了。王阳明说草木瓦石都有良知，我却不能说草木瓦石都有明智。"

熊先生的新唯识论，在谈宇宙本体方面，是把佛家的空寂、道家的虚静、《易经》的刚健与生化等道理，融合为一体。认定：(1) 宇宙实体具有复杂性，无限可能性，非单纯性。(2) 体用不二。(3) 心物不可分割。是一而非二。新唯识论谈本体，于空寂中识得生化之神，于虚静中而见出刚健之德，融释、道二家于《易经》思想，而抉造化的蕴藏，立人生的极则。若只说生化与刚健，恐将如同西洋的生命论者，他们所说的生命冲动，与佛家唯识宗所说的赖耶生相，恒转如瀑流，直认为习气是生命源流，有同一错误。若如一般释、道，只证寂静，不悟本体原来是寂而生生，静而健动，则将溺于寂而滞于静，如佛家有反人生的倾向。否则至少也如老庄的末流而流于颓废。新唯识论，所资至博，所证会独深远，达天德，立人极。人道继天，就是继其生生不息之健，富有日新而不已。新唯识论，是超知识的，不是反知识的。

谈到知识之发生，熊先生认为："见体以后，必依性智，而起量智。便是昔年儒家所说不废格物穷理之功。量智，是缘物而起的。一切物，皆是本体的流行。量智是向外推度的，把本体当做外在的物事推度，只能停止在所推度的物事上，本体便不会呈露了。见体，是本体呈露时自明自见而已。有智慧的人，当觉悟到量智的效用有限，而返回到性智，以立大本。"

新唯识论的哲理，是圆融无碍的，若拘泥于一端，便难窥见此书的冲旨。宇宙本体，是浑然全体流行着的。依此流行，现出一翕一辟的势用，假说为心物，翕为物，辟为心，实在说来，此二者都无实物可容暂住，这就叫做大用。把体用分开来看，心物具不能成立，若摄体归用，用不孤行，必有翕辟二势，则心物俱得成立。若从大用识其本体，心物二者，都是真体的自我呈露。西方哲学，总是将人生与宇宙割裂，谈宇宙的，只是要给物理世界一个说明，而其为说，很少有从人生真性上反躬体认得来。本体在人类万物，原是一体。本体虽人人俱足，然而一个人由父母生下来，便受形气所限，又每受染习的束缚，所以本体便不容易发现。人生如果不务扩充自己固有的德用，便是失掉自己的本体。新唯识论，提出了创净习与成能，旨趣最是冲和。宋明学者被释道二家所误，新唯识论可以补救其缺失。新唯识论，是鉴观西洋，平章华梵，囊括大宇，折衷众圣，在本体论上开一新途径的学说。

四、论历史文化

自从我国第一位大史学家司马迁，由于“通经致用”，据经书的义理写成伟大的《史记》一书后，二千年来，我国历史学界即以博通经史为风尚。西方人直到近代，始有索罗金等人提出“哲学家写历史，历史家写哲学”的主张。因为哲学家写历史，足以凭哲学智慧，衡论历史的得失，这种看法，正与我国自古“博通经史”“通经致用”的主张相符合。

熊十力先生虽然并不是专门的史学家，但他的博学多识，与精鉴古今的学养，不仅表现在哲学的本体论上，尤其表现在他衡论中外古今历史文化与各家学派的评论上。

我们知道，评论是最不容易的事，要字字褒贬悉当，必先对所批评的学问，有透彻的了解，这是要能入乎其中。能入而不能出，也无法持空鉴衡，所以更要超出于此所批评的学问之上，俯瞰全面，穷其秋毫，如此再衡之我心，慎下评语，方不致说外行话而成为浮浅的批评。熊十力先生的评论百家，正如他自己所说的：“我有法眼，一切如量。”由而也可见出他是“所涉猎者广博，贯穿经传，融会佛道，旁探西方，驰骋古今上下数千载间，斯亦勤矣”。虽然，熊十力先生并未写成衡论历史文化的专书，他的衡论历史文化，只散见在他十多种著作中，如《子贞心书》、文言本《新唯识论》、语体本《新唯识论》、《读智抄论》、《因明大疏删注》、《破破新唯识论》、《十力语要》、《十力语要初续》、《佛家名相通释》、《中国历史讲话》、《韩非子评论》、《原儒》、《体用论》、《明心篇》、《乾坤衍》等。我发现他的历史文化修养之高与衡断之精，深觉这种衡断的智慧，也正是我今日历史学界所最缺乏而当引为参考的，所以乃从他的全部著作中，择录这一类的资料，按中国历史上的朝代排比分期。

1. 论唐虞至晚周思想

熊十力先生对于唐虞至晚周的情形，曾指出说："吾国自唐虞到晚周，有悠久高深的文化。《易经》、《春秋》二经，通天化、物理、人事，从观察宇宙的变动不居，而知道随时以各协于中道（天是宇宙天体之目。天化，是指本体的流行。执中的道理，自颛顼始明白。《史记》称他是执中，而天下平。《论语》，尧命舜说：允执其中。舜亦以命禹。《孟子》说：汤执中。《春秋》周室刘康说：民受天地之中以生。《易经》的道理是随时处中。孔门演绎《易经》的主旨，作成《中庸》。故孟子称孔子集大成，其脉络的然可寻）。下推到治理，便达到天地定位、万物并育的盛况。视那些仅以矛盾法探测变化的，他们岂不亦得其似，而未究其真吗？矛盾法，易学家与老子所说有分别，反者，道之动。然反，而未尝不归于冲和。冲和就是仁。仁就是中（仁何以亦名为中？须深玩刘子人受天地之中以生的说法）。儒家的道理，含弘万有。究其极，不外中道而已。人类如有趣向太平之几，必待儒学昌明而后可达。此是我所断然不疑的。"（《中国历史讲话》）

"《周礼》一书，现在有人以为是汉人所作，或为六国时候的人所作，我向来以为此书本出于儒家，但融会法家思想，以为《周礼》似乎把民间万事，都加以严密的组织，故像法家。后来自知有错误。此书确为孔子传授是无疑问的。《论语》记孔子说：‘吾其为东周乎？’其全副经纶，都从这本书中见出。现在的人，也多知道此书的价值，对于国计民生，一切计划，设计得周到而又广远，真是上天下地，无不包罗，没有纤毫遗漏的地力。这本书的组织，以官为经，以事为纬，大概原以周代制度为根本，而推演精详，构成了一部大典，留给后人。这本书决定是孔子的口说流传下来，他的学生记录成书，大概在孔子死后五六十年。后来的儒家，如孟子及荀卿的文字，看来都与《周礼》不同。实在说来，儒家政治思想，本不是任人民各自散漫，不相为谋的。如果可以任人民散漫，还有政治可言吗？儒家思想，本来细密，即举一部《仪礼》来说，条文是多么的详密！”（《读经示要》上卷）

“晚周时代的人，各用其思想而莫不渊广，各行其是而莫不充实，不尚众宠，不集一途，浩荡活泼，雄于创造的风气可说都作到了。”（《读经示要》上卷）

“晚周学术思想，已称极盛。诸子百家，分涂发展。家就是指专门的学问。如算学、天文、物理（周公造指南针，古代已有物理知识）、医药（古代发明最早）、工程（秦时李冰，工程知识已高）、机械（孟子称公输子之巧）、地理（邹衍之说略存）等等知识。子学，即各派思想，犹今日所说的哲学。儒、道、名、墨、法、农，皆是大宗派。而儒为正统派。”（《中国历史讲话》）

“儒家祖述尧舜，宪章文武，其道甚大，天地变化的道理包括在其中，而决不会超过范围，也能把万物生成的道理都说出来而不会遗漏，所谓致广大而尽精微，极高明而道中庸。诸子百家都是由此产生的，本为中华民族的中心思想，今天实在应当发皇光大。但不可如宋儒的拘碍。对道、墨、名、法，要兼容并包，去其短，采其长，即外来文化亦不拒绝。吸取其优点、思想不限于一途，而未尝无中心。譬如人的五官百体，各各发展无碍，而脑为中枢。若仅保护头目，而不顾四体，未有能生存的。我常赞美宋儒的功劳，而病其拘碍。应当永怀当今，远资殷鉴。墨法二家优点，我都赞同。墨子的逻辑谨严，是《易经》的正名定辞的学问。墨子精于制造，是《易经》制器尚象的遗风。兼爱兼利，即是《易经》所谓利者义之和也，兼利的主旨，又即是《大学》以理财归于平天下，及絜矩之道。人类欲免于自毁，舍此道路便无路可走。墨子主张大同，是《春秋》太平的意义。其抗御侵略，是《春秋》无善战及书梁亡的意思（书梁国自亡，是归罪其不能自在）。墨子摩顶放踵，以利天下，与杀身成仁相同。墨子通于儒家，岂止一端而已？孟子说：徒书不足以为政。则已兼采法家思想。然又说：徒法不能以自行，则儒家的主张，毕竟有不可颠扑的地方。商鞅以法治，使秦国富强。立法之初，躬身实行，是以其法有效。诸葛武侯尚法治，而本于开诚心，布公道。故能以法治，而开蜀汉之基业，以儒术融法家而为政治，我与武侯主张完全相同。”（《十力语要初续》）

说到民主思想，熊十力先生指出说：“中国自伏羲以来，即有民主自由思想，伏羲画八卦，《易经》中首先明示民主自由，乾卦说：群龙无首。无首就是不立政治首长。武王伐纣，也是见得此理。伯夷拥护纣王，却是未见此理。孟子用王道说诸侯，不是主张行道以尊周室，是主张行王道以得天位。孟子说的民为贵，社稷次之，君为轻。后世的人疑孟子有教诸侯篡夺的罪，是不明白这种民主自由思想的缘故。荀子也说：杀然后仁，夺然后义。上下易位然后贞。也是民主思想。”（《读经示要》上卷）

现代许多人指责中国人不懂民治，或说：中国有民主思想而无民主制度。熊十力先生指出说：“周官的地方制度，与管仲治齐、芀叔治楚、子产治郑，谁不是主张治起于下的呢？”

对于哲学与民主思想之发展，熊十力先生也指出说：“中国古代，神州大陆，虽无海国的交通，但是列国并立，朝聘、会盟、征伐，使文物制作方面，各国都互相争雄奇。很像今日欧洲列强。春秋战国，政权由贵族而平民，农民成了公民，哲学思想，如十个太阳并出，万花同时开放。”（《中国历史讲话》）

“列国之世，各国辖土较小，人口较少，公朝的政令容易达到民间，君卿大夫与人民接触也较为密切，人民互相团结而参与决定国家政事，也很方便，古代民权发达，是有原因的。”（《读经示要》上卷）

“春秋时代，霸主犹矜尚仁义，以文饰他的功利企图。到了战国，已不再假托仁义，而且犹如猛兽狂逞嗜欲。秦因而能吞噬六国，不旋踵而也自毁了。”（《中国历史讲话》）

2. 评秦汉时期士风

中国文化思想，到了秦代便发生了变化。熊十力先生说：“中国自秦政夷平六国而为郡县，定下帝制的局面，思想界自是开始凝滞（参考《读经示要》第三讲）。秦人残暴，毁文物，民众也不能安生。百家的学说先亡，书籍不传。子学的书，存下的也残缺不全。然诸大宗派，犹略可寻究。”（《十力语要》）

“自吕政扫平六国，改封建为郡县，使天下的人各守一丘一壑，老死而无所闻见，无所广益，又厉行一夫独裁的政体，绝无民意机关，人民不得互相集合对国家贡献力量。大一统后，不但学术思想少变化，且因疆土广远而交通困难，人民众多而接触困难。天子、相臣，与亿兆庶民，成了疏隔的局势。每有政令，不易迅速达到民间。地方监司守令是否贤良，朝廷常不易督察，偶有英明君主和贤相，能够慎选疆吏，精于考课，则吏治成绩较好。民众获得安居。因此种君相，不能常常出现，所以，政治败坏成了常事，政治修明时期，反而很是短暂。人民既相互疏离不容易团结，便日趋于散漫，

更不喜参与国政。久而久之人民都只各为自己身家作打算，不以国事为念了。”（《十力语要》）

“汉代开国，在秦代严苛制度后面，只好用苟且简陋的办法，终未能自树一代的基础。天下安在这简便风气下面，当然不能建立大规模，成为康乐升平的景象。”（《中国历史讲话》）

“汉高祖欲易太子，到老衰将死时，计划实行它，终因四皓拥护太子而不果，在汉高祖年已衰竭之余，犹能够敬服善类，顾畏天下清议，此岂一般人所可能的吗？”（《十力语要》）

对于汉代学术思想，熊十力先生指出说：“民治思想，汉以来时有发明，东汉桓帝巡幸竟陵，过云梦，临沔水，百姓莫不观看，只有一老人独耕不辍，尚书郎张温觉得奇异而问他，老人说：‘立天子以作天下人的父亲吗？役天下的人以侍奉天子吗？今天你的君王，劳人自纵，逸游无忌，我为你感到羞耻，你何忍心要人家去观看呢？’张温听了惭愧不已，问其姓名，老人不告而去。此老人即是有民主思想的人，惜当时郡县时代，不易向闭塞的群众宣传，只有抱憾以终。”（《读经示要》上卷）

“汉代的经师，约有几种好处：一、保存古代义理，功不可没。二、服膺经训，确立信条，躬行甚笃。如孝弟力田等信条，汉人特别提倡，一切道德均依此根本信条发生，孝弟为万德的萌芽。力田即是注重勤劳，与自食其力。故汉代的人笃实，无侥幸之风。但到了东汉，此种意思便渐衰落。三、通经致用，不徒侈博闻，不只事笺注。但其致用，只是在帝政下谈匡济，如辅君德，及用人行政方面，竭力以图功效。四、西汉的儒者，其尊信经义，期能实行。至有触犯皇帝而死绝不安于沉默的人，如眭孟、盖宽饶等，欲实行经说中天下为公的宗旨，乃悍然根据经义，上书皇帝请其退位。当昭宣时代，朝无莽操，野乏伏戎，其本人又无私党。而纯以崇信经义的缘故。但至东汉，则桓荣之徒，以治经干禄，后世的经生，心术益不堪问。汉学有四种好处，今之学者，应当恭敬的奉持。”

“汉代赋税，宽农民而多取于商贾，且有国营事业，政策为后世所不及。”

“汉代的经儒作朝官的，对于国计民生，确能熟筹利病，而施行在政治上，可见汉儒通经致用，实在堪担当世事，汉代政治贤于后世的实在不只一端，可惜治史学的人多为无谓之考据，不能于有价值的问题上去留意。”

“汉以后的中国人，其智德力各方面，日以低落，很少有昌德硕行，很少有高深理想，很少有伟大气魄，东汉以来，二千余年间，常为夷狄与盗贼交相宰割的局面，非是天数，而是中国人自造的悲运。中国社会常流行各派思想，即在关闭的时代，已是长劫委靡，况当西洋文化侵入，怎能够支持呢？”（《十力语要初续》）

“儒学，主张内圣外王，能够包络天地，所谓广大悉备。汉代学者的考据之业，只于经籍中，注意各物度数的训释，其于圣学王道的大全，茫然不知过问。所谓广大悉备，全不理会。又自汉代，承接秦代帝制的局面，常以禄利诱儒生，使之安于琐碎，而不暇心研究高明，其疏释经训，则皆以随顺帝制为主，试综观群儒注经，训释虽繁，但撮举大义不过都是以三纲五纪为常人作宝训。故凡君德，臣道，士大夫只修身性而已，至于进退、出处交游，取予之节，汉儒皆随处申说。难道六经大义，只是如此而已。三纲定而君权不可摇，以言伦理，则人只有服从君上的威权，长为奴隶；父子之亲，诚不可忽，然儿子孝亲，在养志怡情，而子女的思想行动，为父母的固不当一切加以束缚。妻言齐也，经训未尝重男轻女，后儒便失此义。若说到君德，而不想到作君王的人不必有德，则会如何？如此则民众不务自治，不求自主，而只仰一人有德，以临乎上，恐尧舜常生，亦难为治。《帝典》记载君臣关系，如手足情谊，《易经》称汤武革命，顺天应人，未尝尊主而卑臣，荀子说臣民如遇无道之君，杀然后仁，夺然后义，上下易位然后贞，此与孟子主张相同；后儒全失此种意思，所以王莽、曹操一类的人，遇到昏君，却正当儒生曲解经书意旨，成为风尚，乃不得不用极卑污险阴的诈术，篡夺帝位，希图避开天下后世的讥骂。自是政治一途，日习于污贱，君王得位，其情不可昭示于人，臣事君，唯习于奴隶道德，而不求理所当否；二千余年来，夷狄强盗能乘机而窃大柄，正是利用此种污习，岂不可悲？士大夫修己之道，汉以来讲的人，不外讲独善其身四字，《论语》己立立人，己达达人，《中庸》成己成物；由、求诸子皆立志为邦，孟子有兼善天下的志愿，汉代经师考核之业，对于此方面似乎漠然无所触。”（《读经示要》上卷）

熊十力先生又分析说：“汉魏之际，是中国文化寖衰而将变底时机；李唐之世，民德不渝（是时民俗，任侠尚义，故武帝、卫、霍能用以扫平胡虏），国力极盛（北逐强胡，西通西域，西南拓地亦复广远）。推论到政治，则地方制度之良，吏治之美，颇富有民治精神。器不楛恶，工艺足称。商旅远涉异域，不避险难，真可称谓盛世。只以大一统的缘故，天下习于一道同风，朝廷又开禄利之涂以奖经术，于是思想界始凝滞而少活动。则衰象已伏于此时。又自汉光武宏奖名教，士大夫皆思以气节自见，始于激扬，终于忿矜，气宇便日以狭小。”（《十力语要》）

“汉以来，犹立学官，经师都在传习训释，朝廷也用以取士，于是群相颂美，以为儒学甚盛，而不知儒学至此，名存而实亡了。”（《读经示要》）

“中国的衰象，萌芽于东汉，显著于魏晋，其极于五代。西汉时代的士大夫，大概都浑朴质实，很少见到饰伪盗名的人。到了东汉，始有所谓名士，结党标榜，激扬名誉，互相称题照拂。郭林宗用伪饰的行为去惊世骇俗，浮誉超过实情。陈仲弓号为重厚，实在是工于揣测，以迎合君主的私意，自己则藏拙而养声望，只求保全自己远避灾害，真可算乡愿之雄。其余党锢诸公，都是毫无学养，经世的策略，全不讲求，只知矜名使气，招致祸败。王符的《潜夫论》，痛言当时朝野习俗，奢淫贪污。当时外戚竖宦的赃污贪冒，势回天地。将帅贿赂朝贵，剥削士卒，绝无人理。天下各州州牧，对人民以敲诈剥削为务，以杀害无辜为威风，以聚敛整办为贤能。一眨眼就有人被杀，一喜怒就有人覆尸。把人民看作寇仇，加重税不顾人民死活，心狠直如豺狼。东汉学风士习，既如此虚浮标榜，一切夸而不实，社会政治的败坏，自然无可挽救。五胡的惨祸中原，就因此而萌芽。”（《读经示要》上卷）

“东汉时，我民族已潜伏有衰象，此一原因，即是早婚的陋俗已成。早婚习为故常，人皆体气衰薄。人民智德力等方面，日就衰退。古代男子三十而娶，女子二十五而嫁，足征对生理极有研究。东汉以后文人，年三十许，便伤老大，学业也难深造。”（《中国历史讲话》）

“西汉时，社会贫富不均。贫民遇饥饿，常有卖身为奴的。两汉对于解决贫富问题，非不留心。但其抑商的政策，纡拙而无大效，吏治又不可常恃，东汉中衰，外戚宦官窃得政柄，吏治已坏，盗寇便时起作乱。”（《十力语要》）

“汉以后的名儒名臣，对政治社会总不外维持现状，不敢作重大的变更，例如废除帝制的思想，就决不会发生，但他们在用人行政上，却有一副实在的本领，他们担任天下大事的志愿，也是可钦佩的。这是值得我们今天的学界去研究学习的地方。”（《读经示要》上卷）

“科学思想，中国并不贫乏，天算、音律与药物学等，皆远在五帝时代即已发生。工程学，在战国时，已有秦国李冰，神巧的地方，今天的人尚不能作到，若非工程学已讲求有素，岂可一蹴而几，东汉张衡发明地动仪，可知古代已精于算学，汉人犹未丧尽，可见晚周诸子百家之书，必多富于科学思想，秦以后，渐渐失传了。即以儒家的六经来说，所存者几何？孔门有三千七十弟子，《论语》中的话也并不多。况百家之言，经秦代摧毁，与六国衰亡时被散失了。秦以后大一统的局面，人民只有守固陋的习惯生活，科学思想亡失得将尽，也是无足奇怪的事。”（《十力语要》）

“中国人，知不外驰，情无僻执，乃是中国文化从晚周发源，便与希腊不同。希腊人海洋生活，爱好知识，向外追求，其勇往无前的气概，与活泼泼的生趣，固为科学思想所由发展的根本条件。中国乃大陆之国，神州浩荡，绿野青天，浑浑无间，生息其中的人民，上下与天地同流。神妙万物，无知而无不知。思想已超越知识境界，而何必要去匆遽外求，侈小知以自丧其浑全呢？”（《十力语要》）

对于汉代学者，熊十力先生也举证有所批评。他说：“汉高祖开国时，四皓抗高节于穷山，不受高祖礼聘，高祖也不敢相迫，这就是保全士大夫的气节，培养学脉留存国命的好作风。”（《中国历史讲话》）

“汲黯以诚直的态度立于朝中，汉武帝不戴上冠不敢出来见他。汲黯尝面斥武帝外施仁义却内多欲，武帝也优礼相待他。汲黯这种以直道为朝廷的矜式，关系政治风气很大。”（同上）

“董仲舒未见性，确是确论。他言天，颇有宗教家意味，他谈性，则犹是秉承荀子的说法。”（《十力语要》）

“董仲舒的《繁露》，是本于《易经》、《春秋》，以阐明逻辑的要旨，他说：物莫不有凡号，凡号就是玄名与公名。号莫不有散名，散名就是随物各自取名。所以，事各顺于名，散名以说明物的自相，凡号以说明共相。名各顺于天，天是自然之理，是万物产生的根源。天人之际，合而为一。名由人取，而顺于天理，也便是天人合一。再由同而通理依散殊的物而求他的统类，再从散殊的物得出共相。动而相益，顺而相受，在全体系中互相顺成，而不相违反。这叫做德道，德就是得，道就是由，指思维所以得成规范，而行为必由此而动。这些说法，是逻辑上很深宏的意义。中国及外国谈逻辑的人，都不能超出这种范围。”（《十力语要初续》）

“世人说焦易、京房的易学，明阴阳术数，是《易经》的别传，我不赞成这种说法。孟喜得易家阴阳灾变书，便托说是其师田生所传，焦延寿得隐士的说法授给京房，京房以为就是孟氏易学。高相专说阴阳灾害，自言是学于丁宽。梁丘贺知道孟喜的话是假的，翟牧白生不肯相信焦延寿的说法。丁宽的门下，却没有人能说出高相的不对。可见丁宽一派早杂了术数家的说法。”（《读经示要》上卷）

“王充著的《论衡》，肤浅杂乱而没有统纪，用来开通时俗的壅蔽，或者有适当的地方，但他的自身实在没有什么建树成绩可说，对于宇宙的真理至道，更是茫然无知，不能说他是成一家学派。这种书，在今天，何必去过分提倡它。《论衡》杂儒道两家的说法，问孔、刺孟，不过摘出了其中值得讨论的地方，并非根本反对孔孟的主张。然以《论衡》作学术的讨论，究可不必。”（《十力语要》）

“郑玄注《周礼》的六德、六行，都很浅陋，而不明白宗旨何在。”（《读经示要》）

3. 评魏晋南北朝思想

中国历史文化，由秦汉至魏晋是一大转变时期，史家称之为转型期。熊十力先生对此一时期有着甚具功力的评论。他说：“汉代大标名教，使人矫拂天性去奔向它；日子一久，人们便无法忍受，到了曹氏父子，开始提倡文学，恣情欲，尚功利，求不仁不孝而有治国用兵才能的人，这是对汉代的反动思想，甚为明白。文学，本以摇荡情感为主，提倡的人既以邪僻为主，绝无深根宁极之道。则率领一世的人以为猖狂混浊，逞兽欲而失人性，势所必然，而莫之能御。故五胡乘中原无生人之气，得入主而据中原，以恣其杀戮，也是积渐招致的。故中国文化自两汉盛时已伏衰象，迄于曹魏，而破坏更加不堪。这时中国民风是已稍颓，然奋厉气概，犹有存留，在魏晋间文学披靡之余，乃复有上探晚周思想。玄言既是宏廓深远。名、数、礼典、音律、医术，精擅的人亦多。工艺复极其巧妙。魏代马钧制木人，能令跳丸、掷剑、缘絚倒立，出入自在。尝试作指南车。乂为发石军，飞击敌城，使首尾电至。又作翻车灌水，更入更出。都是巧若神变，惜未尽加试验。傅玄作序颇为惋叹（见《魏志·杜夔传》）。又魏代为陵云台，先平众木轻重，无锱铢相负。揭台高峻，常随风动摇，终无倾倒（见《世说·巧艺》）。略征引一二事，足见当时制造已极精巧。当时社会政治思想，则盛倡自由。鲍照的思想为无政府主义者开导先路。郭象注《庄子》说：伯夷的作风，使暴虐的君主，得以恣意荼毒，而没有力量敢加敌抗（见《让王》）。向秀明白治道的极致，在于物畅其性，而厌恶为政治的人自以为了不起而宰制天下。他的话闳深，比嵇康辈只为愤激之辞者要不同得多了。（郭象注《庄子》，原出向秀）汉代，帝制的局势已很高严。自汉以降，奸雄草窃，迭起不穷。生灵涂炭，惨酷已极。所以要大声疾呼自由。然内乱未弭，五胡又乘机入主，真是人道的大厄运，要之，六代衰乱，实汉代的结果，而曹魏也助长了它。”（《十力语要》）

“曹氏司马氏这些狗盗之徒，用极卑贱残酷的诈术，毁天地生人之性。”（同上）

“有识之士观魏晋开基，已知道世运升降的契机（魏晋以下，大领袖人物遂不多见，故民质日以脆弱）。”

说到魏晋时代思想界的缺点，熊十力先生指出说：“中国佛教徒自昔以来，好尊佛法于九天之上，而以排斥固有的学术为能事。他们不知，推至天外，便与人间绝缘。佛法到中国可勿论外，其信

仰的人，虽累世不绝，罕有精析的人才，深望能入其阻，以会其通，而复游于其外，以窥大道之全。”(《十力语要初续》)

“魏晋之间，谈玄之风，自当是感受了佛家思想，这不是臆测。纵然说罗什以前，释宗学理，犹未阐明，然由僧徒的仪轨与少数译述，未尝不沾受了玄风，别有启悟。王辅嗣谈易老，向秀、郭象注蒙庄，虽妙悟独得，也不过是因当时玄风已启，始能应运而兴。然缙绅中尚清谈的人，像王衍辈，本无学术，不能与王辅嗣等玄家相提并论。像晋代僧徒，多以玄旨而谈佛法，皆践履高洁，无所谓放纵，其陷于放纵的人，仍是清谈的缙绅，这也是曹魏的遗秽。”(《读经示要》)

“庄子的才力高于道力，他的学问原以老子为本，而自成一家。他的智慧虽高，而不免玩世不恭，至少有此倾向，这是一偏，而不能如佛家偏得有气力。佛家精进勇悍，悲愿宏大，若能悟到本身的出世之偏，而归于中正，则与孔子并力，而纲维大宇宙，就无须说度脱了。庄子终究是一个冷然扁舟孤海中的人物，不是圣人之徒。老子守朴，他的智慧，深而不露，自是胜于庄子。孔子求仁的宗旨，非老子所及，因之一转手，便成了庄子的漆园之学，绝不是偶然的事。”(《十力语要》)

“荀子批评庄子，论他蔽于天而不知人，真是一语说破。庄子才对本体有所发见，便去玩弄光景。他说的天，就是本体。却未将这个道理融浃到人生日用里面。庄子知晓：知识不可以得到本体，见得甚是透彻。这是他明的所在，也是他蔽的所在。”(《十力语要初续》)

“庄子所以委心任化，是看透了，为鼠肝、为虫臂，而一切都不是自己力量所能决定，等于把自己身体，看成造化的玩具，人能不修，人道且废，这都是承接了老子天地不仁，刍狗万物的说法，加以推演便成了极端的玩世思想。二千余年来，文人名士，颇中其

毒。我族类衰微，岂可说是无故的吗？”（《十力语要》）

4. 评唐代佛教思想

唐代在中国历史上号称盛世，熊十力先生对唐代文化发展指出说：

“秦以后，号为治世的，有汉唐宋明四代，汉四百年间，西京最好。唐约三百年，仅太宗最盛，其后的藩镇，都起自夷狄盗贼，扰乱不堪。唐太宗励精图治，用求谏以防自己私意渐起，用周谘以了解闾阎民情，故当时国威兴隆，文化鼎盛，后代莫能继承。他领导的功劳，是不可忘的。”（《中国历史讲话》）

对于唐代的思想发展，熊十力先生说：

“自汉魏时代，肇始变化，到了隋唐，国力既盛，所以文化日益发展，不至夭殇。然而初唐兴盛不久，社会复归混浊，政治乱于武夫。六代以来的学艺，造端虽然宏大，至此而一切腰斩绝迹，此是何故？因印度佛教思想，正于初唐之世，而告统一中国成功。是以举中国之所固有思想而尽断绝。此治中国文化史的人所万不可忽视的一大转变。佛法东来，本在汉代，僧徒多是来自西域，初亦不能盛行。唐窥基法师《唯识述记序》中说：‘在昔周代星光被掩，至道被压郁而未弘扬。到了汉代交通印度，佛教宣传始能遐被中原，但却多觌葱右的英彦，罕闻天竺的秀才。因为音韵壤隔，便混乱宫羽，华戎不分，文字不相同，便形声难知胡晋不辨。’据此，可想见佛教推行的困难。及罗什来华，因他精通三藏，又门下多材，大事翻译，玄风始畅。然犹乘三玄余焰，附随因以彰明，未能独自兴旺。因佛法东来，能满足国人心理的，原因虽不一样，而主要原因，则以玄家喜谈形而上（三玄于形而上的道理，只是引而不发。魏晋玄家，才偏重及此），极与佛家接近，故迎合甚速。如远公著《法性论》说：‘至极的真理以不变为性，得性以体察至极为宗旨。’罗什见论而叹息说：‘边国的人未有佛经，便阇与佛理相合，岂不奇妙。’远公本是玄家，而特歆佛法净土，因而逃于佛。其理解固未尝得力于佛，罗什之言可证。又僧肇著《般若无知论》，罗什看见了说：‘吾解经不亚于你，文章当相揖平等为礼。’肇公此论，亦不超出玄家见解，当时玄家既接近佛教，而佛教亦乐援引玄学以求进展，故佛法未能遽然独盛。时国内释子，颇多坚苦卓绝。只身渡穷塞，犯瘴疠，履万险，求佛法于天竺的人甚众。然发生重大影响于祖国的，亦很少见。到了唐玄奘西渡，研精群学，在印土已受有大乘天的称呼。回国以后，太宗以英伟的帝王，竭力赞护，于是聚集英俊，大量译经。高文典册，名理灿然，滋润国人神智。况复死生问题，足重情怀。则自汉魏以来，缓兵进攻于中国思想界的佛法，至此得玄奘与太宗的雄略，大张六师，一鼓作气，遂把中国而统一于印度佛化之下，自此儒道诸家，寂然绝响。此是中国文化中断的时会。佛法既盛，不独士大夫幡然景从，而其势力直遍民间，愚夫愚妇莫不向风而化，祷祀殷勤，因社会观感所系，不在学校而在寺宇，不在师儒而在僧徒了。汉魏之际，文化正求变而上复晚周，萌芽骤茁，却遽然折于外来的佛教。此固当时华梵间不可思议的遇合，不可阻遏的潮流（佛法急图东展，而中国的玄学与其环境又恰与之应合）。然佛教徒亦未免过于倾向外化，而将固有学术思想摧抑太甚。如佛道论衡，诋毁老庄，其词多顽鄙不足一笑。僧徒既不习国学，又妄以褊心嫉视异己。此所以造成佛教大一统之局。由今看来，不得不说是我国文化史上的大不幸。佛家虽善说玄理，然其立教本旨，只是一死生问题。人因怖死生，发心趣道，故极其流弊，未来的愿望强，现在的兴趣弱。治心的功夫密，辨物的功用疏。能果敢的殉法，却忍心的遗世（六代僧徒多有焚身殉法的，然莫肯出而救世）。沦于枯静，倦于活动。渴望寄于空华（求生西天），盲修绝于通感。像接近死亡的人，不可复阳。这犹是有志苦修的人。像有些托伪之流，竞权死利，患得患失，神魂散越，犹冀福田。拜像供僧，诵佛修忏。其形虽存，其人已鬼。复有些小慧的人，稍治文学，规取浮名，自矜文采。猥以微名，涉猎禅语。资其空脱，掩其鄙陋。不但取誉于一时，且亦享名于后世。苏轼钱谦益龚自珍皆是此流，今其衣钵，授受未已。至于不肖僧徒，游手坐食。或者粗解文辞，内教世语，胡乱杂陈。攀援势要，无复廉耻。等诸自侩，亦无所谓。故自唐代以来，佛教流弊，普遍深中于社会，至今仍蔓衍未已。中国民质偷惰，亦有由来。凡有知之士，宜相鉴戒。然则佛法可灭绝吗？不。昔日佛法独盛，故其末流的弊病愈滋。今则扶衰不暇，怎可令其断绝？佛家卓尔冥证，万事一如（事事皆如，故曰一如。即所谓一叶一如来）。荡然无相而非空，寂然存照而非有。智周万物，故自在无挂碍。悲孕群生，惟大雄无恐怖（虽悲而无怖于险恶）。仰之莫测其高，俯之莫极其深。佛教的道理是伟大的。我们只要会通其哲学思想，而涤除其宗教观念，则所以使人解其缚，而兴其性。岂可远离人群以为道吗？”（《十力语要》）

5. 论宋代儒家思想规模

宋代开国，规模最小。熊十力先生评论宋代说：

“宋代，只北宋百余年间称为治世，而国土沦于胡人，不能复旧。宋太祖以宽仁为怀，兢兢业业，不敢有所恣肆。但因鉴于五代之祸，切于防弊因而武事不修，谨于守成，因而开扩不足。北宋君臣，都无雄才大略，周程诸儒，讲学未久，而大命已倾，此是不可以急效责备他们的。南宋的赵构昏庸而私，开基太坏。孟子说：‘虽与之天下，不可一朝居。’正是此时的写照。幸而二程门下的后学，或参朝列，与权奸力抗，或在野讲学，日以义理浸渍人心，朱子、张钦夫、吕伯恭，尤为圣学与国命所寄托。南宋无明主，而以杭州一隅，系二帝三王的传统达一百五十年，不是理学的功效而是谁的力量？方正学所作《逊志斋集》，时称说宋代社会之美，外国人的游记亦如此说。”（《十力语要》）

对于宋代的思想发展，熊十力先生甚赞宋儒的功劳。他说：

“中国文化，既被佛家倾覆了。直到两宋时代，大儒辈出，才作中国文化复兴运动。他们都推本于晚周底儒家，定孔子于一尊，却无形地继踵了董仲舒汉武帝底故步。魏晋人上追晚周，派别却多（后人提及六朝，便以清谈家了之，而不肯细察当时学术流别）。宋人比魏晋似觉规模狭隘，然而他们所以宗主儒家，也有道理。儒家有两个优点：（1）是大中至正，上可以极广大高明，而不溺于空无，下可以极切有用，而不流于功利。（2）是富于容纳性，他底眼光透得远大，思想放得开阔，立极以不易为原则。应用则主顺变精义（儒家根本思想在易）。规模极宏，方面尽多，善于采纳异派底长处，而不专注、不倾轧。他对于道家法家等等，都有相当的摄受，这也是不可及之处（《大学》格物的主张与名家不相忤。荀子言礼治，亦有法家影响。《周礼》言政治经济，也有法家精神。《易·系辞传》说治理，大致在辅万物之自然，绝不自任以宰物。儒家各派都守这个原理，是与道家相通的）。所以宋儒特别提出儒家来，做建设中国文化的基础。他们在破坏之余，要做建设事业，自然须有个中心势力，不容如魏晋思想那么分歧。因此，宗主儒家，尚不算他们规模狭隘的特征。”（《十力语要》）

熊十力先生又说：

“有人动辄归咎宋儒无救于国家的衰弱。不知，自典午以迄于五季，中国无生人之气是由来已久。元人崛起时，如大飓风，扫荡欧亚，无人敢抵挡，此殆有气运，难为解释。而谓诸儒不能挽救中夏的危弱，未免责之太苛。然宋儒亦有二失：一是只定孔孟为一尊，而排斥诸子过甚，则思想不宏放，即力量终欠活跃。二是宋儒只言复仇，复仇，只是复赵氏的仇。何足鼓舞群情？若能如郑所南、王船山、吕晚村、顾亭林诸先生，盛倡民族思想，则两宋局面，或当不致是那个样子。”（同上）

熊十力先生虽称言宋儒之功，对宋儒的缺点也有所批评说：

“宋明儒，都以静属体，以动属用，此等处亦有病。吾人于用上而识其本体，则知用之相，虽是变动不居的，而用之体，毕竟真常寂静的，所以，就用上说，虽是动的，而确是即动即静的。体若无动，如何能显现为大用流行呢？”

“宋明诸大师自有时说到创的意思，不过他们的根本主张，总是偏于减的，所以他们的末流，不免空虚、迂固，抑或狂废，绝少活气。”（《十力语要》）

“静中固然不能没有动，但吾人才多着意在静，便已把日常接触事物的活动力减却许多。所以他们虽复高唱格物致知，而其弟子已沉禅悦，而惮于求知。他们虽复不忘经世致用，而卒以养成固陋偷敝的士习。因为他们把主静造成普遍的学风，其流弊必致萎靡不振，这是不期而然的。”（同上）

“宋明诸老先生，吸收佛法禅学，正心诚意的功夫有余，格物致知的功夫终嫌其短。虽辨别王伯（霸），而颇近迂谈。孔门子由子路治兵理财的策略，尚非他们所敢企及。”

6. 论元明儒家思想改造

元代以边塞部族入主中国，其兴也速，其败也速。熊十力先生对于元代评述说：

“元代倾覆中原，当时蒙古族的威势，已横行世界，欧洲所过，如狂风扫落叶，至今留下黄祸的纪念。而其侵宋，苦战累年，至殒一大汗于蜀土。当日宋人之抵抗可谓不弱。文天祥、史可法、郑所南，皆富于民族思想。宋少帝覆于海上不及百年，而鄂之徐寿辉、陈友谅、明玉珍首举义旗。明太祖继起，遂光复华夏。”（《中国历史讲话》）

“明朝以三江为根据地而光复神州，因三江地区，为南宋理学诸儒遗教所被最广最深的地区，故光复之切，实基于此。明代疆域，北方视汉唐稍削，而南方则超过汉唐，截长补短，差与汉唐比隆。武功仅逊汉武帝唐太宗二人。而较后期唐代皇帝累次受辱于西北诸胡，则又超过甚远了，文臣善用兵，尤为明代的特色。然太祖晚年，太过猜刻。永乐的残酷，比太祖更甚。继世复无令主。上比两宋诸帝，都走昏庸相继，又若一辙。明朝三百余年，中叶后最坏。”（同上）

“理学跨越前代甚远，黄梨洲的话确而不诬。明儒对禅宗的了解，比宋代诸师确深，其离禅而归于儒，大抵由归寂而证会生生，所得也甚深。”（《十力语要》）

“自王阳明倡学南方，继承朱子而去其短，宗主象山而宏其规，洒脱无滞碍，雄放而任自然，其后学多有擒生龙搏活虎手段。宋学传至王阳明是别开生面，当此之时，君昏于上，学盛于下，自是而思想自由，而人材众多。”（同上）

“由历史眼光而论，自秦政混一，以迄于明代，称明世的，只汉唐宋明四代。实则四代之中，皆治日短、乱日多。而二千余年来，直是夷狄与盗贼交扰的局面。先后出生于此等局面下的仁人哲士，或参佛道以耽玄（六代以来，文学聪明之士，鲜不杂二氏）。或周旋于凶夷狗盗帝制之下，立补偏救弊，稍息生民之功。间有一二睿智之士，有抉破藩篱的思想，而在思想界长期锢蔽之下，亦无缘得到同声同气的感应，而立就湮塞。千岁睡狮，沉沦不醒，疲惫乏力，真是可悯得很。”（《十力语要》）

“宋学屡经变化（详《读经示要》）至晚明诸子，学不囿于一途，行各践其所知，庶几已近晚周的风气，可称谓盛况。如船山、亭林、习斋、二曲、梨洲诸老，上追晚周诸子的宏规，下足以吸纳西洋科学与民主思想，而矫其功力与攘夺的流弊。此期哲学，仍继续程朱以来反佛学精神，而依据大易，重新建立中国人的宇宙观与人生观，建立功劳的人，是王船山。晚明王船山、顾亭林、黄梨洲、颜习斋等，持论益恢宏，足以上追孔孟，下与西洋相接纳。至于典章制度，民生利病的搜考，自杜佑辈而后，迄晚明诸子，所究益精博。堂堂巍巍，有淳大气象。诸儒注重实用与实测，乃王学之反响。此等精神，清儒早已丧失净尽。直至清末，始渐发露，而西洋科学方法输入，赖此为之援手。”（《十力语要》）

对于明代的民族思想，熊十力先生特加层层申论说：

“晚明诸子，值逢东胡内侵，乃奋起而致力于学术思想的改造，这时期的学者，大抵反阳明，而于程朱心性学的根本精神，则确守而更加虔诚，以矫王学末期狂放的弊病，然诸儒皆严毅而不致局碍，广博而备极深厚，崇高而不失恺弟，他们矫枉而无或过正，所以为美。”（《读经示要》）

“明季诸子，始盛扬民族思想，在其前者，虽有郑所南《心史》，王洙《宋史质》，而均无人注意（霜青按：郑所南《心史》以铁罐沉埋于苏州寺的古井中，至崇祯亡国前一年始出土，致无法有人注意）。及至王船山、吕晚村、顾亭林诸儒，则发挥光大，千载久闷的义蕴，一旦赫然，如日中天，晚村在当时宣传最力。晚村学宗程朱，而深惜程朱未明此义，发愿以救其失。船山著书极多，深愤中夏圣作明述而成的崇高的文化，乃人道的极隆，不幸为夷狄、鸟兽所残毁，其书字字句句，皆是悲心流露。世人徒知《黄书》，其实，船山各书，随在可见其民族思想的活跃，直至咸同间，始由曾涤生刊行，而影响于清末的革命思想甚大。”（《十力语要》）

熊十力先生痛惜忠君思想之害说：

“明季汉族力量甚盛，本不当亡于东胡，然而竟亡了，则是忠君思想所误。宋学短处，在以忠君为天经地义，不可侵犯，始于汉代，至宋代孙复益申张此种说法。当时张江陵、熊襄愍之雄才大略，如取而代之，或民主、或君宪（江陵襄愍皆有贤嗣，可以继世），则中国万不至亡，虽百东胡无能为。然而二公的不敢革命，由于为忠君二字所阻。江陵为一有力之责任内阁，延明祚者数十年，而天下犹恶其无君。襄愍为东胡所畏惮，而东林党必欲置于死地（襄愍《狱中与友人书》说：环顾宇内实无第二人，弟之命可遽断乎？襄愍自知之明，自负之重如此）。而东胡的必入关内，可说势不容止。王船山《黄书》，倡可禅可革的说法，也哀伤明季的天下，误于忠君，而延颈以待东胡的宰割。此真痛心的事。明季不亡于东胡，我国家民族，决不至此。”（同上）

7. 评清儒媚事东胡

清代是另一边塞部族入主中国，其作风显然与蒙古人不同。熊十力先生对清代学术思想有很精辟的分析。

首先，他指出：

“清世帝王，以边地夷人入主（古之所谓夷狄，乃野蛮之称，并非谓与汉族不同种），大兴文化事业，网罗天下知识分子，朝廷开四库馆，广事编述，地方则省府州县，各设置志局，全国知识分子，无论大小，可谓网罗殆尽。”（《中国历史讲话》）

“自清咸同以来，亦务求对内猜忌，康熙知道八股当废，而终不废，就是愚民之术。”（《读经示要》）

“晚明新宋学，渐起生机，而东胡谋所以摧残，乃利用汉奸，行收买政策，以网罗天下士子，而束其思想于无用的考据。”（《十力

语要初续》)

熊十力先生在指出清廷网罗士子的愚民之术后，接着痛斥清代学术发展方向之不当说：

“清儒为学的动机，无非为名为利，乐受豢养而已。清代名儒，在京师则交接王室与公卿，在外则投封疆大吏幕府，乃至州县衙署，亦畜嘉宾，江藩《汉学师承记》，首列无耻的阎若璩，一代衣钵之传，实即在是。清儒以名利的私心鼓动其中，而聪明亦足供博览之用，以宋学不便于己，则大加掊击，而以无用的考据自逞，汉儒尚能讲求当世之务，清儒则无是种精神。”(《读经示要》上卷)

“清儒当异族专横，莫可自行发抒，宁锢智慧于无用之地，聊以卒岁。考察清儒的作为，诚有这类情事。人若志不弘毅，气则销尽，宛转偷生于故纸中，力不足尚，智不足称，其初但隐忍为此，及其徒相习成风，转而以汉学高自诳耀了。”(《十力语要》)

“清儒的流毒最甚的，莫如排击高深学术这一件事。”

既指出了清代学术界之过失，熊十力先生又严词批评清代的知识分子说：

“晚明诸子，上追晚周诸子的宏规，下足以吸纳西洋科学与民主思想，而矫其功利与攘夺的流弊，何图生机刚启，大运已倾。阎若璩胡渭等辈，以考核之业，锢智慧于无用，媚事东胡，以此率天下，而群然仿效。明代大儒的端绪，斩绝殆尽，民智民德民力的堕没，亘二千年，至是而益加颓废。”(同上)

五、论民国思想界及中西文化

民国思想界，是一个空前纷乱的时代。从历史上看，有战国时代孟子的攻杨伐墨所形成的儒道之争与儒墨之争。有秦始皇焚书坑儒与汉武帝独尊儒术的儒法之争。有汉代以后历魏晋隋唐的儒佛之争。宋代理学虽已融通儒佛，禅宗虽已使佛教中国化，其争论并非完全中止。迨及清朝独标汉学而重考据，遂又启汉学宋学之争。这些思想上的纷争，对民国思想界，都有着他们的历史投影。自鸦片战争后，西方文化思想，随船坚炮利以俱来，遂又有新旧中西文化之争。其后马列主义输入，使民国思想界更形纷乱。

放目思想界，只有梁漱溟、熊十力数人，能在毛泽东治下屹立不摇。一九三八年，艾思奇的《红色哲学》由开明书店出版，风行一时，熊十力独向黄本初先生指出："近年辩证唯物论风行，青年受害不得了。东土先哲意思丧失尽了。"（见熊十力手书原文）迨及大陆变色，他写《原儒》、《明心篇》、《乾坤衍》等书，以发扬孔孟思想。对于思想界的纷争，梁漱溟视中国文化绝不能产生科学，自不足解决中西文化之争。熊十力则有融通中西、平章华梵、六通四辟的一套哲学体系，正足以总结这一时代的文化。所以，一九六八年出版的《大英百科全书》中已刊载他的小传，视他为当代中国最伟大的哲学家之一。

1. 评民国开基未稳

对于民国肇造，他批评说：

“袁世凯以凶狠野蛮手段，盗得总统的权柄，以威劫利诱的狡术，弱天下的风骨，消天下的生气，来逞他旦夕的私愿，不为中国子孙着想，不为民族存亡打算，诸多名士多依袁世凯，去走方镇，招集朋党，大肆活动，学校只有虚名，并没有真学问的讲习。”（《读经示要》上卷）

迨日本开始侵华，他又说：

“袁世凯若能以正治国，则民国开始的基础便很稳固，怎会有倭寇趁机侵入的局面？”（同上）

2. 论民初思想界

对于民国的学术，熊十力先生评论说：

“清之末叶，西化东渐。挟荡海排山的力量，以临疲敝的我族，群情骤愤，清帝因以不能支持。帝制变更，而昏乱滋甚。祸患可以更端迭出，而创新也无希望。清儒反对高深学术，而徒以考据的琐碎知识是尚，将何以维系其身心？何以充实其生活？民质不良，至清室而已达极点。士习于浮浅、无深思远虑，逞于侥幸、无坚卓志节，安于自私、无公正抱负，偷取浮名、无久大志业，苟图嚣动、无建树计划，轻易流转、无固执操守。为学则喜趋时尚，而无所守。喜新的不必有得于新，时尚而已。守旧的更不知旧学果为何物。保存国粹的声音，出于口，而实未曾经于心。此是清末民初的情形。”

3. 论西方科学

对于民国以来，高标科学而反固有文化思想的怪现象，熊十力先生也特别予以评论说：

“西化东渐，而吾人自无根底，遂不堪抉择外来文化，以供我融合创造，种种剽窃，都失其依据，生吞活剥，终成为乖乱。文化破产、精神破产，日甚一日，不得全委于外力，吾人实当自反。三十余年来，六经四子，几投厕所，或则当作考古数据加以玩弄。昔日以经籍为常道所寄，崇信而不敢轻叛的观念，迄今荡然无存。学者各习一部门知识，或且稍涉杂乱见闻，而无经籍起其信守，无大道可为依归，身心无与维系，生活力如何充实？此是我所不能无忧的事。今海内研究哲学之士，于本国学术，既贱视为无物，不知古人著书虽无体系，而其思想囊括大宇，穷深极幽，绝非零碎的感想。善学者由其散着的文字，以领会其无尽的意义，而因以自窥天地的纯全。则道备于己，官天地，府万物，富有日新，而无穷尽，凡是有这种知见的人，而能说是无物吗？今学子都不肯虚心求固有学术，本根尽剥，而唐慕外人，诚使有深造于外人，若玄奘于无著世亲学，犹值得俯首称庆。不幸今人于外学，绝不深求，甚至于中外均无所究，而即欲以逻辑自标，以论道自贵，吾恐大道非浅薄可窥，逻辑亦不当如他们那样琐碎。”（《十力语要初续》）

现今学术复杂，科学重要自不待言。而综会各种科学思想，以深穷宇宙实相（实相犹言实体），人生真性，不能不有赖于哲学。像对于社会政治各种问题，高瞻远瞩，察微洞幽，数往知来，得失明辨，为群众的先导，作时代的前驱，励实践的精神，振生人的忧患，此皆是哲学所有的事。现代学术分工太细，专才虽多，而通识或少。古代哲人学术，有包罗万象的气概，今不可期望于科学专家，而哲学家似应勉为其难，上追古人博大的宏规。

今当吸收西洋科学之际，而固有哲学思想，正须研讨发挥，以识古人的大体，见中外的异同，辨其异而观其同，而后可得中外融通之道。求当世的急务，勉言行的相顾，昔儒务实学，故坐而言，可以起而行。今人腾诸洋装册子或报章杂志者，皆浮词滥调，不可见之于行。今人只是权利与浮名及淫乐诸下等欲望发展，完全无人生的意义与价值可言，其所以如此者，正由其不识人生真性，故无所归趣，只任下等冲动，向外奔逐去。学者之所应致力者太多，而今日大学文科，不论是教者、学者，乃多以琐碎而无关大义的考据是务，岂不可惜！如因一胡人传的文理欠顺，便疑此胡人为唐代的祖先，又或以大禹为虫，诸如此类的事，已足慨叹！更下等的是，拾唯物史观的余唾，以述我国历史，依他人的花样，而剪裁我国的史料加以铺陈，何可探究我国真史？

4. 评中国学派得失

熊十力先生并非不知中国学术思想之缺失，在《阅张稷若学案》一文中，已析论各家学说之短处。张蒿庵，字稷若，乃明季儒者。熊十力先生指出说：

“蒿庵学言，衡论汉以后各派的思想，曾指出：综核的说法，可除去蒙蔽；其病必至于苛察（此评汉以来的法家，汉宣帝、明帝、张江陵皆苛察）。权谋的说法，虽可开昏塞，其失必成为讥诈（汉文帝与蜀昭烈、诸葛武侯，皆参用权谋，而不致失于讥诈，由于有儒学以端其本；文帝心契贾生，贾生即是儒学；昭烈、武侯皆深于儒）。旷达的说法，虽可破拘挛，必至于败坏名检（庄子的学问，其流失必至于此种地步，魏晋人都是如此）。清净的说法，虽可息嚣竞，必至于废人事（道家者流，如陈希夷、谭峭、邓牧诸公，皆是思想家，而皆果于遗世）。报应的说法，虽可以劝善惩恶，必至于觊幸而矫诬（颜之推《家训·归心篇》深信佛家报应说，其觊幸来生福利的情绪，与所述诸神异事，陷于矫诬而不自觉，今日皈佛的人皆是如此，但颜之推实不为恶，而今人则作恶而已，却因怵于报应，乃以皈佛俸僧图解免，其觊幸矫诬，当亦为佛所深恶）。缘业的说法，虽可以宽恕寡欲，必至于疏骨肉而怠修为（深信缘业的说法，则天属的爱易弘扬，僧徒却以此弃人伦，凡事悉由夙业而定，则自修易懈，尤其对社会政治诸问题，每不措意，此与报应的说法有关，皆佛教流弊）。养生的说法，虽可拯殉欲的害处，必至于贪天而违命（贪天者不祥，此等人形干虽存，实为废物）。详上所论列，综合权谋二种思想，属法家纵横家的遗风；汉以来主张事功的人，固然用其术，不肖的人更用来角逐于权利之途。旷达清净二种思想，是老庄的遗绪；凡诗文家，所谓名士或大夫阶级，鲜不由此。报应缘业二种思想，是佛道的遗绪。民间颇为普遍，公卿与名士信者亦多。养生是道家枝流余裔，亦盛行于民间。蒿庵考察中国社会思想，可说是熟详了！”（《十力语要初续》）

5. 评西方哲学流弊

评论了中国学术思想，熊十力先生也衡论西方思想说：

“吸收西学，在今日固为理势的必然，而反看我数千年来，所奉为常道的六经，则西洋各种学术的端绪，我国未始不具有，只是未发展而已。西洋科学的成功，何以不见于我国？西学的端绪，我国虽有，而前此竟不获发展，其故何在？是因为崇圣经、守常道，而即物穷理的智慧不能启发？经义本自宏通，岂能任此咎？是因为广漠的国土，自秦一统后，除乱世可不计外，每当太平时代，人们皆安于田野，而风物怡和的兴趣多、理智追求的功用少。陶诗所谓

‘山气日夕佳，飞鸟相与还，此中有真意，欲辨已忘言’。我国学人，乐冥悟而忽思维，尚默契而轻实测，往往如此，这大概是科学不发达的原因？后一说，颇可研寻，环境影响，不容忽视。然而西学在我国，既非绝无端绪，则由人家的成功，而强起力追，固可事半功倍。”（《中国历史讲话》）

“西人远在希腊时代，即猛力向外追求，虽于穷神知化，有所未及，而科学上种种发明，非如此无法得到。今天有人说，中西人生态度，须及时予以调和，始得免于缺憾。中土圣哲反己的学问，足以尽性至命，这种道理如日月经天，何容轻议？至于物理世界，则格物的学问，西方人所发皇的，正是我们今日所当挹取的，又何可忽视？今日文化上最大的问题，即在中西之辨，能观异以会其通，庶几可以内外交养，而人道亨，治道具。吾人对于西学，当虚怀容纳，以详其得失。于先哲的经典，尤须遍布遐陬，使得息其臆测，睹其本然，融会中西之业，此为首要基础（《易经》正是融会中西之学）。”（《读经示要》上卷）

“西洋人尝有一种猛厉辟发的力量，随任可以发见，好像不可抵御的样子，与我们的性情，大有不同，且自古已然。从前，曾见希腊人物画，及我国西汉人物画像，较其气象，我信中西人由来便异。希腊像，为人踞地作势，纵势欲前，如鸷鸟的将举翅飞去，如猛兽的想与他兽相搏，其活泼泼地，富有生气，生龙活虎，犹难以比喻。西汉造像，好似昂首天外，挺然独立，此种超然岸然的风度，亦自可贵，而绝不现猛兽鸷鸟的气象，此是与西方人不同之处。”（《十力语要初续》）

“西洋思想家，皆有我国墨翟、许行的作风，故足鼓舞一世，变黑暗为光明。若如我国名士的虚词，岂能去改造宇宙？”（《读经示要》上卷）

熊十力先生也进而对西方思想提出批评说：

“西方人狃于物竞的习气，始终未离兽性。要知道，人与动物，其本虽不异，但人既进化，而能发展其秉彝的善良，则怎可不致力于性分的涵养，而偏逞其种种侵略的兽性呢？近世科学技术发展，人类驱于欲望，而机械大备，又不得不用来以求一逞，于是相率趋于争斗，而兵器的穷凶极惨，真是未知所底。为矫激说法的人，或归咎科学不为人类造福，反为人类造祸。我固不以此种说法为是。科学于人生大道（此中道字，非指本体，乃谓事理的当然。如贫富必求其均，此只是当然。强暴侵夺，必予以惩创，亦只是当然，他皆准此而知），所发明的甚多，其影响于人类精神的又甚大且遍，此固有识之士所共知，无须深论。我固不肯轻视科学，但亦不敢以科学为万能。我以为人类如欲获得真的幸福，绝非可仅注意外部，如环境与制度的改良（此中环境与制度，包括物质生活的条件及政治社会结构而言）。而内在的因素实在至为重要。所谓内在的因素者，必性命之理有所得（尽性、至命，是为理有所得），而后嗜欲不淫，嗜欲不淫，则万物相安于各适（万物各得其所是为各适，即彼此有互助而毋相侵。我国三代及汉唐盛时，对远方慕化来属的各国，皆不侵其土地、不夺其政权，而一任其自由，此乃中国人的哲学思想一向如此），相亲如一体（《论语》主张四海皆兄弟、《礼记》主张天下一家、宋儒主张民胞物与。六经的学问，远自尧舜以至孔子，历代相传，其为学，皆反己而自识本体，故有天地万物一体的宏量，由于能实证此理的缘故）。心灵超拔，而至乐不待外求（心灵不役于物欲，故为超拔，超拔故无待，无待则乐自足，便无所求于外了。孔颜之乐即此缘故），利用咸宜（利用一词，包含至广，凡政制、经济制度、器械、工程技术，通称利用。宜即是义。彼此均利，毋有利于此而不利于彼的，亦无有利于彼而不利于此者，故皆安生于正义之中，是为咸宜），而小己齐摄大体（各个人为小己。各国家、各民族之在人类全体中，犹小己。小己互相融摄而成一大全体，岂容孤存？岂可自利？），唯达于性命，见得自己本体，始能有此效用（达性命、见本体二语，乃是复词）。这是因他的同体恻怛之诚，出于不容自已。”

熊十力先生对西方学者如孔德、达尔文、罗素的思想，有如下批评：

“孔德说哲学兴起，而宗教便成过去，此说欠妥。至说科学兴起而哲学便成过去，尤为无理。关于宇宙本体的参究，当属于学问，而不可属于宗教。”

“人类中心观念，本不可摇夺，只是旧的解释错误，自达尔文氏的进化论出现，乃予以新的解释。今站在进化的观点上说，自然界从无机物，而生物，而动物，而人类，层层进化，人类进至最高级，他渐减却兽性，而把宇宙的真善美发展出来。易言之，宇宙底真理，在人类身上才表现得完足。所以说：‘人者，天地之心。’所以，人类中心观念，得进化论而益有根据。”

“中西学者皆有反理智一派，中国如老庄，即是。罗素于康德、博格森，亦目为反理智者，甚为错误。康柏二子之意，似只说理智不可以得本体，故理智的效用有限，而不是说理智可以摒斥。柏氏且自言非反理智者，何可诬妄他。但柏氏谈直觉，说的不甚明了，时与本能混视为一体。本能即是习气，习气缠缚于人，茫无涯涘，不可穷诘，隐然为我身的主人公，非有极深的静定工夫，不能照察而加克除。柏氏犹在习气中讨生活，实未证见自性。其言生的冲动，这种冲动即是习气。”

6. 论心理学

熊十力先生主张“心与生命是一而不二”，视“心理的活动，即是生命的活动”。他评论今天西方的心理学，只是动物的心理学，动物的心理活动，实际上却是生命力为躯体所役使，而无有自动。因此，应说动物的心理活动，只是躯体的活动，即物理的活动。儿童的心理活动，也近于动物。科学的心理学，方法是注重实测，在解释心理现象方面，以神经系统为基础，这种说法，必至于以物质为心灵的本源。其实，神经系统只是心的作用凭借着来发现的。若说为心理的基础，便是心灵从物质而生的唯物论。须知，心物两方，其实体是一，以心为物之本，固不可。以物为心之源，亦大谬。实测术，用来观察人类的心理的活动，固非完全错误。因人类犹保留有动植物的生活机能与知觉、本能等作用。这是实测术逞能的范围。像高级心灵，如所说的仁心，则只有反己体认而自知，不是实测术所能达到的。

万物发展到人类，才有仁心显露。植物初出现，生命虽由潜而显，尚被形气所锢蔽，难以发现心灵。动物出现，只有低级的知觉等，于保护个体以外，其他皆无所知。还是为形气所锢蔽。到了人类，仁心既显露，始得破除形气的锢蔽，常以仁心对治小己的私欲，而周行乎天地万物，无偏无系，由此，可见心灵是全体性，换句话说，吾人生命与宇宙生命浑然为一。

哲学的心理学，是熊先生自创的一说，其进修，以默识法为主，也辅之以思维术。默识法，是反求吾内部生活中，而体认得炯然恒有主在，恻然时有感来。有感而无私意私欲的杂念，有主而不可违。这就是吾人所固有之仁心，也是与天地一体的仁心。识得此心，不可说只守之而勿失，还要在事物上磨练，随事随物，知明处当，以扩充吾之仁。这是孔门敦仁之学。与程明道识仁，只以诚敬二字有所不同，因程氏言存而遗感，言守而无为，却是老子致虚守静的宗旨了。（见《明心篇》）

7. 论西方宗教

在天理、人欲、宗教方面，熊十力先生也有异乎一般人的见解。他说：

“嗜欲这一词，包摄至广，像食色、权势、名誉，乃至一切向外驰求，无所餍足的诱惑，皆可名为嗜欲。命即是性，性即是本心，本心澄明，无所染着，无有倒妄，吾人能保任此心，使其恒为主于中，则一切嗜欲皆是本心的发用，自然有则，而不致狂乱以逞，故说是不淫。有人问：本心即性、即命，既是吾人所本有，何须保任？答：人有形骸，乃本心运用的资具，然资具既成，便自有力用，足以障碍本心，像主人以奴仆为资具，而奴仆亦可乘势，以欺主人。故凡嗜欲不当于理时，皆由于形骸的力用使然，即皆由资具的乘势使然，这不是本心。王阳明说：一切的恶，是由于顺躯壳起念。佛家亦以为：身见，为众惑的根本。孟子以从小体为戒，小体即是形骸。《新唯识论·功能章》，谈习气处，及《明心篇》谈宗门作用见性处，并宜深加研玩。有人问：资具既然能碍此心，却如何保任？答：不正的嗜欲起时，本心的明光，原未尝泯灭，像在隐然监督吾人而告以不可随顺此嗜欲。吾人于此，正须因本心之监督，而努力存持此监督的主人公，勿令嗜欲得障碍本心，此即是保任。孟子说操存，就是这个意思。德国哲学家康德所说自由意志，我以为即于保任工夫中见出，若无保任工夫，即被一切嗜欲沦溺了，岂有自由意志可说？可惜康德不知在自由意志上，来认识自家与宇宙万有同体的真实本源，而犹别觅上帝与灵魂，此是大惑。总缘西洋人一向以本体为外在的物事，而凭理智去追求，不悟反己即可自得。有人问：保任意义已听过了，形骸既是本心的资具，此与本心是否为二元？答：否。否。心物非二元，只是一体，现似二用，此中现似两字，注意，非可以心物作二元物事看去，新唯识论宜加研玩。”

“神的意义，可析言以二：即依他与自性。但二者虽可分说而究不可分，不可分而又不妨分说，其妙处在此，其难穷究处在此，其不可思议处在此。印度外道以天神为创作者，与西洋受自希伯来的一神教，皆于依他与自性二义，可分说而不可分，不可分而又不妨分说处，未能透悟，故不免差以毫厘而谬千里。此辈依超越感而盛扬依他，而忘却超越万有的一神，此为吾所依的他，即是我的自性，原不是外在的，吾人便不可以拟人的观念去测神。孟子说：‘尽心则知性，则知天’。是一般人所不悟的。诸佛菩萨严斥造作的说法，岂有私见？差以毫厘，谬逾千里，何忍不予严斥？后嗣不见祖辈意思，徒分门户，终不悟依他或一神的意义，未可过分非难。但绳其缺失，则在认出自己的自性神，与超越的一神，原来不是二个，而末学无知，只持门户，不求真理，必欲力拒外教，甚至流为无神论。众生迷妄可哀，至此而极！”

由于一般人对古人所遗哲学思想，不加深究，乱作解人，诸如德慧、本智、本心、理智等名词的关系，俱不了解，且常故意与西方思想混淆，自误误人。熊十力先生于此特别分析说：

“人能涵养其本有的性智，而勿放失，则后起的理智作用与一切知识，亦皆是性智的发用。性智是本有，是先天的。理智即所谓慧，是从经验发展出来，是后天的；但后天的并不是别有来源，实即依性智故有，唯后起乘权，而恒迷其所本有。如理之思，其本身即理，亦即是能，亦即摄所归能，无心外的物可名为所。认识论，在如何求得如理的思想。德慧一词，本于孟子，德慧，即最高的智慧，无有倒妄，故以德慧为名。实则，德慧即是本体的发用，杂染尽而明体显，非修养功深的人，不会有此发现。常人所说的理智，则由于我人于实际生活中，以为有外在世界，因实用的需要，乃向外逐物，而发生知解。此知解力渐渐发展盛大，而成为一种明辨作用（明即明睿或明察，辨是辨析）。这就是理智。此是由实用陶炼得来，未能离染，故与德慧截然殊异。《新论》卷上《明宗章》，谈量智处可参看。此义要加详说，当俟《量论》写成。哲学虽不遗理智，毕竟当超于理智而趣入德慧，方是极诣。”

“明儒黄梨洲讥世儒向外求理。然在科学，固贵外求，若就哲学而言，虽亦设定外界，不遗物理，但其究极，要在反己而识自根自本，不可以向外觅本根。自本自根一语，本于庄子。庄子此语甚妙，盖深得《易经》的宗旨。梨洲对向外求理的人加以讥笑，若以对治西洋哲学的弊病，自是良药。”

当然，熊先生的这些说法，在中西思想未融通前，是不会为西方宗教家所接受的。

附录

一、熊十力著作及有关文献

熊十力先生的著作，计有以下各书：

《新唯识论》（文言本）

《新唯识论》（语体本）

《破破新唯识论》

《十力语要》

《十力语要初续》

《佛家名相通释》

《因明大疏删注》

《中国历史讲话》

《韩非子评论》

《原儒》

《体用论》

《明心篇》

《乾坤衍》

熊十力先生的著作，在台湾流行的情形如下：

一九六〇年三月十日，徐复观教授交广文书局重印《读经示要》并为作序。一九六〇年五月出版。

一九六一年十二月，徐复观教授交广文书局再版《佛家名相通释》并为作序。

一九六二年元月，语体本《新唯识论》由广文书局再版，徐复观教授作序。

一九六二年六月，《十力语要》由广文书局再版。

一九七一年元月，《原儒》由明伦出版社再版。

一九七一年四月，《因明大疏删注》由广文书局再版。

一九七二年十一月，《韩非子评论》由兰台书局再版。

一九七三年四月，文言本《新唯识论》由香港唐君毅教授寄台湾周绍贤教授交文景出版社出版。

一九七四年三月，《十力语要初续》由乐天出版社再版，谢幼伟教授作序。

一九七五年三月，《中国历史讲话》由智仁出版社印行。《破破新唯识论》由河洛图书出版公司印行。

一九七六年四月《乾坤衍》《明心篇》由学生书局印行。

在台湾，能见到的关于熊十力先生的文字，计有下列各篇：

敬园：《谈熊十力与马一浮》。载一九六〇年七月一日《畅流》半月刊五十五期。

周开庆：《怀熊十力先生》。载一九六一年十月十六日《中国一周》。

居浩然：《熊十力先生剪影》。载一九六三年《传记文学》三卷一期。

王化棠：《谈熊十力》。载一九六六年七月十六日《畅流》半月刊。

李霜青：《一代大儒熊十力思想研究》。载一九六六年八月二十四日《思想与时代》一四四－五期合刊。

周开庆：《深通儒佛的熊十力先生》。载一九六七年四月《学园》二卷八期。

以上均在熊十力先生逝世之前发表者。熊十力先生逝世后，发表之纪念文字有：

徐复观：《悼念熊十力先生》。载一九六八年七月《香港华侨日报》。

居浩然：《熊十力先生象赞》。载一九六九年《传记文学》十五卷二期。

周绍贤：《悼念熊十力先生》。载一九六九年《四月建设》十七卷十一期。

陈文华译·哈米顿著：《熊十力哲学述要》。

徐复观录：《熊十力先生遗稿》二篇。此二文均载一九六九年十月一日《中华杂志》七卷十月号。

徐复观：《熊十力先生生平的只鳞片爪》。载一九七〇年一月一日《中华杂志》八卷一月号。

牟宗三：《我与熊十力先生》。载一九七〇年《中国学人》创刊号。

其他见于书籍中与熊十力先生有关之文字，如胡秋原先生所著的《少作收残集·序文》，及《一百三十年来中国思想史纲》，以及在台湾再版的贺麟的《当代中国哲学》等，不胜枚举。

对于熊十力先生著作评价，见仁见智自然各有不同。

徐复观教授在重印《佛家名相通释》序言中说：

“黄冈熊先生之学，规模阔大，气象深闳，而系统之严整，辨析之精密，殆非先儒及并时治哲学者所能企及。其《新唯识论》一书，对我国文化既已穷高极深，搜玄讨赜矣。而其书之理论结构，方之西哲名著，亦绝无逊色。若非积累融铸，体验思辨之功，曷克臻此。”

“先生治学，自周秦诸子入，及列宜黄欧阳大师之门，则潜心佛学中之唯识宗。终乃由易传以会归于孔子。唯识宗重解析辩证，其思考之训练多得力于此。”

又说：“天资迟钝者，轻读佛典，将益增其精神之迷闷，《名相通释》一书，盖先生为好学深思者破除迷闷，直指门庭而作也。”

牟宗三教授说：

“熊师的那原始生命之光辉与风姿，家国天下族类之感之强烈，实开吾生命之源而永有所向往而不至退堕之重大缘会。吾于此实体会了慧命之相续。熊师之生命实即一有光辉之慧命。当今之世，唯彼一人能直通黄帝尧舜以来之大生命而不隔。此大生命是民族生命与文化生命之合一。他是直顶着华族文化生命观念方向所开辟的人生宇宙之本源而抒发其义理与情感。他的学问直下是人生的，同时也是宇宙的。”

名政论家陶希圣先生说：

“宋明时代的理学，是中国思想又一次发皇。宋代理学家中，言及气象宏大，义理精纯，当推张载。明代则以王夫之独能远绍张载。王夫之以下，唯熊十力先生能继承此一学脉。”

谢幼伟教授说：

“黄冈熊十力先生，一代大哲，千百年来，我国学术界中罕见之一位学人，虽程朱陆王，未必能与之相比。其学虽以继承我国传统思想自任，然实有超乎我国传统思想之上者。所谓青出于蓝，对我国文化固有发扬光大之力。在今日复兴文化声中，熊先生著作之流行，自属必要。”

王化棠先生对熊十力先生的著作曾作体系上的说明云：

“根据十力的自述，获知他计划中的三部大著，属于本体论的叫做《新唯识论》，属于知识论的叫做《量论》，属于宇宙论和人生论的叫做《大易广传》，他认为这三部著作是儒学的骨干，有此三书，而后儒学的规模，始能灿然悉备。现在他这三部巨著，其已完成的除了《新唯识论》外；余如《原儒》虽是《大易广传》的提要，但亦可视为《大易广传》的完成。至于《量论》一书，今日是否又相继完成，则因迄未获有消息，殊难悬揣。以十力的年老力衰，而又丁此遽变，恐怕自他的《原儒》一书问世之后，即为孔子因获麟而绝笔之时，这就不能不令我们为中国儒学的续绝存亡而惄然以忧、惕然而惧了！”

居浩然教授说：

“熊先生的理论体系，博大精深。有佛学名言辨析的谨严，而不耽空溺寂。有易传老庄的空灵，而反归于夫子的醇厚。”

“民国十一年到北京大学任教，主要的讲稿为《新唯识论》。这本著作经过多次修改，最后于民国二十一年（一九三二年）自印出版。这是文言文本，另有语体文本于民国二十七年改写。民国三十一年完成。《新唯识论》简称《新论》，是熊先生的主要著作。唯识原是佛家的一个宗派，由无著世亲的唯识论而来。这一宗派一方面在四大皆空的基础上说明‘法相’（略当于哲学上的现象）之所以成立，另一方面将说明的程序倒转来，也就可以从法相探究实性或实体（即哲学上的本体）。无著世亲原来的说法极为繁琐，因为要融摄各派思想和理论，网罗既多，强加组织，其中难免穿凿。熊先生提出其精华，融入《易经》的体系，乃有《新论》的创作。”

胡秋原先生说：

“在哲学上主张恢复孔子精神，戛戛独造者，有毕生孤寒为学之熊十力先生。先生之主著有三：《新唯识论》（始印于九一八前后），《读经示要》（印于战时），《原儒》（印于大陆）（其思想最简单之要点可看《中华杂志》七卷十期哈米顿短文及其与某君书）。先生之学，盖以《易经》为‘内圣’之学（哲学），《春秋》《周礼》为外王之学（政治）。他以‘穷理尽性以至于命’为《易经》之总纲。本体即理，理者，一本而万殊。一本为万化之根源，万殊指万物及其法则。理在人者为性，理流行不息，为吾人与万物共有之本体。故当发自性固有之德用，使万物各畅其性，共进太平。又以‘即用显体’说一本万殊之关系，又以内证外求说哲学、科学之区别。并以印度唯识及西方之创化论论证之，所说亦与现象学有相通处。又以《易经》有科学，《春秋》有民主，《周礼》有社会主义。又以两汉以来中国历史为夷狄盗贼更迭为帝之局，孔子之大道未明。故欲以儒家思想为主，参以诸子，西洋思想亦当和会，以为人类将来之需。凡此所云，一部分已散见于其九一八前论学书札。他已在一九六八年五月以八十四岁的高龄辞世了。”

“先生于我有师生之义。尝勉我以事功，并屡讽示欲我继续其学。先生大力精思，至意无非欲国人自知其自性，共宏爱其族类之心。此实儒学之血脉，为我无刻或敢忘。”

熊十力先生的思想，已形成了反唯物论的主流。大陆撤守后，国民党在一九五〇年二月，由萧赞育先生主动召开了三民主义哲学研讨会。萧赞育先生即《十力语要》中的萧化之，对熊先生的本体哲学颇有认识，此次会议，即采取了熊先生的心物一元论的见解。

说到熊十力先生的思想，对今后学界的影响，正是方兴未已。他的学生中，有唐君毅、牟宗三、徐复观、胡秋原等。在《十力语要》一书中，与熊先生论学的师友、门生之名单如下：

张季同、张申府、敖均生、汤锡予、赖振声、燕大明、王维诚、张东荪、林宰平、张孟劬、德国李华德、胡子康、北京晨报、读书周刊、邓念观、袁道冲、薛星奎、刘公纯、韩裕文、张德钧、王星贤、王汉、周开庆、徐见心、朱进之、满辛畬、唐君毅、刘树鹏、徐令宣、意大利马格里尼、李景贤、牟宗三、郦君、美国柏特、池际安（仲光、熊池生）、王伯尹、谢幼伟、徐复观、杨钧、唐生（君毅）、贺昌群、萧化之、刘冰若、任继愈、郑子琴、钱学熙、张默生、周封岐、张俶知、鲁实先、薛伟猷、郦衡叔、蒙文通、周通旦、梅居士、陈亚三、张君劢、谢子厚、沈有鼎、胡世华、林同济、张遵骝、陈从之、谢随知、陶闇士、汪易铧、贺自昭、孙颖川、锺仲襄、李四光、曹慕樊、黎涤玄、刘海九、王准、高硐庄、高赞非、刘念僧、王平叔、锺伯良、潘从理、赖典丽、陶开士（梁漱溟之友）、李笑春、邱希明、严立三、彭云谷、梁任公、陈真如、马干符、黄存之、黄艮庸、郝心亮、李敬特、高佩经、宋莘耕、张诗言、文德扬、胡炯、余越园、胡展堂、韩庠生、冯炳权。

这些名单中，有许多人已是学界驰名，著作等身，其中许多人都受有熊先生一定的影响作用。但熊先生所继承的是中国文化的慧命。而中国每一个人，尤其教育界，实应以发扬中国文化的慧命自任，方是正理。

对于熊十力先生思想的了解，的确并非易事。他的学生、朋友之中，都难免对他的思想有所误解。在熊先生认为，毕生最能了解他的思想的，是他的知己好友林宰平先生一人。这里且引熊先生所说的一段话，以作结束：

“世人疑我是佛教信徒，只有宰平知道我究心佛法，而实迥异于佛学的趣寂宗旨。有人疑我是理学家，只有宰平知道我是敬事宋明诸先生，而实不采取他们的拘碍。有人以为我的简朴脱俗像老、庄，只有宰平知道我平生没有变化气质的功效，而心性所存，实以动止都合乎礼，为此心自然的法则，是主要而不可乱的。宰平常戒责我的混乱，说我习气横发，而不知道检点。有人把我看作儒家，只有宰平知道我只是学问的宗主在儒家，而所研究的范围却很广博。有人疑我的新唯识论，外面是释迦而内里是儒家，只有宰平知道我的新唯识论是自成体系，既深入众家学说，又超出众家学说，是圆融无碍的”。

二、本书主要参考书目

《辛亥武昌首义纪》台北市湖北同乡会印行。

《黄冈县志》台北市学生书局印行。

《新唯识论》（文言本）熊十力著，台北市文景出版社印行。

《新唯识论》（语体本）熊十力著，台北市广文书局印行。

《破破新唯识论》熊十力著，自印，河洛图书出版公司再版。

《十力语要》熊十力著，台北市广文书局印行。

《读经示要》熊十力著，台北市广文书局印行。

《佛家名相通释》熊十力著，原由北大印，台北市广文书局印行。

《因明大疏删注》熊十力著，原由商务印，台北市广文书局印行。

《十力语要初续》熊十力著，台北市乐天出版社印行。
《原儒》熊十力著，台北市明伦出版社印行。
《中国历史讲话》熊十力著，四川成都黄埔出版社印行，智仁出版社再版。
《韩非子评论》熊十力著，人人出版社印行，兰台书局再版。
《明心篇》熊十力著，自印。
《乾坤衍》熊十力著，自印。
《一代大哲熊十力》李霜青著，龙泉出版社印行。
《熊十力先生纪念文集》徐复观、牟宗三等著，龙泉出版社印行。

张君劢

江勇振　著

目　录

一、绪论

就某种意义而言，一百多年来的中国近代史基本上是对西方冲击的反应。一八六〇年，英法联军以后，西方的冲击逐渐由通商口岸伸向内陆。“自强运动”标示了中国在求富求强的意愿下，从广义的器物层面，对西方文化从事采择的工作。中日甲午之战以后，西方文化的冲击更进一步地突进了古老中国的政治制度与儒家传统里。于是从“戊戌政变”，经过严复的翻译、梁启超的“新民说”、立宪派与革命派的论争，到“辛亥革命”，整个文化传统蜕变的历程逐渐展开，传统文化解体的酵母在这个阶段里已经开始作用。从这个意义言，“五四”在近代中国思想史上的地位，与其说是一个突起的高峰，毋宁说是一片突起的山峦中的一个峰头；几乎所有“五四”时期所悬揭的思潮，我们都可以在前一个从“戊戌政变”到“辛亥革命”的阶段里找到源头。

从上述的论点出发，我们对近代中国的思想，似乎不难从某一个角度来观察它在波涛汹涌的现象之下，所具有的连续性或沿承性（Continuity）。人类的思想，不可避免地是客观环境之下的产物。很自然地，近代中国的思想，在相当大程度的范围内，是受到历史条件或客观环境的制约。一如汪一驹所指出的：“从一八六〇年以降，所有改革运动背后的主动力，是出自于知识阶级（literati）对中国在国际上与国内衰弱情势焦虑的关切。这种衰弱的情势一日不改善，则运用新的方式——不论是改革的或是革命的——从事的实验将一日不停。”在这种对于国势衰微的焦虑感之下，国富民强就很自然地成为中国知识分子所追求的最大目标。

然而，这种富强目标的追式是形塑于一种崭新的概念架构之下。在意义上，它决然不同于传统中国所谓的富强的概念架构。一方面，它强调工业化的必要性，体认“富”是为“强”的先决条件。另一方面，也是最具有历史意义的，它是与社会达尔文主义密切地结合在一起。换句话说，社会达尔文主义挟带着它从生物现象中所转借来的模拟，以“优胜劣败”、“适者生存”的警语，促使晚清以来的知识分子在达尔文式的集体主义（Darwinian collectivism）之下，思索着富强目标的追求。这可以说明何以我们可以在严复、梁启超，甚至张君劢的思想里，看见社会达尔文主义与自由主义结合在一起的现象。自由主义之作为一种道德的价值，作为一种社会以及政治制度的表现，的确未能在中国的土壤上生根发芽。然而，在达尔文式的集体主义之下，它却被曲解为一种工具性的价值。就这个意义而言，自由主义之所以被拥赞，主要是因为它被视为释放或培养国民的能力与公德心的唯一管道。而国民能力与公德心的释放与培养，则是为了国家富强的最高目的。于是原本是作为一种道德的最终目的的自由主义，在近代中国思想里，却成为完成国家富强的手段。

然而，随着西方知识的增长，以及其他西方政治体制或意识形态的实验或产生，中国知识分子逐渐了解自由主义之作为释放或培养国民的能力与公德心，从而达成国家富强的目的似乎是迂缓难待，甚至是完全不相干的。对这个目的而言，布尔希维克主义、国家社会主义、法西斯主义似乎更能提供有效的快捷方式。一九三〇年代中期，“民主与独裁”的讨论，除了能说明自由主义之仍然被视为工具性的事实以外；在意义上，它则标示了部分中国知识分子对其他快捷方式的幻想与选择。因此，我们很能接受史华慈（Benjamin Schwartz）从严复的研究中，所抽绎出来的中国近代思想史的一条线索。他说："严复所译介的英国自由主义，在'五四'以后并没有在中国发扬光大。然而，他对（国家）富强的高度关切，以及他对西方文明中浮士德成分（Faustian element）的响应，一方面，一直是中国知识阶级意识里的基本特征；另一方面，则与其后所涌现的各种意识形态——不论它们是被称为社会主义、自由主义或甚至是新传统主义——纠结在一起。"

这种对于国家富强的追求，不但表现于知识分子的思想里，而且深刻地反映于教育制度之中。在汪一驹对近代中国知识分子的研究里，他发现在留学生的掌理之下，民国以来的教育制度具有下列三个主要特征：对高等教育的重视超过初等教育；牺牲人文学科而注重工业技术与科学；在课程里过度地采用外国材料。他接着指出："在某种程度的范围内，这些特征不过反映了一个事实，那就是近代中国的教育，一开始就不是启蒙个人的手段，而是一种强化中国的策略。"

从这种寻求国家富强的心理，回过来观察张君劢的思想，我们可以很清楚地看出他一直没有脱离严复所建立的观念架构。换句话说，尽管他对西方的了解要超过严复，他却依然是在达尔文式的集体主义之下来诠释自由主义。因而，尽管他确实了解并认可自由主义的精神，他仍然会不自觉地表现出"各个人之自由发展，同时即为国家养成健全的分子"这种观念。甚至并会进而表示："自由学说之最大价值，在其能养成独立人格与健全公民。……一国之大多数人民，不养成自由人格；不有自动自发之精神；不有自动自发之精神以参加国事，而件件赖政府之指示，则此国家之基础当然不健全、不巩固。譬诸造屋，西人以铁筋洋灰为其梁柱，而我则以烂泥为墙壁。两者经久性之长短，不待智者而后知。国家何独不然！？"

五四新文化运动以后，随着文化传统解体的加速，各种不同的意识形态涌入中国。“新青年”所拥赞的“德先生”与“赛先生”，在二十世纪初期的中国固然是欠缺实际滋长的可能性。然而，作为抽象的观念，它们却分别地成为向传统社会与文化秩序挑战的利器。于是，胡适笔下向易卜生（Ibsen）借来的“娜拉”（Nora），成为从旧社会解放个人的象征。而“赛先生”则逐渐在口号与宣传之中，走向了相信科学可以解决一切自然、人文、社会问题的科学主义（Scientism）。杜威（John Dewey）的实验主义（Pragmatism），在他的学生胡适等人的提倡以及他本人来华的演讲之下，达到了它影响力的最高峰。然而，“俄国革命”以后，马克思主义之既能解释传统社会的性质，又能肯定未来趋向的结论，较之仅仅强调方法与过程，而犹疑、谨慎于提出结论的实验主义，更能打动一般被科学主义所征服的人们。一九一九年，“问题与主义”的论战，实标示了实验主义在中国没落的开始。此后，从一九二〇年代开始，左派的意识形态逐渐在中国知识界站稳优势的地位。

比较而言，在这一个思想大势之下，以梁启超、张君劢为代表的一群人可以说是知识界里的少数群。特别是对一生漫长得亲见“戊戌政变”、“辛亥革命”、“五四运动”、“八年抗战”，晚年流亡美国的张君劢而言，这种对比是特别显著的。当以胡适为首的自由主义者相率不谈政治，专注于文化思想的方面一点一滴改革；而以陈独秀、李大钊为代表的左派强调以主义为根据，从事全盘的根本改革时，张君劢等以《改造杂志》为中心的一派人，在态度上大致是介乎其间的。然而，当权力的结构逐渐以左、右派为中心而两极化时，张君劢却选择了第三条路：成立了“国家社会党”——是为今天“民主社会党”的前身。在另一方面，当近代中国的主要思潮，从实验主义过渡到科学主义的极端化发展时，张君劢却似乎很不合时宜地拥赞唯心论（idealism），以及从事复兴新儒家思想的工作。

很明显地，无论是就实际政治或是思想观念的层面而言，张君劢以及他的追随者是属于少数群；特别是在他们事实上已经几乎完全失去实际的运作场的今天。

二、初探“政治国”：秀异领导的追求

1. 早年时代

张君劢，原名嘉森，字君劢，另字士林，号立斋。清光绪十二年十二月二十五日（公元一八八七年一月十八日），生于江苏嘉定。君劢的先世原住在嘉定县葛隆镇，至七世祖迁居宝山县真茹镇，是一个经商的家庭，累世业盐。曾祖父秋涯，行医镇上，施药济贫，颇有善名。一直到祖父铭甫，方才登科甲。道光年间，以举人署四川的县令。在川十余年，颇有政声。铭甫于政事之外，仍潜心于学。并及于医卜星相，而尤深于宋儒义理之学。后铭甫倦于仕途，退居田里，移家嘉定。命他的幼子祖泽——即君劢父亲——习医，以传曾祖父之业。卒业后开设诊所维持生计，是上海、南翔地区的名医。其后，当君劢兄弟渐次成长时，祖泽复移居南翔经商。祖泽娶妻刘氏，生子女十四，成人者男八女五，君劢排行第二。

君劢自五岁起，与四伯父诸子及弟公权（原名嘉璈）同入家塾。喜读书而领悟力高。他常能对《论语》章句提出问题，甚至塾师每

为所窘。幼年时，君劢常至罗店镇访友，据说他对罗店朋友家的街坊邻人印象茫然，唯独某家藏有某部好书，却牢记不忘。更为有趣的是，他在少年时，即尝于黎明焚香读朱熹的《近思录》，很能显示他温和虔敬的性情。然而，他同时也是一个活泼淘气的孩子。塾课既毕，每每独出心裁，设计游戏，与朋辈同乐，有“军师”之称。曾有一次戏操小舟，不慎坠水，幸因家人寻唤归食，救回了他的小生命。

君劢十一岁时（一八九七年），奉母命考进当时很少人去念的上海“广方言馆”。我们不能确知他入学的动机是什么。但是，“广方言馆”每月津贴学生银子一两，与他父亲“经商失败，景况萧然”之间可能有关系。当时，“广方言馆”的课程全排在上午，下午老师批改本子，学生则自习或上体育课。四天读英文（包括数学、化学、物理、外国历史等），三天读国文（包括“三通考”、作策论等）。教授的方法是很传统的，每一科都像读四书五经，必须背熟。这些课程加上当时“江南制造局”所翻译的自然科学书籍，使君劢了解“世界上除了做八股及我国固有国粹之外，还有若干学问”。当时教国文的袁希涛（观澜）是注意掌故舆地的学者，君劢对政治制度的兴趣实由他所启发。君劢在学的成绩很好，曾经获得第一名，奖品中包括“江南制造局”所译的自然科学、制炮与航海的书籍。课堂之外，君劢还选读一些古书，如《资治通鉴》、《曾文正公全集》、《日知录》等。传统的道德观念在少年时就已深深地注入了他的血液里。

光绪二十四年（一八九八年），康有为、梁启超倡导的维新运动遭受清廷保守势力的反击，只昙花一现，成为“百日维新”这个历史名词。戊戌政变以后，清廷通令各省追缉康有为与梁启超。“广方言馆”门口高悬着的康、梁二人照片，很自然地吸引了君劢的注意。从此燃起了他对政治浓厚的兴趣，注定了他一生致力于政治改革的生涯。

光绪二十八年（一九〇二年），清廷废八股，科举改试策论，君劢参加宝山县乡试，取中秀才。翌年春，马良（相伯）在上海徐家汇天文台创办“震旦学院”。其宗旨为吸收具有国学根底或出身科举之士，用速成方法，教以拉丁、英、法、德文，养成翻译人才，从事欧美科学书籍的译介。当时刚自新大陆返回日本的梁启超，不但将震旦学院招生的启事登在《新民丛报》上，并特别在同期撰有《祝震旦学院之前途》一文。文中强调“士生今日，不通欧洲任一国语言文字者，几不可以人类齿”。而拉丁文（原文如此）又为欧洲各国之语源，既通一国语文，自必溯其源；反之，先习拉丁文，后习任一欧洲语言，则事半而功倍，学问且更有根底。君劢在《新民丛报》上读到这则新闻，无异于梁启超向他宣称：“中国之有学术，自震旦学院始。”立刻投考入学。根据君劢自己的记忆，课程全为拉丁文。马良教授的速度奇快，一周即教完一厚册，接着讲西洋哲学，以及泰西特斯（Tacitus）的 Germania 等书。这种囫囵吞式的教法，是否可能具有成效，是很可怀疑的。半年以后，由于家里付不起一个学期一百多两银子的学费，君劢便辍学了。

离开震旦学院以后，君劢改入南京高等学校。光绪三十年（一九〇四年）考选留日学生，君劢写了一封长信请求父母准许他参与考选，结果未能如愿。然而，君劢这次的学生生涯却又注定是短暂的，这一次是以一个留日学生发起的爱国行动作为背景。庚子事变以后，俄国借口维持秩序及敉平拳匪，除了参与联军进占平津的行动外，并派兵二十万入东北。企图以既成的事实，强迫中国单独与之谈判，而达成控制东北的目的。在日本主战派的影响之下，留日学生以钮永建为首，组织了一支由蓝天蔚率领的“拒俄义勇队”（后改名为“学生军”）。一百三十多个学生志愿参与行动，五十个学生承诺在东京担任工作，甚至有十二位女学生志愿担任随军护士。

另一方面，除了通电各省，唤起国人的同情外，并推派钮永建与汤尔和返国游说当时的北洋大臣袁世凯，表示愿隶其麾下抵抗俄国。在清廷方面，则将此学生的爱国行动视同于庚子年保皇党支持的唐才常的“自立军之役”。而清季的民族主义确实无异于一把两面刀，它一方面固然可以引起国人对列强同仇敌忾的心理，而另一方面，它的发展却也是对清廷政权巩固的一种威胁。很自然地，清廷透过日本政府强迫解散“学生军”，并禁止留学生从事军事训练。返国游说袁世凯的钮永建与汤尔和则幸运地躲过了缉捕而逃抵上海。这时日俄战争已在我国东北展开，年轻的君劢在爱国心的驱策之下，也列名参加上海学生开会响应而组织的义勇队。事为校方所知，以其为革命行为，除了勒令退学以外，并交地方官严加管束。君劢在国内的学生生涯从此结束。

从南京高等学校退学以后，以“广方言馆”的英文基础，君劢经由友人的介绍，到湖南担任一年多的中学和师范学堂英文教师。据说他在湖南授课时，有一次论及国际情势以及列强对华的侵略，语调之激昂，竟使学生嚎啕大哭，甚至晕倒于地。从这个故事回顾君劢之曾经列名参加上海的“拒俄义勇队”，再加上他少年时代曾在黎明焚香读《近思录》的事实，我们可以透过这种温和虔敬的性格中，看到一个深深地浸润在文化传统之中的行动主义者的雏形。

光绪三十一年（一九〇五年）冬，带着预备留日而积存的四百多元的薪俸，君劢从湖南返回故乡嘉定。翌年春初，在故乡与元配夫人沈氏结婚。婚后不及一月，君劢即赴日留学。

2. 留日时期

光绪三十二年（一九〇六年），君劢留日的宿愿得偿，由宝山县保送赴日习理化。这时君劢刚刚迈入二十岁。在这年三月匆匆地更易服装，剪去辫子，辞别家人以及蜜月期里的新娘，与七个同行的伙伴自上海启碇。抵达日本东京以后，因为不能适应席地而坐的起居习惯，君劢居然罄囊购置桌椅等器用，使室内的陈设完全中国化。时与友朋相过从或聚餐，高谈阔论。

这年秋天，君劢考入早稻田大学政治经济科预科。宝山县给他的公费原是让他赴日习理化，然而君劢素对理化不感兴趣，一心只想攻读法政。这一个改变违背了宝山县保送他赴日的目的，半年后便停止供给公费。这时，君劢自己的存款也已用尽，幸而他为《新民丛报》撰稿，每月可得六十余元，足够兄弟二人的生活费（其弟公权此时正就读于庆应大学）。然而翌年，光绪三十三年（一九〇七年），《新民丛报》停刊，君劢兄弟二人的经济来源完全断绝，只得求助亲友，每月得十三元，仅仅足够伙食费。当时窘迫的情形，可以从他们兄弟所用的手帕看出一二。他们兄弟将手帕剪成两片分用，继而再分而各用四分之一。

然而，对君劢而言，日本确实是个“美丽新世界”。君劢自己表示他与现代学术正式接触，是在日本留学的时期。从早稻田大学的预科到大学部，他主修的是政治经济。当时，日本大学里除了讲义以外，所用的参考书大都是英文本。对于除了看书以外，日文相当不高明的君劢而言，英文就成了他求知的工具，也是他用以参加考试的媒介。而在这五、六年的日本留学生涯里，对君劢一生有决定性影响的，是他在日本学术界呼吸到日本人对德国学术的宗主。他回忆当时日本大学虽然采用英文参考书，但是教授经常提起的都是德国学者，如华格纳（Adolf Wagner）、许摩纳（Gustav Schmoller）等。这种宗主德国学者的风气引起了君劢对德国学术的兴趣与羡慕，埋下了他日后留德的伏笔。根据一个当代学者的说法，君劢甚至在此时已对德国的唯心论产生了兴趣。

君劢东渡那一年（一九〇六年），正是梁启超与革命派论战最为激烈的时期。年方二十岁，君劢居然能够提笔撰文，而且能够在针锋相对的气氛下，站在论战者的圈外，冷静而稳健的提出自己的意见。他生平第一篇译著《穆勒约翰议院政治论》，是摘译自穆勒（John Stuart Mill）的《代议政治论》（*On Representative Government*）。这篇未完全刊载的译稿，等于是他在早稻田大学的读书心得。像严复的翻译一样，君劢也是采取意译的方式，并偶尔在译中插入按语。严复在他所译的穆勒《群己权界论》（*On Liberty*）的“译凡例”曾说 :“原书文理颇深，意繁句重。若依文作译，必至难索解人，故不得不略为颠倒。此以中文译西书定法也。”我们对照穆勒《代议政治论》原文，可以很清楚地看出严复的译例对君劢的影响。

就某个意义说来，《穆勒约翰议院政治论》奠定了君劢一生政治思想的一个里程碑。一方面，至少就政治思想这个层面而言，它使二十岁以前对君劢具有影响力的因素——如《新民丛报》——相对的黯然失色，决定性地确定了他此后政治活动所实行的方向。因此，当君劢说他对梁启超毋宁是私淑而非师事时，我们确实可以从这篇译文所提出而为君劢一生所服膺的论点中获得旁证。在清末以革命与立宪为两极的背景之下，君劢的立场无疑是属于立宪主义者。梁启超所鼓吹的立宪主张，对二十岁留日以前的君劢固然是一个应被考虑的因素，然而合理的解释毋宁是穆勒的观点说服了君劢，并提供他进而笔之为文的理论基础。穆勒讨论“政体”，折衷于机械派（mechanism）与有机派（organism）之间，认为一国政体的变迁既非可以任意抉择或改革，亦非如植物之生长而不加以人为的设计。于是穆勒提出改革政体的三个条件如下 :

（1）政体必与其国民之性情行谊，毋相凿枘。

（2）此政体之永续，必其民之行动力足以维持之。

（3）凡消极积极之行为，政府之所需于民，赖此而后能善其事者，必为其民之所乐为，而力能任之。

穆勒这种对国民的性格、参与公共事务的能力、与公共精神（Public Spirit）的强调，以及反观当时中国人民“公私道德之扫地”的状态，促使君劢重估救国的途径，而以改造国民为首要之务。甚且，他更征引利恺（William Lecky）对法国革命与英国改革运动的批评：认为法国革命以后一连串的悲剧，在于它斩断了法国人民与他们的历史传统之间的亲密关系；而英国人的政治天才，在于他们能够使旧制度调适新需要，虽无显赫之名，而得幸福之实。他盛叹这是盎格鲁民族与拉丁民族得失、成败之分判，更明白地颂扬从法国式的革命到英国式的改革，是西方政治进化的成例。

在另一方面，君劢一生所以拥赞民主政体的基本假定，实成形、奠定于他这个年方二十一而对穆勒一见倾心的时期。在他的译文里，专制政体之下的国民，由于“日夕惟刑宪之是惧，又安敢放言高论，思自效于国家前途，则其国民之思想活动，又安有进步之可期，然而习久成风，必成一麻木不仁之世界”。在这种情形之下，没有不沦于劣败而被淘汰的命运。因此：“专制国之末路，唯坐以待毙耳。”他完全相信国民的政治能力、道德水平——以至于此二者提高后的国富民强——的提高，只有在自由的立宪政体之下方可获得。这是基于穆勒所提出的两个命题：“一、凡权利必以自力自保，乃得安全；二、社会之旺盛，随其智力之发达，而大增进。”如是，奠定了君劢一生对民主政治的信仰。认定民主政体的优点，在于它能开放国民自由的从事心智或实际的社会活动，从而经由这种责任的赋予，为社会国家培育一个个具有参与公职能力以及社会意识的国民。很明显的，这是从追求国家富强的心理背景之下，所完成的对西方自由主义的诠释；个人与社会在一种生物的模拟之下，被描述成一个有机的关系，而个人自由之所以受到尊重和强调，毋宁是因为它能释放出个人——细胞——的活力，以成就有机体——社会——的健壮。

从这个背景出发，君劢认定解救中国之道在依循西方政治进化的成例，采取英国式的改革。既采取英国式的改革，则无须从事对满人持复仇主义的种族革命。何况事实上满族已被同化，已与汉族同在苦乐荣辱与共的历史传统之内。正应共同在危急存亡之秋，共同致力于改革专制腐败政府的政治革命。而且，就另一方面说来，无论主政治革命或主种族革命，目的均是在实现立宪政治。君劢很雄辩地指出，为达成立宪政治的目的，种族革命实在是不相干的。他强调证诸近代各国的历史，立宪的原动力无不是出于国民的要求，而非政府主动的给予。“国民之能力增一度，则政府之压制缩一度。”对他而言，为达成立宪政治的目的，真正相干而重要的实在是国民的思想和能力。

光绪三十二年七月，清廷颁预备立宪诏，予立宪派人士极大的鼓励。梁启超甚至表示：“从此政治革命问题可告一段落。”随即有意组织团体，鼓动并培养国民的政治能力，而有次年“政闻社”之成立。是年十一月，张謇、汤寿潜、郑孝胥等首先集合江苏、浙江、福建三省热心立宪运动的士绅，在上海成立“预备立宪公会”。次年，湖南、湖北、广东都相继出现了类似的团体，逐渐蔚成一股民间要求立宪的运动。然而，对于国会应该何时召开，这些团体并没有一致的意见。就像张謇所说的：“主急主缓，议论极纷驳。”召开国会时间的急缓主张容或不同，它所反映出来的意义则一：在这个要求立宪的运动之下，人们倾向于素朴地相信只要国会召开、宪政施行，就可以获得救亡图存的效果。

相形之下，光绪三十三年（一九〇七年）君劢所发表的《论今后民党之进行》，则显得冷静而深刻。能够处身运动的狂热之中，而仍具有理性反省的能力。他批评主张实时召开国会的人徒知国会制度的优点，而不知计虑如何召开国会以及召开以后的实际问题。

他征引意大利阁潮之迭起；比较英美与欧陆多党制国家的政治，强调以当时中国落后的情形；人民知识又复落后，漫无纪律且感情用事，则政争、阁潮之演出几可预料。对于冀求力固国本，以御外侮的中国而言，如何能容许这种重重冲突的发生。他指出他之所以强调日本完成立宪经过十余年的时间，并非为清廷设一借口，并非认定国会不能即开。而毋宁是在未开之前指出应当预先筹及的问题，以免重蹈诸国之覆辙，反而阻碍国家之进步。

另一方面，君劢批评那些主张从缓召开国会的人徒惑于国民的低落程度，而不知考虑国民程度的提高与实行立宪政治之间究竟有多少实际的相干性。根据他的看法，就议会政治的推行，至少就初期而言，与普遍国民根本思想的改良——亦即教育普及的工作——之间并没有直接的相干性。他指出提倡教育普及为基础的人，根本的假设无异是在制造代议士，或改良国民的根性。前者既非教育所能达成，后者亦不可能收功于一时。因此，教育普及的目的或功效，毋宁是在开发民智，以求社会之根本改良，而非国会召开之先决条件。

一如我们在讨论君劢前一篇译文所得到的结论，这篇同样是未完全刊载的文章在某种程度的范围内，也确定了他一生中另一个重要观念的雏形。他推崇近代各国革命与独立的历史是惊天动地的大事业。他指出这些大事业的产生，甚至可以说是由于一二学者的鼓吹，出于一二英豪的运动。因而他强调政治的改革，无一不赖少数先觉分子力倡于前、主持于后。他呼吁：“不患多数人之程度不足，只患少数人之不能团结以监督政府；不患少数人之智识不足以议事，只患少数人未惯于多数政治。”更特别的是他惊异于先进共和国选举竞争之剧烈，不能释然于先进立宪国政府重要提案屡被否决的事实。取代的是，他称道日本预备立宪时期上下感情的和睦。颂扬后进的立宪国（在他的心目中，这极可能是指日、德）在中央政治改良以后，各方面之蓬勃发达大有莫之能御的气势。在这种他一生服膺不辍的传统儒家秀异统治主义（Confucian elitism）的观点之下，他已开始——虽然未成体系——建构一种秀异分子鞠躬尽瘁于上，自由解放的国民如众星拱月一般勤奋不懈于下，以至上下和谐的政治哲学。

自从清廷在光绪三十二年秋下预备立宪诏以后，梁启超与其他在日本东京的立宪派人士即开始筹议组党。经过一年的往返商讨与抉择，终于在光绪三十三年（一九〇七年）九月十一日，在东京成立“政闻社”。年方二十一岁的君劢除了是发起人之一外，复担任“政闻社”的评议员，以及编纂科的职务。“政闻社”成立以后，无论是机关报《政论》的鼓吹，或是大批派遣社员往国内活动，其目的俱是在促成清廷速开国会。在派赴国内活动的社员中，君劢是其中之一。然而，由于他在北京陈三立家中，遇见了戊戌政变时参劾康、梁的御史蔡京台，陈不安之余，立刻遣人购船票送君劢经由上海转回日本。以是之故，当“政闻社”本部在次年初迁往上海后，君劢得以一面参与负责东京社务，一面继续他的学业。

君劢对一般国民的水平，原就不抱任何乐观的估计，他认为：“以大多数之愚民，虽日日哭诉于其旁，犹之无益，故欲借舆论以反抗政府，真梦想也。”因而他强调今日政治的基础，绝不能放在国民的身上。多数人的程度既然不足，则少数人必须团结起来，实地去从事一番事业。于是，他赞成侯延爽的意见，认为“政闻社”应一方面经营生产事业，以充裕经济的基础；另一方面，社员应多入政界，以广占势力，奠定基础。此后，即使在光绪三十四年（一九〇八年）七月，“政闻社”被迫解散以后，君劢仍一本这种从实际上用工夫的信念从事政治上的活动。

宣统元年（一九〇九年）六月，君劢与数位前“政闻社”社员，在日本东京成立“咨议局事务调查会”。目的在调查中央直省之权限和各项行政，以确定咨议局的权限，并改良直省的行政。八月间，该会出版《宪政新志》，以便公布调查的结果，供各省参考。这是君劢生平所办的第一个刊物。同年夏，君劢也尝到了第一次讲学的滋味：应早稻田大学热海暑期训练班之聘，讲授“中国文化史”。翌年，君劢毕业于早稻田大学，是为政治学学士。即使在这个革命的前夕，他仍然回国参加学部为留学生所举行的科考，此举与他决心投身于实际政治的想法是一致的。该期主试恰巧是注重工科，他的政治学文凭仅能抵七十分，而与其他所试科目的成绩合并后平均计算。由于君劢考试的成绩优异，各科均满百分。主试者特将他的文凭增为七十五分，平均计算结果，列名优等。清廷授以翰林院庶吉士。时为宣统三年五月。

武昌革命以后，君劢返回故乡宝山。除担任县议会议长之职以外，并与弟公权在上海发起筹备“神州大学”和成立“国民协会”。前者拟仿早稻田大学规模，首以培养法律、政治人才为目的，借以养成国民的政治知识；与后者之欲养成国民政治习惯是相辅为用的。在这个各省纷纷响应革命的时期，以梁启超为首的一群立宪派人士也思索着他们行动的方向。有人主张立即投身政坛以谋发展；有人主张暂时养晦以待时局变化。有人主张联结黎元洪；君劢则主张联结袁世凯，意见纷纭不一。君劢分析当时中国的权力结构，指出中分天下的是以袁世凯为首的旧官僚，以及中山先生为首的同盟会。后来再加上以黎元洪为首的“民社”，而成为鼎足而三之势。若“超然独立，另标政纲”，固然是“立身高洁，不斤斤于政权”。然而在立宪国家里，欲求舆论之实际功效，则单恃主义之高洁是不够的；必须与人争选举、争议席，是故联结其一为不可避免之途。以立宪派与同盟会在清末不睦的传统，加以袁为实力派，君劢自然是主张联袁。然而君劢固已决心投身实际政治，却绝非出于权力欲的驱使，而是一心想在中国建立实现议院政治与政党政治的环境或条件。他强调借联袁“以扩张党势则可，借此以接近政权则不可”。他非常了解从自居指导的地位，一变而与现政权结合，势必不能得到国民的谅解。然而，在坚信中国必须造成一大党以为改革事业的中坚信念下，君劢之所以主张联袁，一方面在借他的势力以发展支部于各省；另一方面则借以吸收其手下有经验、有才略之士，五六年后，党基大固，平日所想望的议院政治与政党政治可得而实现。不但所以结合现政权的一片苦心得以大白于天下，亦为国家前途铺一坦途。

在构想联袁以逐渐造成一个改革政治的中坚团体的同时，君劢并与汤化龙、林长民、孙洪伊等人于一九一二年一月在上海成立“共和建设讨论会”，一方面集合同志，讨论民国的建设问题；一方面则作为组织政党的准备。四月，参议院迁往北京，各派政党从五六月起，即大事活动，从事政团结合的活动。到八月间，除“共和党”与“国民党”相继成立以外，“共和建设讨论会”与“国民协会”亦于同月底合并为“民主党”。“民主党”成立后，君劢以代表的身份，赴日迎接梁启超返国，并亲自笔记梁启超十月下旬在北京各欢迎团体所做的演讲，共十三篇。与蓝志先合辑为《梁任公先生演说第一集》，在十二月出版。

民国初成，君劢方期投身实际政治，试图结合秀异分子（elite），以为秀异领导的实现。却因蒙古独立的问题撰文批评袁世凯，而被迫出国。原来蒙古与西藏在辛亥革命以后，即借口他们是清廷的属邦，因清廷的覆亡，他们与中国脱离关系。到了一九一三年十一月三日，蒙古与俄国订立草约，给予俄人训练蒙古军队的权利，并否认中国在蒙有驻军的权利。二十日，“路透社（Reuter）”消息传来：君劢与黄远生等人在十一月二十一日创刊《少年中国》周刊，并在其上发表《袁世凯十大罪》一文。指责袁世凯“因循坐误，一事不举”，以致“内无整理之可观，外启强邻之轻侮”。他指出袁世凯既不知防患于机先，又不知因应国际局势于事后。因循延宕，一误再误。他更进一步指出袁世凯单知顾全权势，甚至于牺牲政策以巩固地位亦在所不顾；“一若国家可亡，而吾地位不可不保”。他甚至在文末鼓动全国国民起而诘问袁世凯误国之罪。此文发表以后，袁世凯除禁止发行以外，并下令通缉。在梁启超与张一麐的劝告下，君劢只得远扬赴德。既作为反对袁氏帝制自为的先声，亦为袁世凯阴谋之下第一个放逐者。

3. 欧战福音

一九一三年一月，君劢取道俄国首途赴德。在俄故都圣彼得堡（St. Petersburg）停留了两个多月。结识了帝俄时代“宪政民主党”（Constitutional Democrats, or Cadets）的领袖米留可夫（Paul Milyukov），以及若干朝野人士。当时，正逢罗曼诺夫（Romanus）王朝三百周年纪念，对街市喧阗的盛况留下很深的印象。另一方面，自从奥国在一九〇八年合并波斯尼亚（Bosnia）与黑塞哥维纳（Herzegovina）两个斯拉夫人居住的省份以后，奥俄两国的关系即趋于紧张。君劢在圣彼得堡，已经可以感觉到战机系于一发的情况。

在圣彼得堡停留两个多月后，君劢转赴德国，进入柏林大学，攻读博士学位。然而，当他来到这个他在留学日本时期早已向往的国度时，却发现他仿佛既聋又哑。在日本所学的三年的德文，既不能使他听懂一句话，看书的能力也非常有限。另一方面，德国大学学生选课自由，学校不排定课表的自由风气，对当时仍在学问的大门前彷徨的君劢而言，确是一个既无助又痛苦的经验。我们从他所选修的课程，如华格纳的财政学、许摩纳的经济学、李斯德（Friedrich List）的国际法——开课者俱是他在日本留学时期耳熟能详的大师——以及民法、刑法等等看来，日本留学时期，日本学术界宗主德国学术的气氛，以及参与实际政治以图救中国的决心，在在都决定了他选课的方向。在日后的回忆里，君劢指出从清末到民初，国人求学常常非以学问为终身的事业，而系以之作为改良政治与救国的手段。他坦承自己在日本以及德国留学的时期，俱脱不出这种风气的影响。在这种风气之下求学，君劢自认实无多大心得。他举例说，许摩纳的经济学属于历史派；华格纳的经济学则以演绎为方法。然则何谓历史派？何谓演绎法？两派之间又有什么不同，却不知深究。是故他在回忆中感叹地说："虽两三年中读书甚勤，但始终站在学问之外，学问与自己并未打成一片。"

柏林的读书生活大约一年，另一个终究决定性地确定君劢一生志业的事件发生了：那就是欧战的爆发。由于英日同盟的关系，当时德国流传着日本将助属于协约国一员的俄国对德宣战。因而黄面孔的人在街上走，常会接到从屋子里掷出来的凳子。许多中国留学生在无辜地面对这种不友善的气氛之下，纷纷回国。而对于一向关心政治的君劢而言，则抱着人生一世难能见到几次大战的想法，决定留德观战。自从欧战开始，他买了许多地图和书籍，每天研究战事的进展。甚至，在墙上悬着的地图上，按战线的出入做标记，以显示战局的胜负情况。这种超乎寻常热心的态度，引起了房东太太的注意，居然怀疑他是日本间谍。有一天，当君劢的德文老师来为他上课时，他指着报上德舰被击沉两艘的消息，随口说道："你们德国到底有多少船，像这样一天打两艘，岂不要糟！"突然间，房门一开，房东太太冲了进去，说："今天我才断定你是一个间谍！"随即报警。德国的警察在战时的间谍疑云之下，仍然尊重住宅自由的原则，只守在门口，禁止他外出。等到在国内习惯于警察自由出入人家的君劢了解这是一种公民权，而自动电请警察入屋搜查，证明清白无辜之后，已经错过了午餐的时间，终于饿了一顿。

在新武器、新战术层出不穷，大规模、大战区拼斗不已的欧战之下，君劢所受的冲击是震撼性的。在社会达尔文主义的倾向之下，他视这场大战本质上为各国教育、工业与科学水平的总竞争。在他最为深刻的德国经验里，他看到德国在筹划军事、财政问题上所表现出来的惊人的效率，以及德国人那种举国狂热地参战的情形，这在某种程度的范围内，实形塑了他日后政治哲学的部分基本架构。在另一方面，这使得他认定中国在国家进化的阶段上，仍没有资格列于近代国家之林。当德、英、法倾全力于军事专门技术的发展时，他发觉中国的政治组织、军事行政、学术的奖励、教育的普及，在在都需要急起直追，落后何只是数百步而已。于是，原本是一场人类大悲剧的战争，在君劢实用的目的下，却一变而为一部值得参考的天然教科书。他指出："处此大战之中，无论自何方面，无不可以下一种之观察。且本此观察，以耸国民之听，则无在不可有益于国，而进之于高明之境。"他慨叹力薄任重，对欧战中外交、财政、军事各方面的介绍，未能尽战事现象的万一。他甚至希望能够成立一个"欧战研究会"，分军事、财政、外交、社会四大部门，参加者各就所长、所好，分别从事研究与介绍。他相信欧战的事实有助于扫除中国人的天下观念；在达尔文式的集体主义的倾向之下，他盛赞："全国之工商家、财政家、工程家、化学家、乃至妇女工人，无在而非助战之人。此可以窥一国之分子之不强固者，则国家本身万无强国之理。"更有甚者，他居然进一步表示："闻之世之言教育儿童者，则曰实物教育。吾国人之于世界知识，其能免于儿童之诮者几何。何幸大战忽起，以翻天倒海之势，鼓荡吾人之耳。虽至无识者，必取世界地图，考各国疆界大小，战区所在。茶前酒后，常以欧战为谈资，此真实物教育，而启发吾人智识之最好机会也。此十余国之大战，虽不得谓绝后，要已空前。其所以昭示吾数千年关闭自守之民族者，至深且远。"一场人类的大悲剧，在他启迪国人的最高目的之下，已经不只是一部天然的教科书，事实上它已经等于是给予中国人借鉴的福音。

由于欧战战局的扩大，西欧战场又因壕沟战术而陷于僵持。君劢决心经由荷兰转赴伦敦，观察他们的政局与社会情况，以判断战局的久暂以及胜负之谁属。一九一五年秋天，他自德国启程，道经荷兰时，访问了曾经担任我国币制顾问，而当时是为荷兰国家银行的总裁费司林（G. Vissering）。双方畅谈了四个小时，讨论的问题，自欧战中主要参战国的经济情况，到中国未来金融政策应循的方向。讨论结束以后，费司林邀君劢返家午餐。临别时，更对中国的改革提出他的建议。他表示中国是一个大国，对中国人来说，这构成一个重大的负担。因此改革不能太骤，政策的选择必须慎重；一个国家不能一再地用不同的制度来从事试验。

渡过满布着水雷，与德国潜艇到处出没的北海，君劢在十月抵达伦敦。这个时候，国内袁世凯的帝制运动已经进入紧锣密鼓的阶段。君劢在《每日先锋报》（*Daily Herald*）撰文抨击袁世凯，该文后为《北京导报》（*Peking Leader*）所转载。据说，袁世凯知道这篇文章以后，曾经电令驻英大使查究，而以中山先生在伦敦被公使馆囚禁的往事警告君劢。然而，尽管如此，君劢的留德生涯，仍然是因为计划参与讨袁的行动而暂告一个段落。在他自己日后的回忆里，他说一九一五年秋天，他之由德国经由荷兰赴英的另一个理由，是因为知道国内“筹安会”成立，准备返国协同友人推翻袁世凯。而在另一个记载里，他则表示讨袁军兴以后（云南护国军起义在该年十二月二十五日，时他已在英国），梁启超立即电邀他返国加入行列。他于是放弃博士论文撰写的工作，匆匆返国。两种说法尽管在时间上稍有出入，而说明了他因讨袁而返国则一。用梁启超的话来说明，君劢是“国变亦正棘，执友在戎行。万里奔命归，庶往共存亡”。

一九一六年三月，君劢自英启程返国。为避开战区，原拟绕道非洲，后以时日迁缓，决定冒险经过西伯利亚陆行。于是，他放弃已购船票，倾尽余资，经由瑞典、挪威，再转经欧俄，抵达圣彼得堡。在七日的行程里，身上仅有的十三铜元，就成为他以面包开水充饥的最后倚赖。从圣彼得堡返国这段余程的旅费，则是贷自他的表兄——当时的驻俄公使刘士熙。四月，君劢抵达杭州。因为反袁而宣告独立的浙江督军吕公望坚留，他未能转赴云南协助蔡锷，于是受任浙江省交涉署署长。不久，并兼主上海《时事新报》。

君劢返国以后，再度面对了联邦制的意见。而由于袁世凯帝制运动的刺激，这一次联邦制的呼声更加高涨。一向敏于观察、切于实际的君劢，则明白指出当时拥赞联邦制的人多不真正了解联邦制的真相。徒以对中央权力滥用的反动，而拟以想当然耳的联邦制作为牵制之方。他强调联邦制之不可能作为改良政治的手段，就犹如民国成立以后，移植而来的责任内阁、议会监督、司法独立等等制度之不能改良中国政治一样。联邦制度最基本的三个要素——省或州宪法的制定、省或州主权的厘定，以及省或州固有的自治基础——如果不曾具备，则非但制度本身无以实行，弊乱且将丛生。“墨西哥非共和而联邦乎？既共和矣，则中央应举法治之实；既联邦矣，各邦应收自由发展之功。然而丧乱频仍，治平无日。此皆积极条件之不备，而唯以法律制度为治具之有以致之也。”君劢很切实地指出：民国虽已成立，真正的舆论何在？宪法之名固有，法治之实又何在？而联邦制又不能舍公民或公民团体的意志而另求基础，则联邦制之不适于中国是不辩而明。

有趣的是，君劢似乎并不绝望于国民政治知识的低落。他明白地指出辛亥武昌起义是黎元洪与其同志所为，而非湖北民众之功；云南首义是蔡锷与其同志所为，非各省民众之功。他接着表示：“吾为此言，凡以见一省之大，其政治作用，全在其领袖者之一二人，而地方之公民不与焉。其领袖而善也，斯其所表现者善；其领袖而不善，斯其所表现者不善。”他并不忧虑因为国民水平低落而联邦制不得实行的事实。重要的毋宁是如何厘定中央、地方的权限，一扫政治上凌乱的情形，则系统确定，国本自立。至于中国终究应采取中央集权或地方分权的制度，则是在国家进化至另一阶段以后再行考虑的问题。因此，国人应该推许为伟人的，并非为美国奠定联邦基础的杰斐逊（Thomas Jefferson）、哈米尔顿（Alexander Hamilton）。在他这个时期的秀异统治主义（elitism）之下，十九世纪初，领导普鲁士从事政治、社会的“再生运动”（Regeneration），而深受十八世纪人道主义与爱国思想影响的斯泰因（Baron von Stein）与哈登堡（Karl von Hardenberg）就成为他心目中“世有其人，虽为执鞭所欣慕焉”的英雄人物。

一九一六年六月六日，袁世凯羞愤而死。副总统黎元洪继任为总统，恢复民元约法，并重召段祺瑞为国务总理。此后，对德参战与否逐渐成为一中心问题。这年冬天，君劢判断德国必败，于是除撰文宣述以外，并奔走南北陈说。据说以加富尔（Camillo di Cavour）作为自我影像（Selfimage）的梁启超，就是受了君劢的影响而力主参战。此后大约一年——一九一六年末到六年，是君劢在这个阶段中，以幕僚身分从事实际政治活动最为忙碌的时期。为参战问题、内阁问题以至张勋复辟的事件，奔走于京、沪、徐、宁之间，从事游说与斡旋的工作。然而，也就是在这一年的活动经验里，使他对当时政坛的内幕以及北洋诸元老的能力、性情有了进一步的了解。秀异领导的企求，在一年多的实际经验之下顿然崩溃。于是辞去了担任不过数月的总统府秘书的职位，转任北大教授。

一九一七年底，君劢的情绪是在一个低潮的时期。对实际政治极端失望以后，他决心退而求其次：以治己为先。在日记里，他甚至为自己明白定下了次年的读书方针：“第一，学书写圣教序；第二，读汉书，每日二十页；第三，习法文；第四，编大学国际法讲义。”颇有趣的是，在日记里他特别说明他所以明白定下次年读书方针的理由，完全在儆戒自己“平生所志，往往以牵于外务，行之数日，又复舍此他求”。然而，尽管具有这种自知之明，终其一生，它却一直是君劢不能突破的两难之局（dilemma）。

就另一个角度分析，君劢是从未放弃他对秀异领导的追求。只是在失望于实际政治以后，他转而希望从另一个层面来完成罢了。一九一八年初，他致书梁启超，谈及发起“松社”的目的和功用时，虽然指出政治与社会事业两皆不可为，然而，却深信成立以读书养性、敦品励学为宗旨的“松社”，既为救世良药，且为“吾党对于社会，对于自身处于无可逃之地位”。当他在政坛上结合现成的秀异分子的希望幻灭以后，他似乎寄望于透过一个修养团体的成立，以结合少数可信任的军人政客于一堂，经由个别成员对知识、科学的研究或心得交换，而为政坛培养或创造一个秀异领导群。

一九一八年十一月。欧战结束。梁启超以个人身分赴欧，作为中国赴和会代表团非正式顾问的计划，也在十二月初确定。君劢与蒋百里、刘崇杰、丁文江、徐新六、杨维新等六人既作为梁启超赴欧的助手，亦作为同行的伙伴。对君劢个人而言，这一次的欧游则意外地成为他思想演变的一个新的里程碑。

三、航向“学问国”：普及知识的努力

1. 欧洲新思潮

一九一八年十二月二十八日，梁启超等一行七人，自上海启程。以船位短缺之故，丁文江与徐新六取道太平洋与大西洋。其余五人则搭乘日本的“横滨丸”，绕过马六甲海峡，穿过印度洋，再经由苏伊士运河，横渡地中海，最后绕上大西洋抵达伦敦。第二次从事欧游，而第一次舟行的君劢，居然是五人中最畏海行的人。一上船，立刻解衣高卧，并将呕器置于枕畔。然而，数日后却又以大航海家自命。在四十五天的行程里，他们的生活是非常有趣而丰富的。每天早上，每人各抱一本书，在甲板上高声朗诵，一直到中午为止。午睡以后，打三两趟的球、散步或下棋。通英文的学法文，通法文的学英文，每天上午大家高声诵读，彼此互为师生。彷如一群旅行中的学生。

一九一九年二月十一日，丁文江、徐新六在伦敦与君劢、梁启超等一行五人会合，开始为期大约一年的欧游生活。以巴黎为中心，他们的游踪西起英国，北及比利时、荷兰，东入德国、瑞士与意大利。在忙碌奔波的行程中，巴黎附近的白鲁威（Bellevue）是他们停驻较为长久的地方。从十月上旬，他们从意大利返回巴黎，一直

到十二月上旬启程游德为止，两个月的时间里，他们蛰居在白鲁威的寓所。几间小小、朴素的楼房，在早到的寒冬里，就成为他们消化、整理十个多月来见闻的工作场。在梁启超常带感情的笔端下，他们“同住的三五个人，就把白鲁威当作一个深山道院。巴黎是绝迹不去的，客人是一个不见的。镇日坐在一间开方丈把的屋子里头，傍着一个不生不灭的火炉。围着一张亦圆亦方的桌子，各人埋头埋脑，做各自的功课。这便是我们这一冬的单调趣味，和上半年恰恰成个反比例了”。

对于原本攻读国际法，而且又对实际政治问题具有高度研究兴趣的君劢而言，第二次的欧游确实是充满着挑激性。从《凡尔赛和约》，到俄国的革命、德国的宪法、法国的政潮、英国的政党，可以说从战后风云际会的外交折冲，到各国内政的重组，都成为他注意的焦点、笔下研究的对象。然而，欧洲确实变了。这一次的欧游，对君劢而言，是一个崭新的经验。在物价高昂、罢工频繁的社会现象下，他在欧洲的社会里，逐渐注意到社会主义的思潮。从美国记者赛门（Frank Simond）和英国教授欧温（Urwin）的访问中，他在知识分子的态度里，意识到传统的欧洲政治社会制度已面临考验。另一方面，俄国“十月革命”的成功，以及欧洲各国社会党激烈的宣传与行动，进一步地促使他实际地考察社会主义在各国实行的异同。

君劢对于社会主义是一见钟情的。他在《俄国宪法译后记》里，明白指出他对俄国革命所服膺的两点：一是劳动为人人共有的义务；二是排斥欧洲列强的侵略政策。他认为实行前者，“可以去游谈坐食之辈。号为读书君子，稍知劳力之苦，庶不致以小民生命为儿戏”。实行后者，“可以知政治上之兼并，终必陷于杀人流血，此世界大战是为殷鉴”。他甚至于颂赞“此二端者，真人类平等之理想，而斯世大同之涂辙也”。社会主义所包含的平等与和平的理想，能很自然地为带有非战传统的中国人所拥赞应是理所当然的。然而，在另一方面，对于一向研究国际法而且素持渐进主义的君劢而言，俄国的无产阶级专政以及强迫征收私有财产的政策，他却认为不可苟同。很巧的是，他适时地找到了一个修正而且较为卓越的替代物；不但包含了社会主义的理想，而且保留了议会政治的实际。这便是他们到达欧洲那年——一九一九年，德国革命后所制定的“魏玛宪法”（The Weimar Constitution）。

“魏玛宪法”对君劢一生思想的影响是决定性的，特别是它从另一个方面——作为一个外来因素——形塑了君劢此后政治哲学的主要架构。他推许“魏玛宪法”堪与美国宪法、法国第一共和宪法鼎足而三，为代表三个时代的宪法。“美国宪法所代表者，十八世纪盎格鲁撒克逊民族之个人主义也；法国宪法所代表者，十九世纪民权自由之精神也；今之德宪法所代表者，则二十世纪社会革命之潮流也。”对这部公认具有许多进步特征，规约着战后德国度过十五个困顿岁月，而终被纳粹撕毁的宪法，君劢列举出六项特点：（1）单一国制（Unitary State）与联邦国制（Federal State）之调和：废邦为州，中央权限虽扩张，仍保留地方独立之实；（2）总统制与责任内阁制之调和：多数党组阁，惟总统民选。大政方针，取决于总理与总统之同意。法律案之可否，总统有诉诸人民之权；（3）代表民主与直接民主制之调和：以议会代表民意之外，国民有创制与复决之权；（4）苏维埃政治与代议政治之调和：俄国实行无产阶级专政，德国则除保留议会以外，设立一劳资合组的“营业会议”（Betriebsrat），有出席并提出法案于议会的权利；（5）个人自由主义与社会主义之调和：尊重、承认个人自由与私有财产的原则，惟土地与大生产业之与公共利益有关者，政府得依法征收为国有；（6）劳工阶级与资本阶级之调和：欧美各国仅承认工会组织，德国则不但在宪法上明白规定劳资平等，且合组之为“营业会议”。他表示：

“此六端中，前四者吾名之曰政治条件；后二者吾名之曰社会生计条件。关于政治条件，德与英、法、美无绝大异同。惟不以议会为唯一主权机关，而以国民投票为最终解决之地。此德国宪法上直接民主精神，而英、法所不逮者也。以云社会生计条件，则英、法宪法中向无此等规定，彼工党方力争之而未能得者。此德国宪法上社会革命之精神，而英、法所不逮者也。吾自十九世纪之经过，推二十世纪未来之局。昔焉以法国为政治革命之先驱，而全欧转相效法；则今后各国所取则者，其在社会革命之先驱之德国乎？”

君劢这种推崇德国魏玛宪法而贬抑俄国革命的态度，很自然地违反了“五四”以后弥漫于国内知识界的“苏维埃热”。他自己的解释是列宁的作为固震惊一世，堪称前无古人，然而却绝非他人所可能或可以模仿的。他举例说，以亡命客而在数日内完成武力政变；背弃协约国，单独与德议和；利用经济、社会的不平等，鼓吹世界革命；无视经济上的影响，强力即行国有主义等等，在在都因为列宁的天才与自信力而得以完成。德国的革命则不同，它是“建筑于五十年训练之上，酝酿于四年战事之中。有国民为之后盾，无一革再革之反复。及新政府既成，以各方之互让，议定宪法。虽社会革命之理想，并未完全实现，然规模具在。循此轨道以行，则民意成熟，自然水到渠成”。同时，他更强调革命必须慎选手段。我们是学习列宁之解散旧国会？抑是模仿德国之开国会？是学习列宁无产专政？抑是像德国一样，将选举与被选举权普及于国民？他很热切地表示他对列宁的崇拜未必在他人之下，然而正由于他“以为所以指示人人共由之路，厥在理性，而不在感情。……圣人亦有言：教人者在示以中庸之道。其过于中庸者，圣人不欲以之率天下焉。诚如是言，则吾国人之所当学者，厥在德之社会民主党之脚踏实地，而不在列宁之近功速效焉必矣！”

君劢感慨于德国革命以后，半年不到而“魏玛宪法”已成。他强调宪法的完成是国民意见统一的表现。而以德国平日党派之不兼容，人民好分析辩难的习惯，居然能够有和融一致的表现。他于是强调中国应当学习德国人互让与和衷共济的精神。同时，他又强调“魏玛宪法”的完成，完全是基于无数思想家与实行家经过长期的奋斗而灌溉、孕育出来的。“有无数仁人义士为之后先疏附，虽触刑网而不悔。乃以造成此有宗旨、有纪律之团体。去君主、去军阀，如摧枯拉朽。如是，彼之所以得有今日，其种子实伏于数十年之前。语有之：‘临渊羡鱼，不如退而结网。’宪法者，鱼也，社会民主党之奋斗，则结网之功也。若徒羡其得鱼之易，而忘其结网之苦，又未足与语学德意志者也。”

于是，尽管君劢对德、俄革命有高下的评价，然而，那毋宁是基于制度与政策的考虑与选择。在基本上，他对德、俄革命的观察与分析，改变了他前此对秀异领导的追求。他开始觉悟从前以华盛顿、格拉斯顿（Gladstone）、俾斯麦、加富尔的影像自许，以为上述诸人的事业可以由一二人旦夕而成，实在是一个不可企及的幻梦。他声言必须廓清旧日的政治活动与党派关系，而别求改良政治的基础。而改良政治的基础则在于国民知识的提高。“盖判断得失，决多少数。其最终之一步，不能舍国民而他求。欲求有此种能力之国民，方法甚多。而根本上不外教育普及，人人自觉，人人有知识。夫而后可以语夫政治，语夫选举。”另一方面，他强调转移国民知识、心态的事业，绝非空言所能奏效。必先有人提倡，世人方能和之于后。他将曾国藩风俗之厚薄系乎一二人心之所向的传统儒家信条，与博格森（Henri Bergson）“生活之创造，是为人类自由自在之行为”的生机论（vitalism）相结合。宣称：“一部二十四史之改造，视吾一二人心理之转移而已。”在这种朝向秀异分子领导于上，开明的国民奋发于下的政治哲学里，他不禁高呼：“吾志立矣！吾心决矣！凡世界政治、社会改革，无不始于一二人之心力。百折不回，以与旧社会奋斗，而终致于光辉灿烂之一日。……吾侪且勿求速效，且勿问他日之收获。待之十年、二十年、三十年、四十年、五十年，再与此旧社会、旧政体较短长、度得失可焉。”

值得注意的是此次的欧游，是为君劢一生思想中的一个重要分水岭。如前所述，初到欧洲，君劢往来于伦敦与巴黎之间，所注意的俱是和会外交之内幕。在那年六、七月间，当梁启超、蒋百里、徐新六邀他同访博格森时，他居然以哲学是空论，立言固然微妙，而无裨实事的心理谢绝参加。在他的心目中，救国仍是少数秀异分子从实际政治上下工夫的事业。然而，从“山东问题”到《凡尔赛和约》的签订，他与国民对威尔逊“十四点原则”满怀希望与赞颂的舆论同样地受到伤害。他愤怒地以为“协商国”所谓的正义、人道，都不过是欺人的名词。对于一个素来研究国际法的人而言，这个打击是致命的。他开始怀疑以此类条文作为一生研究的对象，则除了其中的纵横捭阖外，还有什么可得之物。更何况纵使穷一生之力，尽窥外交的奥秘，对于世界人类又有什么益处？然而，何去何从？他在学问追求的方针上，毋宁仍是游移不定的。

真正改变一刻的来临，是在一九二〇年的一月一日。原来在一九一九年十二月，君劢陪同梁启超等人游德。君劢所开列的访问对象，很可以想象的均是政、军方面的人物。一行人到达慕尼黑以后，梁启超忆起日本人所著的《欧洲思想史》里的泰山与北斗：博格森与倭伊铿（Rudolf Eucken）。于是由君劢致书倭伊铿，在一九二〇年正月一日赴耶纳（Jena）正式拜访。有趣的是，原本仅担负翻译工作的君劢，却在大约一个半小时的谈话里，被倭伊铿诚恳的态度所感动。更有甚者，当他们一行由耶纳游历华尔堡（Wartburg）返回柏林时，倭伊铿承诺为梁启超所写的《新唯心主义与旧唯心主义的异同》已经寄达。君劢深受感动之余，以为“以倭氏七十老翁，精神矍铄一如年少，待异国之人亲切真挚。吾乃生一感想，觉平日涵养于哲学工夫者，其人生观自超人一等。视外交家之以权谋术数为唯一法门者，不啻光明、黑暗；天堂、地狱之别”。于是，立刻决心放弃旧有之学，将所藏有关国际法的书籍束之高阁。送别了梁启超等人，继续留德，向倭伊铿请益。

这一个在当时看来确属巨大的转变，虽然就君劢日后的发展而言，并非是另一个职业角色——例如，学者或哲学家——的选取。然而，它确实在相当大程度的范围内，重新确定或塑造他思想的内容或倾向。在耶纳的新生活、新世界里，他曾经表示："渡欧以还，将自己生世细细一想。觉十年来为经世一念所误，踯躅政治，至今不得一当。其锲而不舍乎?！其弃之而别图安心立命之所乎?！此两念往来胸中，不能自决。近月以来，痛下工夫，断念吾第二生命之政治已略决定。……此念既定，胸境顿然开朗。去了一政治国，又来了一学问国；每日为此学问国之建设作种种打算。"他甚至进一步地宣称："吾之学问国之建设，正在发端。……尚有一言请公（林宰平）转达国中同志者：数年来以政治为饮食、水火之君劢，已断念政治矣。吾同志诚有出生入死之举，以急国家之难，则弟之赴汤蹈火，决不人后。若夫现实之政谭，别敬谢不敏。吾且暂别加富尔、俾斯麦、格拉斯顿，而与康德、黑格尔为俦侣矣。"

然而，君劢之航向"学问国"，却绝不会而且不可能是以舍弃"政治国"作为代价的。一如他自己所了然的，政治是他的第二生命。在他宣称"若夫现实之政谭，则敬谢不敏"以后不到一年，他又写下了《悬拟之社会改造同志会意见书》。将他观察德、俄革命所得的结论，引申、采借为改造中国的蓝本。文中，他再度强调今后中国的改造，必须抛弃人或旧日党派的结合，而代之以主义的结合；弃绝政客的播弄，而代之以群众运动。在政治方面，以内阁制的政府向直接民选的国会负责。同时，为调和劳资双方的利益，仿"魏玛宪法"，设立生计会议。在社会方面，则大企业实行社会所有制（Socialization）。这篇文章所代表的意义，不仅在说明了君劢之舍弃“政治国”是不彻底的。同时，更是为他日后进一步阐述他的民主社会主义的雏形。

一九二一年十二月，君劢陪同“讲学社”聘请来华演讲的杜里舒（Hans Driesch）由德国启程返国。次年一月，抵达上海。除随同杜里舒编译讲稿外，并筹办“中国公学”。君劢在这一年里的活动，以参加上海“国是会议”，接受“国宪草议委员会”托付的宪法起草最为重要。这部宪草完成后，以《国宪议》之名出版。值得注意的是，这个时候的他一改从前对单一国制的主张，而改主联邦而联省的制度。希望透过较小单位的行政区域，养成人民的知识和政治能力。如此，既可以小规模地从事制度的实验；实验的结果，复可以作为各省相互观摩的根据。另一方面，可能是深受战后欧洲社会主义思潮高涨的影响，君劢在“国宪议”里居然表现出浓厚的理想色彩。在他强调工商的发展必须建立在合理的工厂法与社会福利制度之上时，他明白反对者必定以廉价劳工作为与外人从事竞争场的基本条件。他说：“为此言者，以致富为国家第一目的，而他事则视为第二义焉。何也？！其意若曰：国家不可不急急于求富，而工人则以奴隶牛马待之，可焉。”他宣称：“一国之生计组织，以公道为根本，此大原则也。若有问我苟背此原则因而不能图工业之发达则奈何？吾应之曰：世界一切活动，以人类之幸福为前提。十九世纪以来，以图富强之故而牺牲人类。今思反之，宁可牺牲富强，不愿以人类作工厂之奴隶牛马焉。此义也，吾国人之所当奉行，而十九世纪以来急切之功利论，则敝屣之可矣。”也许是战后欧洲社会主义思潮的影响，也许是战后帝国主义威胁暂时的消退。然而，无论如何，这是君劢一生中唯一能摆开国富民强的首要目标的时期。

2. 人生观论战

相对于二十世纪前半段的情势而言，五四运动时期所提倡的“德先生”与“赛先生”，注定是欠缺实际上发芽滋长的可能性。然而，作为抽象的观念，它们是受到了高度的礼赞；这尤以被视为近代文明之根源的“赛先生”为然。胡适在一九二三年的一段话，可以说非常深刻地描绘了现代中国人对“赛先生”礼赞的程度。他说：“这三十年来，有一个名词在国内几乎做到了无上尊严的地位；无论懂与不懂的人，无论守旧和维新的人，都不敢公然对它表示轻视或戏侮的态度。那个名词就是‘科学’。这样几乎全国一致的崇信，究竟有无价值，那是另一问题。我们至少可以说，自从中国讲变法维新以来，没有一个自命为新人物的人敢公然毁谤‘科学’的。”“科学”这个名词在现代中国虽然享有如此崇高的地位，有趣的是，拥赞科学的人却多半不是科学家或科学哲学家；而毋宁是那些有兴趣于运用科学及其相关的价值、假定，来批评甚至取代传统观念的科学主义者。

然而，由于中国对西方了解的日渐广泛与深入，使得整个情况趋于复杂化。欧战的结束，实标示了中西文化交流的一个新的里程碑。原被视为具有相同思想传统一元体的西方文化，在中国新知识分子的学习与了解之下，逐渐分解成一个个不同的单位。他们愈进一步地了解欧洲与美国，他们愈加清楚地看出其间的分裂、冲突与不安。一如我们在君劢的战后旅欧感想中所看到的，中国知识分子逐渐发觉他们原先所努力模仿的制度，在西方却已是激烈争辩的论题焦点。被他们认为是传统中国所欠缺的民族主义，现在却成为战争与殖民主义的诱因；而自由的价值所面临的挑战，有商业上的保护主义、政治上的集权主义与人类福利方面的社会主义。原被中国知识分子视为富国根源的资本主义生产体系，现在却成为资本家剥削劳工阶级的渊薮；原被中国知识分子视为强国根源的代议政体，却成为富商操纵的工具。而在另一方面，从欧洲存在主义者与唯心论者的言语上，他们又听见对工业社会、科技文明不满的声调。在这一切混乱与复杂的西方真相之下，对部分中国知识分子而言，欧战及其所显示的科技的毁灭力量，无异证明了西方文明本身也是问题丛生的。这种见解的最显著代表，便是梁启超的《欧游心影录》，以及一九二一年梁漱溟所发表的《东西文化及其哲学》。

梁启超首先抨击了决定论（determinism）对人类意志与道德的威胁。他说："这些唯物派的哲学家，托庇科学宇下建立一种纯物质的纯机械的人生观。把一切内部生活外部生活都归到物质运动的'必然法则'之下。……不惟如此，他们把心理和精神看成一物，根据实验心理学，硬说人类精神也不过一种物质，一样受'必然法则'所支配。于是人类的自由意志不得不否认了。意志既不能自由，还有什么善恶的责任？"其次，他并很生动地描绘欧战后欧洲人对科学文明的失望。他说："当时讴歌科学万能的人，满望着科学成功，黄金世界便指日出现。如今功总算成了，一百年物质的进步，比从前三千年所得还加几倍。我们人类不惟没有得着幸福，倒反带来许多灾难。好像沙漠中失路的旅人，远远望见个大黑影，拼命往前赶，以为可以靠他向导，那知赶上几程，影子却不见了，因此无限凄惶失望。影子是谁，就是这位'科学先生'。欧洲做了一场科学万能的大梦，到如今却叫起科学破产来。"另一方面，梁漱溟则以思辨的方式，比较中国、印度、西方三种文化。他说西方文化是向前要求，是奋斗的，代表人类生活的第一个阶段；中国文化是调和、持中，回想的随遇而安，代表第二个阶段；印度文化则是反身向后要求，想根本取消当前的问题或要求，代表第三个阶段。然而针对时势的要求，他的结论是："第一，要排斥印度的态度，丝毫不能容留；第二，对于西方文化是全盘承受，而根本改过，就是对其态度要改一改；第三，批评的把中国原来态度重新拿出来。”

这种对科技高度发展的怀疑，以及对东西文化从事等量式的重估，很自然地违反了科学主义者的观点。一直到大约两年之后，科学主义者终于找到一个现成的机会提出反击。这个导火线就是一九二三年二月十四日，君劢在清华大学所发表的一篇演讲：《人生观》。

君劢在清华大学演讲的灵感，是借自倭伊铿的《大思想家的人生观》（*Die Lebemsanschauungen der grossen Denker*, 1890）一书的题目，其主旨在指出科学并非万能的。由于听讲对象是即将赴美修习科学的学生，他特别提醒他们不要因为久读教科书的关系，以为天下一切事物都具有公例，都受到因果律的支配。他指出人世间大多数的问题都没有如此明确的性质，而这些问题并非哲学上高深的学理，而实存在于日常生活之中。于是，他指出人生虽然是人人习以为常，却因彼此观察点的不同，而产生不同的意见。因而结论是：“天下古今最不统一者，莫若人生观。”为了证明他这个看法，并说明无论科学如何日益精进，人生观的问题绝非科学所能解决，他进一步地指出人生观与科学之间根本不同的性质所在。他列举科学的特征是客观的、论理的、分析的、因果的，以及自然现象的一致性（uniformity of the course of nature）；而人生观的特征则是主观的、直觉的、综合的、自由意志的以及独特的（unique）。对于这么一个不为科学所介入的人生观，君劢是颂赞有加的。他认为思潮的变迁就是人生观的变迁，他甚至强调古今大思想家的贡献，就在于他们对人生观问题所提出的意见。他说：“譬诸杨朱为我；墨子兼爱；而孔孟折衷之者也。自孔孟以至宋元明之理学，侧重内心生活之修养，其结果为精神文明。三百年来之欧洲，侧重以人力支配自然界。故其结果为物质文明。亚丹斯密，个人主义者也；马克思，社会主义者也；叔本华、哈德门（Hartmann），悲观主义者也；柏拉图、黑格尔，乐观主义者也。彼此各执一词，而绝无绝对之是与非。然一部长夜漫漫之历史中，其秉烛以导吾人之先路者，独此数人而已。”

君劢这篇文章由《清华周刊》转载，他的好友丁文江读了以后勃然大怒。以为如果科学不能支配人生，那么科学还有什么价值可言！二人辩论了两个多小时没有结果，为了“玄学的鬼附在张君劢身上”，为了“要提醒没有给玄学鬼附上身的青年学生”，丁文江于是在《努力周报》上提出反驳。一场大约有二十个人物参加，演成约有二十五万字数量的大论战于焉展开。双方各征引了不同宗教、不同哲学体系里的大师或权威来支持自己的论点。而就双方参加论战的人数而言，科学派无疑是占尽了上风。在丁文江科学主义的观点之下，世界上一切事物均是科学所处理的对象。而所谓的科学方法，不过是将世界上的事实分类，以求出它们的秩序。所谓的科学公例，则是对这种分类秩序所做的说明罢了。人生观固然是一个不容易被分类以求出秩序的对象，然而，这只能说是困难的增加、时间的延长，科学方法绝不因此而不适用。一如傅乐诗（Charlotte Furth）所指出的，丁文江对科学公例的了解，一方面是受了他作为一个地质学家的限制，另一方面则是受到传统汉学方法的影响，一直是停留在用归纳方法所得出的全称经验通则（universal empirical generalization）的层次。他不了解科学的理论并非是对于经验事实的叙述或描绘，它们毋宁是一种模型（model），它们与数据之间的关系是类似地图与实际地理之间的关系一般；它们的正确与否并不建立在它们与数据之间的直接关系，而在于它们是否在所属的模型里成功地履行了它们的功能。在这种对科学理论有限度的了解之下，丁文江很自然地认为“梁任公讲历史研究法，胡适之讲红楼梦，也是科学”；很自然地宣称：“许多中国人不知道科学方法和近三百年经学大师治学的方法是一样的。”

整个论战从一开始就是主题混乱的，君劢的演讲与其说是界定了人生观的性质，毋宁说是对决定论的不满，对科技文明对现代社会冲击的忧虑。等到丁文江的论点集中在他所谓的“科学的知识论”，以及中西文明的比较以后，讨论的主题就益加注定要远离科学与人生观之间的关系了。君劢的第二篇文章，很自然地是依循着丁文江的论点而反击。他引用翁特（Wilhelm Wundt）对知识的分类：确实科学（Exakte Wissenschaft）；精神科学（Geiste Wissenschaft），而表示为了对称起见，将“确实”科学之名改为“物质”科学。虽然他对“物质”科学中的生物学、心理学提出质疑；虽然他——修正了清华演讲时的论点——指出精神科学并无公例，然而，无论如何，他的目的仍是在指出人生观不同于物质或精神科学，是绝非科学所能介入的。事实上，他对科学的抨击或怀疑，与其说是在理论或科学的本身，不如说是在于它对社会的冲击。他忧虑决定论的提倡将导致人类自由意志的丧失。他说：“科学以对待（relative）、以因果为本义。有力而后生动，……物理上之因果也；思想与脑神经相表里，生理上、心理上之因果也；生命之基础在细胞，生物上之因果也；社会之进化，视其国之地理气候如何，历史上之因果也。若此云云，岂无一面之真理？然学生脑中装满了此种学说，视己身为因果网所缠绕，几忘人生在宇宙间独来独往之价值。”

最值得注意的是，君劢把科学与人生观，或者唯物论与唯心论，甚至经验派与理性派之间的异同，套到了传统汉学与宋学之争的窠臼里。他在表列欧洲唯物派与汉学家、欧洲唯心派与“孔孟下逮宋明理学家之言”的对照表以后，表示：“据上表观之，则两派之短长得失，可以见矣。唯心、唯物两派之立脚点之是非暂不问，若就其应用言之，关于自然界之研究与文字之考证，当然以汉学家或欧洲唯物派之言为长。……其关于人生之解释与内心之修养，当然以唯心派之言为长。”于是，君劢之所以抨击科学的人生观，主要是因为他将之视同为支离破碎、不食人间烟火的汉学末流。因此，他强调 ：“当此人欲横流之际，号为服国民之公职者，不复知有主义，不复知有廉耻，不复知有出处进退之准则。其以事务为生者，相率于放弃责任 ；其以政治为生者，朝秦暮楚，苟图饱暖。甚且为一己之私，牺牲国家之命脉而不惜。若此人心风俗，又岂碎义逃难之汉学家所得而矫正之乎？欲求发聋振聩之药，唯在新宋学之复活。”

如果我们把这个论战的背景扩大，我们可以很清楚地看出它实在不过是西方已发生的争论的延续。宽泛而言，论战双方的立场，可以从一八九〇年代以后，实证主义与反实证主义思潮之间的对抗中找到来源。就以君劢而言，他的许多论点都可以追溯出它们在欧洲的根源，而且是必须放在当代西方对自由意志与决定论的争论这个背景上来观察。相对于十八世纪以来物理科学的进展，在一八五〇年代以后，生物学与心理学上的进展，也似乎显示了在人类以及人类社会中发现类似定律的可能性。对倭伊铿以及博格森这一类唯心论者而言，这种决定论的世界观是必须排斥的。因为当这种世界观移植到人文的领域以后，这种“必然性”的观念将会排除自由意志的概念，连带地摧毁了人类对行为的责任以及人类精神的独立自主性（autonomy）。

然而，有趣的是君劢采借了博格森、倭伊铿对决定论的世界观的抨击，却转移了它的重点，结果使之成为一个相当中国式的论点。在西方自由意志的观念之下，原是强调行为的意义以及行为的责任，在君劢的笔下，自由意志转而成为理学中良知、良能的概念。因此，他说 ：“人类何以具有对与错的道德意识、责任的意识以及时而显现忏悔之意？道德决定的因素是基于内心而非外在的。这种心理上的决定是源自于自由意志而非决定论。”在良知、良能的概念之下来诠释自由意志，则所谓精神与物质的对立，很容易地转化为理学概念下的“理”与“气”。于是物质或“气”成为蒙蔽精神或“理”的来源：“人之生于世也，内曰精神，外曰物质。内之精神变动而不居，外之物质凝滞而不进。所谓物质者，凡我以外者皆属之。如大地山河，如衣服田宅，则我以外之物也；如父母妻子，如国家社会，则我以外之人也。我对于我以外之物与人，常求所以变革之，以达于至善至美之境。虽谓古今以来之大问题，不出此精神物质之冲突可也。”透过这种“理”、“气”相对的概念来观察西方文明，则以科技发达作为特征的西方文明，并非由于科学在道德上的中立性，而造成一种“无价值”的世界；而毋宁是造成了一个“求物质之快乐”、“求一时之虚荣”、“计较锱铢”、“拓地致富”、“一若人生为物质为金钱而存在，非物质金钱为人生而存在”的物质文明。当然，由于受到生机论的博格森以及行动主义的唯心论（actiuistic idealism）的倭伊铿的影响，君劢笔下的“心”因而带有相当浓厚的西方式动力的色彩：“惟以心为实在也，故勤加拂拭则努力精进之勇必异乎常人。”甚至，在人类的“心”从“气”的蒙蔽中解放出来以后，自由意志所发挥、表现的精神生活“推至其极而言之，则一人之意志与行为，可以影响于宇宙实在之变化”。

“大家加入这个‘科学与人生’的讨论。这一场大战的战线的延长，参战武士人数之多，战争的旷日持久，可算是中国和西方文化接触以后三十年中的第一场大战。”对于这么一个“中国和西方接触以后三十年中的第一场大战”，虽然并没有一个实际上的仲裁者，毫无疑问的是科学派打赢了这一场战争；科学派的胜利，与其说是在于他们的雄辩，毋宁说是由于科学主义征服了当时的时代心灵。这种思想界弥漫着科学主义的现象，可以从日后成为新儒家运动健将的徐复观与唐君毅两位先生身上得到有趣的见证。徐复观曾表示：“忆余年少时在沪购一书曰《人生观之论战》，于京沪车中急读一过，内容多不甚了了。惟知有一派人士，斥君劢、东荪两位先生为‘玄学鬼’；玄学鬼即系反科学、反民主，罪在不赦。自此，‘玄学鬼’三字，深入脑际。有人提及二张之姓名者，辄生不快之感。”唐君毅对这个论战所感受的经验亦复类似。他说：“时愚尚在中学读书，唯已粗知好学，尝取诸先生之所论而尽读之。顾愚当时对于君劢先生等所倡之意志自由及直觉理性之言，皆不解其义，而自立论加以非议。后于凡玄言之及于超现象以上之本体，而似违日常经验及科学知识者，皆所不喜。故愚后习哲学，亦喜西方经验主义与新实在论之言者，几达十年之久。”很显然，科学派的胜利是基于科学方法本身所具有的声望。科学的领域于是由自然界扩展到社会的层面，科学派似乎已握有解开人生与宇宙奥秘的锁钥。而君劢等人则由于对人生观提出思辨式的解答——一种不受人欢迎的方式——而失败。毕竟，现代人是要求客观性作为判断真确性、可靠性，以及赋予地位与否的标准。

3. 政治教育

当人生观论战接近尾声之际，君劢在同年的九月十五日与胡善恒、徐六几、郭梦良、瞿世英等四人，以共同对唯心史观的拥赞，在北京西山的“灵光寺”缔结盟约。目的在集结一群同好，以唯心史观作为中心概念，透过《同人杂志》的宣传，影响并吸收新成员，一方面，作为组织政党的准备；另一方面，则为“吾国思想界，成一种新分野”。似乎君劢所试图力挽狂澜的，不只是那令人悲观的现实政治，而今又加上了他视为人类精神大敌的机械主义、科学主义。

九月底，君劢因江苏省长韩国钧的聘请，由北京抵上海，主持创设“国立自治学院”。两年后，一九二五年，改为“国立政治大学”。学院的临时校舍设在爱文义路与麦德赫斯路口转角处的一栋旧洋房。君劢对新生的选择与学术训练的要求规定得颇为严格。除了邀请各方面的学者专家，如：张东荪、罗文干、瞿世英、潘光旦、章太炎、蒋百里等任教或作学术演讲以外，他本人所担任的课程非常广泛，包括唯物史观批判、英伦政治，甚至还包括时事的研讨。一如他在一九二四年赴武汉讲学时，在江轮上所赋的诗句："不因哲学忘政治，不因政治忘哲学。"对该年九、十月间直皖两系的江浙之战，他甚至取而作为讲演探讨的对象，而以《国内战争六讲》的题目，由“自治学院”出版。事实上，主持“自治学院”的工作是艰苦难熬的。其中，尤以财政上的困难最不易解决。有时经费且遭否决，迫得君劢必须南北两京两地奔波，为学院的生存而奋斗。然而，也就在这一个忙碌于学院行政琐事的时期，君劢初尝了恋爱的滋味。

君劢原娶有元配沈夫人，惟婚后不到一个月他即赴日留学。此后，一如我们在论述中可以很清楚看出的，为了奔走国事，他是经年在外。夫妇二人既殊少相处，加以志趣相左，终告仳离。然而，对于自谓“家室及著作与办学盛业，均不足累，而以身许国之念自矢”的君劢而言，却注定是要在他感情生活上激起了浪漫的涟漪。一九二三年，在北平筹备印度诗人泰戈尔招待会中，经由郭梦良、黄庐隐的介绍，他结识了来自福州，毕业于北京女子高等师范的王世瑛。度过十余年的索居生活后，他不禁萌发了慕情之思。翌年六月，王世瑛率福建女师学生到上海、南京、杭州等处参观，二人终于获得相处了解的机会。在十几个日子里，感情的酵素充分地工作着；那时，虽当“自治学院”经费遭受否决而需全力奋斗之际，然而，每日的约会仍是不能间断。此后，福州、上海两地，情思是暂托鱼雁往返相寄。也许由于罗曼蒂克气氛的作用，向来不善于作诗的君劢，在这个三十后期的岁月中，却也拥有了一段“诗的年龄”；在经常阅读的书籍中，除了政治、哲学之外，加入了诗，甚至还开始尝试创作。一九二五年，被李璜形容为“态度大方，头脑冷静，较君劢尤有党魁的坚强明朗”的王世瑛，接受了君劢的求婚，在福州举行结婚典礼。不让孔德、博格森、倭伊铿、爱因斯坦诸大哲以夫俊逸妻贤惠专美于前。这时君劢三十九岁，新娘二十六岁。

一九二六年七月，革命军誓师北伐，进展迅速。九月，克武汉。对君劢而言，军事形势的急剧变化所可能产生的政治局面是他所急欲了解的。十月，他独自秘密地赴武汉考察。家人与学校均以为他失踪，莫知所措。不意十天之后，他安然自武汉归来。次日，即召集全校师生演讲，题为《武汉见闻录》，描述并评判国民政府种种的革命措施。据说，他此时已断定北洋军阀必败，并预料了国共的分裂。在演讲中，除了说明了立国的基本条件以及个人主张外，他还批评国民党的训政理论，并力促学生们必须坚持民主政治的原则。

然而，君劢却不曾想到他自己也会被局势的变化所波及。一九二七年三月，革命军克南京、上海，以君劢为“进步党”的“余孽”，“国立政治大学”为国民党党部接收。四月，国民党开始清党。而共党所策动的“南昌暴动”（八月）、“广州暴动”（十二月）相继发生。君劢目睹俄国式的激烈行动在国内发生，乃于是年十二月撰写《苏俄评论》。书中强调国人切勿轻易地将中国在俄国世界革命的理论之下，做俄国政治化学实验室里的实验品。他指出稍知外情，稍注意俄国政局的人士，都可以看出俄国政治残酷的实质。

“政治大学”被封闭以后，君劢在上海无事可做，于是深居简出，开始着手翻译拉斯基（Harold Lasski）的《政治典范》（*The Grammar of Politics*, 1925）。每月由商务印书馆供给二百元预付的稿费，维持生活。读书方面，则除拟撰写《现代欧美哲学思潮》一书以外，君劢发觉兴趣上逐渐有转向故学的倾向，有心想放弃外国学问而专读旧书。然而，读书写作的生活，绝非“不因哲学而忘政治”的君劢所能长期忍受的。很巧的是，在十六年秋冬之交，君劢在偶然的机会里结识了当时在上海主持青年党党务的李璜。二人一见如故，于是开始了频繁的交往。由于两人在政治上的见解，在当时的空气下一无发抒的机会，君劢便约李璜在上海创办《新路杂志》。杂志的筹款与印刷由君劢负责，发行则归李璜。每期两人负责撰写一篇长文，偶尔加上一篇短文。二文均用笔名；君劢多用“立斋”之名，李璜则用“春木”二字。《新路》每期印行三千份。君劢在《新路》上重要的文章至少有九篇，可惜今日不易得见。一九二八年年底，《新路》出版到第十期，停刊。

《新路》停刊以后不久，李璜酝酿已久的筹办一所学术式的高级党务学校的想法也趋于具体化。一九二九年春，李璜与左舜生在上海英租界开办“知行书院”，以加强青年党干部对现代思潮及政治知识的认识。邀请了君劢、张东荪、潘光旦、梁实秋等人，每人不支薪，义务教两个钟点。君劢所负责的课程是“欧洲政治思想史”。

君劢住在英租界的西摩路，距“知行学院”所在的威海卫路、同孚路口很近。每周上课两次，他都步行前往。在一九二九年端午节前的某一个下午四时许，当君劢下课步行返家的途中，被绑匪数人挟入汽车，绝尘而去。君劢被拘囚的地点就在上海警备司令部附近，他每天早晨都可以听见警备司令部的号声。绑匪每天以电话向君劢的家人恐吓，索巨额赎金，并表示若迟延，将送割耳回报。据说，当时大家主张准备银钱赎人，而冷静、坚强的张夫人认为君劢是一个穷书生，绑匪可能不是为钱，必定是以为“知行学院”系君劢所办，绑票或具有政治作用。根据君劢自己的回忆，如此僵持二十多日以后，绑匪以迁延日久，最后的恐吓是斩首弃之大西路旁。君劢久处拘囚之室，又因被绑架时腿被车门用力阖上撞成重伤（此后君劢不良于行，以至老年，更是步履艰难），于是发誓如有储蓄而不纳，定遭天殃。情势居然急转直下，绑匪不但将之释放，并且赠金六十元。

是年秋天，君劢以上海居不易，赴沈阳寄寓于罗文干家，由罗文干向张学良借七百元。不久，返回上海，以七百元购买船票转赴德国。

四、再入“政治国”：政党政治的企望

1. 国家社会主义

一九二九年秋天，君劢再度迫于政治的因素，第三次赴德。经由倭伊铿的鼎力推荐，在耶纳大学讲授中国哲学，凡一年余。一九三一年八月，以燕京大学校长司徒雷登（Leighton Stuart）的电邀，君劢离耶纳东行，取道波兰、欧俄、西伯利亚，实地考察苏俄第一个五年计划的实行。而恰于“九一八事变”前夕经由沈阳抵达北平。旋即接受燕京大学的聘请，讲授黑格尔哲学。

在君劢返国以前，张东荪、胡石青、汤住心、徐佛苏等人已在北平洽谈组织“宪政党”，并拟定政纲、党章的初稿，只待君劢返国做最后决定。组织新式的政党，可以说早在一九二一年底，当君劢即将自德启程返国时，就早已成为他的心愿了；“悬拟的社会改

造同志会意见书”是一个具体的例子。然而，从一九二二年返国到一九二九年再度赴德国，八年之间，组织政党的尝试却一直是停留在酝酿的阶段。君劢深为德、俄社会主义者狂热的行动所震撼，认为今后“造新党之机，非深通欧战后严守纪律接近民众之心理不可”。其态度与要求自然出于审慎与严格。因此，他自德返国，会晤张东荪、胡石青等人以后，表示“宪政党”名称太过陈旧，建议改称为“国家社会党”。

一九三二年四月十六日，中国国家社会党创立于北平。同时，并组织“再生社”，于同年五月二十日创刊《再生杂志》。《再生》创刊号发表了融合君劢、张东荪与胡石青三人的意见，而由张东荪草拟的《我们所要说的话》一文，长凡三万余言，揭橥了九十八条纲领。在这个糅和而成的主张里，作为基本信念的是国家社会主义以及它所涵蕴的计划性。因而在政治方面，为了在立法与行政、效率与民主之间获得均衡，他们希望能建立一种政治制度，在原则上合乎民主政治的精神；在实施上则摒除了党派操纵的作用。“在平时，不拘两党或多党都能运用，即假定无党亦可运用；而在紧急时候立刻可以集中全民的意思与力量，不分党派。……这样的制度……倘使成立，则民主政治的弊病便减去殆尽了。并且说得极端一些，在这种制度下，万一只有一党，表面上或许有点类似一党专政，而实际上却依然是民意政治。”似乎英国战时的国防或混合内阁，在他们的心目中却成为适用于平时，得以集中全国力量，免去阁潮的理想政治体制。

另一方面，他们指出近代由于科学知识的发达，知识趋向于专门与分工，政治已非仅具有一般常识的人得以胜任。因而，他们主张现代政治不但要借重专家的知识，并且必须使专家占有地位，不被党派的势力所左右，不因政潮的更迭而上下。而政务上各部门之所以交由专家处理的目的，在期望透过专家的设计，使得行政趋向于专门化、稳定化、敏捷化与统一化。在这种倾向于技术统制（technocracy）的观点下，他们很自然地会表示："到了今天，无论任何经验丰富、学识充足的人亦决不能凭一个人的脑力足以应付这个难局了。所以必须集合无数人的智能而形成一个极大的智慧。其中有固定的原则；有全盘的计划；有统一的配置；有分层的步骤；且有修改的余地。"

在经济方面，如果我们回顾清末梁启超与革命派之间的论争，即可看出君劢等对中国的针砭与梁启超是一致的，亦即认为中国的根本病因是在于贫穷而非不均。然而，有趣的是，他们所提出的药方却是接近革命派的，亦即国家社会主义。当然，在名词类似的表面之下，是有相当大的实质上的不同。最显著的，他们所拥赞的部分是由国家统治的计划经济。他们表示："我们以为这个有计划的经济之实施，在经验上与方法上是人类最可宝贵的一件事。"在这种国家主义的经济政策之下，中国必须完全自给自足，在国际上它是对外竞争的一个经济单位；其次，全国的经济发展完全由国家统筹计划和决定；其三，以公平合理的方法吸收或转移大部分私人经济的社会生产剩余价值，作为国家用于再生产的资本。

至于他们的教育政策亦是深深地嵌入国家社会主义的轨道。他们的教育目标：军事训练的普遍化；生产能力的普遍化；共同生活的新道德习惯的创造与养成，不脱严复以来所拥赞的广义的德、智、体三育的范围。然而，在国家社会主义之下，教育的工具性，教育之作为强化中国的工具而非启蒙个人的手段，在这里实获得了高度的发挥。他们指出：他们的教育改革案，其精神尤在于把教育视为造成民族团结的唯一方法，以及重建国民经济的最佳途径。"我们的意思是必须办到人人都受教育，受教育的结果，是把他变成民族国家的动员之一；于是每人都是生产者。换言之，即我们的目的在把全国人每个都要变成军事动员之一与生产动员之一，这样才是教育的成功。不然，说一句干脆的话，简直不必要教育了。”

与此同时，日本对中国的侵略更日渐赤裸裸地展开。继“九一八事变”、“一二八”淞沪之役，日本又在一九三二年三月九日成立“满洲国”。君劢目睹当时举国震动，人心离散的情况，不禁慨然以拿破仑雄视欧洲时，发表《告德意志国民书》（Addresses to the German Nation）的菲希特（Johann Fichte）作为自我影像。他指出当时中日的关系就犹如十七世纪以后的法德：“日人于甲午战后，尝夺辽东半岛，正如路易十四世（Louis XIV）夺德之斯托拉斯堡（Strasbourg），……考其九一八以后之所为，更与十九世纪初期法人操纵分崩离析之德国者相肖，伪满之成立，非即拿破仑造成之兰因河同盟（Confederation of the Rhine）乎？”他推崇菲希特为十九世纪初领导普鲁士从事“再生运动”中最杰出的一人。“盖菲氏学说，超于军事政治与教育三者之上，为之建立其最高纲领，乃其所以成为德意志民族复兴之经典也。”他强调国耻之来，不起于外而起于内。欲求雪耻，不在于责人而在于反求诸己。于是，他指出我们从菲希特的演讲中可以汲出三个重要的原则：当民族大受惩创的时候，必须痛自检讨过失；既检讨过失以后，必须从民族在历史上的成绩，用分析的方式表彰而发扬光大，以提高民族的自信力；综而言之，民族的复兴，以内心的改造为唯一途径。“菲氏演讲之精神，皆本诸其哲学中之所谓自我之精义。此自我之感觉锐敏，乃能辨别耻辱与光荣。此自我发于外而为行为，乃尽其职分之所为。试问全国人人能尽其自我之责任，而国家焉有不强者乎？”

从君劢对菲希特的推崇里，我们可以很明显地看出他对国家民族的光荣与强盛的渴望。在这种寻求国家富强的大目的之下，他很自然地无法意识到菲希特的学说与纳粹党政策之间的相似处——例如泛日耳曼主义与经济的民族主义。菲希特演讲集在纳粹党的集会里，犹如《圣经》一样被高声朗诵的事实，除了更加使他确信它是德意志民族复兴的经典以外，并不能使他批判地注意到它之带有帝国主义色彩的事实。更有甚者，淹没在“俎上肉”对自救、自强的强烈渴望之中，他不禁无意识地羡慕、赞美纳粹违反凡尔赛限制军备条约的巧思：“敌人限德之军舰吨数，而德人以同样吨数增加火力之袖珍舰报之；条约上不许德人设备飞机，而德人则想出先制材料，临时拼合之法以报之；他人夺其煤田，德人则发明煤质液化之法以报之。”纳粹德国之从欧战后的屈辱之中站起来，进而展开对外侵略的过程，在君劢国家民族至上的情绪里，似乎无意识地淡化了它侵略的印象，而成为民族复兴的好榜样：“日人之谋吾国，犹之拿破仑之气吞全德，非有德人一八一三年之解放战争，与一八七〇年之大胜，乃至世界大战后一九三三年废《凡尔赛和约》之宣告，则吾国之生存能力将不复为世所承认，而吾国之独立平等，将末由取得。诚以国家地位，除以战胜取得之外，无他法焉。此之谓民族之志气，民族之抱负。呜呼！为今日之中国人者，除此志气除此抱负外，尚何第二事之可言乎？”

然而，颇为讽刺的是，作为一个中国的菲希特在实际上是一种不可能。一九三三年，君劢在燕京大学发表《一二八淞沪之战》的演讲，报告十九路军英勇抗战的纪实以及上海之行的感想，被迫去职。君劢于是专心从事组党和著述的工作。同年四月，中国国家社会党在天津举行第一次全国代表大会。除通过政纲、党章外，并选举君劢、张东荪、胡石青等十一人为中央总务委员，君劢并兼任总秘书。

事实上，君劢的国家主义除了是源于一种实际的要求以外，还有它哲学上唯心论的基础。他服膺黑格尔所谓的：“国家者，乃普遍意志与全体意志之合一体，个人惟在此普遍意志中乃能发挥其自由。”根据他的看法，个人的自由完全建立在国家强盛的基础上：“个人自由，惟在民族大自由中，乃得保护乃能养成；民族之大自由若失，则各个人之自由亦无所附丽。”在这种推论之下，个人自由之所以能被充分地认可，完全是在国家达到富强的条件以后。换句话说，如果国家或团体尚未臻于巩固强盛，个人之必须牺牲一己以培养或成就大团体是一种自明之理。然而，君劢对国家团体的认同并非是以个人自由作为代价。值得注意的是，他认为个人自由的发展是国家强盛、巩固的基础。他强调在君主专制的政体之下，国民之所以纳税、当兵与守法均由于法令的威力，所养成的是大多数奴颜婢膝的国民。他痛言国人在两千年来的君主政体之下，立身行己与处世待人的原则均是在政府与父母的命令之下，而不自觉其本身应有的责任。这种命令式的政治、命令式的道德，根据他的看法，是中国之所以衰弱的根本病根。他强调当中国民族面临生死存亡的关头时，必须推求既亡失败的理由，以确定今后自处之道；必须比较各民族在历史上的短长得失，以分辨今后行动的方向。在《明日之中国文化》一书里，他表示就中国、印度、欧洲民族三、四千年的比较历史而言，我们可以获得一个结论：“以精神自由为基础之民族文化，乃吾民族今后政治、学术、艺术之方向之总原则也。”他指出这个原则的建立，是“鉴于今日吾族之劣败与欧洲之胜利而知之；鉴于吾族思想上之束缚驰骤与欧洲学术上之辉煌腾达而知之；鉴于印度喀斯德（Caste）、吾国家族主义之流弊与欧洲独立自尊之人格之养成而知之；鉴于国人之自扫门前雪与欧人之各为其己而不忘国家之急难而知之。诚举国上下识之真而持之以定，循此方针以养成四万万独立人格为祈向。其终也，人人以诚恳真挚之心，形诸一己之立身；形诸待人接物；形诸团体生活；形诸思想与政治；形诸国际之角逐，何患吾族文化之不能自脱于沈疴而臻于康强逢吉乎”。

从精神的自由这种观点来看个人的自由，则个人与社会或个人与国家，这两个在西方思想里原本是难以均衡与协调的观念，在君劢的思想里不但不构成矛盾，而且成为两个互相补足的因子；精神的自由，在这种概念架构下，毋宁是意味着个人能力充分地释放："精神之自由，有表现于政治者、有表现于道德者、有表现于学术者、有表现于艺术宗教者。各个人发挥其精神之自由，因而形成其政治、道德、法律、艺术。在个人为自由之发展，在全体为民族文化之成绩。个人精神上之自由，各本其自觉自动之知能，以求在学术上、政治上、艺术上有所表现。而此精神自由之表现，在日积月累之中，以形成政治、道德、法律，以维持其民族之生存。故因个人自由之发展，而民族之生存得以巩固。"如果我们可以说君劢所拥赞的，已不只是自由主义的理想而且是它的精神，主要是因为在精神的自由这种概念架构之下，他看不出在个人的自由与国家的强盛之间有任何实质上的矛盾存在；对于他而言，它们所代表的毋宁是一体的两面，而且个人的自由还是国家强盛的保证。

一九三三年五月，《塘沽协议》签订。二十三年三月，溥仪称帝。二十四年十一月，殷汝耕在日本卵翼之下，成立"冀东自治政府"。日本的侵略行为有增无已，全国反日的气氛随之日渐激昂。中国国家社会党在上海所举行的第二次全国代表大会，除了选举君劢连任中央总务委员兼总秘书外，并发表宣言，主张立即抗日。然而，君劢之主张抗日，绝非是情绪性的，而是基于他对中日之战终究不可避免的体认。他忧虑当时洋溢于国中的主战言论泰半是情绪性的："大抵愤敌人之凌侮，乃不惜拼一切以争之。至于准备之详细计划，鲜闻有人道之者。"他援引孔子所说的："暴虎冯河，死而无悔者，吾不与焉。必也临事而惧，好谋而成。"为了让国人"稍窥现代战争之内容，更望其本孔氏'好谋而成'之意，将政治、军事、财政、经济、技术五方面，振作一番，庶几开战之后，支持日久，可以一雪耻辱，而确保吾族之生命"，他甚至动手翻译德国欧战英雄鲁屯道夫（Erich Ludendorff）的《全民族战争论》（*Der*

Totale Krieg, 1935）。

《全民族战争论》出版于一九三七年一月，不过半年，“七七事变”发生，中日战争终于全面展开。

2. 立国之道

“七七事变”以后，国民政府邀请各界代表分批举行“庐山谈话会”，以团结全国力量从事抗战。君劢在赴北平商讨党务以后，溯江而上，转往庐山，参加第一批的谈话会。会中，他以参与民国建立者之一的身份，表明拥护政府抗战的决心，并表示如果政府提出宪法问题，他愿意对宪法的制定贡献意见。会后，君劢仍然留在山上避暑，不想时局变化极速，七月二十八日，北平弃守；三十日，天津陷落。当君劢忧虑局势的恶化，下庐山准备自九江搭江轮返上海与家人团聚的那一天——八月十三日，日军开辟了第二战场，对上海展开了攻击。由于江阴要塞已遭封锁，君劢只得先行设法抵达已遭日机空袭的南京。然而京沪间的陆路交通在这个时候也已经在日机严重的威胁下，君劢只得暂留南京。此后，由南京、武汉而重庆，君劢随着国民政府西移，战火残酷地隔绝了他与妻儿之间的悬念。一直到三年以后——一九四〇年，他的夫人带着五个孩子由上海飞到云南，一家方得庆团圆。

就某个意义而言，抗战为中国带来了空前的团结。七七事变以后，国民政府成立了“国防参议会”，以汪精卫为主席，包括有党外人士与社会贤达共十五人。然而，由于人数太少，不足以包容广泛的意见；加以职权太小，仅能听取报告略提质问，颇不符合实际的需要。于是，在南京撤守，国民政府迁往汉口以后，为顺应各界对扩大职权、增加人数的要求，而有由一百八十人组成的“国民参政会”的成立。“国民参政会”成立的意义除了是集思广益、团结全国力量以外，更重要的是国民政府在事实上容许其他政党的存在。关于这一层意义，一九三八年四月间，国民党与各事实上存在着的政党之间的交换信件有具体的说明。在国家社会党致国民党蒋总裁书里，君劢援引“万物并育而不相害，道并行而不相悖”的古训，并强调国家社会主义与三民主义在精神上并无二致。国民党蒋总裁的覆书，则强调保障言论、出版、结社、集会的自由，愿与各界人士“共相策勉”、“共赴国难”。

对于“兴趣徘徊于学问与政治之间”的君劢而言，战争在实际上是剥夺了他施展抱负的可能性。年逾五十，空有满腔热血，却无以效命沙场。政治上的参与，组织一个他所向往的战时联合内阁，又是一种事实上的不可能。更有甚者，战争所造成的颠沛流离，且根本地剥夺了平时的读书环境，没有参考书籍，没有稿约。除了每周出席“国民参政会”一、二次以外，君劢的生活起居顿然化约成静止状态。然而，也就是在这一段闲暇期间，君劢得以从容地把他二十年来所拥赞的国家主义的建国纲领，完成一个体系性的发挥；这便是《立国之道》一书的产生。

《立国之道》一书的完成，是在一九三八年五月至七月，在这三个月的期间内，君劢每天上午口述两、三个小时，而由冯今白笔录。除了出席“国民参政会”以外，即使在日机轰炸之下，工作仍然继续进行。严格说来，《立国之道》并非一部学术性的作品，而是一种建国方案的陈述。基本上，君劢希望以之作为全国讨论中国政治出路的一个共同基础或草案。他以为要解决当时中国政治、经济与文化的难题，必须基于两个基本原则。首先，是建立民族的自信心，有了自信方有生存的意志，而意志是奋斗的根源。其次，他强调民族本位的立场。他指出当时的若干论战——如民主或独裁；社会主义或资本主义；中国本位或西化——俱有国际思潮的背景。他表示如果国本不立，民族本位的立场丧失，则处于汹涌、分歧的国际潮流中，永无自立自强的一日。他强调我们必须对先进国的制度加以公平的观察，再斟酌自己的国情，自定去取或加以修正。根据上述两个原则，他提出三个建国的方案：(1) 修正的民主政治，(2) 国家社会主义的计划经济；(3) 发扬传统特点、吸收西方长处的文化政策。

一如我们在先前的讨论中所指出的，君劢虽然了解并认可自由主义的精神，他却毋宁是强调它之作为释放或培养国民的能力与公德心，因而达成国家富强目的的工具性价值。从这个背景出发，他对民主政治的认可亦不出于这种倾向。他回顾两百年来英、法、美三国的政治史，指出民主政治的现象是：国内安定，武力竞争的事变少；人民有法律的保障，能安居乐业；思想自由，学术发达；农、工、商高度发展，专制时代无法望其项背；虽经历多次大战与经济恐慌，均能安然稳渡。我们可以很清楚地发现，在上述的列举里，君劢所关切的与其说是民主政治对个人公民权的保障，毋宁说是民主政治对国家安定、富强所能提供的工具价值。在这种对国家安定、富强的追求之下，虽然君劢了解纳粹独裁政治具有在内政、外交上种种方便而迅速的好处，然而由于它所不能解决的继承问题，以及隐藏不同意见、推行武力政策直至崩溃前夕的特点，在君劢的观点下，纳粹独裁政治虽可能有一时的赫赫之功，实未能为国家求长治久安之计。值得注意的是，这种长治久安的要求同样是君劢眼中的传统民主政治所不能达成的。阁潮的迭起、党派的操纵、资本主义下的垄断与独占，俱是破坏政治安定的因素。于是，他提出他所谓的修正的民主政治。

君劢所提出的修正的民主政治共分为十一项总原则：

(1) 国家之特征，在乎统一的政府，应以举国一致之精神组织之。

(2) 国民代表会议由全体公民每若干万选出代表一名组织之。

凡党纲公开、行动公开、不受他国指挥之政党，一律参与选举。

(3) 中央行政院由国民代表会议选举行政员若干名组织之，各党领袖一律被选，俾成为举国一致之政府。

(4) 第一次国民代表会议议决五年以内之行政大纲，此大纲与宪法有同等效力，非行政院所能变更。

(5) 国民代表会议之主要职权，在乎监督预算、议订法律，不得行使西欧国中之所谓信任投票制以更迭内阁。预算为确立财政计划与其数字之方法，其通过与否，不生政府责任问题。

(6) 国民代表会议关于行政大纲之执行，得授政府以便宜行事之权。

(7) 行政院各部长除因财政上舞弊情形或明显违背法律外，不宜轻易令其去职。

(8) 行政大纲中每遇一年或告一段落之际，由国民代表会议或其他公民团体联合推举人员，检查其实施事项与所宣布者是否相符，若言行相去太远，得经国民代表会议议决后令其去职。

(9) 文官超然于党派之外，常任次长以下之官吏，不因部长之辞职而更动。

(10) 国民代表会议之议员，宜规定其中之若干成员须具有农工商技术或科学家资格。

(11) 关于行政及经济计划，除国民代表会议议定大纲外，其详细计划由专家议定。

在君劢的达尔文式的集体主义之下，政府之所以成立毋宁是为了国家而非为了个人。国家的特征既然在于统一的政府，安定与稳固的政府既然是为首要的目标，则阁潮产生的因素必须排除。于是，一方面，由各党派代表组成国民代表会议，再由国民代表会议推举包括各党领袖在内的代表组织行政院，在性质上它近于英国内阁与国会之间的关系，所不同的是，在这种制度下，行政院等于一个联合内阁。另一方面，由国民代表会议拟定五年的行政大纲交与行政院执行，国民代表会议对行政院仅有监督预算与议订法律的权力，而不得行使信任投票。在上述这两层的设计之下，阁潮的产生是一种实际上的不可能。根据君劢自己的解释，他所谓修正的民主政治的意义，在于将国家利益置于党派利益之上，并且提高行政权的重要性，而以国民代表会议的立法辅助之。很明显的，英、法在战时作为权宜之计的联合政府，却成为他所向往的理想政治制度："今后之中国，常在艰难困苦中，惟有仿照欧战中英之联立政府，法之神圣联合（Union Sacré），大家牺牲党见，以一心为国之精神组织政府。"他甚而进一步表示："窃以为今后中国之政党政治，决无甲、乙、丙各党轮流执政之可言。就国民党、民主社会党、青年党之政纲言之，俱有倾向于民主与社会改良之意；既无左派之绝对共产主义者，亦无右派之资本主义者，则就经济设施言之，自可协议一共同政纲。以云国防之巩固、农工商之发展、教育之普及与夫交通之扩充，尤为各党之所同意而无待烦言者。如此言之，此联合内阁之方式，行诸今后五年十年之内，则政府安定之效见，而庶政治可蒸蒸日上矣。"换句话说，君劢所谓的修正的民主政治，在企求一方面实行民主政治，一方面又谋求国家的安定。他认为对日抗战在政治上对国人有三点启示，"用简单的术语来说：一、即是举国一致；二、政府强固；三、人民自发自动。战时固应如是，平时亦应如是。老实说，这即是立国之道"。

在这种以国家或民族本位作为最高原则的立场之下，君劢在经济政策上之采取国家社会主义是非常自然的。他首先从实际的观点同时批评资本主义与社会主义。对于前者，他指出英国的工业革命历经百年的发展，对于落后的我国而言，在时间上是绝不许可的。而且在自由的资本主义社会里，私人的利益常与社会的利益相冲突。巴西商人之火焚咖啡，充分地证明了私人企业的生产常不符于实际的社会需要。而近百年来，每十年或十五年所产生的经济萧条的循环，更充分地证明私人企业无力长期维持经济的平衡。最重要的是，私人企业绝不愿意而且不可能从事我国所急需，而又缺乏基本原料、成本高昂的重工业。就我国而言，最缺乏的莫过于资本。“情形如此，犹不在生产上着想，而但求分配之平均；不明资本之重要，而但说资本主义之可恶；以此态度而谭经济建设，不啻缘木求鱼。”

就经济的观点而言，君劢指出他所谓的国家社会主义具有两层的意义：一为国家经营监督；一为求国家的生存，将公私经济立于国家计划之下，以造成我国的集合经济。其目的在求经济的独立以作为政治独立的基础。他强调我国绝没有西方式的资本家，在面对国际的压迫下，劳资双方必须合作，增加生产以造成民族工业。他认为今日的中国绝无重演社会革命的必要。而毋宁是将公私经济安顿在同一个总计划之下来发展。他所开引的经济建设原则是：

（1）为谋个人生活之安全，并改进其智能与境况计，确认私有财产。

（2）为社会谋公共幸福并发展民族经济与调剂私人经济计，确立公有财产。

（3）不论公有与私有，全国经济须在国家制定之统一计划下，由国家与私人分别担任而贯彻之。

（4）依国家计划，使私有财产渐趋于平均与普遍，俾得人人有产，而无贫富悬殊之象。

我们从前引的经建原则看来，他的灵感来源毋宁仍是模仿德国。尽管君劢一再强调纳粹党的正确译名应当是“民族社会党”，然而，在君劢的“国家社会党”与纳粹党之间的类似处却绝非是边缘性的。主持德国四年计划的葛林（Hermann Goering）所说的：“德国经济力之发展，已成一平坦大道，以此可达到四年计划之大目的，亦即是民族自由之独立”，以及“经济界应本自动精神而履行其责任，不仅注意盈亏方面之打算，更当注意政治上、社会上之要求。能如此，则不但物质方面有所成功，……即所谓经济应为国民服务云云，亦可成为事实”。这两段引文无一不可自然地出诸君劢之口。用君劢自己的话来说，“德国四年计划之总原则，即德国民族社会党所谓经济为民族而存在，而非民族为经济而存在”。尽管君劢抨击希特勒的专政以及扩张政策，然而，至少在国家民族本位这一点上，观点是完全一致的。

在《立国之道》一书中，最值得注意的是“文化政策”，它充分地表现了君劢的政治哲学。基本上，君劢的政治哲学是建立在传统儒家的思想模式之上。这种思想模式是“从文化和思想着手的处理方式”（cultural–intellectualistic approach），因而，他表示：“我人以为今后要改造中国政治、经济，其下手处应先从人生态度着手，或曰人生观应彻底改造。由此生活态度之改造中，乃生我们所要之新文化。有此新文化，不怕无新政治制度与新经济建设。此新政治制度与新经济建设，若无新人生观或新文化为衬托，恐怕便成为无本之木、无源之水。”传统儒家这种“从文化和思想着手的处理方式”的思想模式的逻辑结果，是强调道德的重要性以及秀异分子对民众的表率作用。对于君劢而言，这种传统儒家的信念，在西方的行动主义的唯心论得到了旁证。因此，当他讨论到国民守法习惯的养成时，他强调政府必须以身作则。他援引“草上之风必偃”的儒家信念，说明如果政府——“风”——能以身作则，人民——“草”——是无法抵抗的。政府的作为对人民既然有如此重大的表率作用，则“政府人员之黜陟，关系很大。用巧滑者，则天下风气趋于巧滑；能用负责者，则天下风气趋于负责。浮躁者多，则天下风气趋于浮躁；厚重者多，则天下风气趋于厚重”。于是，他提出一个非常儒家式的结论：“政府之知人善任，不仅影响事之好坏，且可以变更天下风气。”

这种对秀异分子表率作用的强调，很自然地使君劢将政治人物的品格与能力视为国家兴亡的决定因素。他指出新文化本身不足以救亡，必须有新政治的相辅而行。因为“一国之存亡，在乎政治家之深识远见，懂得世界潮流之趋向与夫本国人情风俗邪正之故，自可使国家由衰而盛，由亡而存”。在他这种倾向之下，致力统一德国的俾斯麦、奠立日本富强之基的明治，都成为使国家由衰弱而强盛的英雄。抱持着这种儒家基本信念的君劢，无可避免地必然讨论到领袖人物的养成，然而，他对领袖人物必备条件的要求毋宁是近乎尼采式的超人。除了道德是先决的条件以外，在体力或精力上，他要像拿破仑一样，“能不断的骑马而不疲倦，睡不择地、不择时。任何时皆可睡，任何时皆可醒，任何食品，他的胃部都能消化”。要像凯末尔（Mustapha Kemal Pasha）一样：“在著《新土耳其发展史》（*Die Neue Türkei*, 1928）时，其中有一段文章，已讲述了四十八小时，笔记者已换了几人，而他依然讲下去，毫无倦容。”在智慧上，他必须广博精深到足以融会贯通“古今中外”，明了世界上的各种制度与思潮，“然后始可指出一个方向，率领全国不同的派别向同一目的进行”。

事实上，君劢这种传统儒家的基本信念，已经是在旧有的基础上加入了西方的动力色彩。这不但表现于他对理想领袖人物的描绘上，而且更加充分地表现在他对国民教育的原则与目标的论述中。尽管他运用传统儒家“牧民观念”下的“爱”、“养”、“教”三个字，作为教育民众的三个原则，他事实上却远离了传统由上而下输送的单向政治行为。他所期望于民众的不仅是服从，更重要的还是自动参与政治的精神。他强调如果国人希望西方的新制度成功地在中国生根发芽，则必须在旧有的生活习惯上痛下改革的功夫：“由明哲保身变为杀身成仁；由勇于私斗变为勇于公战；由巧于趋避变为见义勇为；由退而后言变为面责廷诤；由恩怨之私变为是非之公；由通融办理变为严守法令。”君劢对多党制度的不满，对英、法战时内阁的称誉，对战时举国一致的合作态度推广运用到平时的拥赞，都必须放在这种政治哲学的背景下来观察。在他这种政治哲学之下，“上层要有道德、有智识的政治家；下层要有自动、自发、自己辨别、自己判断的民众，上下能同心协力的工作”。在带有浓厚行动主义的唯心论色彩的传统儒家秀异统治主义之下，他淋漓尽致地表现了他那种秀异分子鞠躬尽瘁于上，自由解放的国民如众星拱月一般勤奋不懈于下，上下和谐的政治哲学。

一九三八年十月二十五日武汉撤守，《再生》移至重庆出版。十二月十日，君劢在《再生》上发表一封致毛泽东的公开信，劝其以国家为至上，勿汲汲于一党一派之利益，务必撤销军队、特区，并放弃马克思主义，服从蒋委员长的领导。他指出现代国家的特征是统一，尤其是军事权的统一。军队应隶属于国家，绝不可使军队与特殊主义发生联系；同时，一国内必须只有一种法律、一种行政系统，方能成为一个现代国家。他特别强调在对外民族战争之际，各界人士的思想应以救民族、救国家为出发点，促进全国之团结，利于抗战之持久。这种基于国家民族本位的政治哲学，不但表现在这封“与人为善”的规过信里，而且具体地表现于他所创办的“民族文化书院”，时为二十八年冬天。“民族文化书院”的董事长为陈布雷，董事有张群、朱家骅、张公权等人，君劢则为校长。计分为经学（附子学）、史学、社会科学、哲学四个系。名为书院，实则等于今日的研究所。比较特别的是，除了知识的追求以外，君劢希望重振传统书院制度下的人格与生活教育。简言之，其宗旨是在调和、平均发展中、西各偏重德性与知识的传统。

3. 宪法起草

一九四五年一月，君劢出席在美国弗吉尼亚州（Virginia）举行的太平洋学会。会后，旋又代表我国出席四月至六月，由世界五十一国代表在旧金山举行的联合国制宪大会。十二月，君劢由美赴英，在伦敦考察工党政绩，并曾与著名史学家汤恩比（Arnold Toynbee）晤谈。次年一月九日，君劢在法国得政府电，谓“政治协商会议”即将召开，促其即刻返国。于是，十一日自法启程返国，十七日抵重庆，时会议已进行七天。君劢在协商会议中的工作，最重要的就是宪法起草。

事实上，一如君劢自己所说，他自青年时代即有志于制宪的事业。在留学日本时，他已熟读威尔逊（Woodrow Wilson）的《国家论》（*The State*, 1889）、蒲徕士（James Bryce）的《美国共和政治》（*The American Commonwealth*, 1888）、洛克（John Locke）的《政府论》（*The Treatises on Government*, 1690）、穆勒的《代议政治论》，以及安森（Sir William Anson）的《英国宪法及其惯例》（*Law and Custom of the Constitution*）等书籍。民国初年，国会或私人团体讨论或拟订宪草之际，他亦喜与之往还，提供意见。《国宪议》一书，即为一九二二年，他参与上海八团体国是会议所草宪法的说明。此外，每当外国新宪制成，他必定先求目睹，甚至亲为译介。例如他在《改造》上所翻译的“魏玛宪法”。至一九四六年初，“政治协商会议”召开，他很自然地参加“宪草审议委员会”，从事修订“五五宪草”的工作，为他所向往的宪政制度继续献力。

参与“宪草审议委员会”的人士，除了君劢以外，有孙科、王宠惠、吴铁城、王世杰、曾琦、陈启天等十余人。他们在协商会议期间拟就了十二点原则，作为修改“五五宪草”的依据。其中，大多数是出于君劢的建议。会议结束以后，君劢即赴上海与北平视察国家社会党党务，于二月底返回重庆。这时，他觉得十二点原则就像十二条丝，而宪法像一块刺绣；这十二条丝如果不结在一起，绝不足以名为宪法的文件。于是，他便着手起草宪法。当二月底，宪草审议会召开时，他向主席孙科表示他自己已经拟好一个宪草，愿意提供作为参考。孙科立刻将之转交给秘书长雷震，第二天上午迅速地印发给审议会各委员。于是，君劢不期然成为现行宪法的最初撰稿人。

一九四六年四月底，政府迁回南京，审议会结束，委员星散。六月，君劢回到上海。八月，吴铁城电告：宪草将交付即将召开的制宪国民大会。七、八月间，君劢假上海八仙桥青年会举行数十次的讲演来宣传这部宪草，一则为国民解释宪法的要义，一则希望使“全国人民了然于制宪之不易，群策群力于此次宪法之共同承认与其有效施行”。在心目中，他是以美国宪法尚未为各州批准前，为文或演讲以劝各州赞同的哈米尔顿以及麦迭生（James Madison）自期。值得注意的，即使在这个完成制宪大业的时期，他对个人与国家之间关系的了解，仍是不脱离达尔文式的集体主义的轨道。他指出唯有保障人权，政府的地位方能愈加巩固。更有趣的是，他甚至从两种类型的宪法及其暂时的国运作为立论的根据。他说：“我尝考世界宪法史：第一曰，以人民为基本之宪法，如英国数百年来逐渐演进之宪法，如美国独立后人民自动制成之宪法，即属此类；第二曰，圣君贤相之宪法，如德国于一八七〇年俾士麦制成之宪法，日本自明治维新后伊藤博文制成之日本帝国宪法，则属此第二类。我侪幼时闻俾士麦、伊藤博文之名，与梁任公著《意大利建国三杰传》中玛志尼（Giuseppe Mazzini）与加富洱之为人，则从而慕之，诚以此数人均为安邦定国之人物也。然自两次大战之结果观之，其为圣君贤相之宪法，经不起外战之试验，为狂风暴雨吹打以去矣。

其以人民为基本之宪法，则政府、人民镕成一片，遇敌国外患，人民不特无怨言，反而爱国之心尤加坚强，其政府关于和战大计因受人民监督，亦不至于犯绝大错误。独裁国家决难与之比拟。”这种比较本身并没有太多的根据作为基础，然而，充分地说明了君劢是从国家强盛的立场来拥赞人民的基本权利。

在这以前，君劢屡向朋友感慨地表示：“我从二十岁左右起，热心宪法问题，中间也从事过宪法草案，隔了四十年后，所从事的还是一部宪草。”在他对政党政治的企望里，宪法是将全国各党的政治活动纳入同一轨道的基础。他很切实地指出一国之内一定存在着思想不同、利害不同的人，将种种意见不同的人集合在一起讨论国事，而期望国事能平稳地进行，确是一件很困难的事。然而，一国之内有种种意见、利害各不相同的人存在既是一件不可避免的事实，则建立一条共同的轨道来规约每一个人，使得各党各派能够在异中求同，获得基本事项的一致同意（agreement on the fundamentals）就成为一种必要。换句话说，君劢一生的宪法志业，无非是在实现其政党政治的企望。

八月十五日，中国国家社会党与中国民主宪政党在上海通过两党合并，改名为中国民主社会党，并成立中央组织委员会，在全国代表大会召开前综理党务，君劢被选为主席。九月六日，在国际饭店招待记者，正式宣布中国民主社会党成立。该年年底，民社党决议与政府交换文件，并参加制宪国民大会。君劢本人虽决定不参加实际政治，然而，他建议政府先与各党人士制定施政方针。协商完成的施政方针共计十二条。一九四七年四月，由三党领袖蒋中正、张君劢、曾琦（代表中国青年党），以及社会贤达莫德惠、王云五在南京签订。

然而，君劢对政党政治的企望却注定又是一个幻影。一九四九年四月，君劢在黄疸病康复以后赴澳门，十月飞抵台北，除谒晤当时引退的蒋介石以外，并视察民社党台湾党务。十一月抵印度，从事讲学和著述的工作。一九五一年底，君劢离开印度，经东南亚各国，转经印度尼西亚、澳洲，再赴香港。次年四月，以美国友人之邀，君劢启程赴美。这是他第三次游美，然而，除了中国以外，这注定是他一生中住得最久的一个地方。

五、重访“学问国”：会通中西的尝试

在君劢晚期流亡美国的生活里，最为重要的是他从复兴儒学着手，进而尝试会通中西思想的努力。一如前节讨论中所指出，对君劢而言，传统中国的哲学与其说是一种纯粹的思想体系，毋宁说是一种落实在人生层面，而作为我们身体力行、安心立命的准则。从这个背景出发，我们可以很容易地了解君劢之致力于复兴儒学，何以绝不是一种文化保守主义的表现，而毋宁是在“从文化和思想着手”的思想模式之下，试图透过儒学的复兴，从根本上重振民族国家的丕基，再进而达到会通中西的最终目的。

君劢慨叹：“近百年来，国内学术思想凌驾一切而上之者，岂不曰西学东渐乎？始焉名之曰夷务、洋务，继则慕而效之，曰变法、曰维新、曰革命。及第一次大战以后，特别侧重于赛先生与德先生。迄于最近，则四万万人受治于共产主义一尊之下矣。吾人试将中国与亚洲各国互为比较，日本为中国文化系统中之一分子，何以彼能应付世界环境，知所斟酌去取。印度人至今存其衣冠，绝不

乐于服西方之服，其在思想上如泰戈尔、如甘地、如拉特克里希那（Sarvepalli Radhakrishna），且宣传其印度之人生观，向西方挑战。其为伊斯兰教国，虽受西方之欺凌，其读《可兰经》自若焉，守其礼俗自若焉。吾中国数千年来独立东亚，自命为礼义之邦，何以于近一世纪中对于其所固有之文物，视若不足爱惜，且弃之惟恐不尽？”他在百般思索不得其解的情况下，提出三种可能的理由。其中，最重要的是，他认为由于中国没有宗教的心理，对固有的文物制度缺乏固持的态度。他认为信奉印度、伊斯兰、犹太、基督各教的国家里，宗教是为其文化中的主要元素，上帝既被视为造物主、全知而万能，故心理上具有坚强的信心，不致以可有可无的态度对固有文物掉以轻心。即使是日本人，他们对固有的文物亦带有一种“神圣不可侵犯”的宗教心理。“日本人移此宗教信心以至于其国体与儒教，虽经珍珠港后之大战（败？），而天皇制度能仍其贯，不闻有人起而攘夺之者；其于儒教，且自夸其能存其真面目，不闻有打倒孔家店之论调。”反观我国，“佛教制度忽存忽毁，佛教造像，让西人斩首作为古玩出口。佛教经典，流传至于高丽、日本，乃天台宗与法相宗典籍忽而失传，转向高丽、日本取回，乃得物归原主”。然而，半个世纪以前的康有为固然可以希望将儒学建构成一个中国的宗教，二十世纪五〇年代的君劢则深知这是绝不可能的。西方宗教的全盘采借亦是不可能，于是，唯有发挥孔孟的传统，循理智的道路前进。

值得注意的是，对君劢而言，传统中国的哲学即是理学——宋学。在他一生所坚持的观点里，汉学与宋学是两种截然不同的学问。早在一九三七年，他就明白地表示：“汉学家所研究者为文字，为名物，谓为近代西方文字学、考古学可也；宋学家自心性之微处，以求人之所以行己立身，与夫治国平天下之道，其所研究有属于形上学，有属于心理，有属于伦理，简而言之，可称为哲学。”两者既为不同的学问，则冲突的产生应是一种实际的不可能。然而，君劢指出，由于汉学家与宋学家各自宣称他们是研究圣人之道的唯一途径，两种在性质上应是风马牛不相及的学问，却不可避免地发生了争执。他强调这种互相敌对的产生，是由于汉学侵入了宋学——哲学——的领域。

很明显的，君劢的态度是一反民国以来扬汉学、抑宋学的风气。对他而言，汉学家真是"碎义逃难"、"饾饤支离"。他指责汉学家率以注疏者的身分来探讨经典，未能建构出一种哲学的系统，以作为人生的指导原则。他们只是不断地搜集事实、名物，犹如学术的"面包屑"。他们穷心力于经典的披索，置史书于一旁，从未曾想到以他们的知识来推动当代的改革。在专注于字形、语辞与名物的追求中，他们无能对宇宙具有任何富想象力与原创性的观点。他说："至多，他们只是技艺匠，而非艺术家。"与之相反的，他盛赞理学家的贡献。他指出：理学家是随时准备着殉难，因此，文天祥能不屈于蒙古人而死，明朝覆亡时，许许多多的理学家能为明室而牺牲。而即使是那些没有殉国的人士，也都努力地保全了他们对明室的忠诚，或奋力抗清，或终生不事清廷。而有幸生于较为承平时代的王守仁和曾国藩，更是充分地表现了理学家的真精神。前者敢于忤逆权宦刘瑾，力能敉平宸濠之乱；后者则在清季不屈不挠地平定了太平天国之乱，两人是为理学家里成功的政治家。总而言之。君劢指出："不论成败，理学家真诚地固守着他们的信念。在私人的研究里，在公务上，在国难时，在政权摧摇之际，他们一直是勇往直前的。"他反击民国以来对理学家的轻蔑与抨击，他强调："明末顾亭林（炎武）氏与颜习斋（元）氏所以批评理学者，不外下列四点：(1) 心性空谭；(2) 主静；(3) 但知书本；(4) 无补于救亡。顾氏之语，近年引之者多矣，无待重复，吾以为一国之学术，有虚实、体用、精粗、养心与实用之分，不可一概而论。孔子、孟子之书，何尝非空论，然所以定吾国人心者，其效用何如？柏拉图与亚历斯大德之书何异于孔孟。欧洲文化实以此为滥觞。阳明学说在吾国明末流为狂禅，传至日本造成明治维新之业，此视其所以用之者何如耳。学问之属于心性者曰宗教、曰哲学、曰伦理，此虽为空、为虚，而与实际生活互有关系。其他实科之学，如天文、地理、生物、化学、物理与农、工、商技术，此自为实际生活所必需。理论为实际之基础，实际为理论之应用，二者同时有用，不可但知其一不知其二也。”君劢感慨于王学在中国被目为招致明朝灭亡的祸因，在日本，王学却直接间接成为促成仁人志士杀身成仁，建国济民经纶产生的基础。受到他德国经验中行动主义的唯心论的影响，他期望回输日本阳明学派活泼而富于实行的精神，戒除言而不行的弊病，从纯朴的心地上，以旺盛的求知欲、明辨是非善恶的良心，改造风气，并作为我国振衰救弊的基础。

君劢同时并提出整理传统文化的方针。在宗教上，必须彻底革除颓废的宗教。佛教的子孙庙、酒肉和尚和道士、庙产私有、佛事中打牌饮酒的恶习、佛道两教人士缺乏教育的情况，均应一一彻底改革。各庙寺应置于一个组织之下来管理，僧人与道士并须接受十年的训练，规定应读的经典，应具备的知识，并通晓世界各种宗教的情况。很明显的，君劢希望庙寺应在学术的基础上成为一个真信仰的中心。因而，他强调：“孔庙中但悬孔子一人之像，道观中但悬老子一人之像，佛庙中但悬释迦一人之像，实无济于事。各宗派应发挥其精义，以期真信仰、真信心之确立。”在学术上，君劢指出：我国自汉以来专注于书本，而不知自然界为人类知识之根源。宋明儒者虽长于思考，然而对于逻辑、分析与自然界的各种关系，实远不及西方。君劢呼吁此后我们应开阔胸襟，采人之长，补己之短，同时不要昧于他人之短，勿忘自己所长。总之，学术的发展，由分而合，由合而分，大道并行，万物并育。我们必须扩大识见、容纳众流，用分析的方法，审慎地去除芜滥；采综合的方法，以求会通之处，合中外古今于一炉而冶之。在道德上，以诚为根源，诚由真心而来，可以质天地对鬼神，不愧屋漏。修身方面，必须有匹夫不可夺志的气概，养成独立自尊的人格。齐家方面，严格实行一夫一妻制。待人处世以信，宁笨拙，勿巧滑，勿谄媚，勿退后而毁谤他人。服务国家，必须忠于职守，勿钻营奔走，勿朝秦暮楚。在政治上，负有政治领导责任的人，应知治国安民为政府的唯一职务。勿以权力为念，勿以权谋术数相尚，力遵道揆法守，以为治人之途径。“庶几人民与之俱化，风俗趋于纯厚”。在整个讨论中，固然君劢仍是运用传统儒家的德目作为纲领，而且，固然在基本上他是信守着儒家的信念，然而，我们可以看出他是在新的时代之下，以新的观点来诠释旧有的观念。当他谈到传统中国哲学的沿承性时，他说：“在中国，传统之被小心地保存着是一件人所共知的事。然而这并不意味着说这个传统未经过任何改变。自孔子卒后，许多新的观念和新的学派产生——即使它们仍是在儒家的传统里。五经依然，而许多新的注疏却从崭新的观点来诠释它们。新的名词被铸造出来，旧的名词获得了新的意义。”君劢称这种哲学发展是采取“旧酒新瓶”的方式。就某种意义而言，他本人就活生生地表现了这种“旧酒新瓶”的传统。

君劢深信中国今日所面临的挑战是如何从内部改革，这牵涉到一个极为重要的问题，即中国是应该完全放弃她的传统，或者是应该依据选择性的判断，留下好的而抛弃不必要的。根据他的看法，中国的哲学思想具有下列三种特质：(1) 予知识与道德以同等的地位，不若西方人之给予知识以最高的地位，以致知识的研究本身成为一种目的；(2) 遵循着通过时间考验了的传统，保留了一种沿承的意识（sense of continuity），他强调这对社会有稳定的作用。不像西方哲学家似乎乐于互相挑战。因而，西方哲学固然富于竞争性，

美国旧金山讲义理学

1956 年哈佛图书馆前

与其弟公权 1956 年左右摄

1967 年与李璜夫妇摄于卜克利城住所前

却缺乏那种唯有经由集体努力方能得到和谐性；(3) 在中国的思想里，“圆通”的地位要高于原创性。君劢援引：“万物并育而不相害，道并行而不相悖。”强调对立的观点可以共存，而逐渐成为一个和谐的整体。很明显的，就集体、和谐这两个观念而言，它们不但构成了君劢政治哲学的基础，而且也是他的学术王国的理想目标。

然而，君劢并不单纯地将复兴儒学作为一种目的。他的终极目标是在中国哲学复兴以后，能贡献出她在两千多年传统中所传承下来的优点，这加上西方思想的原创性与方法学的长处，将可以在崭新而深刻的基础上达成会通中西的目的。他满怀希望地宣称：“以吾国儒家哲学思想为本位，刷新条理。更采西方哲学中可以与儒家相通者，互为比较，互为衡量，互为引证。或者儒家之说得西方学者之助，更加明朗清晰；而西方哲学家言，因其移植吾国，更得以发展滋长。盖惟有采西方学说之长，而后吾国学说方能达于方法谨严、意义明确、分析精到、合于现代生活。亦惟有以吾国儒家哲学为本位，而后本大道并行、万物并育之旨，可以集合众家之说，以汇为一大洪流，兼可以发挥吾国慎思明辨而加上笃行之长。”

君劢深信会通中西是可能的。他强调东西哲学只是就地理上的分布所做的二分法，二者的疆界实不易划分。他认为就思想方法与内容而言，东西哲学颇多彼此共通之处。其中，尤以中国与西方哲学的对比为然。他表示中国虽然位于亚洲，然而思想方法毋宁是近于西方而远于东方。他的理由是，中国不像其他东方国家如印度、阿拉伯与犹太等，是宗教的创始国。而与希腊人一样，中国人着重于人类世界的研究，尤特重于人伦与道德的问题。他说：“试将中国思想与近代欧洲哲学互相比较，可发见彼此共同之点。读周濂溪（敦颐）、邵康节（雍）、张横渠（载）之文，不能不令人想象笛卡尔、兰勃尼孳（Gottfried Wilhelm Leibniz）与斯宾诺撒（Benedict de Spinoza），以此六人同为形上学体系之建立者，且属于理性主义派故也。宋代哲学发展之中，其中一派着重于致知格物为下手之方，彼等以为所谓心者非自足乎己，而有待于外来之知识以增益之。其他一派以为人心为良知良能之本，能别善恶明是非。格物致知派类于欧洲经验派所持之人心如白纸说；其主张‘心即理’者，类于欧洲理性主义者之天赋观念说。”对君劢而言，儒家——特别是孟子——与希腊——特别是柏拉图——思想之间的类似处是特别明显的。他指出：“孟子哲学之体系，依西方学者之分派言之，可名曰唯心主义者，与希腊之柏拉图最相类似。柏氏之师苏格拉底，为雅典青年辨析名义，被判罪为惑乱人心，至于服毒而死。柏氏追求苏氏思想于各篇对话之中，所以记苏氏之言行。此与孟氏以身殉道之旨相符合者一。柏氏自身历访雅典以外之各邦之主，希冀得君行道，被雪拉纠司（Syracuse）之暴君所囚，且鬻之为奴。柏氏得友人援手，退归雅典，创办学院以终其身。此与孟子‘用之则行，舍之则藏’之旨相符合者二。雅典当时诡辩学派盛行，认为所谓是非云云，依人为尺度，即是依人意之便利之别名。柏氏以苏氏与雅典青年辩论勇气、克治、友谊、智识诸德性，谓此诸德自有其正确意义，非人所能信口雌黄。此与孟子辟邪说之旨相符合者三。柏氏《菲度》（Phaedo）、《菲特罗司》（Phaedrus）各篇力言‘思’之重要与物欲之戒，此与孟子大体、小体之旨相符合者四。柏氏分智识为四层，理性为最高层，理智为第二层，意见为第三层，官觉所触者为最下层。其以理性为最高层，与孟子所谓仁义礼智之性，或简言之，曰义理之旨相符合者五。柏氏以为通真理之哲人，方能为统治者，因而自铸一名词曰圣哲王者（philosopher–king）。孟子径以尧舜之专名为其理想的王者。此与孟子相符合者六。此六项就其大体之相同言之，故谓柏氏与孟子为同一类型之人物也。”君劢甚至撰写《东西比较哲学——孟子与柏拉图》，试图进一步地分析与比较。然而这项会通中西的尝试，却注定成为他未完成的遗稿，一九六九年二月二十三日，他以胃疾病逝于旧金山柏克莱（Berkeley）康凡勒生疗养院，享年八十四岁。

六、结论

我们回顾君劢一生的思想，最为显著的特征之一，是他一生思想高度的一致性。在他的思想里，我们很少发现某些明显的修正或放弃——如果还有这种现象存在的话。构成他思想基调的几个基本概念，多是形成于早年，圆融于成年之后，而一直信守至晚年。其中，最为显著的是他对自由主义所具有的特殊的认识。这种特殊的认识，用本文的探讨中所一再运用的术语而言，便是他那种从达尔文式的集体主义来诠释自由主义的倾向。事实上，一如十年来许多对严复、梁启超和五四运动所做的研究所显示的，这种倾向对近代中国而言毋宁是具有它的代表性。我们甚至可以说，梁启超的“新民说”对这种倾向提供了一个经典式的发挥。有如傅乐诗所指出的：“五四时代激进分子所拥赞的民主的观念，是否远超过梁启超在他的‘新民说’中所描绘的范围是很可以质疑的。对梁启超而言，民主制度之作为一种个人与社会关系的新理想，是多于作为一组政治的形式。与他类似的，大多数五四时代的狂热分子也是从把个人自习俗的钳制中解放出来，而集体的参与建国工作的角度来理解它。”毫无疑问的，自由主义之作为一种道德的目的，作为一种社会以及政治制度的表现，确是君劢所能深刻了解而认可的。然而，在他那种国家至上的倾向之下，自由主义毋宁由于是作为释放或培养国民的能力、责任感与公德心的唯一管道，而成为达成国家富强目的的手段。

与这种特殊的自由主义观念息息相关的，是君劢那种众星拱月式的政治哲学。一如我们在讨论中所指出的，基本上，君劢的政治哲学是建立在传统儒家的思想模式之上。因而，在他的政治哲学里，除了自由主义是作为释放或培养一般国民的能力或责任感的媒介以外，几乎是一套为秀异分子而建构的“君王论”（The Prince）。所不同的是，它已不再只是传统儒家的秀异统治主义。尽管他仍然运用传统儒家“牧民观念”下的“爱”、“养”、“教”三个字，作为教育民众的三个原则，他实际上是期望透过自由主义的酵母作用，造成以“自动、自发、自己辨别、自己判断”的精神参与政治的国民。这在根本上是修正了传统由上而下的单向政治行为。在另一方面，尽管他那种传统儒家“从文化和思想着手”的倾向，他心目中的理想秀异分子已不再只是一个道德的象征。除了道德这个必要条件以外，他必须具备超人式的精力和学识，以及先知或大宗师式（Charismatic）的感召力。我们可以说，君劢的传统儒家秀异统治主义，在实质上是渗入了浓厚的行动主义的唯心论的色彩。在这种旧名词新诠释的方式之下，他建构出一种有道德、有知识的秀异分子鞠躬尽瘁于上，而自由解放的国民如众星拱月一般勤奋不懈于下，上下和谐不已的政治哲学。

然而，尽管如此，我们绝不能视君劢为一个儒家或传统型的保守主义者。单单是他的政治哲学就已经充分地显示了他是从崭新的意义下，来重新诠释或选择传统儒家的信念。就某种意义而言，他对西方了解的程度，足以使他从西方的某一支思潮回顾、印证到传统的信念，然后再反击另一支被中国知识分子狂热拥赞的西方思潮。对于这个论点，“人生观论战”可以说是提供了一个最佳的例证。我们从他之屡屡征引博格森、倭伊铿、杜里舒等人的论点，以支持他那些颇为传统或保守的观点看来，与其说他是传统理学的拥赞者，毋宁说他已成为一八九〇年代以后，西方反实证主义、机械主义思潮的一部分。这种意识形态的蜕变并不仅仅发生在君劢身上，事实上，它是一个普遍存在于现代中国保守主义者身上的现象。一如傅乐诗所指出的："五四时代的保守主义者与启蒙时代后期世界其他地区的保守思潮的共通点，是多于他们与儒家传统主义之间的共通点。"换句话说，五四前后的保守主义者已不再是传统儒家的保守主义者，而毋宁是现代保守思潮的一部分。

然而，值得注意的是，君劢与现代中国的保守主义者之间的相异点，可能要多于他们之间的相同点。虽然他曾被丁文江嘲弄为"玄学鬼"，他却从不像梁漱溟、辜鸿铭、熊十力、冯友兰等人，以形上学的形式来建构他的理论。就这一个意义而言，他毋宁是接近于强调落实与实践的传统理学家。印度诗人泰戈尔（Rabindranath Tagore）访华的经验，充分地说明了他这一个特点。一九二四年，泰戈尔应"讲学社"之邀访华，期间，洗尘与饯行宴均由君劢以主人的身分，在他上海寓所的大花园里举行。虽然二者的理想俱是在透过本国哲学传统的复兴，来促进东西的了解。有趣的是，君劢在泰戈尔的巡回演讲中，对后者那种复兴东方精神文明的观念竟是只字不提。即使在饯行宴上，他仍然是很平淡地提及泰戈尔的理想。取代的是，他亟切地希望泰戈尔指出中国的缺点是在什么地方。这种对泰戈尔的理想抱持着冷淡态度的现象，再度出现于他所著的《中国与甘地的印度》（*China and Gandhian India*, 1956）一书里。在全书里，他只有一个地方提到泰戈尔，而且只是提及他的访华，而不及于他所传布的观念。与之相反的，他用了两整章的篇幅，来讨论甘地（Mohandas Gandhi）充满着德性的私生活和政治生涯。上举的事实，充分地说明了君劢在基本上具有反对纯粹抽象理论的倾向。对他而言，一切理论必须落实在人生的层面上方始具有意义。他赞美颜元之能责备宋儒但知读书，是数千年来仅有的卓见，他说："自汉以来，学者潜心于书本，少向农工商方面下手于实际生活。吾国士大夫，倘今后不改此习，吾族必难于复兴。故少著书，而多动手，乃习斋（颜元）之特见，吾人不可不牢记其言。"泰戈尔之追求"美"与"爱"的东方精神文明，无疑是迥异于他这种讲求落实的人生态度。而甘地的道德与政治行为，才真正为他提供了一个行动主义者的画像。

虽然君劢时常表示："我自身兴趣，徘徊于学问与政治之间；政治不需要我，学问的兴趣足够消磨岁月。"实际上，他根本是一个政治上的行动主义者。当他解释朱熹之所以一再被贬，是因为作为一个中国人，他深觉有责任把他的哲学理论运用到实际的政治。实际上他也是以朱熹作为他的自我影像。他一生不治产业，一心一意奔走于政党政治、民主制度的建立。他一直期望："一国以内，要有多少人时刻把一国政治问题精心思索，权衡利害；仿佛剥竹笋一样，要剥到最后一层而后已。这种事惟有靠以政治为专门职业的人来做，然后方有正当的解决。党派尽管不同，阶级利害尽有分别，总得有少数人物把国内外的全部政治来彻底研究，仔细思索，然后以最好的方法为国家谋最大之利益。"的确，在他有生之年里，他一直试图找寻并创造扮演他的政治哲学里，以政治作为专门职业的秀异分子的角色。然而，虽然他一生致力于政治改革的工作，却可以说一生都在实际政治的外围，一直未能得到一展抱负的机会。他一直盼望做一个伟大的政治家，做一个传统中国最感缺乏的实行家。然而，在一般人们的心目中，他却仅为一个政论家和学者。

参考书目

蒋匀田：《张君劢先生一生大事记》，《传记文学》十四卷四期，一九六九年四月。

张君劢：《英军需大臣路德乔琦氏之军火与战争观》，《东方杂志》十三卷四期，一九一六年四月十日。

《俄罗斯苏维埃联邦共和国宪法全文》，《改造》一卷六期，一九一九年十一月十五日。

《德国革命论》，《改造》二卷三期，一九二〇年二月一日。

《德国新共和宪法评（上）》，《改造》二卷九期，一九二〇年五月一日。

《德国新共和宪法评（完）》，《改造》二卷十二期，一九二〇年六月十五日。

《中国之前途德国乎俄国乎》，《改造》二卷十四期，一九二〇年七月十五日。

《通讯》，《改造》三卷四期，一九二〇年十二月十五日。

《政治活动果足以救中国耶》，《改造》三卷六期，一九二一年二月十五日。

《国民政治品格之提高》，《改造》四卷二期，一九二一年十月十五日。

《悬拟之社会改造同志会意见书》，《改造》四卷三期，一九二一年十一月十五日。
《学术方法上之管见》，《改造》四卷五期，一九二二年一月十五日。
《记费司林民国内外金融谈》，《东方杂志》十三卷一期，一九一六年一月十日。
《孟子哲学》，《儒学在世界论文集》，东方人文学会，一九六九年三月。
《一封不寄信——责冯芝生》，《传记文学》十四卷四期，一九六九年四月。
《菲希德对德意志国民演讲》，商务，一九七〇年二月。
《明日之中国文化》，商务，一九七〇年二月。
《国宪议》，商务，一九七〇年二月。
《义理学十讲纲要》，商务，一九七〇年二月。
《比较中日阳明学》，商务，一九七〇年二月。
《学术思想自主引论》，《民主社会》六卷一期，一九七〇年二月。
《新儒家哲学之基本范畴》，《民主社会》六卷一期，一九七〇年二月。
《中国哲学中之理性与直觉》，《民主社会》六卷一期，一九七〇年二月。
《立国之道》，商务，一九七一年二月。
《史泰林治下之苏俄》，商务，一九七一年二月。
《“中华民国民主宪法”十讲》，商务，一九七一年二月。
《开国前后言论集》，正中，一九七一年十月。
《吾人处抗战时期中之态度》，《再生》一卷十一期，一九七一年十一月二十日。
《民族文化书院缘起》，《再生》二卷九期，一九七二年九月二十日。
《全民族战争论自序》，《再生》三卷六期，一九七三年六月二十日。
《人生观》，《科学与人生观之论战》，台北，一九七三年。

《再论人生观与科学并答丁在君》，《科学与人生观之论战》，台北，一九七三年。
《人生观之论战序》，《人生观之论战》，泰东，一九二三年。
《中国学术史上汉宋两派之长短得失》，《再生》四卷三期，一九七四年三月。
张若谷：《马相伯（良）先生年谱》，文海。
张公权：《我与家兄君劢》，《张君劢先生七十寿庆纪念论文集》，一九五六年一月。
张朋园：《梁启超与清季革命》，台北，一九六九年。
张玉法：《清季的立宪团体》，台北，一九七一年四月。
程文熙：《君劢先生之言行》，《张君劢先生七十寿庆纪念论文集》，一九五六年一月。
《张君劢先生年表长编》，《民主潮》二十卷十一期—二十一卷八期。
《张君劢先生年表简编初稿》，《再生》二卷二—三期。
《张君劢先生与苏俄》，《再生》二卷八、九期。
金侯城：《童年时代的张君劢先生》，《张君劢先生七十寿庆纪念论文集》。
冯自由：《革命逸史》，商务，《人人文库》，一九六九年三月。
徐复观：《中国知识分子精神之回向——寿张君劢先生》，《张君劢先生七十寿庆纪念论文集》，一九五六年一月。
胡适：《一年半的回顾》，《努力周报》七十五期，一九二三年十月二十一日。
《科学与人生观序》，《科学与人生观之论战》，台北，一九七三年。
李璜：《敬悼张君劢先生》，《传记文学》十四卷四期，一九六九年四月。
《学钝室回忆录》，台北，一九七三年。
梁启超：《欧游心影录节录》，《饮冰室合集》第五册。

梁漱溟：《东西文化及其哲学》，台北，一九六八年三月。
唐君毅：《经济意识与道德理性》，《张君劢先生七十寿庆纪念论文集》，一九五六年一月。
丁文江：《梁任公先生年谱长编初稿》，台北，一九七二年八月。
《玄学与科学》，《科学与人生观之论战》。
王尔敏：《晚清政治思想史论》，台北，一九六九年九月。
吴相湘：《张君劢老鹤万里心》，《民国百人传》第三册，台北，一九七一年一月十五日。
杨幼炯：《中国政党史》，商务，一九七四年十月。
《中国国家社会党宣言——我们所要说的话》，《再生》二卷八—十期，一九七二年八月—十月。
Boorman. Howard L., Howard, Richard C., *Biographical Dictionary of Republican China*（Columbia, 1967）.
Chang, Carsun, *The Third Force in China*（N.Y., 1952）.
——,*The Development of Neo–Confucian Thought*（N. Y., Vol.I, 1957; Vol. II, 1962）.
——, "Reflections on the Philosophical Controversy in 1923," *Chung–Chi Journal* Vol. III, No.1（Nov., 1963）.
Chang, Hao, *Liang Chi–ch'ao and Intellectual Transition in China*, 1890–1907（Harvard, 1971）.
Ch'en, Jorome, *Yuan Shih–k'ai, 1859–1916*（Stanford, 1972）.
Chow Tse–tsung, *The May Fourth Movement: Intellectual Revolution in Modern China*（Stanford, 1967）.
Furth, Charlotte,*Ting Wen–chiang: Science and China's New Culture*, (Harvard, 1970).
——, "*May Fourth in History*," in Benjamin Schwartz, ed., *Reflections on the May Fourth Movement: A Symposium*（Harvard, 1972）.

Hay, Stephen, *Asian Ideas of East and West*（Harvard. 1970）.

Hsüeh Chuün–tu, *Huang Hsing and the Chinese Revolution*（Stanford, 1961）.

Kwok, D.W.Y., *Scientism in Chinese Thought: 1900–1950*（Yale, 1965）.

Lin, Yü–shen, Radical Iconoclasm in the May Fourth Period and the Future of Chinese Liberalism, in Benjamin Schwartz, ed., *Reflections on the May Frurth Movement*：*A Symposium*（Harvard, 1972）.

Schiffrin, Harold Z., *Sun Ya–tsen and the Origins of Chinese Revolution*（University of California Press, 1970）.

Schwartz, Benjamin, *In Search of Wealth and Power: Yen Fu and the West*（Harvard, 1964）.

蒋中正

吴寄萍　著

目　录

一、家世与求学

蒋中正先生，原名瑞元，字介石，谱名周泰，学名志清。民国纪元前二十五年九月十五日（清光绪十三年丁亥，即公元一八八七年十月三十一日），在浙江省奉化县禽孝乡溪口镇诞生。溪口又名武岭，在绵延数十里的四明山之麓，山上挺峰飞瀑，苍松突石，巍峨壮丽，还有蜿蜒如带的剡溪，绕镇长流，竹筏篙声，风景幽美，堪称山川毓秀，人杰地灵。

溪口蒋氏世系，据历史的记载是这样的：周封周公的第三子伯龄于蒋（即河南省固始县蒋乡地方），他的子孙遂以国名为其姓氏，是为蒋氏之始，宋时有蒋砚，官至刑部尚书，号四勿居士（谓勿欺心、勿负心、勿求田、勿问舍），以宝章阁学士乞祠归，则又为徙居奉化之始，明末，蒋士杰迁徙溪口，那就是溪口蒋氏一支的始祖。

溪口蒋氏，历代都以务农的居多，到了蒋中正先生的祖父玉表公才开始经营商业，他待人诚恳，处世公道，在地方上建立了良好的声望和信誉，闾里间遇有纠纷，总是请他出来排解，往往把一场争执得很厉害的是是非非，化解得烟消云散，使地方充满了一片祥和之气。玉表公生活俭朴，经济上有盈余时，就用到地方公益事业上，像办学堂、修道路、施医茶、济人困危等各项义举，无不热心以赴。

蒋先生的父亲肃庵公名肇聪，少有大志，精明干练，有强烈的正义感。可是当他读书有成以后，适逢太平天国之乱，连年战祸，浙东一带竟作了战场，玉表公所经营的事业，都为兵燹所摧毁，到了洪秀全兵败以后，玉表公年事已高，目睹一片瓦砾，欲图复兴，已觉心余力绌，于是肃庵公就肩负起挽回家运仰事俯蓄的责任，继承玉表公的事业，维持家庭，服务乡里，而对子女的教育，更秉承节俭勤劳的家风，从生活上细微的小节来严格地教育和要求，深深地影响了蒋先生幼年时期的身心和生活。

蒋先生八岁的时候，祖父玉表公去世，九岁时，父亲肃庵公也相继与世长辞。原来美满的家庭，遭此大变，于是慈母而兼严父，保家教子的责任，完全落在蒋母王太夫人的身上。王太夫人是一位标准的贤母，时常督责他做洒扫庭院，拂拭桌椅的劳作。做过了便准时送他上学，出门时还检视他所携带的书包，不准他带玩具去学塾，下了课回家，也照例检查一次，以免他带了别人的东西回来。闲着便须学习家事，吃饭时也不准有半粒米饭落在桌上或留在碗内，饭后便要他亲自把碗筷洗涤干净，睡觉的时候，衣服要折得整整齐齐，对于身体的锻炼，卫生常识和社交礼节等，无不详加教导。因而养成其刻苦耐劳端庄严肃的生活习惯。所以王太夫人的母教对蒋先生一生的影响非常重大。

蒋先生六岁入学，第一位老师是任介眉先生，读了两年私塾，到了第三年便改入蒋谨藩的学塾继续求学，他虽然在学塾喜欢嬉戏，但他天资很高，功课成绩从未落在别人的后面，当他还是八岁的稚龄，已经开始读《大学》、《中庸》，这两部书是我国儒家的学术宝典。到了十三岁，才离开溪口，到嵊县葛溪溯源堂，从姚宗元读《尚书》和唐诗。那时和他同学的是王劳陀、王时荣、单维则……皆是誉髦之士，而以蒋先生为最年少，当时姚先生称他高明沉潜，刚柔相济，俊伟刚彦，非常人可比。

十四岁跟毛凤美先生读完《易经》，十五岁在竺景崧先生学馆读《左传》，并开始学策论。十六岁从毛思诚先生温习《左传》，阅读《纲鉴》，由此可知，蒋先生在幼年时期，已奠定深厚的国学基础，对于我国的传统文化和为人之道，也有了深刻的认识。

民国前九年，蒋先生十七岁，入奉化县凤麓学堂，习英文、算学、理化等学科接受新式教育。次年，转入宁波的箭金公学求学，从顾清廉先生。顾先生学问渊博，思想新颖，平日教诲学生不仅要努力求知，尤重变化气质。看到蒋先生器识不凡，认为是国家未来的栋梁人才，奖励备至。当时教蒋先生研究周秦诸子、《说文解字》、《曾文正公集》等书，又将孙中山先生初期革命故事及伦敦蒙难脱险经过讲述给蒋先生听。因此，蒋先生非常敬佩中山先生伟大的人格；而对英美各国尊重法治精神，也很向往。更感到满清政府的黑暗，急须改革，蒋先生在良师熏陶和期许之下，乃从此奠定了革命救国的大志。其后赴日学习陆军之志愿，亦发轫于此。

蒋先生二十岁，转入奉化龙津学校求学，肄业不到三个月，感于新思潮的激荡，国家民族的陵夷，决意东渡日本去学习军事。当时风气未开，亲属和戚旧多加以阻挠，蒋先生为表示决心，遂把发辫剪掉，托人寄回溪口家中，于是全溪口的人都认为，他居然把辫子都剪掉了，不是要成为革命党吗？王太夫人虽不忍孤子远离，但为完成他的壮志，便力排众议，筹集费用，送蒋先生东渡日本。

本年蒋先生赴日，原想进入日本士官学校学习军事，因未经中国陆军保送，不能入学，不得已，只好暂时入东京清华学校暂读。在留日期间，结识了革命先进陈英士先生，并广交在东京的革命志士，是为蒋先生参加革命运动之始。并在自己的照片上写着："腾腾杀气满全球，力不如人肯且休，光我神州完我责，东来志岂在封侯。"由此可知蒋先生的抱负，是不贯彻不止，不成功不止的。

陈英士先生对蒋先生印象极佳，在研究和讨论革命的问题时，两人的见解非常吻合，于是就成了很好的朋友，陈英士先生学识渊博，胆识超人，对于革命工作，非常热心，是蒋先生不可多得的一位朋友。这年冬天，蒋先生因妹妹出嫁，应王太夫人之召，乘船返国。

次年清廷为训练新军干部，特在河北保定设立“通国陆军速成学校”，派员到浙江招生，蒋先生为贯彻其从军志愿，决赴杭州应试，以为将来赴日学习军事的阶梯，招考录取名额规定浙江省为六十名，但报名的考生一千余名，同时在六十名额中，经武备学堂保送的已有四十余名，实际录取的名额不过十四名而已。蒋先生因为新旧学问皆有基础，体格也好，虽然事先无多准备，也能在一千多名中录取。这年夏天，蒋先生又辞别母亲和故乡，北上保定，这是他第一次到北方，沿途看到各都市若干的外国人作威作福，过着安乐游惰的生活，不禁感慨万千！益坚革命救国之志。

蒋先生二十一岁在保定陆军速成学校炮科肄业，某天上卫生学时，日本生理卫生教官将一立方寸之泥土置讲桌上，竟以微生虫的比喻，侮辱中国人，蒋先生闻之，愤不可遏，即至讲台上直接行动予以反击，使日本教官张皇不知所措，就立刻去告诉学校总办赵理泰，要求严办。赵也知道，这是日籍教官自己无理，不能怪中国学生听了生气，结果仅转知监督在表面上“训斥”了事。实际却是蒋先生为国家打了一次胜仗。那位日籍教官做梦也不曾想到，当时以大义相责使他过不去的这位青年，居然是后来对日本八千万人以德报怨的大恩人。

民国前四年蒋先生二十二岁，陆军部决定在保定军校日文班学生中，考选留日陆军学生。蒋先生因为不是日文班，所以无法参加考选，但却是他赴日留学陆军的唯一机会，他那里肯放过呢？因此就写了一封信给学校总办，说明自己曾经去过日本，并且也懂得日文，请求一体受试。也许是赵总办记起了这位就是那个“八分之一立方寸泥土故事”的主角，就准其一体受试。在考试前一日深夜，有人提灯传令，叫醒了他，他的睡眼在惺忪中一看批文，居然准其参加考试，真是喜出望外。第二天蒋先生跟着日文班的同学入场应试，各科成绩都非常之好，因而终于入选，达到了他日夕以求的“学万人敌”的愿望。

次年春天，蒋先生正式进入了东京的振武学校，在这里一住就是三年。三年当中，蒋先生除吸取新知和兵学思想以外，即全力奔走革命，虽然日本政府和清廷使馆，监视留学生活动甚严，蒋先生还是每逢假日，必聚集同盟会同志，举行秘密会议，并自办《武学杂志》，以为言论机关。当民国前三年孙中山先生到东京策画革命活动时，陈英士先生陪同晋见孙先生，孙先生甚为高兴，三人一直谈到深夜，蒋先生才告辞回去。蒋先生走后，孙先生对陈先生说：“此人是我党的健者，是革命的实行家。”

蒋先生在日本振武学校三年严格的军事训练中，不仅在军事学术方面，有了很高的成就，而且也锻炼了强健的体魄，对于军人服从的真谛，军人生死的道理，领悟得特别深刻，从内修到外铄，养成一种与众不同的风格。那时日本振武学校有一门功课不愿意教中国学生，就是“武士道”。所谓“武士道”就是一个做军人的武士，要有忠君殉国的精神。例如：日本天皇死了，乃木大将立刻剖腹自杀，来表明对明治天皇生死以随的效忠，这种剖腹自杀的壮烈行为，就是明辨生死的哲学修养的实践，而日本这种“武士道”却是中国阳明哲学里阐扬光大而成的一种精神。

日本人肯教中国学生军事学术，却不愿教给中国人以“死”的道理，日本人希望中国人怕死，希望中国人没有这种哲学修养，蒋先生体验到日本教官的用心，后来在东京看到一家书店有王阳明的书籍，就把王阳明的书买来，蒋先生不但从阳明哲学受益很大，而且进一步地了解到，做军人就要时时刻刻准备为国牺牲。没有这种牺牲的哲学修养，就不配当军人，蒋先生就是基于这种认识和修养来从事革命。在创办黄埔军校的时候，以“不怕死”作为黄埔精神的基础。

蒋先生从振武学校毕业后，被编到新泻县高田野战炮兵十三联队，入伍见习，先当二等兵，后来升了上等兵，又叫士官候补生。高田在日本的北海道，天气奇寒，每年冬天，总要下很深的雪，那时候大炮还是用马来牵引的，天还没有亮以前，就要起来洗马、溜马、喂马和打扫马厩等工作。入伍期间是一年，蒋先生就在这一年的艰苦锻炼中，养成了坚忍不拔的意志，活泼健壮的体格，刻苦耐劳的习惯，和任劳任怨的美德。辛亥年武昌起义，消息传到日本，蒋先生甚感兴奋，随即回国，直接参加了救国救民的革命工作。

二、学术思想

蒋中正先生的学术思想，本书为篇幅所限，不能详为阐扬。兹谨就哲学、科学、政治、经济、文化、教育、伦理、军事等类，述要于后：

1. 哲学思想

蒋先生认为哲学即是“穷理、修身、正德”之学，简言之，就是“穷理明德”的学问，而其效用则见之于诚正修齐治平之中。研究哲学，正所以为着要实践诚正修齐治平之事。他还补充说：“穷理的目的在于致知，明德的工夫在于修身”，修身的效验，在于知与行之中，方可验得的。所以研究哲学，就是要解决人生与革命一切知与行的疑难问题。

所谓穷理，就是穷天人之理，而理贯串于万事万物之中，随缘呈现，就叫做天；事物随心为主宰而决定其分寸，即是人；万事万物，随时在变，但万变之中，有个中心不变，这便是理。《易》曰：“天地之道，……贞夫一者也”，这个一，正是说天理。故宇宙人生，迁流不息，皆寓于理，探究其所以然的原故，就是穷理。所谓明德，一方面从朱子解为虚灵不昧；另一方面也就是阳明所说的良知。阳明说，“良知即天理”，蒋先生融会贯通之后，进一步说，“心即天”，这是有义理根据的。所以研究哲学，亦就是要求心达天原以求安乐，使我们所做的事都能心安理得，而毫无疑惧不宁的地方。故以“穷理明德”为哲学的界说，实在是最妥善没有了。

蒋先生认为任何一种学问，都有一个哲学的基础。哲学之所以可贵与其力量之所以伟大，就是在于它有穷究宇宙调理万物的精神；尤其是对于人生的究极，与解决人生的一切问题，更非有穷理明德之学问不可。现在一般人对于哲学与修身，已多能逐渐注重，且能实践自修，盖因哲学是一切学问之本，也是指导人生必具的基本罗经。所以不懂哲学的人，一定不懂什么是人，亦不懂人生之目的和应对的道理，即根本不知道做人；既不知道做人，无论其有怎样多的知识，也不能致用。纵使他能沽名钓誉，揜恶著善，得到一时的成功，不久亦必彻底失败，决无持久的道理。

蒋先生认为一个国家的盛衰，与哲学有其密切的关系。比如日本所以致强的原因，不是得力于欧美的科学，而是得力于中国的哲学，即王阳明的知行合一和致良知的学说。所以无论那一个国家，那一个民族，处在内外情势压迫之下，要想民族复兴，必须先有哲学做基础，必须其哲学思想能够独立发扬起来。如此，即令他们的军事与经济力量稍微贫弱一点，亦可以逐渐复兴而强盛的。总之，立国不能没有哲学，而革命要能成功，更不能离开哲学。

蒋先生的哲学思想，考其来源有二：一是孙中山先生“知难行易”的学说，一是王阳明“知行合一”的哲学。他自己曾经说过，他是以“知行合一”动的精神，再加上“知难行易”行的哲学，融会贯通，构成一种新的民族精神来予以阐明，那即是他创立的“力行哲学”。由此可知蒋先生的哲学思想，不但是把“知难行易”学说和“知行合一”哲学融合为一，此一融合，实有真理创新的意义和价值。他的精神是把自然法则与行为规范合而为一，建立了一个新的哲学体系，其中包含有宇宙论、认识论、人生论三种，兹分述如次：

要了解宇宙论，首先要明了“宇宙”是什么？我们先贤解释宇宙意义较为具体的，有淮南子的“四方上下谓之宇，古往今来谓之宙”，和庄子的“有实而无乎处者，宇也；有长而无本剽者，宙也”。根据上述解释，可知宇宙实包含了时间与空间之意。蒋先生据此解释了宇宙的本义，认为宇宙是指无限大的空间与无限长的时间而言，这无穷大的空间，就是人生的舞台，那无限长的时间，就是人生的旅程。宇宙万物都是为人而生，待人而用，所以人是宇宙的主宰，人应该征服自然，利用万物，来增进人类的生活，惟有如此，才能找到人生的意义与价值。

我们了解了宇宙为时空的结构之后，再进一步研究蒋先生对宇宙实质的看法，那就是宇宙的本体。宇宙的本体是什么？是唯心抑是唯物？这是一个聚讼纷纭的问题。唯心论者认为精神就是宇宙万有现象的本原，也就是宇宙的本体；唯物论者认为精神是物质的副产物，物质是客观的存在，人类出现以前就有它的存在，人类出现以后，它也是离开人类意识而独立存在的东西。故否认精神为宇宙的本体。这样的争论在哲学思想史上已经有了几千年。中山先生曾有“心物本合为一”的看法，蒋先生是赞成这种理论的。

蒋先生认为宇宙的本体，既不能偏于唯心，亦不能偏于唯物，并指出天下一切事物，总不外乎精神与物质二者，精神离了物质，既无由表现，物质离了精神，亦不能致用。所以精神与物质，实为一体之两面，或者一物之二象，相因而生，相需而成。所以唯心唯物，各偏执一端，都是错的，都是不能应用于一切实际事物，而改善人生创造福利的。所以我们的民生哲学，最主要的一点，是绝对不同意古今哲学家，把精神与物质划分为二，致使两者间发生聚讼不决的难题。反之民生哲学承认精神与物质均为本体中的一部分，既不是对立的，也不是分离的，而是融合为一的，盖物质不能脱离精神而呈现，精神不能脱离物质而独存。宇宙的本体是心物合一的，宇宙与人生都必须从心物合一论上，才能得到正确的理解。

蒋先生的宇宙论，又可称为行的宇宙论，他认为古往今来宇宙之间，只有一个行字才能创造一切。我们要认识行的真谛，最好从《易经》上“天行健君子以自强不息”一句话上去体察。因为宇宙最显著的现象，亦即宇宙所由构成的，无过于天体之运行；亦唯有行才能创造一切，唯有行才能显现宇宙万象而无所亏。由此可知，以行来解释宇宙万物生成问题，主张行的宇宙论，是太适当了。他又指出，宇宙根本是由它自身的行而创造出来的，如果没有天体之运行，就根本不会有宇宙。科学告诉我们，宇宙最初只有能，由能的运动而渐渐形成星云，由于星云的运行，于是形成太阳，进而形成地球等行星；地球之由气体而液体而固体，亦是由于它之运行，即地球成了固体后，还是在不断的运行之中，于是由物质而物种而人类，再由人类不断的行，于是更创造了一个新的宇宙——社会。而社会中的经济、政治、文化等等，亦无一不是由行创造出来的，离开了行，就不会有宇宙，也无所谓社会。

所谓行，只是天地间自然之理、人生本然之天性。蒋先生认为凡是真正的行，它必然是有目的、有轨道、有秩序、有系统，而且有“反之于心而安”的自觉；它必然是正轨的、经常的，是周而复始继续不辍无分动静的。其在迹象上看，虽然是有动有静，但在整个历程中，向外发展的时候，固然是行，生机潜蕴成长的时候也是行。只要是顺乎天理，合于正轨，动是行，静亦是行。宇宙与人生无时不在进行之中。所以蒋先生认为古往今来宇宙之间，只有一个“行”字才能创造一切，亦即宇宙万象是由于行而构成的。

至于蒋先生对认识论的见解，更形成一种最完美的学说，他把哲学中认识的起源，认识的标准，认识的范围，认识的本质等重要问题，都作了一个最正确的解答：

关于认识的起源问题，亦即知识的建立问题，在哲学上有两个不同的学说：一个叫做经验论，主张知识从经验来；一个叫做理性论，主张知识由理性来。其实这两个学说都是各走极端，相互排斥，各自见到认知的一面。因为人们如果不用感官去与外物接触获得经验，固然不会有知识可言，同样，在感官与外物接触过程中，如果不用理性去思索，去分析外物之理，也不会有知识成立。所以蒋先生认为一个人生在宇宙中间，终日因缘接触，都离不了事与物，因而他主张“穷理于事物始生之处”，这是注重经验的表明。同时他又认为在心与物的接触过程中，要用人们的知识把这物理一件一件地分析起来，因而他主张“研几于心意初动之时”，这是注重理性的表明。由此可知，蒋先生认为认识起源于经验和理性，他的认识论，就是经验论与理性论的统一。

在哲学上，关于认识的标准，有以思维为标准的贯通说，有以感觉为标准的符合说，贯通说主张认识正确与否，只有诉诸抽象的思维，在理论上能够融贯地说得通，就是真理；符合说主张认识正确与否，只有诉诸具体的感觉，理论必须经感觉证明与外物相符合，才是真理。蒋先生认为凡是学问经验中，认为已获得的知识，如果不是实行而证明为有效，就不能断言所知者为真知。所以人们的一切事业，必须实行而后始有真知，也唯有能行而后能知，也就是说，知识真假的判断标准，就看这种知识能否行之有效。简单地说，知准于行。

对于认识的范围，在哲学上亦有两种学说：一为独断论，以为我们之认识能力，有普遍性和绝对性，足以解决宇宙各种问题；一为怀疑论，以为吾人之认识能力，不足以解决宇宙之一切问题，亦没有普遍性和绝对性。蒋先生对于认识范围主张知扩于行。他不赞成独断论者的武断，亦不赞成怀疑论者的消极，他比较重视实验。他认为宇宙的范围，皆为认知的范围。我们不但知道利用天地之万物，还要知道过去未来，而且天下事无一不可从研究而得到解决。

关于认识的本质问题，在哲学上亦有两种不同的意见：一种叫做实在论，认为理论是客观事实在人脑中的反映，即主张事实产生理论，存在规定思维；一种叫做观念论，认为理论是先天观念的演绎，即主张观念产生事实，思维规定存在。这两种学说各走极端，互相排斥。所以蒋先生对于认识的本质问题，一方面认为事实可以产生理论，存在可以规定思维；另一方面又认为理论也可以产生事实，思维也可以规定存在。用蒋先生的话来说，就是事物规定心意，心意也规定事物；事物规定心意是认识的过程，心意规定事物是实践过程。但是我们知道，事物之转化为心意或理论，其关键完全在行，同时，心意或理论之转化为事物，又非行不可，因为客观的事物和主观的理论都没有自动作用，必须要有行才可以使它们互相转化。所以实践是行，认识也是行，一切的理论，都是人类实践的结果。

最后谈到力行哲学的人生论，其所研讨的，不外乎人生的本质、意义及其理想的价值。孟子说："无恻隐之心非人也，无羞恶之心非人也，无辞让之心非人也，无是非之心非人也。"这几句话就是说明，凡是人类必须有恻隐、羞恶、辞让、是非之心，否则就不能算是人，亦就是非人了。所以人类必须扩充四端，而发扬其仁义礼智固有的明德：这固有的明德，就是良知，使此良知扩而充之，就是致良知，由此可知，凡具有此仁义礼智之明德（良知）的，方得称之为人。仁为四端之首，称为元德，故质言之，就是“仁者人也”。因而所谓人生的价值，主要就是仁的价值，就是如何使人之仁心，化为人道以现至仁，而人生的任务，即在行仁。所以力行哲学认为行的目的就是行仁。孔孟以仁为人之本性。蒋先生认为行是天地间自然之理，是人生本然的天性，故行与仁原不可分。他曾将人生的生字，分为生活与生命两项，并撰写了一副联语：“生活的目的，在增进人类全体之生活；生命的意义，在创造宇宙继起之生命。”

何以说生活的目的，在增进全体人类之生活呢？蒋先生认为我们一天到晚，无论饮食起居，睡眠办公上课出操等，皆不出乎生活范围。生活的目的若不明白，那么你天天的生活，都成为没有目的的生活，就不成其为生活了，这样与禽兽的生活实在没有什么分别。但是生活的目的，究竟怎样呢？为个人升官发财吗？想做英雄好汉吗？若以此为目的，那就不要来革命了，还讲什么生活目的呢？我们一个人生长在宇宙中间，如果只管自己有得吃、有得穿、有得住、有得用，不管自己以外的千千万万人，究竟有没有吃穿住用，这样尽管你自己有得吃穿住用，终竟是不成的。那么生活的目的，究竟怎样呢？只有一句话，就是——增进我们人类全体的生活，这才是真正的生活目的。

关于生命的意义，在创造宇宙继起之生命，蒋先生亦解释说，我们个人的生命有没有意义，有没有价值，不在乎活到如何长久，乃是要看我们能否利用我们生命的时间，发挥生命的力量，来创造宇宙继续生命的时间。所谓宇宙的生命，近而言之，就是我们国家民族的生命，远而言之，就是世界人类以及一切文化无穷尽的历史。

蒋介石手迹

蒋介石在病中手书的“以国家兴亡为己任，置个人死生于度外”十六个字，是交付给蒋经国的最后一件遗墨。

我们的生命存在一天，就要努力一天，来保障国家的生存，延续民族的生命，要自立立人，自救救人，进而以我们国家民族的力量，维持并创造世界人类永久的幸福。

蒋先生的哲学思想，不止在阐发理论，而且是注重实践，注重力行。所以说：理论上的不正确，是由于不能真知，行为上的不振作，是由于不能力行，唯有从行得来的知，才是真知，唯有真知，方才易行。蒋先生一生的学问基础，也就在这力行的工夫上面。

我们都知道蒋先生对王学研究最深，并对阳明之学有亲切精辟的发挥，而在事功方面更发挥其伟大的效用。这就是贯彻了行的道理，特别是将阳明的致良知学说，和中山先生知难行易学说发明贯通，说明“知行合一”的良知学说，是与中山先生知难行易的学说不唯不相反，而且是相辅而行的，亦唯有致“知难行易”的良知，才能实现知难行易的学说。

蒋先生更进一步说，“中山先生的学说，是能知必能行，不知亦能行，我们讲行的道理，则更认为不行不能知，但无论能知必能行，或不行不能知，其真谛却只要你从力行中去求真知”，千证万言，落叶归根，总是一个行字。中山先生主张“行而后知”，与“以行而求知，因知以进行”，则其注重从力行中求知识，从经验中得教训，从事功中得学问的意思，已甚显著，今蒋先生再补充以“不行不能知”，则语气更为剀切，意义更为深厚了。

2. 科学思想

蒋先生对于一般学科的研究，也都有极大的贡献。这就是因其在政治上、军事上、教育上以及日常生活与公务处理方面，几乎无不是运用科学的原理原则，而显出他具有严格的科学修养。

早自民国二十三年起，蒋先生先后在庐山讲解《科学的学庸》，在南京讲《科学的道理》与《为学办事与做人的基本要道》，嗣后继续发表《认识时代——何谓科学的群众时代》、《建设基本工作——行政三联制大纲》、《今后军事教育的方针》、《组织的原理和功效》、《干部教育训练的要旨及干部自反自修的要领》、《革命教育的基础》及《科学办事方法的示范》等有关科学的论著及讲词凡数十篇，由此可见蒋先生是何等地重视科学了。

不过，蒋先生所倡导的科学，是真实纯正的科学，即是真知特识的科学。他认为真正的科学，其精神是在求合理，求真实，而其方法乃在于澈底，在于精密。这样才能算真正的科学。因此蒋先生对科学所下的定义是："凡是以一定的对象，作为研究范围，而于其中求得统一真实的知识的，就叫做科学。再明白简单的说，凡是知识之有系统的分析，而能归纳之于原理者，都可以叫做科学。"

本来现在所谓科学，蒋先生认为就是我们中国以前所谓格致之学，而"格致"两个字，又是根源于《大学》"致知在格物"这句话而来的。可见中国在二三千年前，就有科学了。

现代是一个科学的时代，而科学的基本在于科学精神。因此，蒋先生提倡科学，首先重视科学精神的培养。他认为：第一是因为我们没有养成科学的精神，不能运用科学的方法，第二是因为我们不懂科学的精神，所以不知道运用组织，不能发挥组织的力量，但什么是科学精神呢？以下根据蒋先生历年的言论与著述，综合加以说明：

科学的办事顺序：所谓科学的办事顺序，简单地说，就是要由近而远，自卑而高，为大于微，图难于易。《大学》第一篇开宗明义讲明《大学》的三条纲领即大学的主旨，以及定、静、安、虑的基本修养之后，接着便是讲办事的顺序之重要。即所谓"物有本末，事有终始。知所先后，则近道矣"。以下再接着讲"格物、致知、诚意、正心、修身、齐家、治国、平天下"八个具体的德目。而归结到“自天子以至于庶人，壹是皆以修身为本”。孔子教人，亦最注重办事的程序，《论语》上说：“君子务本，本立而道生。”《中庸》上还说：“君子之道，譬如行远必自迩，譬如登高必自卑。”《孟子》更说得好：“原泉混混，不舍昼夜，盈科而后进，放乎四海，有本者为是，是之取尔，苟为无本，七八月之间雨集，沟浍皆盈，其涸也，可立而待也。”此外古人讲办事要“大处着眼，小处着手”。这一类的话，到处可以找到。而其总结的意思，不外告诉我们，要做远大高尚的事业，一定从最切近最平易最细微的事情做起，按部就班地逐渐扩大。小的事情先做好，然后可以做大事，普通日常的事先能处理得当，然后可以做特殊高尚的工作，容易的事情先能一件一件做到，然后可以做成非常的功业。反转过来讲也是一样，如果我们能够将一切平易细微切近的事情都能做得好，一切远大的高尚的艰难的特殊事业，便没有不可以一步一步努力做成功的。

汉初大政治家陈平，二十年为人宰肉很公平，谓：“他日宰天下亦当如是！”后来果然能成大功立大业。后汉陈蕃，少年不务屑琐，而以国家天下高自期许，友人批评他“一室之不治，何以天下国家为？”他虽然有很深的学问，很高的道德，毕竟没有成功大的事业。所以我们办事最要注意的，就是不要好高鹜远，希图躐等侥幸。如果这样，必流为虚浮不实，结果是欲速不达，不会成就任何事业。人们要能成功，就必须切实遵照科学的办事顺序，即蒋先生所谓“由近而远，自卑而高，为大于微，图难于易”四句要诀来努力。

科学的办事精神：所谓科学的办事精神，扼要地说就是凡事要能实事求是，精益求精，继续不断，贯彻始终。蒋先生认为科学的唯一主旨，就是要澈底研究出万事万物之真实的情况。所以对于任何一件事物，不明白当然要研究明白，已明白还要求澈底明白，未做好的当然要做好，既做好的还要做得更好！总要天天有进步，天天有新的道理和新的东西发明出来！宇宙间学问与事业是没有限量的。古人所谓“学无止境”，又说“学然后知不足”。这就是说，我们的学问愈多，便愈感觉不够，我们的事业愈伟大，便愈觉自身能力的渺小，惟亦有能感觉不足与渺小，学问与事业才能不断的进步。所以人们切不可以一得自喜，以小成自足。这就是《大学》上所讲的“苟日新，日日新，又日新”的道理，也就是所谓“实事求是，精益求精”之科学的办事精神。

办事的恒心与毅力：蒋先生指出人们如何才能发挥科学的精神，而成功一切的事业呢？这就完全在乎人们能有恒心、有毅力。凡事能够本着“继续不断，贯彻始终”的精神，奋斗到底！因为天下一切伟大的事物，无不是由细微的事物而来，而细微事物之所以能成其伟大，完全是时间长久继续不断的结果。古人说：“泰山不厌土壤，故能成其大，河海不择细流，故能就其深。”又说：“锲而舍之，朽木不折，锲而不舍，金石可镂。”《易经》教人“自强不息”；《中庸》教人“至诚无息”；《论语》第一句教人“学而时习”；再有“不舍昼夜”之叹，“择善固执”之训，以及“学而不厌，诲人不倦”，“学如不及，犹恐失之”，“人而无恒，不可以作巫医”，这一类的话都是勉人以继续不断，贯彻始终的意思。所以，蒋先生说：“时间是一切事业之母”，人们只要能够利用时间，继续不断努力，夙夜不懈地去做，一点一滴，日积月累的结果，什么伟大的事业都可以成功！《中庸》说：“至诚无息，不息则久，久则征，征则悠远，悠远则博厚，博厚则高明。博厚，所以载物也，高明，所以覆物也，悠久，所以成物也。博厚配地，高明配天，悠久无疆。……天地之道，可一言而尽也，其为物不贰，则其生物不测。”这一段话讲明天地不息之理，以明至诚不息之道，指人们可大可久的事业，必须有继续不断贯彻始终的精神。所以我们无论研究那一种学问或办理那一种事业，在开始之前，就应该考虑妥当，确定目标，决定办法，既经开始，便要下定决心，一直做去；虽遇任何险阻艰难，都要以百折不挠的精神，继续不断的进取，切不可半途而废。这就是恒心与毅力。

我们了解了科学精神之后，再来研究科学方法，何谓科学方法？蒋先生曾具体明确地说明：根据一九五二年《英国百科全书》所下的定义，科学方法是代表若干学习的综合名词，而且一切科学皆藉其协助而建立。广言之，任何研究方式，凡可据以获得科学或其它无偏颇而有系统的知识者，皆称为科学方法。科学方法主要分为两种类型，即理论的和技术的。前者系对所探究的现象加以推理，后者乃对现象的探究后，加以确切计量，并确定此种现象的发生条件，俾可在顺适而有利的状况下，予以观察和分析之。故不论那一类型的科学方法之中，若干项心智上的活动，大体是相同的。这些心智的活动，包括以下各种工具项目：(1）观察与实验，(2）分析与综合，(3）想象、推测理想化，(4）推论，(5）比较与类推。由此可见，蒋先生对科学方法的见解，确有独到之处。

任何科学都是藉科学方法而建立起来的，也就是说，任何事业必须藉科学方法才能获得最大的成功，任何工作必须藉科学方法才能获得高度的效率。蒋先生特别指出：科学的办事方法，可说是革命建国的基本知识，凡是从事革命事业的人都不可不具备。只有运用科学的方法来研究学问或办理事情，才有事半功倍的效益。由此可知，谈革命建国需要科学方法，谈研究学问或办理事情，也需要讲求科学方法，可见科学方法的重要了。尤其在办事方面，蒋先生更加重视方法，他认为今天不论对于党政军的各种工作，虽然锐意改革，而仍旧不能提高进步的最大原因，就是各级主管干部的粗枝大叶，也就是粗心大意，不肯虚心研究办事方法，这是应该积极加以改进的。

蒋先生认为科学的方法，有几项基本法则，这基本法则就是：

（1）即物穷理法则。（2）执两用中法则。（3）择善固执法则。用这三种法则去求知，才能得到真知特识。

所谓“即物穷理法则”：蒋先生指出：我国哲学上有句话说“即物穷理”，这就是《大学》中“格物致知”的道理。因为宇宙一切事物，莫不有一个理在，这个理是超然于万象之外，也是存在于实体之中，只在我们能本乎吾心之灵，即其已知之理，来穷究一切事物之理，就可以作到如程子所说的“一旦豁然贯通焉，则众物之表里精粗无不到，而吾心之全体大用无不明”，这个“即物穷理”与“格物致知”，是现代科学原理中一个重要的基础，蒋先生以为在外国哲学中没有一句话像我们中国“即物穷理”这样简括而伟大精微的。我们有了这个知识之后，无论在任何时间空间，研究那一种学问，都可以窥堂入室，得其精要。而即物穷理就是对一切事物研究其本末始终之所在。

所谓“执两用中”的法则的运用，在哲学方面，就是一种不偏不倚的中庸之道。蒋先生引用孙中山先生做事情，向来是极端的，不妥协的，而他在哲学上却不偏不倚，完全讲的是中庸之道。在自然方面，就是和谐调和，达致中和。所以他曾指出，日球居太阳系之中心，没有日球便没有太阳系，这便是中为天下之大本。但天空中恒星各有其位置，行星各有其轨道与运行旋转之强度，于复杂之中有和谐一致，所以能循其度而不相冲突，这便是和为天下之达道。由此可知尽管自然界是林林总总，但如果能循执两用中的道理，必可达到“致中和，天地位焉，万物育焉”的境界。至于在社会方面能把握不偏不倚的原则，就可使社会的一切条理井然，和平安定。蒋先生所谓“齐家”，就是要我们各人所属的家庭、学校、机关、团体和所在的社会做起，利用政治和教育上的一切方法，使全国家家户户之事事物物都能整整齐齐，有条有理，社会上个个人都能有礼守法、秩序井然。尤其在经济方面，使人民的生活和社会的生存得平衡普遍的发展。大家衣食住行等一切物质生活，绝无过分的悬殊与很大的不平。然后社会才能从根本上求得其安定和平，整齐画一。

再谈到“择善固执”的法则：蒋先生认为择善固执是我们从许多事理中，选择出最完善最合理的成分，发现了以后就牢牢把定，不断修习，以此为一切行为所发生的基准。无论如何困难，绝不放松，绝不抛弃，绝不中止。这种择善的工夫，蒋先生指出：“博学之、审问之、慎思之、明辨之”，这是修养学习的阶段。“笃行之”，这是践履笃实，力行贯彻的阶段，“有弗学，学之弗能弗措也”。这是说明事事留心，事事虚心，当其未彻，问之必审。“有弗思，思之弗得弗措也”，这是说有了学问，还要运用思想。学问求博求审，但思想则求其慎。“有弗辨，辨之弗明，弗措也”，这是择善的工夫。辨择道理和途径的时候，必然要透彻内外，有得于心，洞明他整个政治的目的，是要使人各尽其才，各得整个的内容，然后才固执此理此法，安心奉行。“有弗行，行之弗笃弗措也”，笃行就是贯彻始终，完美达成的意思，这不止说明了择善是由“博学”、“审问”、“慎思”、“明辨”中得来。能择善就能固执此理此法，以止于至善，所以蒋先生指出个人的明德、新民皆应当向理想的至善之境，不断进步，必求达到至善之境，才算安心。尤必择善固守，明决果行，才能立身，才能成功。

蒋先生对于基本的科学方法的程序，曾就其实际的经验综合提出六大要项列举于下：

第一：范围与组织：蒋先生认为科学的办事方法，第一要紧的事情，就是先要认清我们所办的事业之范围，换言之，就是要确定我们工作的对象与目标之所在。因为天下事物太多，人们无论如何只能择定一个范围以内的事物，立定我们的目标来研究办理，必须如此，然后可以集中我们的时间精神力量，来办好属于自己范围以内的事情，而不致旁骛远驰，心猿意马，今天想办这一件事，明天又想办那一件事，后天再想办另一件事，结果一件事也不能办好。范围确定了之后，我们就要根据事业的范围和工作的对象，来建立一个最合理最有效的组织。一切合理的科学组织，必须具备两个要件，一是明确的直的系统，一是密切的横的连系，此种直的系统，与横的连系愈加明确密切，则愈坚固灵活，愈合理有效，亦即愈为有机体化之科学组织。我们要用科学方法办事，就必须先求此科学的组织。

第二、立案与预备：所谓立案，就是对所要做的事业预先搜集了各种材料加以精到的研究，再假设在以后事业进行中种种可能的情况，分别拟定不同的方案，预先准备好，以后遇到那种情况发生，我们便立刻拿出预先准备的适宜的方案来实施，古人说“凡事豫则立，不豫则废”，又说“有备无患”，这都是讲预备的重要。

第三、分工与合作：无论学问与事业，必须分工始能专精，必须合作始能成功，因为一个人的知能有限，如果全部的学问和事业，由一个人去研究与办理，当然不能获得好的效果，所以要按各人之所近，择定学问或事业的某一部门去研究与办理，然后由专而精，获得最大的效果，再将各部的研究所得，联成一气，融会贯通，则全部的学问与事业，便因此而有长足的进步和美满的成功。

第四：研究与实验：蒋先生认为研究方法，最重要的一点，就是研究要有一定的范围，换言之，就是要精力集中。就自己的知能与兴趣，适合于那一部门，便专心致志以那一门做中心来作深刻的研究，至于经过研究之后，最要紧的事情，就是实验。近代科学，无论自然科学社会科学，无不极端注重实验，凡事能够成功一种真理或定论的学问，一定要经过无数次的实验才可成立。

第五、分析与统计：凡是一个计划或一种事业，在实验的时候，一定发生许多现象，或是好的，或是坏的，或是成功的，或是失败的，我们应当就这一群的现象，加一番分析与统计的工夫，以发现我们的缺点在那里，优点在那里，而判断我们的计划之正确性和事业的进展达到什么程度，以及将来应采取什么方针，走什么途径，求得一个最正确的结论，所以分析与统计，是我们为学做事所必需的工夫。

第六、改进与发明：发现错误，是我们追求进步最重要的途径。所以我们分析研究一切事物，最要紧的，就是要发现所有的弊病，弊病既经发现之后，随即就加以改进。这是从消极方面讲，除此以外，我们更要在积极方面，能够本着精益求精的精神，努力发明新的道理、新的方法和新的东西，来求一切事业的进步。

以上六大重点启示，蕴藏着科学的道理、科学的精神和科学的方法——科学的办事方法。蒋先生继承中山先生遗志为中国科学运动另辟一理论和实践贯彻的新天地。从北伐统一，奠都南京直到迁移台湾，历次为“迎头赶上欧美科学”问题，揭橥其重要理论。如哲学上的科学道理；教育训练上的科学精神；身体力行的科学方法；以及建国建军的科学国防和统御领导的军事科学及技艺等，不仅是中国近百年来集科学理论之大成，而在实践科学教育与发展科学，尤其对现阶段军事科学的孕育，也有一种四海皆准与历久弥新的无比价值。

3. 政治思想

蒋先生的政治思想，是继承孙中山先生思想，而渊源于中国传统的政治哲学，不但在思想上有其独到的见解与深远的理想，而且能适应中国国情的需要和迎合世界潮流的趋势，他认为政治应当由道德高尚的和有专门智能的人来主持来推行，然后政治才能清明，同时政治的作用，也就是在使人人皆成为有道德的人，所以政治的起点和终点都是以人为本。离开了人，决不是为全体人民谋幸福的政治。依他看来，《大学》所说的三纲八目也都是以人为本。从《礼运》大同之治来说，可以说整章每一句话都是以人为对象，我们再看《中庸》里面所述的五达道，亦就是古时所说的五伦，都是说明人与人的关系，又如所谓九经的对象，无一不是人。因之，整个中国的政治思想，综括地讲，就是要把人的品格提高起来，把人的价值或功效发挥出来，把人和人的关系修明起来。

古人所谓“为政在人”，又说“人存政举，人亡政息”，又说“得人者昌，失人者亡”，自此可见人的重要了。无论古今中外，要管理好一个机关，要办好一件事，绝对不能否认“人”是第一件要紧的事，今后要革新政治管理好一个机关，一定要先从人事的革新做起。

蒋先生又指出，中国的政治理想是重义务而不重权利，主张服务和互助共济的。我们要从事政治建设，要管理众人的事，就要做到人无游民而各尽其才，地无荒土而咸尽其利，物无废弃而悉尽其用，时无虚耗而用得其宜，事无废弛而克举其效，最后唯一的目的，就是要使天下事事物物皆安排妥当，各得其所，全体人民，个个都能安居乐业，足衣足食。本来政治的内容，分析起来，虽然包括经济、教育、伦理、社会、军事、交通等等，但综合起来，就不外“国计民生”四个字，一切政治的设施，无非是要使国家富强，民生乐利，必须能够如此，才算良好的政治。

我们了解了蒋先生对于政治的根本道理和政治的中心目标见解之后，再来研究他的重要观点，兹分国家论、民主论、法治论、行政论四方面说明如下：

怎样叫做一个国家？国家是那几项要素所构成？蒋先生认为国家就是某一个或某几个民族（人民），占居于一定的地方（领土），而有独立的政治组织（政府与主权）之一种团体。所以凡是一个国家，必须具备三个要素：

第一、就是要有土地，即所谓领土，第二、土地内要有居住的人民，第三、这些人民要有组织，就是要有一个政府来担任政事，这个政府有对外独立，对内有最高的统治权，即所谓主权，有了这三种要素，才成为一个完全的国家。一个国家如只有土地而无人民，则土地无所运用，只有人民而无土地，则人民无所寄托；如只有人民与土地，若无统治权力所由发出的中央政府，亦不成为一个国家。

蒋先生又认为国家这个东西，是一个有机体。这就是说，国家是一个有生命的，超于一切的集体组织。他全部的机构，就是一个完密的生命全体。每个国民就是构成这个生命全体的一个细胞；而全民族的历史文化，就是他生命的史实和精神的果实，而此种历史文化之传统的根本精神，就是国家的灵魂。这个灵魂的强弱兴替，就直接影响于一个国家的盛衰。国家就是因有此灵魂，所以成其为有生命的有机体，而非死的无机物。且当国家治理培养得法的时候，也就生机调畅，如同我们个人一样，会一天一天地长大起来。反之，如果一个国家的灵魂颓丧，治理培养不得其法，那么这个国家也就如同我们个人生病或衰老一样，可以死亡的。所以拿国家和个人的生命现象来比，除个人的躯壳最后必死，而国家的生命却可以常新永生，这一点不同之外，其余并没有什么两样。

人之所以为人，除了有生命而外，更需要有完整而高尚之人格；国家既是和人一样是一个有生命的有机体，因此亦必须树立其尊严独立的国格，才能成为现代化的国家。蒋先生指出一个人必须有高尚自立的人格，才有现代国民的资格，才不愧为现代国民。国家也应该有尊严独立的国格，才有现代国家的资格，不愧为现代化的国家。无论个人或国家，只要自己的人格或国格能够建立起来，哪一个人也不敢来欺侮我们，哪一个国家也不敢来侵略我们。

国家因为是一个有生命的有机体，所以国家必须有他内在的基本的原动力，来不断地推动一切，改进一切，创造一切，而后国家的生命才能不断地发展，蒋先生认为这种原动力就是国家的生命，这个力量的消长，就是民族盛衰与国家兴亡之所系。所谓国家的生命力是什么呢？蒋先生指出就是教育、经济与武力，这三种力量缺乏一种或有一种不健全，便不能建设完全的现代国家。

国家之任务，为保障人民安全，增进人民福利，无国家则不仅人民福利不能增进，即人民安全亦无由保障。个人之于国家，就如细胞之于人体，细胞不能离人体而存在，则个人亦不能脱离国家而存在。未有人体死亡而细胞尚能生存者，亦未有国家沦亡而个人自由安全能得以确保者，所以个人为小我，国家为大我，小我之安全实寄于大我之上，故国家的利益高于一切。有国家然后才有个人，因之，蒋先生要我们中国人确立“国家至上”的观念。即国家民族之利益高于一切，在国家民族之前，尤应牺牲私见、私心、私利、私益，乃至于牺牲个人之自由与生命，亦所不惜。

再论国家的统一问题，蒋先生亦曾指出，要救国家的危亡，唯一的药方，就是要统一、要团结；能统一才有生路。不能统一则唯有坐待灭亡。所以蒋先生主张合全国之人心为一心，合全民之体为一体，其意即是由国内诸民族组成一个自由统一的中国。

其次，我们研究蒋先生的民主思想，民主是什么？蒋先生认为民主就是自由。所谓自由，要以不侵犯他人的自由，不侵犯他人的权限，更要严守纪律，必须以法律来保障自由，为实行自由的根据。这种自由，方能成为真正的自由，方能成为真正的民主，尤其在此整个民族存亡绝续之交，我们真正的民主的自由，决不是讲个人或少数人的自由，而是要牺牲我们个人和少数人的自由，以求得整个国家民族的自由，蒋先生又指出，我们必须尊重宪法，实行宪法，确立法治的基础。同时更须全体国民了解民主真谛，向真正的民主学习，要知道真正的民主是一种生活方式，不仅表现在政治方面，也表现在经济和法令以及各种职业的活动上面。民主国家的国民，决不放弃权利，也决不推诿义务。民主是要少数服从多数，但决不是多数压迫少数，更不是少数劫持多数。每一公民要有自尊心，要有表达公正意见的机会，也要有接受批评和牺牲小我的精神。

三民主义的民主政治，是主张一方面人民要有充分控制政府管理国事之权；一方面政府要有巨大的治理政事造福全民的能。蒋先生认为我们若不是培植民主势力，那就根本不必革命，也不必讲民权主义，更不必千辛万苦地做训政工作。我们训政的意义，就是要训练民众辨别革命与反革命之分，使得充分行使革命民权，不被反动派所利用。我们培植革命的民主势力，来巩固革命的政权，但不能放任虚伪的民主势力来破坏革命的纪律，扰乱革命的秩序。换言之，就是要养成民主势力，为民众谋利益，决不能随便仿照反动派的方法，假借民主势力的名义，来离间团结，胁制国家，使民众更加痛苦。

蒋先生认为中山先生倡导三民主义，其民权主义的最终目的，就是民主政治。一国的人民，如果不能关切他们自身的幸福，管理他们自己共同的事务，就是说，如果人民不能积极参与政治的话，他们就不能造成强盛的国家。所以世界上最有力量最巩固的政治，一定是建筑在民意之上，一定是以人民之利害为利害，人民之视听为视听。人民的民权理想，是造成一个民有、民治、民享的国家，中外古今，理无二致。

蒋先生指出要实行三民主义的民主政治，除以民意为基础外，还要有一定的程序，按部就班地实施，为能达成其目的。所谓民主政治的实施程序，即中山先生所订定之军政、训政、宪政三个时期，在此三个时期之中，各有其工作重点，各有其工作目标。蒋先生指出军政时期，就是实行“军法之治”；训政时期就是实行“约法之治”；宪政时期，就是要实行“宪法之治”。所以实行民主政治，不可一蹴而成，必须由军政时期、训政时期、宪政时期循序而进，不能躐等，不能逾越，而且离不开一个“法”字，这样才能真正达到民主政治的目的，才能建设三民主义的新中国。

关于蒋先生的法治观点，他认为合群是人类的天性，个人离开人群，便没有生存的方法，所以自有人类以来，个人就生于群、长于群，没有一天可以离群而孤立。故群的生命，为个人的生命所寄托，群有发展，个人才能得到发展。在人群的里面，个人与个人之间，个体与全体之间，自然有其共守的规则，而后群的生命，才可以维持与发展。这种规则，在一方面是道德，在另一方面是法律。人群的组织，由家族而宗族，由宗族而民族，所包容的人口愈多，则道德与法律，亦相随而愈密切，其维持道德的信仰者，为社会公论。其执行法律的制裁者，当为管理众人之事的政府。

蒋先生又指出，我们中国政治哲学对于道德与法律的关系，讲求得最为详明，中国的政治哲学主张道德与法律兼用，不过有先后之分。董仲舒说：“先德而后刑”，这是说道德先于法律，却并不专谈道德而舍弃法律。我们知道三民主义是渊源于中国之正统道德，而实行则必本之法律，因此三民主义的政治，是本于道德，而行之法律的。这就是说明我国传统的政治思想，认为法律与道德是不可分的，道德为体，法律为用，二者相辅相成。

关于法治与人治问题蒋先生亦主张兼采并用，不可偏废。他认为政治建设决不只是建设良好的法纪制度，就可以成功，最根本要紧的，还是要军、民、政、教、团、警各界的干部人员，本身能够健全，有高尚的人格、优越的智能和强毅的精神，能够真正为一般部下和民众的模范，尽到养民教民的职责，所以我们要从事现代的政治建设，一方面要守法重纪，一方面要明德修身。我国的国民革命，是在建设中国为法治国家，不过其本源则在于国民的心力。人又为制法行法之主要力量，有治人，无治法，固不足以为政，即有治法，无治人，亦不足以言治。所以蒋先生认为任何法令制度，其运用可以说完全靠人，当然我们不能完全相信人治，但绝不能否认“人”是第一件要紧的事。

除了人治与法治的关系之外，我们中国的政治哲学，对于情、理与法的关系也很注重。蒋先生指出中国的哲学以情理必依法治而后可以得其公平。所以诸葛武侯说，“法行而后知恩”，又说，“吾心为秤，不可为人作轻重”，中国政治哲学又以为法律必本乎情理而后可以合乎实用。所以吕新吾说：“法者，本天理人情而定之。”我们的三民主义是贯通情理法三者而并重的。

民主与法治被视为现代政治的总目标，也是现代人民心理的总趋向，但两者之关系如何？蒋先生亦曾指出民主是以伸展民权为目的，使人人的自由平等权利不受侵犯，因之不得不以法律为之保障，民主之本身，就含有法治性，可以说，必须是民主化的法治，才是真正的法治。所以民主与法治二者，实相辅相成，民主必须以贯彻法治为基础，法治必须以宏扬民主为目的，这是我们应该确立的观念。

最后再研究行政论，行政与政治不同，所谓“行政”，就是推行政令，其目的在提高工作效率，达成政治任务。所以行政机关的组织原理必须做到科学化、军事化及成为生理组织化高度有机体，才能发挥最大的工作效能。蒋先生指出，要想发挥行政的高度功能，达到有机体的作用，就必须遵守几个共通的原则，这些原则是什么呢？第一就是集中统一，万众一心；第二就是调节互助，联系一贯；第三是分工合作，协同一致。行政机关的组织必须把握上述原则，然后才能达到最理想的地步，使系统分明，均衡协调，发挥最大的力量与最高的功能。

在推行行政工作方面，蒋先生主张实行行政三联制，他认为行政的道理千头万绪，然而建立万能政府是行政工作的主要关键，依据蒋先生多年的经验及研究所得的结果，就是实行行政三联制。这个行政三联制，本来分为：第一部分重要的工作为计划，第二部分重要的工作为执行，第三部分重要的工作为考核，但在意义上是有其相互之关系的，尤其三者联系上整个的作用极为重要，万不能有丝毫忽略的。在计划之先，应先看看以前执行考核的结果，因时、地、人、物、事而设计，不可自作聪明，左右删改。在执行之后，要严密考核，不许那一部分有着官僚主义，只知应付的毛病，然后又将执行和考核的结果，为下次拟订计划作参考，如此循环不断，一贯连串下去，方可以收三联制的实效。

此外对于行政工作的实施，要能除旧布新，精益求精，迅速确实，执简驭繁，才能使效率增加，效果扩大，而日求进步。所以蒋先生特提出“新”、“速”、“实”、“简”的要求。所谓“新”就是对于旧有的暮气惰性的积习要求扫除，勇猛精进，日新又新。所谓“速”就是要不拖延，不推诿，对于问题要立求解决，对于工作要如限完成。所谓“实”就是不虚伪，不欺妄，对于设计要细密，对于业务要精确，对于考核要严正。所谓“简”就是要节单明了，不琐碎、不繁复，更不可含混笼统、拖泥带水，组织不要层床迭架，办事不要繁文缛节。故一切行政工作，均应符合新、速、实、简的要求标准，笃实践履，才能完成工作上应负的使命。

蒋先生认为政治上的事情，就是极平常的事情，是个个人所应做的事情，由起居饮食洒扫应对起，到平天下为止，统统都是政治。因为他持这种看法，所以认为我们中国的政治，以人为本，人人都应该力行。他说，“知之深，不如行之着；说一丈，不如做一尺”。又说：“无论什么好的理论，好的计划，如果我们只求知而不去实做，即所谓‘坐而言不能起而行’，那是永远不能希望有所成就的。古人所谓‘有志竟成’，一分努力，即有一分事业，我们国家不怕不能得救，民族不怕不能复兴，只要我们能够努力奋斗！”所以蒋先生以坚定的信念和远大的眼光，透视民族国家的将来，和革命同志一齐奋斗，领导北伐完成统一，是根绝了军阀的统治，再一次确立了民权普遍的基础；领导对日抗战，获得胜利，是完成了民族独立的圣战大业；同时也由于不平等条约的废除，解脱了百年来民族痛苦的枷锁；由于统一之后的经济建设的开展，奠定了社会改革的初础；也由于军政、训政、宪政分期进行——计划政治的实施，而树立了民主政治的次第规模；加之伦理建设、心理建设、社会建设、新生活运动的同时开展，民族、民权、民生问题的解决，确立在蒋先生领导之下，有了辉煌的成就。

实在说，历史是酷烈的，蒋先生始终为国利民福而竭尽智虑，一直企望有一个充裕的时间，和同志国人努力于国利民福的建设，但是连年战祸和动荡的环境，始终使国家无片刻的平静。自来台，蒋先生致力民族复兴大业，同时推行地方自治，贯彻民主宪政，加强文化、经济、社会、心理的建设，以建设台湾三民主义模范省为建设三民主义新中国的张本。

4. 经济思想

经济是国力的泉源，是民生的基础，其关系国家与人民苦乐至深且巨。第一就经济与国力来讲：蒋先生常常讲经济、武力、教育是国家三大生命力，也是国家当前的三大要政，所以现代国家，就是经济自立的国家。因此经济也就是成为立国的大经大本。第二就经济与民生来讲：蒋先生指出，三民主义以民生为中心，民生的基础是什么呢？就是经济。如果经济不能发达，民生便无法改善，民生不能改善，三民主义便不能实行，所以我们要救国家，要实行三民主义，一定要努力国民经济建设，以改善民生，因此建设之首要在民生，而民生实以经济为基础。经济的原理，就是经世济物的道理，亦就是国计民生的学问，简言之，经济学即致国家于富强之学，亦就是建设国家臻于富强康乐的境域，也就是建国之学，由此可知，经济是何等的重要。

蒋先生的经济思想是继承中国固有的经济学说暨孙中山先生的经济思想加以融会发扬，而形成他自已经济思想的特质，举其要点有四：

（一）以理性为本源：蒋先生认为中国的经济学说无论是儒家，是法家，都是讨论人与物的关系，而其讨论都以人类的理性，与人类的欲望的关系为中心。儒家求理性之扩充，法家主欲望之制约；儒家注重理性，故其学说之本源为仁爱；法家注重欲望，故其学说之本源为法度；这是两家的分别。然而儒家的仁爱，是就人类的理性而言；法家的法度，是对人类的欲望而言。儒家之所扩充者为理性，法家之所以要制约者亦为理性，所以中国的经济学说，以理性为本源，不以欲望为本源，蒋先生并进一步指出中西经济思想本源不同。西洋经济学说，虽派别分歧，但考其本源，仍有相同之处。他们无论那一学派总以个人的欲望为出发点。故其经济学乃是价值学说。由此可知，中国经济以人类的理性为本源，而讲求义利之辨，西洋经济则以人类的欲望为本源，乃追求物质享受。

（二）以养民为本位：蒋先生指出，中国经济学说以人性为基点，以养民为本位。所以中山先生讲过，“民生主义以养民为目的，资本主义以赚钱为目的”，可说社会进化以民生为重心，不以物质为重心。申言之，中国的经济的道理，不是为了物而爱物，要为了民而爱物，即所谓“仁民而爱物”，亦即以民生为本位。

（三）以计划为要图：蒋先生已指明经济以人性为本，故一面必须“养人之欲，给人之求”；一面又须发展理性与思虑的作用，对人民的欲，予以分限。所以经济建设必须有计划，而计划必有其根本精神，民生主义的根本精神，一方面是建设国家的事业，培养人民的事业，使其可以改善民生；一方面是节制私人的资本，防止土地为私人兼并，使其不能操纵经济危害民生。申言之，中国的经济的道理，不取放任自由，不取阶级斗争，而要以计划经济，使“资本国家化，享受大众化”，实现民享的理想，达到富强康乐的境域。蒋先生认为民生主义为自由平等的保障，平等是自由的基础，所以民生主义的经济计划，是为平等而计划，也就是为自由而计划，计划与自由之间是没有矛盾。在计划经济之中，个人有相当发挥能力的自由，但绝不容其有危害大众生活的安全与进展，同时又领导其使之为社会福利而努力，由此可知，蒋先生的计划经济思想是以民生为本位的自由计划经济。

（四）民生与国防合一：人类求生存的两件大事，便是保和养，保是属于国防的范畴，而养便是民生，两者互相为用，缺一不可，所以蒋先生指出，在中国经济的学说上，国家的任务，一方面是养民，一方面是保民。就养民而论，国计就是民生；就保民而论，民生就是国计。简单地说，就是国防。而其最精之一义，即在于民生与国防之为一体而不可分。由这个统一体来说，民生之外无国防，国防之外亦无民生，可说经济以养民为本，故一方面国家要开发资源，要流通物资，要储积国富；他方面平时的农民就是战时的士兵，平时的储积，就是战时的资粮。申言之，唯有以民生为本的经济建设，才可以与国防为一体。

此外，关于经济的要素，蒋先生认为经济的要素有三：第一是劳力，第二是土地，第三是资本。我们要建立经济上武力，就要使全国的劳力、土地和资本，尽量用之于生产，不可有一点荒废和浪费。就生产要素而论，西洋经济学举出资本、劳力、土地三者，并认此三者为三种之物质而观察、而处理。我们中国的经济学说，对生产要素，则从人的方面来讲求。《大学》说：“有人此有土，有土此有财，有财此有用。”这几句话有两层意义，浅一点说，生产的要素是人力和土地，以人力开发土地，才有物资，才有财用。所谓物资，包括直接从土地生长出来的农产物和矿产物，间接从农矿物加工而成的工业品两类。中国经济的原理，不列货币为生产要素。中国的经济学说，认为物资不过是人力与地力的产物。而货币只是物资交换的一种媒介；故货币的本身，并不能成为生产要素的一种。深一点说：人之所以为人者：在其有求生的欲望，更有能思的心灵。人与一般动物不同，能以思虑与理性，指导其求生的活动。故人力有体力与智力两种。人能以智力运用其体力，所以人的生产技术有不断的进步。而其它动物的生产技术，只限于它们的爪牙。在人类社会中，从狩猎畜牧的弓矢，渔夫的钓捞网罟，农夫耕耘的耒耜犁耙，以至于现代用的蒸汽电力机械，都是人的智力所发明，此种发明及其根据以为发明的自然科学，是人类能够增进生产效能的一个重要条件，这个经济的要素，中西学说的重点各有不同，西洋则重资本，而中国则重劳力，而成为生产效能的重要条件。

蒋先生认为，我们要充实经济的力量，除了先晓得经济的要素之外，还要了解经济的内容，所谓经济之内容，不外是生产、消费、分配与贸易交通。由此我们可以知道，要充实与增进经济力量的根本途径，就是增加生产、减少消费、合理分配、便利贸易与发展交通。兹依据蒋先生的观点分别说明如下：

（一）增加生产方面：生产问题，是民生主义经济建设的根本问题，蒋先生认为要增加生产，便须使全国劳力、土地和资本尽量用之于生产，不可有一点荒废和浪费。例如游手好闲不去劳动，或是作不生产的劳动，便是荒废或浪费我们的劳力，就是不生产。又如有土地不垦殖，有矿产而不开发，有水利而不运用，或是有土地而种植鸦片这一类不正当的物品，便是荒废或浪费土地。再如有金银而藏之地窖，或作种种不必要与不生产用途，便是资本的荒废与浪用。这些都是我们增加生产，充实经济力所必须戒除的事。

（二）减少消费方面：在消费方面来说，因为国情不同，所以与西洋一般的消费论也有差别。蒋先生认为减少消费，就是所谓节俭，就是消极的生产。减少消费即所以储积经济的能力，增进生产事业，尤其是在我们生产落后，民生凋敝的中国，减少消费更为充实经济最必要而有效的途径。有人说：我们中国现在经济的情形是十五世纪的方法生产（指半个世纪以前），以二十世纪的方法消费。如此，试问如何不日加穷困？所以我们要救贫，要充实经济力，非极力减少消费不可。《大学》上说："生之者众，食之者寡，为之者疾，用之者舒，则财用恒足矣"。这是现代经济学的原理，其意义就是一方面要增加生产；一方面要减少消费的道理。

（三）合理分配方面：民生主义的经济主张是均富，不但注重生产问题，更特别注重分配问题。蒋先生认为合理分配，就是要以"分配社会化"为原则。使经济发达的利益，不为少数人所独享，不为狡黠者所巧夺，而能按照最公平的原则，普遍分配利益于一切参加生产之分子，而使全体国民，在高效的协力生产之下，皆能获得最大的福利。此即为中山先生所谓："民生主义以养民为目的"之精义所在。孔子所谓"不患寡而患不均，不患贫而患不安，盖均无贫，和无寡，安无倾"的话，实在是现代经济学上分配论中唯一的要义。又近代资本主义最大的弊害，就是在分配之不合理。所以我们讲经济建设，于增进生产之中，不可不同时注重"合理分配"这一点。

（四）便利贸易与发展交通：贸易流通，是国计民生上有无相通、均衡供求的主要手段，对经济的发展非常重要。蒋先生认为便利贸易，就是先要极力开发交通，使全国各地有无相通，多寡相济，货物既得流通，福利因而普遍，国民经济生活便可繁荣畅茂，国家的经济力当然随之充实而发展。我们知道，铁路道路运河水道商港，都是交通的要件，不啻国家的动脉，对于国家生命的强健与发展，关系至巨。在从前海禁未开，闭关自守，一切自给自足的封建经济时代，还看不出交通的重要，近世纪以来，世界交通，日益发达，世界各国俨若毗邻。一个国家的事业、政治、经济、文化与社会之能否进步，以及整个国家的强弱，差不多完全决于交通之是否便利，所以开辟交通，尤为发展实业之急务。所以交通不但在经济上有重大的关系，同时在政治与国防上亦有更深远的意义。

蒋先生所倡导的国民经济建设运动，是基于上述经济观点而出发的，这些经济上的措施，都是应由国家通盘筹划，全体国民协力合作来完成经济建设，解决整个的国计民生问题。经济建设，既以国计民生为对象，所以蒋先生认为中国经济建设之着眼有二：一为充实国防需要，一为提高民众生活。复因国民经济建设运动的目标为：尽人力，辟地利，均供求，畅流通，以谋国民经济的健全发展。在积极方面应做到：(1) 增加生产数量，筹谋生活需要。(2) 增加工作机会，解决失业问题。(3) 增加输出产品，藉谋贸易平衡。(4) 保障投资安全，鼓励生产活动；在消极方面应做到：(1) 解除阻碍生产之外在原因（如捐税、产业法规、劳资关系等)。(2) 解除阻碍经济发展之内在原因（如缺乏经营方法与人才等)。(3) 解除阻滞货物流通之障碍（如交通、金融、运输制度等)。(4) 解除妨碍生产建设之心理的因素（如愚昧、迷信、保守、缺乏劳动习惯及漠视经济等)。

至于经济建设实施的项目，蒋先生认为应有以下各点：

(一) 振兴农业：凡制肥、选种、改良农作方法，活泼农业金融，流畅农产运销，悉以合作社为基础，指导并改进，以达到粮食自给自足为初步目标。一方面增加产业原料之生产量，同时提倡农产之就地加工制造。

(二) 鼓励垦牧：奖助大规模之移民垦荒与经营畜牧，实施军区屯垦制，利用集团劳力开发农利，恢复并增进牛羊马匹与农村各种副产物（如猪鱼鸡鸭之类）之生产，同时提倡各省所有荒弃土地之开垦与耕作，以地无旷土为目标。

（三）开发矿业：调查矿业状况及摧残束缚矿业发展之原因，改善矿业法规，鼓励矿业投资，扶助矿业之独立经营与自由发展，以开发天然之富源，而容纳众多之劳力。

（四）提倡征工：赞助政府实施征工制度，鼓励民众参加义务劳动，尤其开辟交通道路，修治水利，培植森林，开垦荒地等为征工之根本工作。同时实施兵工政策，与征工并行。以军队辅助各地征工工务之不足，并为建设地方公共工程之倡导。

（五）促进工业：对农村简易工业及农产品加工制造之简单工业，提倡就农村或其附近，按合作系统经营之。对于一般工业，由政府分别保护并奖励之。一面设立劳资调节机关，遇有劳资纠纷，予以公平调处，并须赋予该机关以最后强制执行之权，藉以保障企业之安全，与劳动者之工作。

（六）调节消费：统计各地，尤其农村消费品种类与数量，力谋供求之调济；必须消费者尽量自己生产之，不能生产者节约其消费。此项工作，须有当地职业团体及合作社协助进行，并须取得进口业同业公会之赞助。

（七）流畅货运：一方面尽量发展各县各省区间之道路交通，改进水陆货运，力谋货物流通之便利；一面设立各种重要地区之主要农产品。如棉、麦、米、茶、丝等之公共仓库与运销机关。

（八）整顿金融：鼓励民间之储蓄，活泼资金之融通，由政府执行健全之货币政策与汇兑政策，而人民衷诚拥护之。

蒋先生依据上述经济观点，复衡量当时的情况，说明现代化经济的要义，以为今日的三民主义的模范省及未来三民主义新中国的张本。现代经济的目的与我们现代化经济的前提，乃在均富与安和——避免资本制度财富不均，和消灭共产主义阶级斗争的流弊，乃为我们民生主义经济思想，所特具功能和属性的正确途径。

经济建设的起点是由于初期以农业为重点的建设，安定农村的经济，支持并促进工业发展；乃进而至于以工业为重点的建设，促进农、工、商业，并以促进国民经济建设。使人人能生活，人人享幸福，均富于民，藏富于民，乃为民生与国防之配合。平时在生产方面，必须发展交通，开辟地利，均供求，畅流通，谋取国际合作，提高生产技术，以求生产能量之增加。在分配方面，要使粮食利润的分配很平均，劳资工商的关系很合理，“货恶其弃于地也”，而力不必为己。在消费方面，满足食衣住行育乐的民生需要，并同时养成国民劳动、节俭、朴实的传统美德。在战时，应以增加生产，改进民生，动员经济，支持作战，以固国本，以争取利益为本务。

关于我国经济建设的最高理想，一方面是要在国内建设富裕的社会，另一方面是要促使世界经济改造，以臻世界大同之实现。蒋先生认为我们不能预知经济变化之事，我们中国古代的先知先觉，已经完全体会经济变化之理，《礼运》大同的经济思想，是中山先生所最推崇的，亦就是三民主义所要达到的最后经济目标。

民生主义经济的理想，是使“人民愈富，国家也愈富，社会成为安乐的社会”。蒋先生指出大同社会的生产，是努力开发资源，而以养民为目的，大同社会的劳力，是为社会而服务，而不是为工资而劳动。所以大同社会的经济制度，是以合作为基础，以服务为目的，这就是民生主义的经济制度了。大同世界的经济是依照最圆满的计划进行，生产者，为全民生活而生产；分配者，依各人需要而分配。那时候，人性发展至圆满的极限，没有人可以不劳而食，也没有人得不到工作的机会，这样就是所谓“老有所终，幼有所长，壮有所用，矜寡孤独废疾者皆有所养”的大同世界。

民生主义的经济思想，一方面希望将中国建设为大同的经济社会，另一方面则希望以民生为本位与计划经济为原则，促成世界思想和制度的改造。这便是走向世界大同的唯一道路。世界各国果能接受民生主义的经济思想，则可使人人以理性支配物欲，以利他为本务，则其功利的嗜欲必升化为道德的境地，然后才能树立新的经济制度，以为人类社会谋求永久的福祉，则大同社会的经济就可以实现了。

蒋先生的经济思想不是只见于著作和言论，更要付诸实践而发生建国的实际效果。追溯革命建国的历史，没有人不认为北伐成功以后的几年间，经济建设的成就是极为辉煌的。

我们必须从过去的成就来印证蒋先生经济思想之优越性；从未来认识蒋先生经济思想的宏远规模；也要从蒋经国先生领导的十项建设与计划性的自由经济政策来体会蒋先生经济思想的发扬和实践。

5. 文化思想

文化一词，范围甚广，且解释纷纭。蒋先生指出："所谓文化者，并不只是指狭义的文艺、文物、文学等而言，乃是涵盖了民族的精神、思想、心理、志节，以及政治的制度组织，社会的风气习尚，与伦理秉彝的道德，乃至人民的生活言行，以及青年的洒扫应对进退鞠躬，皆在文化范畴之内。"这些由前人求生存的活动，陶铸而成的生活模式，构成了人群的行为特质，内以涵养个人的品性，外以求人与人间关系的融洽和谐，共同为人群的生存而开物成务、创造发明的一切有形的迹象和无形的信念，而形成了民族文化。凡生在这领域里面的人，无分是土生的或是外来的，无不受其影响。因此蒋先生对文化的"化"字，特加重视。古人所谓"所存者神，所过者化"，又说"小德川流，大德敦化"，以及"圣神功化之极"，都是在说明文化，就是存神过化，日新又新的意思，而决不是保守复古，墨守成规，执一不化，其所可以叫做文化的。蒋先生对"充实而有光辉之谓大，大而化之之谓圣”两句话是十分崇敬。

蒋先生对文化的界说，如此的既深且广，把人类一切的活动都概括在内，所以人类文化才能日新又新，存神过化。日新又新在这里实有两层意思：其一是物质生活日益的改善；其二是品性陶冶日益的升高。物质生活的日益改善，就是要依靠我们的心力意志，去了解自然界的万有现象，开发物力资源，创造发明，以裕民生，使人类生活条件更为丰足，则民生必因生存环境的物质状况变迁而起因应，予以调适，这就是小德川流；品性陶冶的日益升高，就是人性的长成。“仁”心的培育发扬，陶铸成至大、至刚、至中、至正的文化特质，在人群中间完全地呈现表露，使每个人都能安心地工作、尽情的畅所欲言，基此以处理人群的事务，来解决全民的疑难，谋求国家民族的协同一致，这就是大德敦化了。这种大德小德都是以人性中道为依归，都是出于仁爱而归本于仁爱，是精神与物质兼容并包的道统文化，是天人一体，心物不二。基此以说“存神过化”，“圣神功化之极”，是中华民族绵延五千年的文化价值所在，也就是中华民族所赖以成长融合的张本。

我国有五千年悠久的历史，有光辉灿烂的传统文化。我国的传统文化，是以孔子的学说为中心，他是继承尧、舜、禹、汤、文、武、周公的道统，而集其大成，以后更是一脉相承，绵延至今。孙中山先生继承了我国的传统文化，并将它发扬光大，创立了博大精深的三民主义。

蒋先生称赞中山先生把中国传统文化又集一次大成，他说：“我中华民族文化，垂二千五百有余岁，至孔子始集其大成，故曰：‘天不生仲尼，万古如长夜！’而此尧、舜、禹、汤、文、武、周公、孔子圣圣相传之道统，屡为邪说诬民所毁伤，降至今日，民族不幸，竟遭此空前绝后之浩劫！而我五千年来，传统优秀之文化，几乎濒于熄灭而中绝，幸我国父诞生，乃有三民主义之发明，而道统文化又集一次之大成。”蒋先生又继承中山先生的文化思想，所以说蒋先生的文化思想，也就是三民主义的文化思想。蒋先生对于传统文化与三民主义的关系，曾经详加阐述，他说：“中华文化的精髓，就是以伦理、民主、科学为内涵的三民主义。因为伦理所以尽己之性，其本在于仁；民主所以尽人之性，其道在于义；而科学所以尽物之性，其效在于智。这种‘成己仁也’，‘成物智也’，而‘达人义也’的文化，就是我们中华民族的传统文化。”盖“伦理所以尽己之性”，故云伦理是民族主义的本质；“民主所以尽人之性”，故云民主是民权主义的本质；“科学所以尽物之性”，故云科学是民生主义的本质。而“尽己之性”的目的，在“尽人之性”；“尽人之性”的目的，又在“尽物之性”，实则“尽物之性”又是“尽己之性”的终极。

就中华文化“尽己之性”来讲，不就是伦理与道德的践履吗？就“尽人之性”来讲，不就是民主与自由的典范吗？就“尽物之性”来讲，不就是科学与建设的完成？再就民族主义来讲，它是由诚正修齐入手，达到民族平等，济弱扶倾，而是以伦理为根本为民所共有；就民权主义来讲，它是以主权在民，国家为民所治，而是以民主为规范；就民生主义来讲，它是求得正德、利用、厚生为民所共享，就是以科学为实质。由是我们可以明白三民主义是以天地万物一体的“仁”为中心，也就是把握着人性本源的“性之德”。三民主义的创立，是根据人类进化与人性长成而相应发展，就是说在人类进化中，人性一天天的提高，而文化随之一天天的雄厚；人性建立了仁爱中道的核心。而文化的创造则奠立了包容万有的和厚基础；所以能融合各个民族，而成为一个中华大国族。就今日世界形势而论，对独立自由的要求一天天的盛大，人权运动一天天的汹涌澎湃。由此可见，今日世界是一个人性觉悟的时代，未来世界的一切措施，必基于人性的要求，拟订处理的原则，终必形成仁爱中正的世界文化，所以三民主义的文化思想，是未来世界文化建设的指针。

蒋先生为维护中华五千年的传统文化，并为三民主义世纪开创新文化，于一九六〇年四月间领导教育界成立孔孟学会，以阐扬孔孟学说，复于一九六六年十一月十二日，“国父一百晋一诞辰纪念会”上，宣布每年十一月十二日为中华文化复兴节，揭开了中华文化复兴运动的序幕，再作一次昭示“伦理、民主、科学”为中华文化复兴的三大基础。海内海外同胞，同声相应，同气相求，汇聚成了一股强大的巨流，共同为文化的复兴而奋斗。蒋先生认为文化复兴运动，并不仅仅是要消极地维护优良的、保存光荣的文化传统，而重在发扬伦理、民主、科学的三民主义文化的光辉。我们中华民族，所以可大可久，历经五千年而不坠，就是由于我们以“仁”为本的民族文化，能绵延不绝，且能随时代潮流而策应进步，历久弥新，庄敬日强；因为我们的民族文化，根本就是一种智能、德性和群体的结晶。所以人性的尊严、个人的才智，都能得以充分发挥，它不仅是历史传统的继承，而亦是时代生活行为的具体表现。复兴文化，就是要提高我们国民的品德修养，人格尊严，信仰自由，修明心、物、群、己的关系，以增进人民的生活、民族的生存、国民的生计、群众的生命的基本条件，以促进民生的均富安和。换言之，民生是文化创造的动力，文化是民生历程的踪迹，所以中华复兴民族文化，就是实行三民主义，以增进全民的福祉。

蒋先生又昭示国人：我们今日所进行的中华文化复兴运动，不只是一时一地的运动，而乃是无分内外，全民一致，共同策勉，继续不辍，循绳墨以从事，秉真纯而专一，以仁为本的三民主义新文化的创造事业。

首先说明伦理的许多德目，是以孝为基础的。因为在家能孝敬父母，爱护弟妹，把这爱心推到社会上去，便能和睦邻里，体恤百姓，使大家都能和气相处，表露蓬勃的朝气，在相敬相让的气氛中，各人经营自己的生计，过着安乐的日子，这便是“仁”的具体表现。所以说：“孝弟也者，其为仁之本与！”这即是说，行“仁”必先自孝弟始，做到每个人都孝顺父母，慈爱子女，尊敬兄长，然后将这慈爱尊敬，施之于邻里乡党，广布于人群社会，使每人都能得到合情合理的照顾。所以今天伦理文化的复兴，固然是要看重内修自律的工夫，从生活规范做起，把伦理道德涵泳于日常生活之中，而亦当兼重社会的群体夹辅，使每个人都能受德性的熏陶，自己进于堂堂正正的领域里。蒋先生认为今天十分重要的，就是要激发一般人的同情心，化除他冷漠残忍、偏私为己的念头；鼓舞一般人的合群心，拯救他孤陋傲睨，固顽不化的弊端；培养一般人的自尊心和自信心，以祛除他的犹豫不进，旁待却顾，卑怯依赖的心理。使中国青年，都能明礼义、知廉耻，成为表征民族文化，践履民族道德的骨干，则我们的国家，无愧其有“礼义之邦”的雅号了。古人说：“礼义廉耻，国之四维。”这“礼义廉耻”的四维再加以“忠孝仁爱信义和平”的八德，都是我们民族文化的结晶，国民生活行为的具体表现，以及我们伦理文化的精神所在。这就是蒋先生所赞扬的“人不独亲其亲，不独子其子，使老有所终，壮有所用，幼有所长，矜寡孤独废疾者皆有所养，男有分，女有归”理想的大同社会。

民主的根本条件，是人民大众各依自己的意愿，处理与自己直接有关的事务，随自己切身的需要而做决定。管理众人之事的政府，必须以群众整体的利益着眼，所以说“民为贵”，又有“民为邦本，本固邦宁”的古训。因此大有为的政府，对内则“选贤与能，讲信修睦”；对外则“继绝举废，治乱持危”；无论远近大小的国家，都一视同仁，这就是“大道之行也，天下为公”。

“民主”与“自由”在中国传统文化中，已深植于人心。就是基于人性成长，与天赋的禀性而形成；自来就是理性的、自发的，而且是本然向上的。所以特别重视人格尊严，个性发展与群己关系的和谐；所谓化性起伪而不以强制为事。自从孙中山先生手创三民主义、五权宪法以来，则民主自由具体化而成为全民的权利，也就是全民的责任。防止民主自由的偏差与滥用，同心协力来贯彻民主宪政，推行廉能政治，使每个人不踰越民主自由的范围，也无不为民主自由而尽力，使我们的民主以礼德为基础，使我们的自由以守纪守法为准则，则我们的政治，在礼德守纪守法的制约下，秉全民的公意，成为责任的政治，以真正的民主自由，本固有的伦理道德，唤起全民的人性光辉。

科学，就是"系统之学，条理之学"，它有本末先后，终始一贯的理则；也可以说它是在万事万物中，抽取它的一部分，或者在一类中，抽出它的一分子，做精深而确切的分析研究，因其性质而重新组合创造，以应民生所需的科学。有生民以来，自尧、舜、禹、汤、文、武、周公，代代相因，以开物成务，"天工人其代之"地为民生造福。所以中山先生主张"建设之首要在民生"，而蒋先生更补充说："民生建设之首要，乃在于科学建设之发展与完成"。这就是说，民生所需之充裕而无短缺，必靠物质建设的开创制造，而物质建设，无不赖科学的研究发明。所以物质建设乃是努力一切自然科学之探讨，我们今天要迎头赶上近代科学的各种成就，不但要以科学的方法，开发资源，发展经济，来厚生养民，内以充实国力，外以抵御侵害；且要以科学的精神，作为每一个人为学、治事、修身、立业的准据，达到"人尽其才，地尽其利，物尽其用，货畅其流"的境地，所以科学不只是一个名词，一句口号，而是要成为一种全体人民的生活行动，全社会每一分子的基本常识，使科学化真正的成为正德、利用、厚生、修齐治平的文化建设。而科学的重要规则与目标，就是从业的人都要有条贯，有顺序地去探讨人与人、人与物、物与物间，一切事理的关系，使每个人本着伦理的规范，民主的原则，使自然界的每一事物，在众人的生活中，发挥它的高度效用。蒋先生指出，科学就是“正德、利用、厚生之道，故孔子以为政之急者，莫大于使民富且寿，而致富且寿之道，则均无贫，和无寡，安无倾耳”。能这样持续下去，达到“货恶其弃于地不必藏于已，力恶其不出于身，不必为己”，“衣养万物而不为主”的境地，这就是科学上以伦理的“仁”为中心，所发出之功效。正如蒋先生所说，“惟有科学能运用于民生事业上面，才能表现科学本能的伟大与可贵”，而民主与科学均应植基于伦理。由此可见，蒋先生所倡导的科学，其境界更超出一般人之上了。蒋先生毕生以宏扬传统文化为职志，在遗嘱中仍谆谆告诫“复兴民族文化”！

三民主义文化思想在世界上，无论过去与未来，都占着极重要的地位，过去对世界人类曾有很大的贡献，就物质文明方面来讲，我国很早首先发明了造纸和印刷术，使人类文化传播，不受时间和空间的限制；又发明了指南针，使人类得以横渡海洋，发现许多新的地方和新的事物；再就精神文明方面来说，孔子博大精深的仁爱思想，更为世界人类的灯塔。

二次大战以来的世界，由于科技发达，物质文明突飞猛进，人们忙于研究物质，追求物欲，自已本身反而在物质文明中被遗忘，以致物质文明与精神文明不能平衡发展，道德衰落，到处发生动乱的现象，唯有三民主义，才能挽救世界危机，消弭战祸，以增进世界人类的安全与幸福。

总之，蒋先生的文化思想，是以中国传统文化与三民主义思想为本源，也是三民主义文化建设的总指标，而三民主义的文化建设，又是继承我们中华五千年，以仁爱为中心的道统文化而扩充发扬，所以蒋先生的文化思想，就是中华五千年历史正统思想的延续，也就是领导未来世界文化建设的中心思想。

总上所述，证明了蒋先生“致广大而尽精微，极高明而道中庸”的文化思想，与三民主义的人性光辉，照耀着海内外每一个炎黄子孙的心，融合全人类文化于一家的日子，已在不远了。

6. 教育思想

蒋先生不但是一位军事思想家、政治思想家，同时也是一位教育思想家。他的教育思想绝不是一种空疏的理论，都是依据中国历史文化和世界教育思潮，而加以融会贯通研究实验的结果，由此而形成其整个的教育思想体系。他认为教育乃是国家民族的精神文化，亦即永久的生命根基之所托；教育的优劣成败，即是国家民族兴亡盛衰最大关键。所以教育不但是立国之大本，更是继往开来的神圣事业。所以要挽救民族，复兴文化，改造社会，培养民德，只有从教育入手，才能够收到真正的效果。

蒋先生对于教育的看法与一般教育学者不同，一般人只注重“教”的方面，而忽略了“育”。他则认为“教”与“育”必须同时并重，才算完全的教育，他指出“教”就是教导，“育”就是养育，合起来讲，教育就是一面教导，一面养育。“教”是着重一切学术技能与做人的道理之传授与实习而言，“育”是着重体魄精神道德和生活的保育与训练而言，“教”与“育”虽是两件事，但是彼此实有密切连带的关系，必须兼筹并顾，同时实施，然后才算是完全的教育。所以教育不但教而兼育，而且要以育为中心，实施寓教于育。

教育乃立国之大本，关系民族的盛衰，文化的绝续，已如上述，因此蒋先生认为时无论古今，地不分中外，任何国家转危为安，转弱为强，必须求人民心理之振奋，与社会风气之革新，此种根本工作，惟教育最为有效。若是一国教育根本失败了，国家丧失了灵魂，则不仅亡国而已，而且一定要灭种！所以蒋先生又认为无论那一个国家或民族，要想革命成功，臻于文明兴盛之域，第一件要紧的事情，就是改进教育。他更明白地说，就是一个国家的强弱，或一个民族的优劣，并不在乎军备之良窳，或武力之大小，而完全在乎文化的开塞，教育的高低。因为文化和教育是一个国家民族一切活力的源泉，而经济和武力，不过是一时的物质力量，前者是生长的，无限的，后者是机械的，有限的。教育的力量，比什么武器的力量都要大，所以一个国家民族，只要他们文化和教育优良高尚，没有不臻于文明兴盛之域而繁荣进展。

我们了解了教育的意义之后，再来研究教育的目标，就个人方面而言，教育的目的乃在使受教育者明白做人的道理，养成完美的德性与高尚的人格，在使其成为一个良好的国民，能够爱护国家，忠于国家。蒋先生认为教育最基本的任务，在于国民人格的陶冶。我们无论为学教人，无论在挽救国家复兴民族，都要首先发挥我们民族精神，提高我们国民道德，因此我们的教育，应以养成学生之健全人格为第一义。学术技能乃教育之末，而做人的道理，即人格道德，才是教育的根本。古人所谓“穷理尽性”，一般所谓“读书明理”，最重要的道理，就是做人的道理，所以我们的教育，一定要使受教者明白做人的道理，养成完美的德性与高尚之人格为本。我们既做了人，便要做一个良好的国民，便是尽忠于国家，要牺牲个人来报效国家和民族，以尽国民的责任。我们现在所要学的，就是这个为国牺牲的基本道理，和如何发挥牺牲精神之一切学问。就教的方面来讲，我们教育的目的，第一步自然是教他在天地之间，做一个真正的人；第二步成为一个良好的公民。总之，我们的教育是教他（她）们做个活活泼泼的好国民和堂堂正正的中国人。

就国家方面言，教育的目的乃在改造人心，建设国民心理，发扬民族精神，确立共同一致的中心信仰，实现三民主义。蒋先生又认为教育最重要的目的，就是在改造人心，亦就是要树立国民道德，改良社会风气。尤有进者，一个国家的教育问题，不只是如何增进一国国民的知识能力道德健康的问题，最主要的还是如何建立一国国民的共同信仰问题。具体言之，就是要如何使全国国民有共同一致的思想，有共同一致的感情，有共同一致的操守，在一个主义，一个国策之下，努力完成建国救国的神圣使命的问题。全国国民有了共同一致的信仰，才有努力的目标，有了共同的目标，才能产生浩然磅礴的建国救国的伟大力量。我们的教育宗旨，原是根据三民主义伦理、民主、科学的精神与内涵，以改进人民生活——强健其体力，提高其伦理道德，增进其科学知能，并以发扬民族文化与民主精神为目的。所以今后我们的教育应以民族文化为基点，以三民主义为准绳，研几穷理，唤醒我们的国魂，恢复民族自信心，并充实国家的生命力量，为首要目的。

教育既是国家百年大计和立国的根本，国家首先应确立教育方针，蒋先生认为教育如果事先没有一个正确的方针，我们教人就没有目的，教育出来的学生，究竟做怎样一种人？做怎样的一种事？都没有目标，这样就是无目的教育，是害人害国的教育。此外，国民的精神生活与物质生活，能否臻于健全合理，亦全视教育方针能否适应民族及时代的需要而定。由此可见确立教育方针是必要的。

什么是教育方针呢？所谓教育方针，就是达到教育目的的方向指针。教育方针之制订，必须第一应适合中国的特殊情形和需要；第二应适合中国现实环境和需要；第三要适合地方的特殊情形和需要。为适合此种需要，我们就要以革命救国的三民主义，为我们救国的最高基准。蒋先生认为三民主义各讲，都是我们中国教育宗旨与教育政策的根据。亦可以说一部三民主义就是中国教育的教范；其中民族主义各讲，就是中国文化与伦理教育的教范；民权主义各讲就是中国政治与法律教育的教范；民生主义各讲，就是经济与社会教育的教范。但三民主义的最高原理，是民生哲学，而孙中山先生一生奋斗，尤注重民生问题；蒋先生之所以要提倡民生主义的教育，就是体会中山先生关于教育的遗教，根据六艺教育的精神，把智育、德育、体育和群育四者综合起来，这就是我们教育人员所必须遵守的方针。

为什么我们要确定三民主义才是正确的教育方针呢？因为三民主义适合中国国情的需要。中山先生创立三民主义是继承尧、舜、禹、汤、文、武、周公、孔子的道统，并融会世界教育思潮，针对国际、政治、经济地位不平等的现实环境，来解决民族民权民生三大问题，所以三民主义才是最正确的教育方针，我们必须遵循实践才能达成教育的使命。但是我们所指的三民主义文化教育，不是说在大中学校里必须设置三民主义的科目而言，而是要以三民主义的思想精神，完全融洽于每一个学生的精神、思想、生活和各种学术、课程之中；而且我们所指的三民主义思想领导，亦并不是说只要探讨研究其理论体系就满足了的。而且要研究如何以我们民族主义的伦理精神、民权主义的民主精神、民生主义的博爱精神，来号召全国同胞，唤醒全国同胞，结合在三民主义之下，重建三民主义的新中国。

关于教育的内容，蒋先生认为要训练一个身心平衡、手脑并用、德智兼修、文武合一的健全国民，就必须使受教的人能够极力增进充分发挥其知识、道德、体魄和群性。简单地说，教育的内容，不外德育、智育、体育和群育四项。虽然德智体三育并进之说，为英人斯宾赛尔（H. Spencer, 1820—1903）所创，此实即我国古代的六艺教育，盖礼乐就是德育，射御就是体育，书数就是智育，与三育教育不谋而合，蒋先生针对改造中华民族习性的需要，增加群育一项，而创四育综合之说，他此项创见，是渊源于中国古代的“六艺”并适应中华民族实际需要，并非模拟斯氏之说。其理甚明。

蒋先生对四育的意义，迭有说明：智育就是智识技能的培养，德育就是品德人格的提高，体育就是精神体力的增强，群育就是团结亲爱互助合作习性之养成。这一点（指群育而言）是我们现在中国一般国民所最缺乏的习性，又是今后建设新社会新国家所必要的条件。总要先使一切受教的人认清自己个人，在团体、在社会与国家之中的地位和责任，养成随时随地相亲相爱，分工合作，群策群力来做事的习性，再使他身体能够健强；如此他一面晓得自己的责任，一面体格精神很好，当然他的道德可以高尚起来，知识能力也有所增进。足以做一个完全的现代国民。

蒋先生又指出要做独立自由的现代国家的国民，一定要完全受到这四育的陶冶，这四育合起来才是健全的教育，我们中国过去的学校教育为什么有升学主义、形式主义、孤立主义的缺点呢？就是因为过去的学校教育偏重智育，有时也提倡体育，但对于德育和群育都忽略了。要知道没有德育和群育，那智育不过是讲习一些科学的皮毛，对于个人、家庭、社会和国家没有什么裨益，更谈不上对世界人类有什么贡献。没有德育和群育，那体育不过是养成几个选手替他的学校争面子，做广告，对于国民身心的健康毫无关系。这种偏枯的教育，怎样替社会国家造就革命建国的人才呢？由此可见教育的内容以智、德、体、群四育为共同要旨，四者之中缺一不可，也唯有具备四育的教育，才能涵蕴教育的全部内容，才是健全的教育。

蒋先生对于六艺的精神曾作详细解释。所谓六艺就是礼、乐、射、御、书、数，这六艺实在是现代国民必须具备的修养和技能，也正是文武合一身心兼修的教育。蒋先生认为：所谓礼，乃统括持躬接物一切合理的态度与规矩而言。要做到无论饮食、起居、言语、举止，无时无地不是有规矩，守秩序，每天二十四小时生活，无不在礼之中。所谓乐，就是音乐，好音乐可以陶冶性情，振作精神，慰藉劳苦，和乐心志，使人生活调畅，情趣优美，无形中养成个人高尚的人格与社会纯正的风气。所谓射，在古时候就是射箭，是个人要学习的武艺，而且还要常举行盛大的射礼。到现在的枪炮发明，射字又指射击而言。这种技艺的修养关于民德民志与社会国家之兴衰也很重要。所谓御，便是讲骑马驾车，现在飞机发明，驾飞机、汽车、汽船也称为御，虽然前后工具与技术有所不同，而御的意义和重要仍无二致。此外所谓书、数二者，书是关于书写文学等；数是指数学、统计、测量和其它种种与数字相关的技艺，这是普通一般人都知道要注意的。由此可见，礼、乐、射、御、书、数六艺，是现代的教育重要内容，也是现代国民所不可或缺的智能。我们作为一个现代国民，必须遵守礼节，才能建立重秩序守纪律的国家；必须懂得音乐，才能实现完美的人生；必须熟练射技，才能具备卫国的艺能；必须熟悉御术，才能发挥人类全部的智能；必须具有阅读写作的技巧，才能表达意见以沟通彼此之心声；必须具备数字的观念和智能，才可以生存于现在这个事事物物都精益求精的科学昌明时代。今后我们从事教育的工作者，除了自己对六艺要有相当的素养外，必须将六艺的道理，传授于一般受教的人。而每个受教的人，都能懂礼乐，习射御，通书数，才能成为健全的人才，担负起建设现代新国家的任务。

教育既有教育的目的，则为达到目的起见，自不可不有适当之方法。关于教育方法，西方教育家讨论至详，惟各说纷纭，颇难辨其优劣是非。蒋先生认为教育之能否著有成效，又系于教育方法的良窳。他指出：我们一切教育训练，无论宗旨如何远大，内容如何详备，一切计划设备如何周到，其能否发生效力，获得预期的成果，完全要看他训练的精神如何，以及其所用的方法之得当不得当为断。可见训练方式与方法实为决定整个教育训练成败的主要因素，所以现代的教育，一定要用现代的方式与方法，否则，无论他的内容怎样进步，陈旧的方法，决不能发生新教育的效果。那么什么是现代教育方式和方法呢？他认为在教育方式上要把过去各种呆板、空虚的，就是“死”的教育训练，能变成“活”的、“生”的现代化的教育训练，关于蒋先生对现代教育方法的说明，可分为下列四点来阐述：

（一）以身作则：即古人所谓“身教”，孔子说：“其身正，不令而行，其身不正，虽令不从。”又说：“君子之德风，小人之德草，草上之风必偃。”以身教者从，以言教者讼。蒋先生所谓以身作则，就是古人所谓不言而教，也就是古人所谓“身教”，现在所谓“人格教育”，这种教育感化作用最大，它是要在不言不语之中，而收潜移默化之效。申言之，即教者从自己一切作为：饮食、起居、态度、语言、仪容等实际生活中，给予受教的人以种种良好的典型与善的启示（明示或暗示），以唤起一般受教者之同情与景仰，更自动地模仿而日趋于善。所以蒋先生认为教育的方法，最要紧的，是要拿我们自己的人格来感化学生。

（二）因材施教：教育的主要目的，在为国家培育人才，担当一切建设的责任。但人类的聪明才智各有不同，就以教育的对象必须要因材施教，才能使受教的人“人尽其才”，报效国家。蒋先生认为我们教育学生或部下，最要紧的就是要能将受教者的天资、人格、个性、经验和能力，分别得清清楚楚，然后分门别类，因其性格与资质而施教，才可收到事半功倍的效果。他指出训练的主旨，是根据训练对象而规定的，主办各种训练时，必须认清对象，才能定出适当的课程，使能得到“因材施教”的要旨，而使训练发生实效。由此可知“因材施教”是教育的重要方法。

（三）自动学习：求学问固然要靠师长的教导，但仍然要自己去用功夫，受教者应具备自动自觉的精神，养成自反自律的习惯，并祛除好高骛远的心理，能够切合实际，按部就班，由浅而深地去做。在不断的自我学习中求进步。蒋先生认为教育方法最重要的一点，就是希望受教者自己去研究，自己去管理，才有进步，不要只是靠着教育者来监督；否则，教育结果必定不好。所以我们学校的教育，要养成学生自动自治自强自立的精神和能力，造成真正的革命人格，我们教一般学生要做到个个要不管而自理，不教而自善，不助而自立，不勉而自成。只有培养这种自觉自动、自反自律的精神，才能收到教育最大的功能。

(四)教学做合一：古人所谓“学以致用”，求学的目的贵在实用，能实用的教育，就是“活”的教育，我们要将过去“死”的教育，变化为活的教育，使生活与教育打成一片，教学做合而为一。蒋先生认为“教”与“做”是不可分离的，如果只学而不做，坐而言不能起而行，任你学问理想如何好，也不相干，这种学问，就不是真正的学问。所以教、学和做应该合一。亦必如此，然后一切学问才能得心应手，运用自如。

蒋先生的教育思想，是知与行合为一体的教育思想，他说：“唯有能新能行——日新又新、实践笃行之教育，而后始有能新能行之政治，与能新能行之社会与国家。”

早在民国十六年一月，北伐进行期间，蒋先生即非常重视教育的实践，在江西教育讲习会议中指出教育与革命救国的关系和努力方向，就是要使学生能接受三民主义的教育，具有国家民族的知识，知道如何爱国，如何真正尽到国民的责任。

民国二十四年九月八日，蒋先生在峨嵋军训团讲《现代国家的生命力》时，指出现代国家的生命力，第一就是教育，第二就是经济，第三就是武力，后来又强调教育、经济、军事三者之中，教育尤为首要。

抗战以前，蒋先生对于教育方面，又创导“新生活运动”恢复民族固有道德，振作民心士气。至抗战开始之后，特别重视民族意识和爱国良知之激励。于民国二十八年三月颁布《国民精神总动员纲领》，集中全国的精神力量为救国建国而牺牲奋斗，使抗日战争获得生生不息的力量，终为最后的胜利，奠定了坚固的基础。

一九六七年六月二十七日，蒋先生在月会上指出："现在世界各国民智大启，我们已不能再满足于六年义务教育现状，要继耕者有其田政策推行成功之后，再加速推行九年义务教育。"并指出："此九年国民教育，应自五十七学年度起，先在台湾及金门地区实施。"这是我们教育史上划时代的措施，也是国家走向现代化的起点。由此可知，蒋先生不仅是一位教育思想家，更是一位"己立立人，己达达人"的教育实行家。

7. 伦理思想

三民主义的革命理想，乃以行"王道"于天下；革命任务，乃是施"仁政"于全国；所谓"王道"与"仁政"，就是我中华民族传统伦理精神的具体发挥。

什么是伦理呢？蒋先生曾有解释：伦就是类，理就是条理，引申为一切有条贯有脉络的条理。是说明人对人的关系，这中间包括分子对群体的关系，分子与分子间相互的关系，亦即个人对家庭、邻里、社会、国家和世界人类应该怎样做，阐明他各种关系上正常的态度，诉之于人类的理性而定出行为的标准。所以伦理，也就是人类行为的标准，具体言之，就是道德的重建与恢复。

伦理既然是讲人类应该怎样做人的道理，那么对人类是非常重要。蒋先生指出：在人群里面，个人与个人之间，个人与全体之间，自然有其共守的规则，而后群体的生命，才可以维持和发展。这种规则，在一方面是道德，在另方面是法律，这也就是说，为着社会生活的维持和发展，伦理是不可缺的因素，不过现代人类的生活，非常复杂，人们为了便于研究和管理起见，把社会生活的内容，分成许多部门来和伦理并列，其中如政治、经济、教育等等，对于人类社会生活发生直接而显著的影响，因而在一般人的心目中，反觉得伦理是居于次要的地位，尤其西方物质文明发达的后果，和唯物之说风行以来，金钱和物质的势力抬头，人们更觉得伦理迂阔空洞，可有可无，这是一个非常危险的现象。兹特就伦理与人生及社会各方面的关系，依据蒋先生的见解，略加说明，以显示伦理的重要。

蒋先生认为，凡是人类，必有他与生俱来的德性，爱父母、爱家庭，以及对于自身关系的同族国人的相爱恤，推而至爱人类，这实在是人类的天性。他又指出：凡是人类必须有恻隐、羞恶、辞让、是非之心，方得称之为人，否则就不能算人，亦就是非人了。我们人之所以为人，人之所以与其它动物不同，并非是因为他具备五官四肢，有了人的躯体，知道穿衣吃饭，过着人的生活，就可以叫做人；而是因为人有他的特殊灵性，有他的生活目的，知道做人的道理，能够发挥人类高尚的德性，向着高尚的目标迈进，而自觉自动地做成一个与禽兽绝不相同的境界。

蒋先生又认为，我们民族主义的基础，是以仁爱为中心，以道德为本位的，同时这道德力量，就是从家庭爱、国家爱、民族爱的伦理中，具体表现发扬出来的，这就是我们中华民族立足亚洲，屡经丧乱，仍能生存和发展的基本力量。所以伦理道德就是我们的民族灵魂，也就是我们民族的精神武器。

蒋先生指出伦理与法制不同，伦理是从人类本性上启发人的自觉，法制是代表着国家公共权力而带有强制性的；伦理不仅是指明某种行为是正当的，而且从人生的意义上去探求为什么这种行为是正当的；法制只是行为正当与不正当，不容许人们逃避其所当为或为其所不当为而已。所以伦理的制约比较法制更积极、更自然，亦更能深入于人心。此即伦理道德之特征，孔子说：“道之以政，齐之以刑，民免而无耻；道之以德，齐之以礼，有耻且格。”又说：“夫民教之以德，齐之以礼，则民有格心；教之以政，齐之以刑，则民有遁心。”此与蒋先生的见解，实有相通之处。

蒋先生的伦理思想，是渊源于中国固有的伦理思想，也就是以我国传统的伦理道德，来发扬新的民族精神，以建设国家至上、民族至上的新伦理基础，而表现我中华民族崇礼、尚义、明廉、知耻之伟大的民族特性。故在伦理的价值上，蒋先生以我国固有的伦理思想，去分别人与非人之不同，并指出人之所以为人的道理。在伦理关系上，蒋先生以五达道（即五伦），来阐明人与人之间的观念，并以之作为建立群己关系的标准。在伦理的德目，蒋先生以我国传统的三达德（智、仁、勇）、四端（仁、义、礼、智）、四维（礼、义、廉、耻）、八德（忠、孝、仁、爱、信、义、和、平）等德目，作为人类行为态度的标准，并以“公”与“诚”为人类伦理道德的最高理想和目的。从理论至实践，由个人推及群体，构成了一完整的伦理思想体系。

由上所述，可知伦理是维持社会生活和发展，绝不可或缺的要素。而伦理的内容是什么呢？依据蒋先生的思想体系分析，构成中国伦理的重要内容，在人群关系方面，那就是五达道（君臣、父子、夫妇、兄弟、朋友五伦）；在行为的标准方面，那就是三达德、四维、八德等德目。蒋先生的伦理观念，除了继承固有的伦理道德而加以发扬外，并赋予新的意义和新的评价。

（一）对五伦的新诠释：蒋先生认为五伦中的君臣关系，就现今情形来说，就是国民对国家（国民是臣，国家是君）或公务员对国民（公务员是臣，国民是君）的关系。在这种关系中，应当以忠的精神，就是要忠于国家，忠于国民，忠于所事。至于父子、夫妇、兄弟的家庭关系，现在更扩大之为邻里乡党的关系，亦要贯以孝悌、仁爱、和平的精神。至于朋友一伦，则应推广之为同志、对同胞的关系，而更应贯之以仁爱、信义、和平的精神，竭尽互助互信生死患难与共的本分。

（二）对三达德的新启示：蒋先生认为智仁勇三达德，就是代表民族精神和民族道德，同时也是中国国民党的革命道德和党德，他指出民生哲学基础的智仁勇，这是我们中国最具体的整个的民族精神，亦是一个整个的立国精神。所以我们不仅要勇，而且要智，更要仁。并认为中国国民党是革命党，革命党是在担负革命的责任的，因此，革命党又必有实践的最高道德。这个革命的道德是什么？就是孙中山先生所提示我们的“智、仁、勇”三达德，而且智和勇都涵摄于仁之中，如此我们的勇，才不致成暴，我们的智，才不致成为诈。蒋先生论及日本武士道的缺点，就是丢掉我们中国固有的道德智仁勇的仁字，所以虽能发挥其智与勇，亦终不免于失败。蒋先生又指出：智者之知必知仁，勇者之行必行仁。这种来统摄智勇的民族道德观，既非日本武士道所能及，亦非希腊派所说“知识即道德”。更非德国主义派所提倡的“强者道德”所可比拟。我们的民族道德，经过蒋先生这一番阐扬，不仅显得完美无缺，更发出了灿烂的光芒。

（三）对四维八德的阐发：蒋先生指出：中国国民道德的教范是忠孝仁爱信义和平，而中国立国的纲维是礼义廉耻。八德的意义，在现在来说，忠孝就是要忠于党国，忠于朋友，忠于上官和部下，孝敬我们的父母，敬重我们的祖先，扩而充之，就是要敬爱我们的民族和历史文化。仁爱，即是仁民爱物，亦即是爱国家爱百姓的道理。信义就是讲信实，讲道义，要有气节。至于和平的意义，就是我们要求为人类普遍的和平与进步而努力。

至于四维的涵义，蒋先生更予以切合时代需要的说明：礼就是理，理之在自然界者谓之定律，理之在社会中者谓之规律，理之在国家者，谓之纪律。人之行为，能以此三者为准绳，谓之守规矩，凡守规矩之行为谓之规规矩矩的态度，故谓礼是规规矩矩的态度，后来战时又释为严严整整的纪律。义就是宜，宜即人之正当行为。

依着礼，即合乎自然定律之社会规律与国家纪律者，就叫做正当行为。行而不正当，或知其正当而不为，皆不得为之义。故说义是正正当当的行为，后来在战时又释为慷慷慨慨的牺牲。廉就是明，能辨别是非的意思，合乎礼义为是，反乎礼义为非，知其是而取之，知其非而舍之，此之谓“清清白白的辨别”！后来在战时又解释为实实在在的节约，即要励行节俭省约，节制私人欲望，约束自己身心。耻就是知耻，即是羞恶之心；己之行为，若不合乎礼义与廉，而觉得可耻者，谓之羞；人之行为如不合乎礼义与廉，而觉得可耻者，谓之恶，惟羞恶之心，恒有过与不及之弊，故觉悟要在切实，有切实之羞，必图上进，有切实之恶，须力行洗雪，此之谓切切实实的觉悟，后来在战时又解释为轰轰烈烈的奋斗。

由上所述，可知蒋先生所讲的伦理道德，字面上虽然与古人所讲的完全相同，而内涵的意义则每有因时损益之处，务求适切与现代社会生活的需要，必须明辨及此，才能了解蒋先生的伦理思想，不是局限于农业社会小单位生活行为规范，而是适应科学时代工业社会的伦理思想，也才能体认出他的道德信仰，是继往而又开来。

(四)伦理道德的一贯性：蒋先生认为无论礼义廉耻，无论孝悌忠信，无论忠孝仁爱信义和平或智信仁勇严，虽然德目之多寡与文字之标示各不相同，而其所指之真实意义，都是互相包涵，互相关联，可以彼此发明，贯通一致的。依照蒋先生的见解，所谓礼，其实就是信，信包涵诚实、准确、信义诸义。义就是智仁勇的仁，廉就是智仁勇的智，耻就是勇。总之，智仁勇，完全与礼义廉耻相通，礼义廉耻完全是民族道德之体，信仁勇智可以说是民族道德之用。能够实践礼义廉耻的人，必定能够信仁勇智以达于极致。蒋先生指出，我们中国人五千年来历代圣哲与中山先生所讲的做人的道理，有八个德目，即是忠孝仁爱信义和平，这八个字必须统统完备，然后才能够算是一个人。但是怎样实践八德呢？我们知道这忠孝仁爱信义和平八个字，更可约为礼义廉耻四个字，如此不仅更能收到博而约之的效果，而且更易收到实际功用的要点。所以这八个字，讲得简易一点，就是礼义廉耻，再归结起说就是一个仁字，这个仁字，一方面是为人的意思，另一方面又当做人解释，仁是我们中国一切固有道德的中心，又可以说是统摄诸德的一个重要元德，为我们中国自尧、舜、禹、汤、文、武、周公、孔子，一直传下来的基本伦理，亦即中国数千年以来道统相承的中心。如果没有仁，一切的精神和道德，就不能整个地连贯起来。完成高尚纯洁圆满无缺的人格与至大至刚的气节；因为道本惟一，德必求全，一有偏缺，必走入歧途，得此失彼。所以一个人做人要知道这个仁字，才是礼义廉耻的结晶。

最后蒋先生强调“诚”字是做人做事，发挥伦理道德的基本动力，他认为无论要做人或要做事，尤其是要发挥“智信仁勇严”武德的力量，来完成复兴民族的革命大业，最要紧的基本条件，就是要做到一个诚心诚意的“诚”字，这个“诚”字的作用，乃是贯彻天下之五达道和智仁勇三达德的枢纽。所谓诚则明，诚通于智，诚者成己成物，诚通于仁，至诚无息，故唯诚乃勇。所以这个诚字，乃为智仁勇三达德所自出的原动力。蒋先生引用朱子的话：“五达道虽人所共由，然无是三达德（智仁勇），则无以行之，达德虽人所共德，然一有不诚，则人欲间之，而德非其德矣。”所以智仁勇三达德为行道之门，而至诚为行道之本。他把做人的道理，由忠孝仁爱信义和平，一约而为礼义廉耻，再约而为仁，再贯彻于诚，不但达到伦理的核心，而且直指出实践伦理的简要办法，他此种伦理思想，真是成己成物，一以贯之，民胞物与一体之仁的伦理思想。

蒋先生根据诸德的关联性和一贯性，针对民族的需要，特手订青年守则十二条，将我国固有道德的精神，全部贯注其中，所以青年守则就是四维八德的综合体，我们如能将十二条青年守则，一一努力实践，也就是实践我国固有的道德。蒋先生认为守则之订定，本来是根据我国固有的道德四维八德而来的，青年守则就是四维八德的综合体，亦就是统摄中国一切固有的道德精神。青年守则前五条所说："忠勇为爱国之本、孝顺为齐家之本、仁爱为接物之本、信义为立业之本、和平为处世之本"，是讲忠孝仁爱信义和平八德。以下第六条到第九条，这四条守则所规定，概括起来，就是顺次分别说明"礼义廉耻"四个字；第六条所讲"礼节为治事之本"，就是说礼；第七条"服从为负责之本"，就是指的义；第八条"勤俭为服务之本"，就是讲一个廉字；第九条"整洁为强身之本"，就是说明一个耻字。第十条以下各条的规定，这可以说是前面九条所说八德与四维之总结，而就其内容看来，亦就是"智、仁、勇"三达德的精神表现。守则第十条所说"助人为快乐之本"，这就是仁的表现；第十一条"学问为济世之本"，就是智的表现；第十二条"有恒为成功之本"，就是勇的表现。而最后"有恒为成功之本"之一条，又是贯彻全部守则的基本，而以勇敢坚毅为根本精神之所在。我们这十二条守则里面，首列忠勇爱国而殿之以有恒成功，是有深刻的用意的。因为中国原为家族主义最发达的国家，而忽视了整个国家民族的存亡；当然要首先以忠勇激励国人爱国家爱民族的思想，来挽救中华民族目前的大难。自孝顺齐家以至有恒成功，亦莫不以爱国为其最后的归宿。不过这忠勇、孝顺、仁爱、信义、和平、礼节、整洁、助人、学问的修养工夫，不能或作或辍，一暴十寒，必须持之以恒，贯彻始终，然后始克立身，始克成业，故以有恒成功，殿于青年守则之后，由此可见青年十二条，乃是首尾相照，自成一个完整的伦理思想体系。

所以这固有的道德是做人立国的基础。蒋先生曾指出：我们古来立国的基础，在道德的教范方面说，是以"礼义廉耻"为四维，但表现在行为方面，则以"忠孝仁爱"为中心。今天的时代正是要国民为国家尽忠，为民族尽孝的时候，正是我们国民发扬爱国爱民博爱的精神，来实现我们民族固有的道德，以抵抗强暴，消灭侵略的时候。际此国家民族存亡绝续之交，我们更应该发扬固有道德的精神，来复兴民族拯救国家。因之，蒋先生特别指出固有道德，是我们中华民族几千年遗留下来的立国精神，有了这个立国精神，才可延续民族生命，创立一个国家。由此可知，蒋先生是以固有道德为改造国民精神和生活的最高准则，使全国国民无论在思想上或行为上，都能以固有道德为依据，发扬民族传统德性，提高国民道德修养，由此达到复兴民族，建设国家的目的。

综合起来说，蒋先生的伦理思想，是以“仁”为中心，以诚为动力，就是爱国家、爱百姓，实行三民主义，也就是实行三民主义的仁政。

蒋先生对中国伦理道德，是以人文为中心，主张从“修身”做起。认为“行”统摄诸德，而完成人格。指出行是人生本然之天性，是实行良知。行的要素为智、仁、勇，行的目的在行仁。并说：“古今来宇宙之间，只有一个行字才能创造一切。”这是说明行是万有的本源，由此可知蒋先生行的道理所说的行，是天理、是人性、是良知、是诸德的根源，所以“行仁”可作为伦理的终极目标。

正因为如此，蒋先生民国二十三年提倡新生活运动，以为国人恢复伦理的基础。倡导力行哲学，以为实践伦理的方法。使大家从“知行合一”做起。抗战时期颁布《国民精神总动员》，此与新生活运动同一意义。一九四九年来台之后，对伦理方面的倡导极多，如对国民有：“国民公约”、“国民动员月会”、“革新、动员、战斗”。对军队有：“新武德”、“五大信念”。对教育有：对国民小学“生活与伦理”，国民中学“公民与道德”课程普遍设置。复于一九六六年国父一百晋一纪念会时，倡导中华文化复兴运动。勉励国人复兴中华文化。所以中国伦理道德之得以恢复者，实基于蒋先生振衰兴靡，积极倡导之功。

8. 军事思想

蒋先生的军事思想，渊源于我国传统的立国精神，和孙中山先生一贯的革命思想，并撷取中外兵学的精华，和指挥革命战争的经验，融合而成，体大思精，见解非凡。

在军事化的意义方面：过去一般研究军事学的人，总是偏重于形式主义，只讲外表的整齐严肃，而忽略了精神的内容。但是蒋先生的意见，却与此不同，他认为一个人只穿了军服，戴上军帽，不能算作军人，所以军事化的真义，乃是指无论个人或团体的一切，都要合乎军事的要求。就个人的生活来说，就是要彻底祛除腐败、虚伪、因循、迟滞、杂乱等恶习，养成勇敢、整齐、迅速、确实、简朴等优良的习惯。所以军事化亦即科学化、合理化。

在战术思想方面：过去一般军事家，不是偏重于精神，就是偏重于物质，而蒋先生对此二者，均予重视，他认为致胜的条件，虽然有赖于物质装备的精良，但比此更重要的，还是军事的精神，如武艺（礼、乐、射、御、书、数），武德（智、信、仁、勇、严），军魂（三民主义），军心（礼义廉耻与敌忾心）与军纪等是，这种见解在战术思想史上，占着很重要的地位。

在军事动作方面：过去学军事的人，不仅对之不加重视，而且所予的解释，也极肤浅。但是在蒋先生看来，绝对不同，他认为军事动作乃是军事训练的起点和重点，也可以说是军事训练的根本，即以“立正”一项而言，就是军事上最基本的一个姿势，其要诀是“身定”与“心定”交融为一。蒋先生在《科学的学庸》一书中，曾经指出，“身定之后，则能气定，气定之后，乃能神凝，神凝之后，才能静肃，静肃之后，长官才能教他，受教的人，才能专心致志，心领神会，切实做到，然后乃能达于至善的境地”，他以中国哲学的观点，来说明军事动作的奥义，确实具有独到的见解。

蒋先生又认为军事是一切学问事业的基础，尤其现在这个时代，任何国家与个人，如果不知道军事就根本不能生存于世界。所以我们如果要想保护我们的民族，以求永久继续生存于世界，便非有战争的技能不可，必须有战争的本领，才可救亡图存，复兴民族。我们国家民族近百年之所以受人侵略压迫，最主要的一个原因，就是我们军事落后，以致积弱不振，而毫不讳饰地说，根本上就是我们中国人不懂军事，由此可知军事的重要。

军事的要诀是什么？蒋先生认为就是一个“一”字，古人说“运用之妙，存乎一心”，意思就是说，专心不二，就能够获得运用之妙。古人说：“德惟一，动罔不吉，德二三，动罔不凶。”这里所指的德，应该不限于仅指狭义的道德而言，凡行道有德于心，运用能得其妙，都可叫做“德”。德一则吉，二三则凶，现在再拿我国简明切要的两句话来说明他，所谓“一”是什么？“一”就是贯注全神，集中一点。即所谓“神欲其定，心欲其定，气欲其定，体欲其定”。亦就是要定于一。我们懂得了这个要诀，有了这个本领，就可以带兵打仗，就可以成为一个军事专家。我们通常说指挥命令要统一，组织与编制要划一，动作与步伐要齐一，统率运用要归于一，以及万众一心，行动一致，要坚持奋斗，始终贯一，都是一的要诀的实用，是军事成功，打仗胜利，唯一有效的不二法门。所谓一的道理，就是古人所称：“犯三军之众，若使一人”，“齐勇若一，政之道也”。也就是战斗意志，必须求其团结一致。我们都知道，凡事都是成于一，败于二三的。所以说能一则“彼纷不纷，并力一向，我虑则一，谁敢侮予”。

蒋先生是一位军事家，也是一位身经百战的战争指导者，故对战争有一种深切的体验和认识，因此我们要明了蒋先生的军事思想，还要明了他对于战争的看法。蒋先生认为战争的发生，是为了争生存，所以他的战争思想，就是生存战争论。他认为在太古时，人兽杂处，生命保存的要求出自天性，各人谋各人的生存，就不得不有一番力战。他依据孙中山先生进化的观点，将历来人类的战争，分为三大类型：(1) 生存战争，亦即“人同兽争”；(2) 掠夺战争，亦即“人同人争，国同国争”；(3) 主义战争，亦即“善人同恶人争，公理与强权争”。在此三大类型的战争中，又无一不是为了争生存。

蒋先生基于生存战争论的观点，他指出战争的本质是仁爱，而战争的方法是残忍的。战争的目的是和平，而战争的手段是悲惨的，而且是野蛮的。因为战争的本质是仁爱，战争的目的是和平，所以蒋先生又指出：仁民爱物是军人唯一的宗旨，亦是军人至高无上的基本道德，也就是军人的本分。同时他又认为战争是不得已的，人生就是“立天、立地、立人”为本务。亦就是“为天地立心，为生民立命”。如果违反了这三个本性，亦就是违反了道心，那人类的纲纪就不能维持，整个世界与全体人类，将要覆灭。到了那个时候，如果要想尽人生的本务，就不能不有战争，这种战争就是我国所称“顺天应人”、“吊民伐罪”，与“以杀止杀”的行道战争。

但是战争的方法是残忍的，战争的手段是悲惨的、野蛮的，因此，蒋先生认为战争一经开始，就只有残忍对残忍，野蛮对野蛮，必须以比敌人更残忍的手段，来克制残忍的敌人，即必须忍受最悲惨的战况，才能主宰最野蛮的战场，来消灭这最不人道的战争，这样才能保卫民族的生命，恢复国家的主权，实行我们的三民主义，达成和平的目的。他又指出战争是阴性的，并不是徒恃阳刚的勇气所能取胜的，它是尚诡道的，常言说兵不厌诈，是奇正交互为用的。所以它的处理经过和机势变化，乃是至隐至微的，如果不能穷理研几，稍不留神，就会陷于至危的绝境。这也就是佛家所说的，不用霹雳手段，难显菩萨心肠了。

蒋先生又认为战争虽然是以暴力来实行仁义之道，但是它亦有促进人类文明的功能。自古以来，人类社会的文明，可以说多是战争的产物。每经一度战争，文明便有一次进步，所以有“无战争必无进步”之说。至于近代的一切物质文明的进步，战争影响之大，更为明显。此外战争也有服务人生的作用，蒋先生曾经指明：中国的政治哲学，在使战争与生产的技术，为人服务，为反对战争与生产技术来役使人生。因之，中国在强盛的时候，亚洲民族从没有经济侵略与政治兼并史实，亦不见有帝国主义与殖民地之分，这种政治哲学与政治道德，为欧洲近代社会所蔑视而不具。殊不知战争的终止，在于澄清战争的本源，而不在于限制战争的工具。孟子说：“杀人以梃与刃有以异乎？”弓矢的杀人与飞机大炮的杀人，又有什么分别？更不知人类科学的进步，本以服务人生为动机，科学发明的滥用，致令人类因科学的进步而增加残忍，并不是科学的罪恶，而是我们中国高尚伟大的政治哲学不昌明，深远悠久的政治思想未树立的原因。蒋先生以为第二次世界大战的结束，必须同时为技术役使人生的制度和思想的结束，将可奠定永久的和平，而向大同世界迈进一步。

关于战争的要素：蒋先生认为战争的要素归纳起来不过两端：一是精神，一是物质。如果这两个要素，缺了一个，打仗一定不容易胜利，如果这两个要素一样都没有，那一定被消灭，这两个要素究竟何种为重？蒋先生指出：中山先生常说，精神与物质相辅为用，两相比较，精神能力实居其九，物质能力仅得其一。他自己认为，战争胜负的因素，关于精神方面，至少为十之七，关于物质方面的，最多为十之三。并且应该知道精神对物质的关系，不是相加，而是相乘。古今中外无论那个被侵略的国家，被侵略的民族，虽然在武力物质方面赶不上侵略的强敌，但是他自己能够自立自强，起而自卫，一定可以抵抗侵略的国家，而获得最后的胜利。

至于战争的形式：分析起来，亦不外两种，即有形的战争与无形的战争。而战争不仅限于有形之军事，而农工商业之战，与乎科学经济之战，实较军事武力的战争其效力更大。有形战争与无形战争的关系，实如车之双轮，鸟之两翼，二者相辅而不可分离。但如从其发生言之，则有形战争，实来自无形战争。大家都以为目前之战争为战争，而不知今日之战争，乃在数十年以前无形中早已开始，不过发生于今日罢了。蒋先生这种见解，确有独到之处。

此外培养干部对于军事、哲学、科学、兵学结合于战争艺术化的军事思想体系，更是博大精深，卓越透彻。蒋先生指出：革命军人，不单是仅仅讲求学问和技能就行了，最要紧的是讲求品德和精神的修养；因为革命干部尤其高级干部，最基本的要求，就是要能富有极高度的感召和统御力，所以从营、团长起，一直到最高层的指挥官，都不是仅仅懂一点军事学术和科学方法技能，就能够胜任的；我们必须在科学上，更要追求一种精神的品德修养。蒋先生认为大家能多一分德业的磨练，才能多一分胜利的把握。他又指出，我们今后的军事教育，应该是哲学、科学、兵学三者相互联结、相互贯通的教育，因此哲学是我们精神修养的依据，科学是我们国防建设的依据，而兵学则是我们战争遂行的依据。如果没有哲学，那战争就没有精神力的支撑，这样虽有兵学、科学，必将失其凭依；而且哲学实为科学、兵学致用之本，一种没有哲学做基础的兵学、科学，也就等于无本之木、无源之水一样，其教育就失去灵魂了。但是没有科学，那国防与战争的各种问题，就不能有效地实施，尤其是物质条件，如果没有科学，那根本无从建设；但是没有兵学，那战争也就失去了遂行的手段，所以惟有三者联结贯通，才能对于一切军事与战争，左右逢源，运用自如，入于战争艺术化的最高境界。

由此可知，蒋先生的军事思想，已超过过去纯粹武力战的狭隘范围，发展为军事哲学、军事科学、军事艺术三大思想体系。三者紧密关联，互为表里，互为体用。由蒋先生对哲学的深刻体认，故能正确地理解战争本质和形态，适切控制战争和指挥战争。所以军事哲学是他战争思想的基础；又由于他对军事科学的重视倡导，一方面要求战争技术的科学化，另一方面要求军队生活、行动、训练、行政工作和战斗指挥的科学化，使每一个战斗员的生活、言行、处事，都能够合乎现代化的标准，科学化的规律，可以说是蒋先生国防建军思想的依据，由于他强调军事艺术，主张在哲学的涵义和科学的凭借之中，战斗手段的行使，仍然有赖于运用之妙——军事艺术的发挥。他认为在战争中形成力量的是物质，而发挥力量的则是精神。所以军事艺术化，乃在军事科学化更进步更纯熟的结果。其特质在创新，其要领在主动，具体地说，蒋先生指出，作为一个指挥官，应该凭借灵感、智慧与意志力，使战力发挥至最大限度！进而因敌之情、因敌之变而取胜，亦即强调争于心，而不争于力；争于己，而不争于人，才能冲破困苦艰危，转不可能为可能。这种强调发挥天才创意，重视战争无形要素的着意，实为东方兵学的特色，亦为蒋先生用兵思想的中心。

最后，我们来研究蒋先生的国防思想，他指出：我们要保卫国家民族，要保卫社会与我们自身，必须要有巩固的国防，否则国家不能存在，民族不能自由，而个人的一切，亦无所寄托。所以国防为国家生命之所系，而无国防，即无国家。什么是国防？蒋先生认为国防的涵义，系指保卫其国家——领土、人民、主权所采取的一种战争的准备之谓。我们更可以简单地说，国防就是战争，但这里所指的战争，是指涵有政治的、经济的、文化的诸种联合作为的战争之意义，故国防思想决不是单独的军事国防而言。

关于国防思想，蒋先生以为，不仅现在战争之手段为总体战争，我们中国自古以来战争观念也是如此。比如管子所说的“为兵之数，存乎聚财，而财无敌”，这就是经济战。“存乎政教，而政教无敌”，这就是思想战、文化战。“存乎遍知天下，而遍知天下无敌”，这就是外交战。“存乎明于机数，而明于机数无敌”，这就是谋略战、情报战。至于“作内政而寓军令”，则更是全面战的准备。这些都说明了中国古代的国防，并非纯军事而言。

讲到国防的基本观念，蒋先生所希望大家一致了解的，即是国防为保卫国家而设，国防的范围及于全国的领土与人民，国防所凭借者，是国民保卫其国家而采取的强力行为——战争。反之，亦可同时了解，没有国防，就没有国家可言，而且没有国民的生存可言，没有国防建设，就没有国家建设，而国家建设，实应为国利民福的建设，换言之，亦就是为国防建设而建设。故唯建设处处能为国防着眼者，与处处能为战争之准备者，始能保持其国民的幸福，亦方得保障其国家的安全与民族的生存。

国防的种类，就性质上来分，蒋先生认为应区别为三类，即：就作战上之关系，可分为攻势国防与守势国防；就防守上之关系，可分为全面国防与局地国防；就地势上之关系，可分为陆主国防与海主国防。然而我国应采取何种国防呢？蒋先生又认为，当区别国防种类之际，务先注意于国防本意之所在，乃可巩固国境，捍卫国土，不使敌国有尺寸侵犯于其间，为第一要着。就三民主义的国防原理而言，与我国固有的传统政治哲学，及一向爱好和平的民族言，我们的国防建设的本意，应为守势国防而非攻势国防，是陆主国防而非海主国防，是全面国防而非局地国防，这才是我们建设的最高原则。

国防不能离开战争而独立，战争一进步，国防亦应随之进步。故战争的内容，亦即国防的内容，蒋先生认为现代战争是总体战争，是国家一切人力物力总决战，故欲求得战争的胜利，必须将全国上下精神物质总动员。如欲实施思想战，必先建立精神国防，欲实施总体战争，一定要建立总体的国防，所以蒋先生指出：我们了解国防之手段在战争，又了解现在战争为政治的、经济的、文化的和军事的总体战争。就当更进一步的了解在国防研究上所为的战争研究与准备。必须以总体战争作目标，分别向政治战争、经济战争、文化战争，以至外交战争、情报战争、谋略战争……等各方面来研究来准备，同时还必须使每一战争之间的机警与箭头，都能相互配合，交织并进，以达到总体战争的目的，这就是现代国防建设的总方针。

蒋先生不仅是一位军事的思想家，同时也是一位军事的实行家。对于国民革命军的建军实务，均为亲自擘画督教，无论国防政策、建军目标和计划、军制、教育、训练、人事、情报、作战、后勤、政战，都已奠定了宏大的规模和坚定的基础。不过蒋先生强调建军的根本问题，除制度、组织、编装、法规、纪律、教育、训练以外，最根本的条件莫过于军人的思想、精神、性格、行动和风气，对于建军成败关系更为重大。因之蒋先生特别重视军队部的教育、参谋人员的裁成、统御领导的能力与方法的渐磨长养和精神战力的培养发挥。

参考书目

《民国十五年以前之蒋介石先生》（卷四），毛思诚著，陈布雷校订，秦孝仪重校，“中央文物供应社”，一九七一年十月重印。

《复廖仲恺书》（二）——一九二四年三月十四日函。

《自述研究革命哲学经过的阶段》，一九三二年五月十六日在南京中央军官学校讲。

《革命哲学的重要》，一九三二年五月二十三日在南京中央军官学校讲。

《科学的学庸》（包括大学之道上下、中庸要旨、政治的道理），一九四四年九月十一日在庐山军官团讲，一九六九年八月在阳明山第四次订正。

《科学的道理》（原名《科学精神与科学方法》），一九三五年一月二十八日讲。

《救国必须实施文武合一术德兼修的教育》，一九三五年六月十七日在成都四川省党部讲。

《为学之目的与教育之要义》，一九三五年七月一日在成都四川大学讲。

《国父遗教概要》，一九三五年九月十四日在峨嵋军训团讲。

《国民经济建设运动之意义及实施》，一九三五年十月十四日发表。

《救国教育》，一九三七年七月五日在庐山暑期训练团讲。

《行的道理》（行的哲学），一九三九年三月十五日讲。
《中国经济学说》，一九四三年发表。
《中国之命运》，一九四三年三月二日在重庆发表。
《对于设计与考核工作之指示》，一九四三年三月二日对中央设计联席会议讲。
《科学办事方法的示范》，一九五二年二月二日对参观军事动员演习人员讲。
《三民主义的本质》，一九五二七月七日在夏令讲习会讲。
《反共抗俄基本论》，一九五二年十月十六日发表。
《孙子兵学与古代作战原则及今日战争艺术化的意义之阐明》（上下），一九五三年六月一日主持"国防"大学联合作战系第X期学员毕业典礼讲，及同年七月十一日主持陆军指挥参谋学校将官班第X期学员毕业典礼讲。
《民生主义育乐两篇补述》，一九五三年十一月发表。
《苏俄在中国》，.一九五六年十二月发表。"国防研究院"、中华大典编印会合作。一九六八年三月三版。
《中山楼中华文化堂落成纪念文》，一九六六年十一月十二日发表。
《科学的道理续编》（科学的行政管理方法、和革命工作企业化的精神），一九六九年二月二十四日主持国父纪念周讲词增订本。

陈大齐

沈清松 著

目　录

一、生平与著述

陈大齐，字百年，浙江省海盐县人，生于清光绪十三年（公元一八八七年）。六岁入邻家私塾就读，初读《千字文》、继读四书、五经，计凡八载。十四岁，随父至上海，进江南制造局附设广方言馆，读英文与中文课程，计三年。

清光绪二十九年夏，时年十七岁，东渡日本，先在东京补习学校学习日文，并补习数理。至清光绪三十二年夏，考取日本仙台第二高等学校，在校中习英文、德文及法律、经济等学科。清宣统一年夏，时先生二十三岁，在仙台第二高等学校毕业，升入东京帝国大学文科哲学门。当时该学门分主、辅二科，由于受心理学家元良勇次郎教授影响甚大，又对理则学感到浓厚兴趣，于是选心理学为主科，以理则学、社会学为辅科。

至一九一二年夏天，从东京帝国大学毕业，时年二十六岁。毕业后，旋即返国，先出任浙江高等学校校长，历半载。次年春，任北京法政专门学校预科教授，讲授心理学与理则学。一九一四年，转教北京大学，讲授哲学概论、心理学与理则学，其后又讲授认识论。一九一九年，出版《心理学大纲》一书，为北京大学丛书之一，由商务印书馆出版，介绍当时心理学知识，兼采德国冯德（Wilhelm Wundt）与美国詹姆士（William James）学说。又在新潮社出版短篇论文集《心理与迷信》一书，以心理学知识解释若干迷信现象，其主要目的在破除当时提倡的灵学。此外又由北京大学出版社出《哲学概论》一书，分《形而上学》及《认识论》两编，采用心物一元论及实在主义论点。

陈大齐从大学时代以心理学为主科，到后来的研究与教学，有逐渐转向以理则学为主要研究兴趣的趋势。对于这样的转变，他在《八十二岁自述》中有以下简单的解释：

我在大学内所修习的主科，是心理学。我之所以选心理学为主科，是因为当时的心理学已逐渐摆脱哲学的羁绊而步入了科学的范围。回国后最初担任的功课，亦以心理学为主。其后研习的兴趣逐渐转移到理则学，终且放弃了心理学，不复担任普通心理学的功课。其所以放弃心理学有主观与客观两方面的原因。在主观方面，我的生理学知识太差，在心理学研究上增加了许多困难。在客观方面，任教的学校当时还没有心理实验的设备，无从作实验的研究。理则学教人如何培养正确的思考与如何躲避错误的推测，教人脚踏实地以从事学问，故有学问的学问之称。我既有志于学问，自当对此多多留意，遂引起了研究的兴趣。兴趣转移以后，在授课方面亦以讲授理则学为主。

一九二一年秋，陈大齐赴德国柏林大学研究，对西洋哲学认识益深。次年返国，任北京大学哲学系教授兼系主任。一九二七年，任北大教务长。越明年，任考试院首任秘书长，参加考试院筹备工作，协助院长戴季陶建立考铨制度，贡献良多。

一九二九年，国民政府仿效法国，施行大学区制，于是成立北平大学区。成立之初，学潮汹涌。此时，北平大学文、理、法三学院合并组成独立的北大学院，由陈大齐担任北大学院院长。越明年，大学区制撤销，北京大学复校，国民政府原拟聘蔡元培为北京大学校长，然而，蔡元培以已担任中央研究院院长之职，不克兼顾为由固辞。于是，陈大齐受聘为代理校长，直至一九三一年春辞职，返京任考试院秘书长旧职。

一九三二年冬，陈大齐转任考试院的考选委员会副委员长。越明年，再升考试院考选委员会委员长。公余之暇，陈大齐仍勤于学术研究，为了对理则学有完整之认识，觉得有必要兼通西洋、中国、印度三系理则学；又因为他认为印度的因明学体系较为完整，会比中国名学容易入手，为此先行探讨印度因明学，并用文言文写成《因明大疏蠡测》，于一九三八年先以油印方式，分送同好，直到一九四五年始付铅印。此书用理则学的学理整理并阐发唐僧窥基所撰《因明入正理疏》大意。整理的目的，诚如作者在序言中所言，在于"紊者理之，似者正之，晦者显之，缺者足之，散者合之，违者通之"。从此开出对于印度理则思想的研究路线。在《八十二岁自述》中，陈大齐对此有如下的说明：

西方的逻辑、印度的因明、中国的名学，在理则学的发源上，可谓鼎足而三。我对西方的理则学有了大体的了解后，遂想进而一窥东方的理则学，俾能认识理则学的全貌。印度的因明，体系相当完整，妄以为研习起来，必较中国的名学容易，故先从因明入手。

其后，陈大齐为训练全国公务人员的思考与判断能力的需要，又完成《实用理则学八讲》，由中国文化服务社于一九四三年出版。该书以契合事实、辨别同异、众端参观为思想三要。书中的理论叙述，多延引中国古籍以为例证，由可见此时陈大齐已开始进行对中国名学的留意。此后，他又陆续完成《儿童心理学大意》、《审判心理学大意》、《逻辑大意》等译著。

至一九四八年夏，考选委员会改组为考选部，陈大齐请辞，改聘为总统府国策顾问。一九四八年，大陆变色，陈大齐随国民政府来台，初任教于台湾大学，讲授理则学，并就《因明大疏蠡测》所讨论之窥基《因明入正理疏》为本，更增引西方理则学方法，用白话文语体，写成《印度理则学》一书，于一九五二年出版。次年，又改写原出版之《实用理则学八讲》为《实用理则学》一书，于远东图书公司出版。

在这段期间，陈大齐已将研究兴趣转向中国名学，研读先秦及汉代诸子，并先从探讨荀子名学开始，兼及于其心理、天论与性恶诸说，最后并扩及整个古典儒家哲学，尤其是孔子思想。对此，他在《八十二岁自述》中有如下的说明：

因明的研读告一段落后，更欲一窥中国的名学，乃于公余之暇，取先秦及汉代诸子加以研读。……诸子中对于名学最有贡献的，首推墨子与荀子。《墨子》有关名理的部分，因为我的文字学根柢太差，不能读懂，虽尝对于《小取篇》有所阐述，对于《经上、下》及《经说上、下》，未敢妄赞一辞。《荀子》较为易读，尝取其所说名理部分，撰为《荀子名学发凡》一文。……名学与心理学有关，荀子说及心理的处所甚多，且甚具特色，遂引起了我研究的兴趣，…… 荀子的天论与性恶论，亦颇饶特色，甚有探索的价值，遂展开为荀子思想的全面研究。

在这段期间，陈大齐也撰成《孟子性善说与荀子性恶说的比较研究》，于一九五三年由“中央文物供应社”出版。并于一九五四年完成《荀子学说》一书，由中华文化出版事业委员会出版。该书将荀子思想整理为一较有系统的学说，称之为“实用的理智的人为主义”。

一九五四年秋天，政治大学在台复校，先恢复研究部，设公民教育研究所、行政研究所、国际关系研究所、新闻研究所等四所，并由教育部门派陈大齐为代理校长，至一九五五年四月一日奉“总统”①* 令真除。虽然复校初期，校务繁忙，他仍勉力完成多篇文字，后来收入《名理论丛》一书，于一九五七年在正中书局印行。次年，又完成《孔子学说论集》。由此可见其为学不倦，不知老之将至的精神。

一九五九年，陈大齐以年岁已高，坚辞政大校长，经核准，改为政大专任教授，讲授孔孟哲学，校长遗缺由刘季洪继任。越明年，孔孟学会成立于台北，并推选陈大齐为理事长，尔后又屡次连任，直到一九七一年因年迈辞去该职为止，对会务之推展，贡献甚大。

陈百年晚年著述依然甚勤，大体上皆环绕孔子思想进行研究。一九六四年，由“国家长期发展科学委员”会资助，完成《孔子学说》一书。该书旨在以孔子原典为本，发掘孔子思想本来面目，构成一有条理的体系，阐述孔子仁义并重之思想，称之为“仁义合一主义”。由荀子转而研究孔子，他在自述中也有交代：

> 荀子所最推崇的，是孔子，荀子思想的渊源，是孔子的思想，研究荀子，自不免兼及孔子。故在研究荀子时，常常翻阅《论语》，期与荀子思想相印证。一经咀嚼孔子的言论，深觉其精深而平实，不涉玄虚，博大而周密，不涉放荡。其思想、其人格，确是为万世师表。故于《荀子学说》写成以后，即专心致力于孔子思想的研究。

陈大齐至晚年仍然勤于著述，无所间断。即使在一九六七年自政大退休之后，仍继续完成《论语臆解》、《孟子的名理思想及其辩说实况》、《浅见集》（以上一九六八年）、《因明入正理论悟他门浅释》（一九七〇年）、《平凡的道德观》（一九七一年）诸书。即使到了九十

* 简体版加以引号。

岁之后，年老体衰，加上身患肺气肿，身形俱衰，仍继续完成《耕耘小获》（一九七六年）、《大众理则学》（一九七八年）、《孟子待解录》（一九八〇年）、《论语选粹今译》、《孔子言论贯通集》（以上一九八一年）诸书。

一九八三年元月八日凌晨因肺气肿发作，送医无效，于二时二十分与世长辞，享年九十七岁。

二、陈大齐的学术思想

按照陈大齐在《八十二岁自述》中的分期，认为他自己的为学历程，可以划分如下：

以研习的对象为分期标准，可分四期：初为心理学与理则学时期，次为因明时期，再次为荀子时期，末为孔子时期。以研习的效用为分期标准，可分为二期：初为稗贩时期，后为加工时期。在前一时期内，有如零售的商店，只致力于介绍些国外现成的学说，至多亦不过略加品评而已。在后一时期，有如加工的工厂，取国内古代传下来的宝贵资料，致力整理，比诸稗贩，多费了一些心力，亦稍稍表现了自己的辛劳。后一时期始于《因明大疏》的研读，继续至《论语》的研读。我的研习以加工为最高峰，至于自制新品，则力有未逮。

在以上的自述中，虽多谦退之词，然大体上可以看出陈大齐自我定位的思想发展阶段。其中，所谓“心理学与理则学时期”大致合乎其所谓“稗贩时期”，然自其“因明时期”起，则是其所谓“加工时期”。其中，“荀子时期”和“孔子时期”可以合并为“古典儒家研究期”。因为孔、孟、荀皆属古典儒家，宜合而论之，且陈大齐在此时期亦研究孟子，有《孟子待解录》一书（一九八〇年）问世。观其所论，遍及孔、孟、荀三家，合而为完整之古典儒家研究。基于此，其为学的最后一时期，可称为“古典儒家研究期”。

整体说来，陈大齐的学术思想可以分为以下三类：

第一类心理学与理则学研究：著有《心理学大纲》、《心理与迷信》、《哲学概论》、《实用理则学八讲》、《实用理则学》、《名理论丛》、《大众理则学》等书。大致完成于第一阶段，但仍有在后来继续论述出版者。

第二类印度理则学研究：著有《因明大疏蠡测》、《印度理则学》等书，晚年又补上《因明入正理论悟他门浅释》一书。这一类大致完成于第二阶段，但《因明入正理论悟他门浅释》一书于晚年出版。这类研究开启了国内学界对印度因明学的研究途径，甚为可贵，惜未蔚而成风，此一路线的研究其后未有更大的后续发展与累积。

第三类古典儒学研究：著有《孟子性善说与荀子性恶说的比较研究》、《荀子学说》、《孔子学说》、《论语臆解》、《浅见集》、《平凡的道德观》、《耕耘小获》、《孟子待解录》、《论语选粹今译》、《孔子言论贯通集》等书。这可以说是他来到台湾以后致力研究而有成就的研究方向，也是陈大齐的思想影响较大的部分，由于其在名理与论证上的严谨，在当代儒学研究中自辟蹊径，对国内外儒学研究皆有其影响。

由上可见，陈大齐的学术思想之发展有其连续性。大体上，对于理则学与名理的兴趣一直贯穿他一生的学术研究，以作为其方法学与论证的依据，并据此延伸到对于印度理则学和古典儒学的研究上。这也是使他的研究更接近科学，更具有学术的严谨性之原因所在。也正是因为如此，他对儒学的研究成果，在当代学界中有其不容忽视的价值。以下兹分三点来讨论陈大齐的学术贡献：

1. 理则学的基本要求与学术规范

2. 因明研究之贡献

3. 古典儒学研究之贡献

1. 理则学的基本要求与学术规范

陈大齐有所谓“思想三要”之说，认为这是“理则学的基本要求”，亦是“理则学上一切规则所生的根柢”。这思想三要是他所谓的“契合事实”、“辨别同异”、“众端参观”。兹分述如下：

（1）契合事实：陈大齐认为，所谓“真”与“是”，即是契合事实的意思，所谓“伪”与“非”，即是不合事实的意思。不过，陈百年之所谓“事实”，不但像“有些猪是黑的”这种经验上的肯定是事实，而且像 2+2=4 这种数学命题也是事实。至于说“一切猪是黑的”则不合事实，而 2+2=5 亦非事实。由此可见，陈大齐所谓“事实”，其实就是“真理”（truth）的意思，而且对他而言，“真理”分两种，一种是符合经验，一种是合乎逻辑或数学的要求。就此而言，陈大齐所谓的真，是属于“符应的真理观”（truth as correspondence），但是他尚未考虑及现象学所谓“开显的真理观”（truth as manifestation）。

（2）辨别同异：基本上是要重视“比较”，而且注意比较的“观点”与所比较事物的“类别”归属。陈大齐认为世间事物，没有完全相同的，亦没有完全相异的，同中一定有异，异中一定有同。若越在大处着眼，越可见其同；若越着眼于小，则越可见其异。但是，应如何分辨其同异呢？他认为必须注意两点。其一是种与类的问题，例如，马与牛固然分属不同的种，但它们都属哺乳类动物。其二是分辨同异，需注意分际，而分际是以“论旨”为转移的。前者指的是所比较事物的类别归属，而后者所指的则是比较的观点。

(3) 众端参观：这是陈大齐特殊的用语，其意即是要面面俱到，不偏一隅，其实也就是要“顾及整体”或要进行“整体化”(totalization)的意思。这表示必须进行完整的归纳，——其实归纳法是永远不会完整的，人只能尽可能完整的归纳——再透过思想作概括的论断，此外必须注意每件事中隐微的利害，并且参考反对与怀疑的意见。陈大齐特别指出，在会议讨论中，赞成的意见往往是没有多大价值的，至多只能增强原案设计者的信心；但反对与怀疑的意见反而有价值，因其有助于见到原案的设计者未顾及或虽顾及却未重视的方面。

以上三点也可视为陈大齐的逻辑哲学(philosophy of logic)，也可视为他对于思想与为学的基本规范。后来在《名理论丛》的序言中，陈大齐又特别指出为学的两个基本观点，和两个基本态度。就基本观点而言，他主张：

(1) 对于理据实质的绝对性之肯定：对于论证的依据，陈大齐以“正理”名之。并认为，一切正理，自其实质言之，在其所可适用的范围内，莫不具有绝对性。但是，离开了此一范围，而进入别的范围之时，便另外有别的正理，不与原来的正理相同。虽有不同，但并无伤于其实质的绝对性。实质的绝对性是不可否认的，假若否认，则一切言论都成赘瘤，一切学问都无从建立了。

(2) 事实与价值的区分：这是陈大齐非常重视的区分，一直到晚年出《平凡的道德观》，更认为“道”与“德”皆可区分事实意义与价值意义。一般而言，他认为事实认识的任务在于致“真”，价值衡量的任务在于致“善”。真与善虽时相一致，却不一定时时一致。若强要任其互相一致，势且不免造成抑善从真，甚至以善害真，或造成抑真从善，甚至以真害善。所以，若将真与善混为一谈，则会各受其害；唯有分别论断，则可各得其便。

陈大齐根据上述的基本观点，而建立为学的基本态度。就基本态度而言，他认为亦有两点：

（1）必须作分别而不笼统的论断：由于真、善不一定一致，而且理据仅在一定范围中有效，因此，陈大齐认为："务需分别论断，于其是处说其是，于其非处说其非，庶几是非可以分明而确定。"为此，言论切不可笼统，以免混淆。

（2）必须作周遍而无所偏倚的审察：由于道理的是非往往可以从二个以上的方面来衡量，为此不能只从一个角度，而要周遍无偏的加以审察，"庶几可以获见是非的全貌，而衡定其真正的价值"。这点大体上是前述"众端参观"或"顾及整体"的应用。

以上可以说是陈大齐对理则学的基本要求，或逻辑哲学的心得，以及其对学术论述与学术规范的基本看法。

2. 因明研究之贡献

陈大齐对于因明研究的主要贡献，在于引进西方理则学以说明因明，并加以比较。他说："因明与逻辑，在根本道理上，在推理法式上，可以说是相同的，不过发展的方向不相一致。因明偏重论证，尤置重于立敌的对诤，所以因明可以说是一种研讨辩论的学问。"以上说法颇能讲明因明的特性。换言之，因明逻辑虽重视推理，但主要是用于论辩。因明是一种论辩的逻辑（argumentative logic）。而且这种论辩逻辑的目的，并不像哈柏玛思（J. Habermas）所提倡的沟通行动理论，是为了建立共识（consensus）。相反的，它不但要立正破邪，而且还要兼顾胜败，并因此暴露其缺点。陈大齐以下这段话，颇能讲明因明之缺点与特性：

> 明明是正理，为了避免失败，有时不宜于主张。但同此正理，对于某一敌论可以赢得胜利，对于某另一敌论可以招致失败。辩论的胜败足以影响立论的正似，遂使正似变动不居，一若不具有绝对性。因明又因其为辩论的学问，故注意体义的有无与共自他的区分。而体义的有无可随立敌以转变。同此体义，在此一立敌之间，是有体有义，在彼一立敌之间，可以转成无体无义。所以因明所说义理，可以说是建立在心理主义上的。以上二端，可以说是因明的缺点，亦可以说是辩论学的特色。

关于因明的内容，陈大齐认为因明所阐述的，不外乎“二悟八义”，且认为这是因明的全部内容。所谓“二悟”，一曰“自悟”，一曰“悟他”。自悟与悟他各有二种方法。悟他属于理则学，可以用“能立”或“能破”，且各有正、似——按“似”即“不正”之意——于是共有“真能立”、“真能破”、“似能立”、“似能破”四种。其次，自悟属于认识论，需靠“现量”或“比量”，亦各有正、似，于是共有“真现量”、“真比量”、“似现量”、“似比量”四种。加起来，总计有“八义”。兹列表如下：

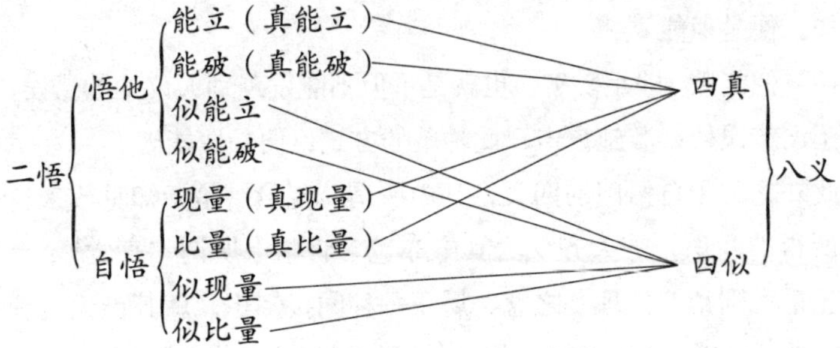

陈大齐认为，悟他属理则学，自悟属认识论，两者本来是息息相关的，但他基于理则学的立场，较为重视悟他门。为此晚年又专门出版《因明入正理论悟他门浅释》（一九七〇年），书中更认为，在《因明入正理论》中，“悟他门论述甚详，自悟门则论述甚略，两者所占篇幅，相去甚远，令人猜测，入论所重，似在悟他”。为此，《因明入正理论悟他门浅释》一书，“对于自悟门，未置一辞”。以下特就悟他门的四义，简单说明如下：

（1）真能立：即是立得住，站得稳，别人推不倒的主张，是理论圆满，证明确实，丝毫没有过失的议论。例如主张“有生必有死，人有生，因此人必有死”的议论，在形式上和实质上都没错误，是颠扑不破的，所以是真能立。

（2）真能破：和别人辩论时，发现其主张显然有错误，因而恰中要害地指出其错误，使其了悟该项主张之所以错误，这就是真能破。例如主张“凡水中动物皆是鱼，鲸鱼是水中动物，所以鲸鱼是鱼”的议论，其中大前提显然不正确，因为水中动物并非皆是鱼，例如，可以指出，虾虽是水中动物，但并非鱼类。由于真能破使立论错误者认识到自己的错误，借以放弃邪智，寻求正理，因此亦属于悟他。

（3）似能立：是指有过失的议论，立不住脚，站不稳，别人也容易推倒的主张，例如前述“鲸鱼是鱼”的议论。只要议论中有一处过失，便是似能立。

（4）似能破：即是妄破，也就是不但不能发现别人议论的错误，反而于没错误处，滥施攻击，此种破的方式，便是似能破。

此外，关于自悟门的四义，其中所谓“现量”是指知觉或来自知觉所得的知识，陈大齐认为其中亦包含哲学上所谓“直觉”；至于“比量”则是“推理”之意，属于一种间接知识。就其推论之理而言，既可自悟，又可悟他，因而与悟他门的“真能立”是一致的。

此外，“似现量”即是错误的现量，像错觉和幻觉之类；最后，“似比量”则是有过失或似是而非的推理。

总结陈大齐对于因明的上述讨论，可以约略归纳为三点：(1) 陈大齐将因明区分为二悟八义，不过在二悟中，他重视悟他甚于自悟，也就是重视理则学甚于知识论。(2) 在悟他的四义中，真能立是真能破之基础，而真能立与真能破二义要比似能立、似能破更为重要，因其为判定后者之基础。(3) 不过，悟他与自悟亦有共法，此即推理、比量是也。由此可见，陈大齐的因明研究实为其理则学研究之延伸。可惜他对于知识论部分未多加讨论，这不但在因明研究上是如此，在其他哲学探讨上亦是如此。这点固然突显了他对于理则学的专注，但就基本哲学而言，难免有所缺陷。

3. 古典儒学研究之贡献

陈大齐之儒学研究，特别着重孔子、孟子、荀子等人的古典儒学研究，旨在以逻辑理路分析荀子、孔子、孟子原典中之思想，始于探讨荀子名学，极成于对孔子思想之阐扬，并附之以对孟子思想之评价与质疑，可谓倾向以实在论立场探讨儒学之名理学、人性论与伦理学。也因此，陈大齐的儒学研究，不同于当代新儒家比较注重宋明新儒学，并由陆王以追溯孟子的心学倾向。

·荀子的名学

陈大齐之古典儒学研究始乎对荀子的名学之探讨，对荀子名学进行诠释。由于他着重兼顾逻辑学与心理学的观点，因而侧重荀子以能辨别是非为人的本质之说。荀子此说，正是一种主智主义的人性论。陈大齐说：

荀子以知的有无区分动物与植物，以有义与否区分人与动物，且以有辨为人类的最大特色。……荀子既以有义与有辨为人类的特色，则所谓辨者，可推知其为义与不义的辨。义属于是，不义属于非，故又可推定其为是与非的辨。……荀子又进而以是非之辨别得当，定为人生理智方面的最高理想。

进而，陈大齐又区分，“辨”是心理上的能力，形诸语言文字，则称为“辨说”，亦称之为“辩”。辨说的目的在于决定是非，然而欲决定是非，必须有依以决定的标准。按照陈大齐的诠释，荀子之所谓“道”，便是是非的标准。此外，“类、统、分”亦为是非的标准。并认为“类、统、分”是道的部分。合而言之，称为“道”，分而言之，则称“类、统、分”。他说：“道为是非的总标准，类、统、分则为是非的分类标准。”并认为，欲判明是非，在心理上首需保持心境的大清明，亦即达到“虚一而静”的境界。若欲达此境界，消极上须进行“解蔽”，亦即摆脱偏蔽；积极上，则需“兼权”，亦即兼顾事情的另一面。

陈大齐着重思想与语言的关系。据此他认为，荀子既然要人们以大清明的心境体认道、类、统、分，用以决定是非，那就更需着重“正名”，而名的功用正在于指实，此即荀子所谓“名定而实辨”、“名闻而实喻”之意，而且名一经制定通用，就必需共同遵守，此即荀子所谓“名守”之意。

陈大齐认为，荀子所说的“名”，大体相当于今之所谓“概念”，其所云“辨说”，则相当于今之所谓“推理”。陈大齐又从现代理则学的“内容”与“外延”的区别，分析荀子名学，认为就概念而言，荀子既从“内容”方面将“名”区分为“明贵贱的名”与“辨同异的名”，又从“外延”方面将名区分为“共名”与“别名”。陈大齐更将“明贵贱的名”与“辨同异的名”的区分，诠释为是“指示价值之名”与“指示事实之名”之区分，并且认为，在价值上，“指示价值之名”高于“指示事实之名”。

至于外延方面的共名与别名之分，陈大齐亦用现代理则学的“类”及其“隶属”与“含摄”的观念加以解释。他说：

……名乃有上下摄属的关系，以成名的系统。在某一系统内居于较高位置，亦即含较小类较多者，荀子称之为共名，位置更高而摄类更多者，称之为大共名。凡欲同时并举许多事物，则用大共名。在某一系统内居于较低位置亦即含摄小类较少者，荀子称之为大别名。欲偏举一部分事物时，则用大别名。别名之下又有别名，推而下之，一直到不再含有小类而后止。

由以上这段引言看来，陈大齐用类的隶属与含摄的观念解释荀子所谓名，对于荀子名学的厘清，贡献甚大，亦可谓发挥了创造性诠释的作用。

至于荀子所谓“辨说”，亦即今之所谓“推理”部分，陈大齐认为荀子把“类”视为推理之枢纽，如言“以类行杂”、“推类而不悖”、“类不悖，虽久同理”是也。荀子以道为是非之标准，又认为道可分而为类，因此类便是演绎推理与归纳推理依据的原则。他说：“所以类可说是各种普遍的道理，亦即是各种原则。普遍道理是归纳推理的目标，是演绎推理的依据，在推理中占有重要位置，自无足疑。”以类为演绎推理与归纳推理依据的原则，也是陈大齐对于荀子名学的创造性诠释。

· 对孔子思想之阐扬

如果说因明逻辑与荀子名学，都是陈大齐运用理则学概念进行创造性诠释的对象，那么，孔子思想可以说是其道德哲学或伦理思想得以发展的契机。陈大齐亦与时儒一般，以道德哲学或伦理思想为孔子思想的核心。不过，他并不像牟宗三等当代新儒家那样，着重发展儒家的道德形上学而忽视其实践面，相反的，他特别着重道德的生活面与实践面。在陈大齐看来，孔子的基本思想，正是实践的道德哲学，适用于教育，则成教育哲学，适用于政治，则成政治哲学。由道德而教育而政治，陈大齐强调儒家道德哲学的实践面。这是他在当代儒学研究中的特色之一。

陈大齐认为孔子是一入世主义者，欲把尘世改造为乐土，至于乐土的特征，是由“一个安字足以尽之”。并以“安人”与“安百姓”为孔子怀抱的究竟志愿。由此可见，陈大齐对于儒学的诠释特色之二，是以安为终极理想，至于仁义则为达致安宁的手段。换言之，“安”是终极理想，欲实现“安”，则需励行仁义，在此显示陈大齐对儒家思想的特殊诠释。不同于一般以仁义为儒家的终极价值，陈大齐认为仁义对于安宁而言，只是手段，只是次极理想。不过仁义与安宁有必然关系，一旦彻底履行仁义，安宁便与之俱来；次极理想一经实现，终极理想便会同时实现。陈大齐说：

安宁是人人所知道企求的，求致安宁之须经由仁义的实行，则为许多人所忽视，或虽明知而不肯努力遵行。孔子为了救正人们的疏忽与懈怠，提倡仁义的言论多于提倡安宁的言论，一若终极理想之为仁义而非安宁。

进而，陈大齐对于儒学的诠释特色之三，是主张“仁义合一主义”。他对于“仁”的诠释，是认为“仁”既有集体概念的意义，也有个别概念的意义。当其解作集体概念时，“仁”是众德的总称，是众德的集合体。当其解作个别概念时，则“仁”即是“爱”，兼摄“自爱”与“爱人”，“己立”和“立人”，“己达”和“达人”。

仁的这两层意义，关系十分密切，不可拆离，因为仁之所以为众德的总称，正因其本质为爱。持此爱以事父母，则称之为孝；持此爱以事长上，则称之为悌；持此爱以为人任事，则称之为忠；持此爱以与人约诺，则称之为信。孝、悌、忠、信莫不出于爱，莫不为仁所统摄，故仁得为众德的总称。

至于“义”，也包含了消极与积极两方面。“义”的消极面，谓不可执某一事以为无往而不宜，亦不可执某一事以为无往而宜。正如一条麻绳，用以捆扎对象则宜，用以支撑危墙则不宜。然而一支铁杆，用以支撑危墙则宜，用以捆扎对象则不宜。故二物之柔与刚，各有所宜，亦各有所不宜，不是遍宜，亦不是遍不宜，为此须能“不固”。“不固”二字正足以概括“义”的消极因素。关于义的积极因素，陈大齐认为，“义之与比”指出了义的积极因素，谓须依从事物的所宜以决定其用途，亦即要用当其宜。若能用当其宜，则成效可期，若用违其宜，则必终于失败。陈大齐认为，可以用“中”字来表示义的积极因素。综合二者，陈大齐认为孔子所说的义，可以解释为“不固而中”。这是当代儒学研究中，对于孔子“义”的概念自成一家的诠释，而且饶富深意。

陈大齐认为，仁与义是合一的。因为仁的本意是爱，但是徒爱而无所节制，则可能流于愚，而为之节制的则为义。至于义的重心则在于中，但是徒中而无所节制，则可能成恶，而为之节制的则为仁。陈大齐说：“故仁必待有合于义，而后始为真仁，义必待有合于仁，而后始为真义。孔子所提倡的，是合义的仁与合仁的义，故孔子的基本思想，可以简称为仁义合一主义。”认为孔子以安为人生的终极目的，而达此目的则端赖仁义，对于仁义，孔子主张的是仁义合一主义。这可以说是陈大齐对于孔子思想的最重要诠释之一。

· 辨孟荀人性论之异同

关于儒家的人性论，陈大齐的研究成果主要显示在对于孟荀人性论之比较上。一般以孟子道性善、荀子主性恶，因而认为两相抵触，但陈大齐透过名言的分析与原典的诠释，指出两家人性论不但不相反对，而且大体两相符顺。首先，他根据名言的分析，指出两家所用“性”字，名同而义异，也就是今之语意学上所谓名称相同而指涉（reference）不同，因此两家所说的性善、性恶，并无实质上的抵触。他说：“孟子所收入性内的事情，荀子大抵排诸性外，孟子所排诸性外的事情，荀子则收入性内。所以孟子与荀子虽同用性字，其所指的，实是两件不同的对象。”也因此，从逻辑上说，不能谓之相反。陈大齐将自己的论证架构表达如下：

> 衡量两件不同的事情，此方谓之善，彼方谓之恶，便不得谓之相反。又若此方用此名以称呼甲事而谓之为善，彼方不用此名以称呼甲事，却亦承认甲事之为善，彼方用此名以称呼乙事而谓之为恶，此方不用此名以称呼乙事，却亦承认乙事之为恶，则更只能谓彼此所见相符，不能因其用名不同而谓为所见相反了。

根据此一论证架构，陈大齐首先指出，孟子所用“性”字，包含三层：(1) 恻隐、羞恶、辞让、是非等四心是基层；(2) 四心发挥功能，成为仁、义、礼、智之端，是中层；(3) 最后实现而为仁、义、礼、智之德，是为顶层。就此而言，陈大齐认为荀子另将心理作用区分为三：性、知、能。并认为荀子不以辞让之心为性，反而以争夺为顺好利之性发展必然会有之恶；荀子以是非之心属知，而不属性；至于礼、义，则皆是生于圣人之伪，不是人生来固有的。可见孟子“性”字所指涉之事，有为荀子所排斥于性外者。相反的，孟子未尝以“欲”为性，而荀子却认为“欲”为性之重要成分。不但前所谓“好利欲得”是性，而且“饥而欲食、寒而欲暖、劳而欲息”，亦皆是性。总之，可以说，孟子以恻隐、羞恶、辞让、是非等四心为性，而且此四心是为善之端；然而荀子则以欲为性，而且认为欲实为恶之始。由此显见两者所用之“性”概念之指涉不同，而非相反或矛盾。

再者，陈大齐也指出，孟子认为仁义礼智是人性之善的最高层，亦即肯定仁义礼智是善，尤其推崇仁义。荀子亦然，认为仁义礼智是立身治国要道，当然也是善的。此外，荀子以为人性中之欲会倾向于恶，孟子亦认为感官嗜欲有害于善，为此主张“养心莫善于寡欲”。可见，孟、荀同以仁义礼智为善，又同以感官嗜欲为恶。据此，陈大齐进一步推论：

> 假若孟子以荀子所说的性为性，则必主张性恶，假若荀子以孟子所说的性为性，则必主张性善。徒以用名不同，形成了貌似水火的主张。所以孟子性善说与荀子性恶说的歧异，只是用名上的歧异，不是义理上的歧异。

最后，陈大齐又加上一点，认为就善的来由而论，孟子认为善是出自先天的四端，但四端之善仍需后天的“扩而充之”、“求则得之”、“存其心，养其性”等努力。由此可见，先天的善端仍需要后天的努力。荀子亦然。虽然荀子强调善是出自后天的化伪工夫，但是仍然强调人之所以贵，在于人之有知、有辨、有义、能群，其中应该有属于先天的能力，所以荀子在《礼论篇》中谓，“无性则伪之无所加，无伪则性不能自美。性伪合，然后圣人之名一，天下之功于是就也”。在《儒效篇》中亦谓，“性也者，吾所不能为也，然而可化也”。可见，后天的化伪之功仍需先天能力的配合。为此，陈大齐认为，荀子之所谓“善”的成立，得力于“性”的接受化导，所以“性”不失为“善”的先天因素。由于孟、荀皆以善的实现为先天与后天因素的结合，因此亦不相悖。此外，陈大齐在《孟子性善说与荀子性恶说的比较研究》中更表示，两家学说各有效用：对于一个自馁自弃的人，孟子的性善说是一副兴奋剂，可以振奋其向善；对于一个自满自画的人，荀子的性恶说是一服清凉剂，可以消其懈怠，助其修养。

·以美德为主的伦理学

晚年的陈大齐，依据他对孔孟荀研究的心得，提出自己的一个伦理学体系，称之为“平凡的道德观”，并以此为名出书。之所以称为平凡，一方面因为该书主要观点系采自孔子思想，而孔子思想本属平实，另一方面则求其能在生活中实践，而不自限于理论建构之意。该书虽不以理论建构为目的，因而读来极为平易近人，十分生活化，实则其中含藏着许多伦理学上的洞见。

大体说来，在快乐论、效益论、义务论、德行论……种种的伦理学之中，陈大齐采取了德行论的伦理学，并以之为道德哲学之冠冕，但并不因此而排斥其他伦理学，相反的，却从德行论的立场重新诠释并吸纳了其他伦理学。因此，陈大齐的伦理学可谓一套以美德为主的兼综的伦理学。在此一伦理学中，最终极的目的为实现人生的安宁，由此最高价值看来，“仁是求安的意志，义是致安的途径，功是有裨安宁的效果，正利是有裨安宁的收获”。在此一诠释下，效益论所重视的“功利”（utility）并未受到忽视，却在重新诠释之下有其地位。同样的，快乐往往与安宁相连，痛苦往往引致不安，为此苦乐对于人生的安宁，有不容忽视之影响力。于是，快乐论的主张亦在重新诠释之下有其地位。最后，陈大齐亦提出六条个人最低限度的义务，诸如：

(1) 自食其力，不做社会的寄生虫，伤害社会的健全。

(2) 不说伤人安宁的话，不做伤人安宁的事。

(3) 约束自己的言行，免贻社会以不良影响。

(4) 犯了过失，应当矫正，无贰过。

(5) 把欲望导入正途，不任其泛滥。

(6) 力求充实自己的知识。

这些义务虽属平凡，且为最低限度之义务，但皆体现了儒家所强调的自律、己所不欲，勿施于人、克己复礼、无贰过……等精神。由此可见，陈大齐并不忽视义务论，反而建立了一最低限度的义务论。不过，在一切之上，他还是最推崇美德。他的伦理学，是以美德为主的伦理学。陈大齐认为，“德”就是“品格”之意。遵从他一向坚持的事实与价值的区别，他认为德可用作事实名称，亦可用作价值名称。用作事实名称时，只要出于社会熏陶或父母师长的陶冶，不论其为善为恶，都可称之为德。然而，用作价值名称时，则专指美德，而不指恶德。

然而，德与德之间往往有冲突，且美德不同于恶德，究竟欲成为美德，有何条件？陈大齐指出以下几个条件：

(1) 所系正大：也就是必须指向人生的终极目的，换言之，是要以达致人生之安宁为其目的。此一条件最为重要，以下诸条件，则为次要条件。

(2) 无过无不及：子曰，“过犹不及”，在陈大齐看来，是就效果而言，过与不及同样不能奏效。“过犹不及”就是“不得其中”或“失中”，为此，美德必须“得乎其中”，此所云“中”，不是中间之中，而是中肯之中。

(3) 通权达变：除了遵守常理，还须注意情境的需要，此即孟子所谓“嫂溺援以手”所例释之意。一般而言，美德须遵守常法(原则)，当常法不足以在情境中致善时，则须权变以致宜，如荀子所谓“宗原应变，曲得其宜”。陈大齐认为权变受到两层限制，其一，必以致善为目的，其二，必确实有致善的功能。

(4) 设身处地：与人相处，于说话行动之前，须先代对方设想，是否能安。对于孔子所言“己所不欲，勿施于人”，孟子所言“所恶，勿施尔也”，陈大齐从后果主义加以诠解，认为须先为对方设想后果，若后果善大于恶，则可施以所欲或不施以所恶。若后果恶大于善，则纵属所欲，亦不得施行。

(5) 手段力求正当：手段的正当与否，足以影响其所达成目的的正当与善恶。故手段正当亦为构成美德的条件之一。如孔子所言，“富与贵是人之所欲也，不以其道得之，不处也”。或孟子所言，“如以利，则枉寻直尺而利，亦可为与”。

在上述诸条件中，陈大齐甚为重视效果的达成与否，而较少讨论动机的问题。就伦理学中有关动机论和效果论的区分而言，陈大齐较为偏向效果论。而且，效果的达成与否或善恶的区别均需要理性的分辨。因此，陈大齐主张的是一种效果论、理性论、美德论的伦理学，且此种伦理学特重与认识论的关系，因为在陈大齐看来，善恶必以真伪为先决条件，也因此他认为，“认识真了，才能使言行获善果，认识错了，定会陷言行于不善”。

三、学术贡献总评

一般而言，评估可分为两种：自我评估与客观评估。通常学者善于批评与己无关之事，但鲜少对自己进行评估，由此可见学者自觉之不易。然而，陈大齐对自己的学术事功，自有一番评估；而学者研究其学术思想，亦可给予客观之评估。如果就自我评估而言，陈大齐实在是至为谦虚，可见其心胸之宽厚与为人之谦冲。他曾在一九六八年春接受嘉新特殊贡献奖时，在致答词中自我批评如下：

我的才能，可用"恢弘不足拘谨有余"八个字来形容，只会踱着小步，缓缓向前进行，不会跨着大步，急急向前猛冲。所以行程有限，不能走得很远。毕生努力的成果，不论学问与事功，都很规模狭隘，缺乏轩昂的气象。讲到高度，不过等于一间矮屋。讲到深度，不过等于一个浅潭。拘谨诚然是缺点，但若善为运用，亦可令人步步踏实，不落空虚。

以上这些评估，多自谦之词，不过也透显陈大齐实为一自觉甚深的谦冲学者。这样子的谦冲为怀，丝毫不损及他在学术上的贡献，只更突显他人格的可佩。陈大齐对于学术思想的贡献，可从两方面来看：一方面在于他诲人不倦的教育工作。从北京到台北，他一生最热中的无非是教育的工作，而且桃李满天下，作育英才无数。他曾说："我是一位教书的人，生平不喜交际，尤其怕世俗的纷扰；因为教书是一种安静的工作，所以最适合我的个性。"陈大齐在教育过程中，既为经师，且为人师，熏陶培育人才无数，尤其他能以理则学的严谨，推动对于印度理则学和古典儒学的研究，对于学术思想推展之功甚大。

另一方面则在于他在学术研究中所提出的创造性诠释，虽然他曾自谦"我的研习以加工为最高峰，至于自制新品。则力有未逮"，但是，就其所谓"加工"的部分，也含有不少创造性的诠释。大致说来，有以下几点特别值得注意：

（1）在因明研究方面，他引进西方理则学来整理并说明因明，并进行比较，指陈因明作为论辩逻辑的特性，并讲明因明之缺点，在于其一方面由于辩论的胜败足以影响立论的正似，遂使正似变动不居，一若不具有绝对性；另一方面其体义的有无可随立敌以转变，以致其所说义理建立在心理主义上。这些论断都十分中肯。

（2）他根据事实与价值之区分、理则学中的推理规则与种类归属与含摄的原则，整理中国名学，及于孔子、荀子、孟子、墨子，尤其以对荀子名学的研究最有体系。他根据现代理则学的"内容"与"外延"的区别诠释荀子名学。就"内容"方面言，指出荀子既将"名"区分为"明贵贱的名"与"辨同异的名"，并将之分别诠释为"指示价值之名"与"指示事实之名"。就"外延"方面，则将名区分为"共名"与"别名"，陈大齐并且用现代理则学的"类"及其"隶属"与"含摄"的观念加以解释，对于荀子名学的厘清，贡献甚大。此外，他又从"推理"观点诠释荀子所谓"辨说"，认为荀子以"道"为是非之标准，又认为道可分而为类，因此类便是演绎推理与归纳推理依据的原则。此一诠释甚具创意。

（3）在对孔子思想的阐扬方面，陈大齐并不像牟宗三等当代新儒家那样，着重发展儒家的道德形上学而忽视其实践面。他特别着重儒家道德哲学的生活面与实践面。其次，他以“安”为孔子的终极理想，至于仁义则为达致安宁的手段，不同于一般儒家学者以仁义为儒家的终极价值。不过“仁义”与“安”有必然关系，一旦彻底履行仁义，安宁便与之俱来。对于仁义的关系，陈大齐认为孔子主张的是一种“仁义合一主义”。

尤其值得注意的是，陈大齐对于孔子所谓“义”的解释，认为“义”包含了消极与积极两方面。就其消极面言，“义”谓不可执某一事以为无往而不宜，亦不可执某一事以为无往而宜，为此须能“不固”。就其积极面言，陈大齐认为，“义”表示须依从事物的所宜以决定其用途，亦即要用当其宜，这点可以用“中”字来表示之。合而言之，陈大齐将孔子所说的“义”解释为“不固而中”。

（4）针对孟、荀人性论之差异，陈大齐透过名言的分析，指出两家所用“性”字，名同而义异，也就是今之语意学上所谓名称相同而指涉（reference）不同，因此两家所说的性善、性恶，并无实质上的相反或矛盾（contradictory）。此外，陈大齐指出，孟、荀所论及“善”、“恶”的指涉，却多有相似之处。陈大齐发挥了孟、荀人性论虽不同而可互补，且各有效用之意，在学术上既无偏颇之心，且能适切阐明古圣先贤之深意。

（5）在当代工商业社会中，一般人多倡言快乐论或效益论的道德主张，而当代新儒家如牟宗三者，在伦理学方面强调自律自主，则是一种义务论的伦理学。陈大齐则采取了德行论的伦理学，并从德行论的立场重新诠释并吸纳了其他伦理学。陈大齐的伦理学可谓一套以美德为主的兼综的伦理学。在此一伦理学中，效益论所重视的“功利”或“效益”（utility）与快乐论的主张亦在其重新诠释之下有其地位，而且他亦建立了一最低限度的义务论。此外，就动机论和效果论的区分而言，陈大齐较为偏向效果论，这点也使其主张较能适用于现代社会。而且他亦主张效果的达成与否与善恶的分辨需要理性的作用。因此，陈大齐主张的是一种效果论、理性论、美德论的伦理学。

目前的西方伦理学的发展有由效益论、义务论返回德行论，由康德伦理学返回亚里士多德伦理学的趋势，在伦理教育方面也更着重美德的陶成。在此趋势中，古典儒家的德行论伦理学将越来越有其重要性。陈大齐对古典儒家的德行论伦理学所作的诠释，不但能得此趋势之先声，而且能发挥其永恒的意义，后人应可本其精神，详加发展，使儒家的伦理学与时俱进，永垂不朽。

参考书目

（一）陈大齐的著作

《因明大疏蠡测》，中华大典编印会，台北，一九七四年。

《印度理则学》，中华文化出版事业委员会，台北，一九五二年。

《实用理则学》，远东图书公司，台北，一九五三年。

《孟子性善说与荀子性恶说的比较研究》，“中央文物供应社”，台北，一九五三年。

《荀子学说》，中华文化出版事业委员会，台北，一九五四年。

《名理论丛》，正中书局，台北，一九五七年。

《孔子学说论集》，正中书局，台北，一九五八年。

《孔子学说》，正中书局，台北，一九六四年。

《论语臆解》，台湾商务印书馆，台北，一九六八年。

《孟子的名理思想及其辩说实况》，台湾商务印书馆，台北，一九六八年。
《浅见集》，台湾中华书局，台北，一九六八年。
《因明入正理论悟他门浅释》，台湾中华书局，台北，一九七〇年。
《平凡的道德观》，台湾中华书局，台北，一九七一年。
《大众理则学》，台湾中华书局，台北，一九七八年。
《孟子待解录》，台湾商务印书馆，台北，一九八〇年。
《论语选粹今译》，台湾商务印书馆，台北，一九八一年。
《陈百年先生文集》第一辑《孔孟荀学说》，台湾商务印书馆，台北，一九八七年。
《陈百年先生文集》第二辑《论语辑释》，台湾商务印书馆，台北，一九九〇年。

（二）其他著作

《中华民国大学志——北京大学》，中华文化出版事业委员会，台北，一九五八年。
《北京大学哲学系简史》，北京大学哲学系庆筹备委员会编，北京，一九九四年。
《“国立”政大校史史料汇编》，第一辑政大校史会，台北，一九七三年。
《“国立”政大校史史料汇编》，第二辑政大校史会，台北，一九七七年。
《陈百年先生执教五十周年暨八秩大寿纪念论文集》，北大校友会，台北，一九六五年。
《经师人师——陈大齐传》，周进华，台湾商务印书馆，台北，一九八六年。

太虚

慧严　著

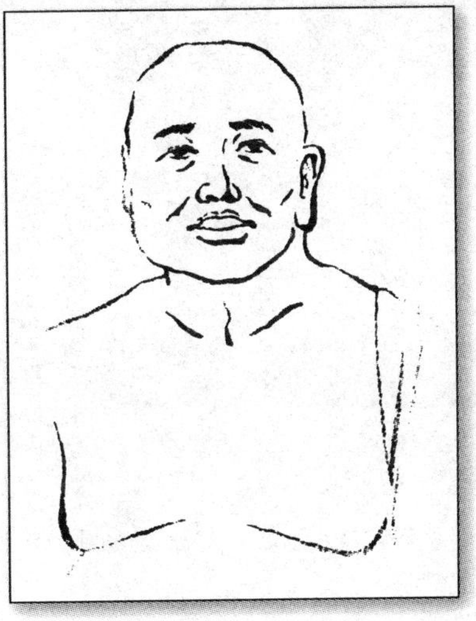

目　录

一、由出生到出家

太虚出生的家境，类似孔子，是个吾少也贱，故多能鄙事的人。俗姓吕，名淦森，学名沛林，笔名有泰羲、太、悲华、华子、非心、芬陀、昧盦、昧昧、昧然、交芦子、觉、群、雪山老僧、缙云老人、老人、老朽、朽太、白平、落凫、密宗革兴会、宏空，一共二十一个，都是太虚一生著作所署。他是浙江崇德县人，父亲吕骏发，孑然孤身，因此放弃农田的生产，来到海宁县长安镇，依张其仁学泥水匠的手艺。十多年后，同张其仁的女儿结婚，光绪十五年（公元一八九〇年）十二月十八日，生下太虚。可是太虚出生仅八个月，父亲就与世长辞。五岁时，母亲顺从外祖母的主张改嫁，从此太虚伶仃孤苦，跟随信奉道佛、处世经验丰富、识见广博、理事刚决明断的外祖母，到大隐庵（道士的庙）居住，依二舅父张子纲受读《百家姓》、《三字经》等。

幼年的太虚，听觉敏锐，有过目不忘的记忆力，可惜身体虚弱，五岁时又感染疟疾，病一发，往往是一个多月，加上喜欢同外祖母去游山玩水，所以很容易将所记得的忘却。八岁时，跟随二舅父张子纲到钱塘江读书。有天，来到江边散步，看那江水连天，江潮澎湃，心灵大受震动，忽然间，整个人为那一望无际的江水所吸引，置身其境，刹那间，自己像是海中的一沤，随着浪潮进退着。从此以后，在钱塘江的那段日子里，常常爱来江边，观看江潮的涨落，沉浸在海的领域里，说也奇怪，太虚虚弱的身体，竟然比以前强健，且身心也有了变化。也因为如此，太虚接受着较有系统的启蒙教育，有关忠孝节义的思想渐被启发。九岁以后，陪外祖母游历过九华山、普陀山等，游山必定要越海，山之高，海之深，给予太虚莫大的启示，他深深地爱上了它们——山与海，为它们而远游，而冒险，受它们的熏陶，逐渐培养豪迈的性情，容人的雅量。俗云：仁者乐山，智者乐水。太虚则兼具二者，他的内涵坚实丰盈有如山，心胸宽大能容人有如海。

游览名山，而名山却往往是佛教的圣地，在太虚幼小的心灵里，对普陀山有着特别的喜爱，山上悠游自在的出家人，使他憧憬，雄伟的寺庙，清静的道场，令他神往。或许是这份喜爱吧！一颗出家的种子，暗暗地播种在太虚的心田上。

太虚对读书有着特别的喜爱，外祖母希望他将来能成为秀才。但现实的生活，逼迫着他在十三岁时去学商，当学徒，学做繁琐的家务事，他不能忍受，更不堪置身其境，但又不忍心伤害外祖母的心，只有勉强地去适应，心情是极端的苦闷，只好借重民间流传的小说来解闷。但是这些书看多了，非但不能解闷，心境反而更加郁闷，促使他更向往普陀山上，那悠闲幽游的出家生活。十六岁时，他下了决心，暗地里积聚路费，带着歉疚的心情，离开长安镇，迈上浙江南海普陀山的旅程。可是，天下好多事，都是依着缘份左右，太虚的出家，最初虽是以普陀山为依皈，但因缘导引他到平望小九华寺，依士达法师出家。士达法师依临济宗取出家法名为唯心，又师祖奘年老和尚依“此身正在太虚间”，取法号为太虚。出家后的太虚，即依奘年老和尚居住。老和尚为人谦和忠厚，是位很有道心的和尚，具有慧眼，对太虚倍加慈顾，首先延医求药，治愈了太虚的疟疾病，后送太虚到天童寺依敬安（字寄禅，号八指头陀）大师受具足戒。敬安大师一眼认定太虚，将来必为佛门龙象，且以唐玄奘大师的资质嘉许，嘱咐奘年老和尚要刻意栽培。

二、思想的递衍

太虚在学术方面，思想是纵贯古今，融合各宗，且融化佛学、世学。他的思想，是有层次演变的迹象可寻的。幼年跟随二舅父熟读四书及隋唐的诗词，奠定文字的基础，又常听外祖母谈有关忠孝节义的故事，常阅读民间流传的武侠小说，而外祖母为人热诚，喜欢帮助别人，常常替人排解纠纷，或许是如此，导致太虚对未来革新中国佛教、扭转国难、教难，能全力以赴，不计较毁誉。

太虚出家后，最初所承受的是中国传统的佛教，首先在宁波江东永丰禅院，依水月法师读《法华》及《楞严经》二年。所阅览的，以禅宗的祖师语录较多，而水月法师的谈吐，使人如沐春风，对太虚有股潜移默化的作用。后来得好友圆瑛法师的介绍，转移到汶溪西方寺阅读藏经；因读《大般若经》的因缘，而蜕脱尘俗，获得佛法的新生命。其因缘是这样的，当六百卷《大般若经》快阅读完时，对于身的端摄，渐得要领，且能凝定身心的念头。有一天，在打坐的时候，忽然失去身心世界，达于物我合一，在泯然的空灵中，无数的尘刹，清清楚楚地现于眼前，如同凌空的影像，这不是《般若经》里所说空即是有，有即是空的经义吗？这时的太虚，心思均泯灭，在定境中端坐数小时，但他只感到一刹那而已。身心感觉无比的轻安清悦，这是一种禅定中所获得的喜悦啊！心镜的光芒，已透过烦恼的尘埃，闪烁出明亮的色彩，他的文思有了泉源，绵细不断地流出，他在禅宗语录上所发生的凝点，都不待明师指示，而能了通其义了。心智既透脱无滞，具有不平凡的悟解力，文字上的运用，达到随心所欲的境界，一只妙笔，启发了多少人对佛学有了新的认识。这时的太虚，充满了法喜，在佛法的领域里，悠游于《般若》、《华严》的境遇，他已达超俗入真的阶梯，假若不是因为国难、世难纷交错，使得他为代众生受苦，而从这一阶梯走向这繁扰的尘世，舍弃修持上身心所得的独乐，一生发扬中国佛教救人救世的精神。

谈起这段因缘的改变，原来正当太虚在西方寺阅藏时，正倾心于中国传统的佛学，然而一位开启佛教新学风气的华山法师，却改变了太虚的事业。由于华山所交结的朋友，都是维新时代的办学人士。他主张佛教人士应该认识所处的时代，以适应世界及国家局势的需要，不可墨守成规，应该迅速的从事改革，振兴僧伽教育。对于这种思想，太虚深深地不以为然，两人遂以笔墨替代舌战，所说之理各据一词，谁也不肯先低头。只是太虚对华山在文章中所提的思想，产生好奇感，就向华山法师索取有关的书籍阅读，因此因缘，他的思想转了机。尤其是康有为的《大同书》，梁启超的《佛教与群治的关系》，章太炎的《告佛子书》、《告白衣书》，严复的《天演论》，谭嗣同的《仁学》，激发他欲以佛学入世救世的宏愿热心，并引导他在学术的领域里，扩及当代中西的各学派，如托尔斯泰、巴枯宁、蒲鲁东、克鲁泡特金、马克思等的作品，无一不览读。而可贵之处，就是他能把握住原则，始终不曾离开佛教的本位。对于世学的博览，太虚是用来旁征博引，以证明佛学的高明处，用它来作佛学的脚注，以便让人更容易接受佛学的教育。如一九二八年出版的《自由史观》里，说明了太虚有关政治、社会方面的思想。他认为社会形态、政治体制的衍变，都是人类为了求自由及反抗自由被剥夺的两股力量，在相互激荡而递演的。并举出释迦佛陀当年也是为解放印度四姓阶级，创建平等自由的社会而努力为例，说明佛陀是一现实主义者（所谓现实，就是观察现在整个虚空中，不管是生物或是无生物的真相，说明它们的真实情况，其中不掺杂丝毫私人的见解和欲望在内。）阐明人生要求自由，是一种本能，也因为人人具有三种德藏——圆满安静藏、遍正觉知藏、完美自由藏，作为凭信，所以人生必能解放，必定可以达到自由的境界。只是人类自由社会的形成，须要始于教育，终于教育，而教育的准则，需要以佛教的八正道——正见、正思维、正语、正业、正命、正精进、正念、正定为依皈，才能达到成就佛陀的境界，这时人人才能谈自由，也能得到真正的自由。又从《楞严经摄论及研究》中，更能窥测太虚的思想不管怎么变，仍然保有中国佛教思想的骨髓，这两本书是太虚早期的作品，也是他一生思想的宗本。

一九一四年八月下旬，太虚闭关于普陀山锡麟禅院，直到一九一七年出关，二年半的时间，除了倾心研究佛教三藏外，也披览了各种新旧学派的书籍。他人在关中，却不绝俗离世，他曾说："幽居原与困砖磨，呼吸常通万里波。"所以每见古今书籍、杂志，涉及到毁谤佛教，扰乱世人思想的言论时，就据理严驳，如作品中的《破神执论》，就是否定天下有一个创造宇宙，主宰万物的神，他的目的，是依照真理，以拔除不平等的根由，以便人类能凭着自己的信心、慈心，增进现世的安乐。同时说明万物是因缘和合而生的道理，以便使人们能摆脱烦恼痛苦的境遇，同时揭示万法唯心的道理，说明人类自身及所居处的环境，都是人类自造的，环境的好坏，须要自己去安排，不要等待犹豫。总之，佛教承认这宇宙间有神的存在，但是它们绝对不能替我们制造什么，更没有赏善罚恶的力量，人类自身的遭遇都是自作自受的，怨不得人。在《无神论》一文里，更是举出确切的理由，来否定有个创造的神的存在。对灵魂的有无，也下了批判，他认为灵魂虽有，但它是虚妄无实的，只因为人类的妄执与习气，而促成它的存在。因为有妄执，虚妄的执着这世间的一切是实有的，对它有着深厚的爱情，所以灵魂不散。因为有习气，所以轮回不断。这情形好比海潮，前浪引起后浪的推动，绵绵相续，毫不间断。而我们考察那前浪与后浪相引的动力，却没有一个真实的东西存在，可见灵魂也不是个真实的东西，它的存在与否，全看当事者，对一切事物能否放得下而作断言了。

佛学是一门内学，对它的认识，不单单是在文字上要下工夫，主要的还在于自身的经历体证。太虚在闭关期间的一天清晨，正静坐摄心时，耳闻前寺开大静的一声钟响，心思立断，直到再闻钟声时，已是隔天的清晨，那时心境上渐渐地出现相对的事象，如能所、内外、远近、久暂，回复到我们一般人的情况，这一段的体验，正是《大乘起信论》、《楞严经》里所说的教理。经过他的体证后，太虚的佛学思想，便以此为宗。《楞严经》、《起信论》的教理，是融合天台、贤首、禅宗三宗，也是中国佛学的代表作。尤其是《楞严经》，在中国佛教中的地位是超然的，没有一个宗派奉它为主要经典，也没有哪一个宗派贬低它的价值，太虚的思想既以它为宗本，可见他的佛学思想不拘泥于八大宗中任何一宗，而是融合八大宗派。在尚未闭关以前，太虚的佛学思想，仅在禅宗、般若、天台的教理上探讨，闭关期间，将律藏、小乘的经论，以及大乘曼殊、龙树一系的经论，弥勒、天亲一系的经论，以及中国天台、贤首、净土、密宗各宗派的经论，作有系统的研究比较，结果发现各有特长，且小乘佛法是大乘佛法的阶梯，就将一向流传于中国的佛教十三宗，摄归为大乘八宗。对于这八个宗派，他认为各宗的地位是平等的，没有优劣可分，也没有高低之别。这从《楞严经摄论》中，自己说明为何要造《摄论》的大点理由中第二点——“诸师多依此经以彰自宗（若贤首宗、天台宗等），或排余说以局当部（若《楞严》正脉），今欲提教网张弛之纲，显法门开合之巧令，遍究大藏者通达无壅。”——可证明他的思想。

凡是一个学术思想的流传，必依时间及环境而有所演变，佛学当然是不能例外，在印度流传的岁月里，太虚把它的演变分成三个时期，就是：

（1）小行大隐时期：时间指在释迦佛陀圆寂后五百年间的佛学。这五百年间，印度的佛教派别，分成二十部派（或说十八部派），但教理上，都属小乘教理，这时的大乘教理隐没不显，而这时代就是部派佛教的天下。

（2）大主小从时期：释迦佛陀圆寂后第六百年到九百年间，先有马鸣唱大乘佛法，后有龙树、提婆，阐扬大乘性空的佛法，无著、世亲，显扬大乘妙有的教理。这时小乘佛教逐渐被大乘佛教取代，而处于附属的地位。

（3）密主显从时期：这是释迦佛陀圆寂后一千二百年间的佛学态度，清辨继承龙树空系的佛学，护法则承继无著有系的佛学。这时印度的宗教界，已经衰落的婆罗门教又崛起，且有取代佛教的趋势，这时佛教界有龙智，将佛教与婆罗门教融合，产生了密教，代替显教的大小乘佛学，盛行于印度。

佛教于西汉末年以后，陆续东传中国，历代都有佛学思想家，将释迦佛陀一代言教，作有系统的整理，甚至将儒学、道学融合在其中，成为中国人的佛教。太虚在《中国佛学》一书里，将流传中国境内二千年的佛学，分成三系，这就是法性空慧系、法界圆觉系、法相唯识系。

然而太虚佛学思想的珍贵处，不在于将佛学作有系统的融摄整理，而是在于将佛法，用之于实际的人生。中国佛教的流传，随着时间的递演，不免产生流弊。本来佛陀只是从实际的生活里，彻底觉悟宇宙真理的圣人，他一代四十九年说教，只是在将他所觉悟的真理，启发我们，指示我们觉悟的道路，希望我们能共同地体认，由它而创造自由自在的幸福生活。可惜一般人，把神与佛混在一起，久而久之，佛教的外形，遂被披上一层迷信的色彩，往往不顾生人只虑死人，不重视现实生活，而将希望寄托在未来，几乎与现实的一切分了割，真正的佛法就被忽略而少有人问津了，怪不得一般人谈到佛法，总认为它很玄虚、高远、神秘莫测，不能切合人生的需要，学佛者都是消极、悲观者的权利，与自己似乎没有一点关系，这都是因为神佛混杂的原故，我们必须要把这问题，认识清楚，才能把佛法运用到日常的生活中，才能得到佛法的真正受用。在生活中体认，命运操之在己的真理，对自己有信心，相信一切都是因缘和合而生，而因缘却是操之于自己的安排。假若把生活和学佛分了家，岂不是辜负了释迦佛陀一代说教的苦心。禅宗六祖惠能大师说：佛法在世间，不离世间觉，离世觅菩提，犹如觅兔角。《金刚经》上也说：如来说一切法皆是佛法。自古以来，多少个的佛学大家，一直在提示我们这点，而太虚大师的一生，对佛法的提宣，也是着重在此处——人生佛教的弘扬。关于这类思想的作品，均收罗在大师全书的《宗用论》里。

而太虚的心怀，不仅在佛法的弘扬，而是在借重佛法以济人救世。他认为：小自个人大至国家之间所引起的冲突及纷争，起因都是认为有个私人的我的存在。在人们幻想着世界大同、社会平等之际，假若不能了解万象是因缘和合而生的道理，则此理想终归是梦幻，永难实现的。而此理想，正是佛学里所说的无我相的圆融法界。在这境遇里的人人，能明见缘成无我的人生真相，因而感悟到一切人无不与我息息相关，我的举止将影响一切人，而一切人也将影响到我，则利己利他的行动，自然能够兼顾了。

三、革新中国的佛教

当太虚在浙江天童寺，依道阶法师学《法华经》、《楞严经》时，他的才华很得道阶法师的欣赏，就命他作检查经书的工作。由此因缘，太虚有更多的时间，阅读佛教的藏书，那时他广泛的阅读《弘明集》、《广弘明集》、《法琳传》、《明教嵩文集》等，都是有关儒、佛二家辩论的作品，促发太虚弘法护教的满腔豪情，奠定日后太虚一生，整理僧制，以革新中国佛教，并欲以弘扬佛教，挽救世界厄运的悲愿的基础。

汶溪西方寺的阅藏因缘，与华山相识，使思想导入另一阶段，接受新时代新学说的学理，对整振中国佛教，已有改变。后来又认识栖云，栖云将《新民丛报》介绍给太虚阅读，思想不断受其影响。宣统二年，同栖云南游广州，结交革命党人，同他们来往频繁，关系更形密切，几次参加革命党的聚会。在革命党人中，有粗豪放浪的，有横蛮诡怪的，影响太虚的处事，变为喜好冒险犯难，有勇气豪胆，自小养成的循谨瑟缩态度，也一变而为跅跎不羁，时太虚正是少壮年华，青年人的热情、豪胆、责任，导引他迈进革新中国佛教的旅程。

自从道光二十年，中英鸦片之战，我国失败后百年间，对外战事，一再失利，尤以中日甲午之战，我国败在日本手里，有识之士均感觉需要变法兴学，然而办学的校址及经费，却动起佛教的脑筋，提拨僧产，驱迫僧尼，各地以兴学为名，侵占寺产。当时有日本僧侣伊藤贤道等，乘机来中国，以保护佛教为名，欲从事政治的活动。时有三十多所寺院，皈投日本真宗，因此引起政治风潮，外交纠纷，迫得清廷下令保护佛教，颁布僧教育法令，要出家人自动办学，以自保寺产。这时寄禅和尚身为宁波、浙江僧教育会的会长的关系，太虚也参与这一方面的工作。这时的佛教界，南有寄禅、松风、华山、月霞，北有觉先诸位法师，热心办学，他们之中，有办幼年僧徒小学，培育僧众人才的，有办普通小学，以补助国民教育的。佛教界呈现一股新的作风，可惜因为辛亥武昌起义，社会在动荡混乱中，佛教的兴学风气，受了阻碍而停顿。

辛亥年，政治风潮走向民权，当时各省用办地方自治，改革新政为名，侵占寺产的案子屡出不穷，身为佛教界领导的寄禅和尚，深受佛教界的重托，计划到北京向清廷请愿，因此太虚被邀到天童寺，草拟请愿保护佛教，及改革振兴佛教的计划书。寄禅和尚要启程时，适逢武昌起义，各省起而响应，清廷被推翻而作罢。在革命的风潮中，佛教界参与革命党的出家人不少，如宗仰和尚等，也有把僧青年组织成队伍，参加实际的军事活动。太虚在此风潮中，认为佛教需要从事自身的改革最为重要，尤其是关于出家人寺院的制度，在理论上、事实上的改进。当南京临时政府成立的时候，太虚在南京皮卢寺筹备发起佛教协进会，提出中国佛教，须要从事三大改革。就是学理（教理）的革命——多注意人类现生的生活问题，不应该专向死后的问题上探讨；财产（寺产）的革命——佛教寺院财产须成为十方出家人所公有，打破剃派、法派继承遗产，占为己有的恶习；组织（僧制）的革命——改善僧伽的制度，而且“以中国向来代表佛教的僧寺，应该革除以前在帝制环境中，所养成流传下来的恶习，建设一个以释迦佛陀的遗教为本怀，适合现代中国环境的新佛教”作为革新的宗旨。当时仁山法师也来到南京，正拟定公函给教育部，建议以金山寺改作僧学教育的场所。当他把这种构想向太虚谈起时，太虚就以协进会活动的方针——谋求在新中国里建设新佛教相告。仁山法师本是江苏僧师范学校的学生，具有领导学生的地位，也是一位新进的僧青年，对革新中国佛教有着满腔的热忱，也就答应同太虚携手合作，决议会址定在南京，但成立大会在金山寺召开。两人积极草拟宣言、章程，向当局政府备案，后来因党人戚君的关系，直接晋谒当时的孙总统，总统令马君武与他们洽谈，协进会成为合法的团体，可惜因为金山寺成立大会召开时，新旧思想不能合一，仁山法师等血气刚烈，行事太轻率散乱，招来巨大的阻力，协进会也就遽行夭折。

在仁山法师大闹金山寺的风潮以后，身在上海的佛教界长老们，发起组织中华佛教总会，当时加入组织的，有二十多个省份，四百多个县份，除了北京有个中央佛教会以外，总会可说名副其实的佛教最高机构。太虚也加入了阵容，负责主编《佛教月报》。一九一二年，寄禅和尚为了解除庙产兴学的教难，上北京向袁政府请愿，可惜事未能如愿，即为教捐躯。佛教界顿时失去领导者，加上因为寄禅和尚的死，寺产的保护稍有保障，再加上当初成立总会的目的，只是在保护寺庙的财产，如今既已达成目的，总会的教务，也就毫无进展而趋向涣散。一份月报，仅仅出版四期，在经费短绌的情况下，有不得不中止的情况，太虚则因总会的宗旨并非在整僧救国，也就心灰意冷地离开，暂时将佛教的革新活动，抛之一边，对佛教采取若即若离的态度。

佛法本来就是契合人生的需要而存在的，所以出家人的组织制度，也必须随着时代环境的演变，作适当的改革。太虚在一九一五年，依照佛陀制定的住持三宝的僧律仪，作成《僧伽制度论》一书，他制论的动机是："辛亥起义，专制体制一变为共和立宪，僧制也需依据佛制加以适时的改变，使僧团能成为现时中国社会所需要的。”这部论，分有四品，即是：（1）僧依品（2）宗依品（3）整理制度品（4）筹备进行品。对出家僧侣的团体生活，以汉民族的佛教为本位，作严密的修整，合理的组织，使得它能够适应现代时势的需要，从事于社会的文化、慈善等事业，以达到佛教住世的目的。本着这个原则，太虚主张僧侣的数量，应该重质不重量，但对于乾隆时所清查的数目，说全国有八十万僧侣的数目很合意，认为这数目字恰恰好，不宜增减，但必力求改善。要使这些僧侣，接受一段严格的训练。以佛法作为他们修学实习的中心，再旁加近代的各种思想学说，以遵守戒学，来培养高尚完美的德学，如此双管齐下，才能使他们成为佛教的栋才，弘扬佛法，以救人救世。

太虚志在整兴佛教僧（住持僧）会，但是佛教徒，并不只拘限出家人，反而在家信佛的人数比出家人多出好几倍，假若不能将他们组织起来，树立他们对佛教的正确信仰，将会影响整个佛教的发展，所以将在家佛教徒组织起来，也是一件重要的工作，因此太虚有《正信会纲要》的作品问世，希望在家佛教徒，能依《人乘正法论》里所说的，对三宝起清净的信心，对佛法有真正的理解，而起正确的信仰，明白因果业报的教理，实践五戒十善的戒规。依照这个方针，培养人与人之间，相处的道德能力，由个人的实践，扩大推行到家庭、社会、国家，以改善风俗习惯、社会、政治、文化、教育。目的是要在家佛教徒，对佛教要有统一的信仰，以三宝为唯一信仰的对象，普遍地将佛法普及民间，使全国乃至全世界，每个人都能成为佛教徒。这种思想的建立，是针对一般人对信仰佛教的错误看法，因为一般人，认为学佛必须要出家，在家学佛是不行的，而且还认为，年轻人不能学佛，必须要到年纪老，可以摆脱家庭环境时方可以学佛，无形中把佛教的真正价值低估了，殊不知学佛不一定要出家，要不佛教怎么有四众弟子——出家的比丘、比丘尼，在家的善男信女之分呢？又佛教是解决我们现前生活中，所遭遇的种种烦恼与痛苦，这些在我们年轻时是最重要，最迫切的，为什么要等年老时，才想到要来找寻这样药方子呢？又因为自古以来，中国的佛教制度，以出家佛教徒为主，在家佛教徒一向都是附属的，从来没有独立的组织，而按实际的情形来说，在家者比出家者多，更应该要作有系统的组织。这种理论一经发表后，佛教界深受影响，在家佛教徒结连成团体，共同修持，共同研究佛学的风气兴起，居士会也相继成立，直至今日这风气有增无减。

一九一八年，太虚自日本考察归国，在普陀山讲解佛学，博得黄葆仓、蒋作宾、陈裕时等的称赞，因此连同上海的章太炎等，创办以救人救世的和平运动为宗旨的觉社，太虚除常演讲以外，常常以文字来宣扬。而且自一九一八年到一九二〇年的这一段时间，常在武汉、北平、上海作学术性的演讲，且一改以往寺院式的演经方式，采取现代式的讲学方式，站着面对群众，写黑板，将佛法深入浅出的说出，使人能懂，这就是后来流行于佛教界的通俗演讲的起源。也因为太虚开启讲学的风气，促成各地有佛教讲学会、讲经会的成立，且启开社会学者研究佛学的风气，这对在家佛教徒了解佛法的目标，已稍有成就。但是太虚迫切的，是希望僧团能够革新，彻底的革新，在僧团方面要求要有一个健全的组织，确立宗旨。彻底地将（1）利用神道设教以迷惑人的迷信举动革除；（2）家族化剃派、法派，将寺产私传的恶习革除；（3）要将遁隐改成精进修习，化导社会；（4）将度死奉事鬼神，改为资生服务人群；（5）依照三民主义的文化，建立由人而菩萨、而佛的人生佛教；（6）以人生佛教影响社会使成十善风化的国俗及世间；（7）以人生佛教建设中国僧寺的制度；（8）要能吸收新的溶化旧的，使中国大乘佛教能影响实际的人生。

在僧侣生存的方式上，也要改革，尤其是要将从死人身上讨生活，经忏式的生存方式。按照佛陀的遗制，出家佛教徒的食、衣、住、行的所需品，全都由在家佛教徒供给，出家佛教徒只要安心地办道就可以，生活的问题不用操心。佛教在西汉末年，传入中国，到了魏晋以后，为了能适应中国的风俗民情、地理环境，不得不改变生活的方式，将托钵乞食的制度放弃，从事于资生的事业，过着丛林自耕自食的生活。当人类社会由农业进入工商业以后，中国的出家人在生存的方式上，不得不再作适当的改革。太虚在《人工与佛学》里，主张出家人必须要从事于资生的事业，只要我们不违背佛法的原则就可以了。为恐怕一般人不能相信，他引证百丈禅师"一日不作，一日不食"的名言与事实，鼓舞出家佛教徒，要以自己的劳力，来换取生活的代价，工作之余，则用来研究佛学，不可以过着专由在家佛教徒供养的生活。尤其到了一九二六年，共产党社会革命，大有风靡全国的情势，太虚再度的呼吁出家佛教徒要注重生产事业。主张全国若有二十万出家佛教徒，其中选出二万或四万来，作修学及弘扬佛法，其余的则从事于佛教的生产事业。这理论关系着佛教团体中出家人生存的问题，为了提高出家人在社会的地位，出家人应当选择高尚且能影响领导社会一般人的职业，以使佛法普及人间，当时影响所及，有好些职业青年，组织佛教利济会，热心推广。

这一份蓝图，是符合实际的需要，可是需要有个根据地来实施，才能发生真正的效用。一九二一年，太虚身为杭州净慈寺的住持，杭州是个佛国，寺宇很多，在家佛教徒信仰极为虔诚，所以太虚以净慈寺作为整理僧团制度的根据地，他首先从事内部的整顿工作，由于净慈寺本是腐败的丛林道场，太虚费了好大的力气，好不容易像个样子，但是净慈寺里有好多年老的、顽固的分子，以前散漫惯了，不甘接受拘束，加上其他寺庙恐怕净慈寺像个道场以后，相形见绌，也就多方面加以阻挠，如此内外相勾结，而形成一股恶势力，对此太虚并不畏惧，可是最后他还是退让了，虽然有当地政府及有识之士的护持，及北京方面的知名之士的护持，但总想在净慈寺做下去，只有徒费精神力气。

四、策动世界佛教

一九二四年，太虚在国际避暑区——庐山建大林寺，演讲佛学，无形中吸引不少外国人来听讲，促发太虚要以国际的力量，来推动佛教普及人间的举动。尤其是眼看民国以来，我国的社会趋势，政治措施，不断地改变，佛教也受了时势的影响，所从事改革的方案，只能适合某一时间的需要。也因为国家的政治，社会的制度，常因国际思潮的影响而变更，没有一定的轨则可作为依循，佛教僧寺的整理工作也就更困难，距离复兴的旅程更加遥远。而欧美方面，也是很复杂，学说纷纭，令人有无从抉择之感。所以太虚想到要将佛法传播到欧美，使他们能了解佛法，进一步信仰佛法，使思想得以净化，得以统一，让人有个准则可依，尤其是有关政治方面的看法，希望能依佛法，重新树立治国的方针，以引导其他地区的国家。当时国际间的政治思潮，有共产国家的社会主义、法国的全体主义、民主国家的个人主义。它们所喊出来的措施，各有不同，但目标则是共同的，那就是无论做人立国，都是以自己的利益为前提，竭力侵略他人。总是想方法发展自己，统制他人。在政治上，希望自己的阶级，能取得政权，以便能统治国内的其他阶级。在国际间，希望自己的民族，自己的国家，能领导其他的民族，其他的国家，以便能统治他们，并且从中压迫剥削弱小国家民族的利益。大家都希望如此，哪有不争夺，不走向战争的道理。如此的国际趋势不改变，世界想要太平是不可能的事，当然中国想要在这纷扰不定的时局中，想安定，想推行三民主义也是不可能的事。唯有大家认识佛教，体会凡是宇宙万事万物，都是众缘和合的道理，世界上绝对没有一个孤立的个体可存在，才能将他们做人立国的思想改变过来。唯有了解因缘和合而生，才能知道个人的利益，是从大众的利益中获取的，那么就会以大众的利益为前提，如此人与人之间，就能和谐相处，国与国之间，才能相助相利，而不至于争得你死我活，促发战争。这思想若能推广，必能感化世界人心，及有思想有学问的分子，改变他们做人立国的方法，解除世界纷乱的因素，世界才能真正太平，中国才能安定，佛教才有复兴的一天。这时中国人，就会因为欧美人信仰佛教，而不轻视佛教，不指它为迷信的产物了。太虚后来得到胡子笏、杨性诚等居士的赞助，蒋总司令的鼎力资助，而于一九二八年的夏天，开始游化欧美，一路上着重在考察，以及佛法的宣扬。

当太虚行抵巴黎时，由于巴黎是欧洲的文化中心，所以打算住一段时间。在巴黎的三十多天中，曾作四次的学术演讲，听众多是各国的知名之士，有些听后颇受感动，立即皈信佛教的。同时太虚以中国人的身分，在巴黎用中国话传教，使得日本人感到惊讶！也壮大他们的胆子，预计将日本的佛教西传巴黎。这时的巴黎，信仰佛教的人与日俱增，甚至有很多已经研究佛学好多年了，所以当太虚提起组织世界佛学苑，将世界各国所有的佛教遗产，收集起来，作综合的整理，以便作比较研究的根据，并且将研究所得的，要树立起来，使之长久普遍，这是将各地的地区佛教，融合成世界性的佛教时，博得法国朝野人士的重视，而且热心赞助。当时有希尔筏勒肥等二十多人，在巴黎东方博物院商议，结果以巴黎的东方博物院为通讯处，而英国、德国、意大利亦都设有通讯处。并且议定巴黎为世界佛学苑的总苑址，当时就有人要献地作苑址，只因为经济还没着落，太虚也就以回国筹募款额为理由，从缓接收。太虚回国以后，一心积极从事这桩事情。一九三一年，太虚接管佛国寺时，由于戴季陶的赞助，就以佛国寺作为世界佛学苑中国分苑的苑址，工作的进行最初很是顺利，筹募世苑的基金也稍有着落，假若时局安定的话，相信推动国际活动的佛教，必定能够实现，可惜时逢九一八事变，又长江两岸江水泛滥成灾，工作的进行受到阻碍。不久以后，又是八年抗战，在混乱中，一切会务只有暂时告一个段落。

由于世界佛学苑组成的目的，是在综合世界各地区的佛教，所以太虚对此有一套详密的计划，他依教理行果分类：

(1) 教：向东西各国，收集历代的寺庙建筑艺术、佛像雕刻艺术、佛教典籍，将他们收藏于法物馆、图书馆，以便供给学者研究。

(2) 理：把流传于各地区的佛教教理，如南传国家的小乘教理、西藏蒙古一带的大乘教理、中国佛教的综合教理、及欧美地区的教理，作综合的整理，分类比较。

(3) 行：就是指的佛教修行的法门，它包含律宗、禅宗、密宗、净土宗的修持方法。

(4) 果：依照教理，去实践力行以后，所得到心境上的境界与成果。

巴黎的世界佛学苑，虽是没能如愿成立，但在中国却不断有类似的机构成立。一九三〇年，太虚因朝拜峨眉山的因缘，在一九三二年，有世界佛学苑汉藏教理院的成立，及武昌佛学院的改为世界佛学苑的图书馆的壮举。抗战期间，太虚为了替政府宣传国策，访问了缅印的佛教国家，借此考察缅印地区的佛教，当时锡兰佛教界要创办国际大学，太虚因此建议将世界佛学苑与国际大学合并，取得双方的同意以后，太虚重燃振兴中国佛教的悲愿。对于过去想以国际间的佛教来影响中国佛教的计划，总觉得自己的德能浅薄，号召能力不够，加上国际间时势的动荡不安，这理想也就更难实现了。所以，太虚想做些切合实际需要的工作，他反过来，以中国佛教为本，以中国佛教来推动世界佛学苑的苑务，希望它能早日实现。但是谋求中国佛教的复兴，过去是寄望在佛教会，不过二十几年来，佛教会推动佛教的成果，几乎是零，同时佛教会被一些顽固浅见的分子所把持，更难能有所作为，所以太虚不敢把希望再寄托在佛教会。他希望能有个地方给他作道场，在这里训练出一批能适应时代环境的干部人才，推展佛陀的教理，使社会人士对佛教能重新认识，改正过去对佛教的错误观念，最重要的是要将中国所弘传的大乘理论，能付诸实际的行为，发生化民成俗的作用，使佛教成为国家民族，世界人类所必需的精神养料。“但愿众生得离苦，不为自己求安乐”、“虚空界尽，众生界尽，我愿无尽”的大乘佛教慈悲博济的精神，得以发扬，以普利社会人群，才能改革中国的佛教，使佛教发挥真正的力量。为了达到这个目的，而有菩萨学处的成立，计划将所有的佛教徒，包括在家出家在内，把它分成：

（1）结缘三皈的佛教徒：只是皈依佛法僧三宝，对佛教尚不了解，未能生起正确信仰的佛教徒。

（2）正信三皈的佛教徒：对佛教有正确的信解的三宝弟子，年龄在十九岁以上，且受过中等教育。

（3）受持五戒的佛教徒：就是受持不杀生、不偷盗、不邪淫、不妄语、不饮酒五种戒条的正信佛教徒。

（4）在家菩萨的佛教徒：受持五戒以后，深受佛陀救人救世精神的感染，发菩提心（上求佛道下化众生的心），趣向菩萨道的佛教徒。

（5）出家菩萨的佛教徒：自成为另外一个团体，且由有德行的人，参与行列。出家的菩萨，须修学十二年，尤其是对戒定慧三学。

假若有二十年，在家菩萨修持的资格，而后来出家者也可以。由这些人，来统领菩萨学处。他们必须以六度（布施、持戒、忍辱、精进、禅定、般若）、四摄（布施、爱语、利行、同事）的精神，在家菩萨从事于农、工、商、军、政的工作，出家菩萨可从事于文化、教育、慈善、布教等事业。以上的理想，假若能有这么一个适当的地方来推广，那么这个道场，必然是一个模范道场，以此而影响其他的道场，不怕其他的道场不改变，也不愁佛教界不能振兴。

五、庙产兴学风潮中的佛教

清朝末年以来，我国的政治在改变，学术思想在改变，风俗民心也在改变，佛教处在这样的时代，当然不得不改变，可惜我佛教界眼界太浅，不能从深远处着眼，以致民国以来，佛教界的灾难，真是一关未过，又有一关等着。一九二八年，内政部长薛笃弼，订立管理寺庙条例，有把寺庙财产用来充办社会公益的计划，再一次的惊醒全国的佛教徒，为了保护自己寺庙的财产，大多数的人，都认为佛教界有整兴的必要，这时太虚正在欧美游化，全国有十七省的代表，在上海召开佛教代表会议，成立中国佛教会。一颗振兴中国佛教悲愿的心，又导引由欧美返国的太虚，加入了整兴佛教的行列，当时他被选为九个常务委员之一。他主张中国佛教会应该把握时机，为了使中国佛教，从此奠下整僧救国的基础，应当自身成为整理中国佛教的机构，所以著有《佛寺管理条例》，供给立法院，议修《管理寺庙条例》的参考。可惜当时的立法委员们，大都不能重视宗教，对东方文化的认识不够，认为佛教是迷信的产物，它存在与否，对中国无关紧要，因此抱着任佛教自生自灭的态度，不想辅助，也不加以理睬。一九三〇年，内政部所公布的《监督寺庙条例》，内容方面，主要的是任佛教保有原有的习惯，另外责成佛教界要多办些社会的慈善事业。在这个时候，全国的学校机关团体，都正盛行提拨寺庙的财产，作为办学之用。寺庙的财产受到被侵占的威胁，佛教界人士对于佛教会会务的推展，很肯用心。一九三一年，为了扩大组织，壮大佛教的声势，让全国人知道佛教是一个不可轻视的团体，也为团结全国的佛教徒，让其了解时势的需要，以及求佛教生存的根本方法，更为了阻止庙产兴学风潮的蔓延，太虚召开扩大会议，出席的单位，增加了蒙藏的佛教领袖，以及四大名山的代表等。会议的结果，都认为佛教的存在价值，有被从政者认识的必要，因此将办事处迁移到南京。太虚来到南京常住，常作公开的讲学外，并且提出佛教会的章程，向党部立案，以便取得合法的身份。这年又适逢南京政府召开国民大会，太虚就拟定保护寺产的提议，由班禅所派的代表，在国民代表大会中提出，获得通过，并且由当时的蒋主席公布实施，里头“凡寺产，任何机关团体不得侵占，如有侵占，即以法律制裁”。这么一条保障寺产的法令，寺庙的财产有了保障，庙产兴学的教难消弭。这对佛教本是一个大好消息，可惜佛教界人士未能把握这良机，好好振作一番。大家眼看我的财产、权利有了保障，也就不想继续支助佛教会会务的进行，对佛教会是漠不关心，连经费也没有人肯负担，会务只有停下来，太虚因此而退出，不再与闻空有其名的佛教会。

六、兴学作育英才

提高佛教的地位，必须出家佛教徒在社会里，受到社会人士的尊崇。出家人不仅仅是位修道者，应当是位教育家。佛教的寺院，不单是传播佛教的教理，同时还得是教育社会的学府，这在我国历史上，曾经担当起的角色，我们应该恢复隋唐时代那一段光辉的岁月。

以佛教会为根本，从事于整顿僧伽的工作，已经消耗不少的岁月，由于旧有思想的阻力太大，所提出来的主张，很少有人能呼应，纵然有影响，也只是区域性的，而整新佛教的工作，需要全面性的。想要达到这个目标，就必须借重教育的力量，否则无法展开，所以太虚想到要从办学，造就人才下手，让佛教里的僧青年，在接受教育时，认清时代的趋势，以挑起佛教常住人间，代佛宣扬佛法的重任。同时僧青年的教育，如果成功，那么中国佛教的振兴就有希望了，因为他们将成为现代中国佛教的新血轮。一九二二年的春天，太虚因到汉阳归元寺讲《圆觉经》的因缘，得到胡子笏、李开侁等的赞助，而有武昌佛学院的开办。在这里所造就出来的人才，对于以后我国学术、文化、政治、社会各界，都有很深的影响，博得了佛教黄埔军官学校的雅称。后来的武昌佛学院，演变为世界佛学苑图书馆及研究院，它的别院有汉藏教理院、闽南佛学院等，可说集合了佛教界的英才而教育，影响所及，佛教界办学的风气大盛，各处都有佛学院成立。一直到今天，佛教界办学的风气不绝，大体上是深受武昌佛学院余风的影响。当时教育的对象，是不分男女，给予女子有受教育的机会，也鼓舞了女子从事办学的工作，当时较为著名者，有香港东莲觉苑等。

教育本是百年大计的神圣工作，从事教育工作的人，必须具有为教育而教育的精神，才能扎稳脚跟，日后才能有丰硕的花果可收成。教育不可能一蹴可成，教育也不是一桩生意，更不是拿来装门面的。正当办学的风气风靡佛教界的时候，有很多人树立佛学院的招牌，都是患有以上这些毛病，有的为保有自己的寺产，有的为了住众，有的为了名望。如此一来，虽是佛学院林立，但大都徒具虚名，不切实际。有的甚至远离僧教育应有的立场，一味仿效社会一般学校的课程，结果造就出来的，仅是具有现代知识，而没有佛教修持涵养的人才，对佛教又增加了另一层的麻烦。从一九三二年，太虚所写的《现代僧教育的危亡与佛教的前途》一文中，可以看得出来，当时从事僧教育的人，在思想上，仍然不能洞彻佛教的需要，以为培养几个会讲学的就可以了，这与太虚创办僧学的宗旨——须知僧是住持佛法的，故称为僧宝。其价值重在真实的修持，高深的道德，无间断的阐扬佛法，其在求学之时，必遵依经律，如法修行，听取本分上的相应。生而应世，能弘法利生，改造社会，方可成为最完全之僧格（太虚著《僧教育为创造现代佛教新生命》）——差距太远了。依照太虚的构想，主张僧教育必须建筑在律仪上，这正符合了释迦佛陀的遗训——以戒为师。戒是佛教徒行持的依规，所以太虚曾说："志在整理僧伽制度，行在瑜伽菩萨戒本。"太虚的志行尽在这两句话中表达无遗，他的一生，在持佛法以救人救世。按照大乘佛教的戒律有三种：《梵网经》、《璎珞经》、《瑜伽菩萨戒本》。太虚则选择《瑜伽菩萨戒本》为自己行持的依归，更将他持佛法入世救世的精神表露无遗。原来《梵网经》偏于摄律仪戒，着重在诸恶莫作，《璎珞经》偏于摄善法戒，着重在为自己行善，唯独《瑜伽菩萨戒本》偏重在饶益有情戒，专门以舍己利他为事业，由此可知道广施众善，还是要以戒为本的。何况出家佛教徒，是人天师范，假若不以律仪规范自己的身心，使自己身心有所改造，则气质何以变化？高尚的风度何以养成？又能以什么领导群众，改造社会？

太虚以澹、宁、明、敏作为出家佛教徒持身的准则：

（1）澹者，澹泊也，对于欲望要能澹泊，在佛法则要持守戒律。

（2）宁者，宁静也，就是要宁息自己的思虑，使纷纭庞杂的心思能沉静下来，达到佛法所说的禅定。

（3）明者，要能明白事理，体证理的真相，这在佛法上来说，就是智慧。

（4）敏者，勤敏也，对利生的工作要能敏捷地去做，依照佛法，就是要能勤学五明，以做利益人群的动源。

同时也以这四个字，作为教育僧青年的准则，希望现代的僧青年，能具有高风亮节的操持，把古时中国佛教的特有精神重新表达出来。同时，还要能甘守淡泊，吃苦耐劳。在物质横流时代巨潮的冲击下，不可崇尚潮流，而把出家人的本色——澹、宁、明、敏遗弃，这是太虚教育僧青年的思想焦点。虽然佛教要求革新，可是要革新的，是僧团里旧有的陋习，适应时代人心的需要，这本是佛教施教的原则。因为佛法的宣扬，方式并非是一成不变，要不怎么有随机施教的说法，这个“随机”，就是要能随着人们心理上所倾向，而去适应它，然后才谈得上教育。

七、讲学与著作

新的观念，要想影响当世，被大多数的人能够接受，必须要借重大众传播的工具——语言、文字。同时一个宗教的理论，要想被人认识，必须要传教者主动地把东西拿出来，过去的佛教，是要人来买才卖，所以弘法讲经都是寺院式的，向大众传教似乎是很少有的事，可是时代不同了，你不作宣传，不做广告，人家就不了解，如此又如何能达到救人救世的目的呢？又如何不使人误解呢？佛教有着既丰富且有益社会人心的东西，就是因为我们不懂得表现，不知道宣传在这个时代所占有的重要性，所以社会人士总认为佛教，只适合愚夫愚妇身心寄托的迷信产物而已，怎么能导引他们来信仰佛教呢？

一九一八年，太虚与蒋作宾、陈元白、章太炎、张季直等，在上海成立觉社，公开讲学，同时使觉社成为研究佛学的团体，并开启当时学术界、政治界学佛的风气。当时最著名的，有欧阳竟无开办的支那内学院，它促进学术界人士，研究唯识学的风气。又因为太虚内涵的充实，曾受聘讲学于中华大学，当时大学院所开的哲学系里，讲佛学的学校不少，佛学渐渐被大众所认识。又为了扩大传播的领域，觉社又出版《觉书季刊》，并刊印佛学书籍赠售各处，影响所及，当时各主要地区，都相继成立佛经流通处，佛教的书籍，流广于市面上，让多数人能接触到它，无形中也让人对佛教有个新的认识。虽是如此，在宣传上，仍有欠缺之处。这是我们缺乏一个不受空间限制，而能让大众公开的研讨佛学。为了弥补这个缺陷，太虚等就将《觉书》，改为每个月出版一次的《海潮音》。

“海潮音”的意思，是人海思潮之觉音。海是深广无际，普周于人世的；潮是应时而发，象征着时代思想；音是声教文物的意思。总而言之，《海潮音》是一份让各方面的学者研究宣传佛学的刊物，并对当时各派的学说，给予评价。它是一块公开的园地，抱定发扬大乘佛法真义，应导现代人心正思的宗旨，凡是关于佛学方面，任何歧义的思想，都能在这块园地里讨论，或许是这样的关系吧！它的寿命，虽也曾遭遇波折，总还能克服，而绵续到今天，它可说是近代佛教史上，寿命最长的刊物，同时也是中国佛教界唯一的言论机关。

以大乘入世的精神，在狂风巨澜中，挽救中国佛教的厄运，同时欲以佛教，以挽救中国乃至全世界的人人，都能过着平安幸福的日子，这是太虚大师一生所致力的。著书讲学，也无非是要达成此目的的手段。可是民国成立以来，中国一直在内忧外患中，政治社会都无法安定，佛教也一直无法振兴。虽然太虚大师的一生，不遗余力在求改革，影响是有，成就却不很可观，这对太虚大师自己本人来说，认为自己德薄能浅，理论有余，做事魄力不够。然而实际上，是当时大多数的佛教徒，对新时代认识不够，同时佛教界积弊太深所导致。虽然如此，太虚未曾退失悲愿，正当抗战胜利时，仍然拟定重整中国佛教的蓝图，岂知太虚大师于一九四七年三月十七日，在上海玉佛寺与世长辞，享寿五十九岁。遗留给后世的，是有关整振中国佛教的遗作——《太虚大师全书》，共有七百万余言。其中有关佛学研究的作品，占有一半的分量，除外，有整振中国佛教僧团制度的著作，对当世政治、社会、各学派的评议，一生讲演的稿件及诗词。

后辈学者，对于一代大师言行的尊崇，不但崇仰他学问的渊博，更敬仰那救国救教的悲心愿力，一生为教为国的崇高精神，他的一言一行，对后辈学者都有一股无形的力量，鼓舞着我们，引导我们走向卫教爱国的途径。

参考书目

《太虚大师全书》，太虚，一九五四年，台湾。

《太虚大师生平事迹》，续明，一九五七年三月十七日，台湾，海潮音月刊社。

《太虚大师年谱》，印顺，一九七三年八月二版，台湾。

《无诤之辩——谈入世与佛学》，印顺，一九七二年三月二版，台湾。

戴季陶

李云汉　著

目　录

一、家世与家庭

“兄弟原籍浙江，但生长四川”，这是戴季陶在一次中枢会议席上发言时，所作的自我介绍。戴氏先世，出自安徽徽州府休宁县的隆阜，后来迁居浙江湖州府属之吴兴，所以说是“原籍浙江”，一九四六年制宪国民大会开会时，戴就是由吴兴县选出的国民大会代表。不过，早在清乾隆末年，戴季陶的高祖戴闻天（敏勤）即已自浙入川，先在夔州开县等地为佣，后又辗转迁至汉州——今四川广汉，依同乡经营江西景德镇的磁业，因而着籍汉州。戴季陶于清光绪十六年十一月二十六日（公元一八九一年一月六日）出生时，他戴家已在广汉居住了将近一百年，所以他说“生长四川”。一九二七年访问日本时，戴季陶曾在东京太平洋俱乐部的欢迎会上说：“我，是蜀中野人。”

初徙四川广汉的戴家，经济情形不太好，于旧历年除夕祭神拜祖时，竟舍不得用两支蜡烛，仅用一盏油灯再配上一支蜡烛，以行祭祀。这一灯一蜡的祭仪，此后却相沿而成戴氏的家规了。后来经济情形好些了，自己开设了一家昌泰磁号。戴季陶的曾祖戴崇节（跃龙），继承祖业，又开设了昌泰新号。祖父戴廉（洁轩）为人性尚孝友，有义侠之风，长于绘画，他画的海棠当时最为有名。从祖父开始，戴家已不再经商了。戴季陶的父亲戴小轩，也是画家，并且长于医术。母亲黄氏，亦受父亲之医术秘传，帮助父亲活人济世。

戴季陶有兄弟四人，姊妹三人。四兄弟是：大哥戴传薪，字尧钦；二哥戴传荣，字仲华；三哥戴传宣，字叔间；戴季陶是老四，他的谱名是戴传贤，字选堂，季陶是他壮年时期惯用的另一字。三姊妹是：大姊戴玉贞，二姊戴秀贞，三姊戴慧贞。

戴季陶的谱名虽是戴传贤，但他入学时的学名却是戴良弼。留学日本时，写文章用的笔名是"散红生"，有时亦作"散红"。回国以后，主持《天铎》、《民权》等报笔政时，用的笔名是"天仇"，辛亥革命前后的戴天仇，真是个响亮的名字，"穷达利眼识天仇"，乃成为上海新闻圈里的佳话。戴于一九一四年在日本东京主持中华革命党的机关报《民国杂志》的编务时，又采用了"思秋"的笔名。一九二九年二月，母亲逝世后，戴在南京五台山辟地为园，称为"孝园"，以志孝思，写文章有时也署名"孝园"。中年以后，笃信佛教，法名不空，又名不动，给班禅等人写信时，有时自称"三宝弟子"。

戴季陶夫人名钮有恒，系于清宣统三年（一九一一年）春间，在上海结婚。夫人比季陶大四岁，季陶很尊重她，称她姊姊。季陶于一九二〇年写过一篇《良缘记》，叙述当年钮耕孙介绍其女侄即戴夫人与他结婚的经过。一九四四年中秋节前十天，戴又写了一篇《记少时事》，很得意地说："所遇多益友，成年之后，复得贤妻。"戴夫人系教师出身，也曾参加过同盟会，为革命出过力。晚年皈依佛教，法名"莲花金刚"。戴给她写信时，多半用"莲花师姊莲座"的敬语。戴夫人于一九四二年病逝重庆后，戴即以一九二二年开始随侍之赵季官（文淑）女士为继配夫人。

戴季陶生有一儿一女。儿子名戴家秀，亦名安国，一九一三年十二月出生。十五岁时即去德国留学，最初读海岱堡实业中学，毕业后升入柏林工业大学，于一九三九年毕业，回国服务。历任二十二兵工厂工程师，航空委员会大定发动机制造厂工务处长，空

戴季陶与家人合影

军总部第四署副署长，交通部民航局局长等职，侨居西德。女儿戴家祥，一九二六年生，后来嫁给丹阳束云章的儿子束会时。

二、求学经过与革命思想的萌芽

戴季陶自己说，他在两三岁时，祖父即教以诵读，由于从小就聪明异常，读书能过目成诵，所以很得祖父母和父母的钟爱，亲友邻居也都称赞他，说他是了不起的神童。戴在十一岁时作的两句诗："神童佳号空归我，小子高筹君未知"，就是幼年时代即已卓荦不凡的写照。

《幼学琼林》、《唐诗合解》、四书等书，戴在六七岁时都已读过了，而且读得很熟，能够背诵出来，书中的大意也懂得一些，他同时也开始学着作联语和五言诗，出口成章，很得到父兄师长的赞美。中年以后，戴写过一篇《余之读书记》，提到他在七岁的时候，随着父亲及几位长辈到郊外散步，看见新麦已抽出了嫩穗，父亲就要他作诗即景，戴即信口吟出下面的一首五言诗：

新麦出堤上，迎风如舞浪；
极目不知远，江山皆在望。

也就在这个时候，戴家发生了变故。首先是季陶的祖父死了，接着是父亲为了一件债务案，被押在汉州的礼房里。这件讼案一拖就是两年多，不但祖业田产因此耗去十分之六七，季陶也因侍奉父亲于拘禁中，两年多没能上学。不过，他说父亲虽然在拘禁中，每天仍然要教他念书。

十岁以前，戴季陶是跟塾师熟读了五经及几部重要的史籍。他说，曾点阅过凡《纲鉴》两遍，进而批点了《通鉴辑览》五遍。九岁到十一岁（一八九九至一九〇一年）的三年间，是跟长兄戴传薪就读于汉州之纯阳阁。这位长兄态度认真，教学极严，从早到晚，不得闲暇。大抵早上读经籍，午前读史，午后默写经传，写札记，晚上还得读古文词。每月至少要读一本经书，月底要全部背诵出来。平日默写时，即一笔之误，也要受到重罚。除经史古籍外，长兄也教他数学。季陶自己也极力找新书阅读，如《列国变通兴盛记》、《泰西新史》等书，均能熟读至可以背诵；而天文地理方面的书，季陶也都浏览。这段时期，季陶的负担当然很重，但却都能领会理解。他对这三年的勤苦攻读，认为收效最大。曾说：“综计生平读书最得力者，实在此时。”又说：“余幼年读书，得大兄刻意教授者三年，粗得读书门径，完全赖此。”他也认为这个三年，是他接受新式教育的开端。一九二九年十月十五日在湖州对浙江省立第三中学师生讲述求学的经过时，说：“到了十岁的时候，才进所谓洋学堂，读洋书。”

三年的读书生活虽很充实，却也就是这时期，戴季陶经历了考试失败的经验。那是清光绪二十七年（一九〇一年）的冬天，他以十一岁的年龄，随两位长兄一道去应童子试，结果长兄考中了，季陶在州、府两试亦均名列前茅，等到第三关院试时，却因看不懂试题“为大赤”的题意，而告落第。“为大赤”一语出自《易经》，季陶当时深以未能熟读《易经》为憾。三十岁（一九一九年）以后，开始研究《易经》，晚年曾作《易经大义》，又把《周易》卦象之词写下来，以作座右之铭，早年的遗憾乃略微稍释。

清光绪二十八年（一九〇二年），戴季陶十二岁，父亲又不幸去世了。忍着失怙的悲痛，他来到成都，进入了设于江南会馆的东游预备学校，跟被称为是当时新学领袖的徐子休（炯）读书。这在戴季陶的生命史上，是件值得纪念的大事。因为就在徐子休的课堂上，他听到了扬州十日、嘉定三屠的惨事，也听到徐子休大倡革命的言论，于是热血沸腾，民族主义的思想已经在他的脑筋里萌动起来了。这也就是他立志革命的起点。

顾名思义，东游预备学校是为一般有志到日本去留学的平民子弟而设的。本来，成都这时已设有一所留学日本的预备学校——东文学堂，但是东文学堂的学生，依规定系由各县的生员中选拔而来，一般未能入学的子弟是被拒之于门外的。监督徐子休认为这太不公平了，因而另外创设一所东游预备学校，以为有志留学日本而不能进入东文学堂的学生，开一方便之门。入学的目的既然是要为去日本留学作预备，首先就得把日文日语学好。因此，戴季陶除在学校学习日文外，同时又跟东文学堂的日籍教师服部操学习日语。以戴的聪明，进步自然很快。一年以后，戴考入客籍学堂就读时，已可直接应用日语读书听讲。

客籍学堂，是各省会馆及官、商各方面集款而设的一所学校，以接受外省旅川人士的子弟为主，但也有四川人的子弟入学，戴季陶就是个例子。戴在客籍学堂读高等班，年龄却是最小的一个。他爱好运动，曾因运动不慎折断了左脚的骨节，其后一直没有完全复原，成年后走起路来，仍有跛状。思想上，十三岁的戴季陶却俨然是个少年革命党，他联络了另外的三个同学，结拜为兄弟，立誓要推倒清朝政府。据戴自述这段经过：

入客籍学堂时，同学有湖南沈明汉，陕西梅少和，及某君，共余四人，结为兄弟，誓倒满清。三君皆中部学生，与余年相若而略长。此事至密，同学无知者；然皆出自己发，决无外来之运动，亦不知世间有所谓革命党也。民族主义之精神，诚有情所共具，而无待于外求者也。

客籍学堂有两位教师，是戴季陶最为敬重的。一位是山东日照籍的丁师汝（昌燕），一位是贵州遵义籍的赵又愚。戴跟名师受教，于经史大义，多有领会，每次考试，成绩均最优异。但为时未久，戴却惹起了风波，也带给他灾祸。

事情是这样的：一位道员出身的人来做了客籍学堂的监督，他为人很不公正，于评定学生课艺成绩等第时，常有偏私情事。戴季陶心里不平，于是对这位监督发难抨击。这位监督恼羞成怒，遂把戴开除了。他并且呈请督署通令全四川的学校，不得收录戴季陶。季陶曾经改个名字，进入教会所办的华英学堂，但仅仅三个月，就又被四川当局查出来，逼令学校勒令退学。

两度被迫离开学校，戴季陶这时真像面临着走投无路的困境了。幸亏一位日籍教师小西三七伸出了援手，请戴当他的翻译，并教授他理化常识。季陶不仅因此获得了每月四十银元的高薪，且由于小西的影响，决心前往日本去深造。

以十六岁的年龄，远离四川到日本去留学，自然要有相当的勇气。高龄祖母不允许远行，季陶就以断发为请，他的决心是打定了。大哥戴传薪赞许季陶的壮志，他毅然卖掉祖遗田产沙田三十亩，得到七百两金子，秘密资助戴季陶启程赴日。想不到季陶于经过汉口时，所带的费用竟被骗窃一空，幸得同行的一位族兄照料，才顺利的抵达东京。时为一九〇五年，东京已是中国革命党人聚集的大本营，中国革命同盟会就在这年的八月二十日正式成立。

戴季陶在日本，起初就读于一所师范学校。两年以后，即至一九〇七年（清光绪三十三年）秋间，转入颇负盛名的日本大学。

他读的是法科，注册时的学名是戴良弼。日本大学是当时东京六所有名的私立大学之一，其他五校是早稻田、法政、中央、庆应和明治。校长松冈原毅是日本的侯爵，教授冈田鸠山、新渡户木野等，也都是当时的法学权威。就读这样有名的大学，日语的程度自然要有相当高的水平。在这方面，戴季陶是有恃无恐的。他的日语本已有相当的根基，再经在师范学校的两年训练，讲起来几乎与日本人没有两样。据他的同学谢健说，戴季陶是少数长于日语的留学生之一；他讲日语时，隔壁房间里的人会听不出他是中国人。

就读日本大学的中国学生，当时已有千人左右。与戴季陶志趣相投，感情融洽，经常有往来的，有山西的王用宾（太蕤）、四川的胡霖（政之）、裴钢、谢健（铸陈）、杨禧（子鸿）、金锐新等六七人。戴与金锐新同租住于东京曲町区松滨馆，谢健、杨禧则居住于百步之遥的饭田町，四人不是你来，就是我往，在学三年，几乎无日不见，他们自称为“松滨四友”。此外，季陶与学铁道的同乡萧似材，学警察的湖南学生谭桓士，也经常来往。

戴季陶在他的同学好友中，年龄最小，他们都喜欢叫他“小戴”。“小戴”虽小，却曾做过一件大事。那便是促成了日本大学中国留学生同学会的成立。本来，在日本大学的一千左右的中国学生并没有同学会的组织，当时的留学生监督湖北籍的田吴照，也怕留学生宣传革命，反对他们成立留学生团体。但戴季陶与胡霖、王用宾、张伯烈、平刚、谢健、楼岑、金泯澜等，多方奔走，又向校方请求斡旋，终于排除了田吴照的阻挠，正式把同学会建立起来了。开成立会的时候，很多日本同学来观礼，因此有二千多人参加。大家推戴季陶担任主席，他以四川成都话和日本话致开会辞，博得全场人士一致热烈的鼓掌。就由于他的热诚和才干，被选举为同学会的会长。散会后，他回到松滨馆，曾感奋而哭。

在日本大学攻读三年，戴季陶已经是二十岁了（一九〇九年）。

穷得很，连旅馆费都付不起，同学金锐新虽尽力接济，但也没法完全克服经济上的难关。也就是因为这个原因吧，戴于学业告一段落后，立即决定回国。这时他真的是一文不名，回国的船票也是同学谢健典当了自己的讲义，弄点钱来买的。但是，戴的心里并不空虚。学成归国，当然是件荣耀的事。辉煌的事业正等待着他去创造呢。

三、天仇时代

戴季陶由日本回到上海了，他只剩下了四角钱。处境当然是非常困窘的，幸而得到了上海教育界之名士张俊生的提携，才没有落魄穷途。戴于一九二六年秋天，在一次自述生平的讲稿——《写八觉经过及目的》——中，尚念念不忘这位患难中相扶持的友人，他记得在相交数月的短短时日里，张俊生对他尽到了真挚的友谊——生活上的照顾和道义上的督责，因此推崇张俊生是一位“二十年来最感激的朋友”。

困难的日子没有多久，戴便谋得了一个令人羡慕的位置。他是以毛遂自荐的勇气，到苏州去投刺谒见当时的巡抚满洲人瑞澄（华儒）。以他日本大学法科毕业生的资格，瑞澄自然愿意收之门下，因此立即委戴季陶为江苏地方自治研究所的主任教官。当时在这个地方自治研究所里做事的人，类多饱学之士，戴以一个二十岁的青年留学生，高居主任教官之职，如何不叫共事者既羡且妒！

主任教官的一项主要工作，是核办公文。戴系青年新进，于公文程序向未问津，朋友们难免为他担心。但这件事并没有难住他，于取阅各种公牍之后，便已得到了其中的奥窍，结果一出手便使得同事们感到敬佩万分，因此没有人再存轻视之念了。倒是季陶在日本留学时养成的那种浪漫性格，以及青年人免不掉的那种春风得意的行径，却使得一般守旧人士看不顺眼。有一位守旧派的大员，以戴喜作狭邪之游，乃向瑞澄告他一状，没想到瑞澄却说："年轻人谁不如此，何足为病？"

戴的狂放越来越厉害了。茶楼餐馆，品茗论友，高谈阔论，大有旁若无人之概。而对清廷于宣统元年（一九〇九年）颁布的宪法大纲，也毫无顾忌的放言评论，革命党的姿态已渐渐明显起来了。原来向瑞澄告状的那位守旧派大员又抓住这点，以戴良弼谤毁朝廷的危词进于瑞澄，不料瑞澄又不采纳，说："朝廷颁布宪法大纲，原需臣民抒陈意见，庸何伤！"

瑞澄这人，可以算得上是个识时务者。可是不久，他就奉旨调升湖广总督了，到武昌就任还不到二年，辛亥大革命就在武昌爆发，瑞澄的政治生命也就因之结束。瑞澄离开江苏后，暂摄抚篆的护院藩司对戴却不再客气。他有一次于稠人广众之中，竟然声色俱厉的训斥戴季陶："你就是戴良弼！你可知道我并不是瑞华帅（征）啊！"

戴是聪明人，自知已没法再留下去，立即幞被而行，由苏州回到了上海。他的性格、思想、行径，都不适宜再在官场里混，于是戴选择了他的新行业——新闻记者。他首先进入了上海《中外日报》，用"散魂"的笔名发表评论性文字。这家《中外日报》乃由《时务日报》改组而来，言论上仍属于立宪派的范围，戴的激烈态度是不受欢迎的。所以戴只在《中外日报》服务了几个月，便转入《天铎报》，以"天仇"笔名发表评论，从此开始了他早年声光交辉的"天仇时代"。

《天铎报》创刊于清宣统二年（一九一〇年）春，董事长是浙籍立宪派人士汤寿潜（蛰仙），社长是陈布雷的哥哥陈屺怀，任编辑的则有洪佛矢、胡甄瓦等人。戴之进入《天铎报》，系凭其真本领经由考试合格而来。盖《天铎报》此时正征求各省新闻编辑员，其地位虽仅高于校对员一筹，月薪却是三十元，所以应征者颇为踊跃。戴季陶也来应征，由社长陈屺怀出题面试，限一小时交卷。他的文采，终获得陈屺怀的赏识而告取录。进入《天铎报》后，戴夙夜兢兢，决将全副精力乃至生命，贡献于报社，以是不数旬间，一跃而擢任为总编辑——在当时上海新闻圈里，是一位最年轻的总编辑。这固然是由于戴有超群的才华，而陈屺怀独具慧眼，发掘了戴这位奇才，眼光也确是不凡。

“天仇”二字，代表的是一种强烈的民族革命思想，暗示与异族居于不共戴天之仇的地位，同时也表现出他那种嫉恶若仇、威武不屈的性格与志节。戴以天仇署名发表的社论，以犀利锐敏的笔锋，发为激越刚劲的言词，丰富的情感中带着强烈的煽动力，因此能感人肺腑，引起共鸣。不到一年，沪上人士几无不知戴天仇这个响亮的名字，实际上他却仅仅是个二十一岁的青年。

《天铎报》时代，令戴感到特别欣慰的，是结识了同时在上海办报的几位有志之士。一位是于右任，他是上海三民报——《民呼》、《民吁》和《民立》——的创办人，也是一位有毅力、有气节，怀抱着“天留铁汉卜将兴”的壮志的文士。据于右任说，他和戴季陶订交即在他在沪办理《民呼日报》之时（一九〇九年），《民呼》被封，再办《民吁》；《民吁》被封，于又克服困难于清宣统二年（一九一〇年）九月初九日创办了《民立报》，这时也正是戴在上海崭露头角之时。另一位张孟劬（尔田），当时已是赫赫有名的儒士，且由刑部郎中改官知府。张初识于茶馆之中，初听戴放言高论，内心即暗感钦佩。第二天即去拜访戴季陶，见面后却开门见山的批评戴说："老弟，你聪明有余而学问不足。"于是他拿出一些书来，嘱戴熟读。其后这位张先生时常去访季陶，见面即考问戴读书了解的情形，态度诚恳而殷勤。戴很感激这位张先生，他说自己对国学能有点基础，都是张先生所赐。张、戴年龄上虽相差不少，由于情投意合，遂订莫逆之交，结金兰之契。再一位要推和戴同庚的陈布雷，他是在辛亥年（一九一一年）春间，到上海他大哥陈屺怀创办的天铎报馆小住时，和戴认识的。两人一见面即很投契。这年春天，戴因结婚向《天铎报》请假，他的总编辑职务即推荐陈布雷来代理。

戴季陶的婚姻，也是他在《天铎报》主持笔政时的一件大事和趣事。事情是这样发生的：庚戌年（清宣统二年，一九一〇年）二月初一日，原任江苏巡抚瑞澄离开苏州前往武昌就任湖广总督新职。戴以属员身分，亲送之阊门车站。瑞澄走后，戴也顺便去南京访友。当他在客室里候车时，拿出夏目漱石著的一册《文学评论》来读。邻座一位老先生见戴读书甚勤，遂叫仆人送一杯茶给戴，戴起身称谢，因此便讲起话来，一道乘车去南京。到后一揖而别，初不料两天之后，戴由南京返回苏州时，车上又与这位老先生相遇。一路上，老先生对戴的谈论风采，甚为欣赏，曾以国士相称许。老先生问戴家世，当他获知戴还没有结婚时，即欣然允为做媒。戴于回到苏州后，果然接到老先生自上海来信，嘱戴即去上海见面并谈婚事。戴应约前往上海后，始知这位老先生即是无锡名士钮耕孙，他要介绍给戴的这位小姐，就是他的侄女钮有恒——以第一名毕业于吴兴女学堂手工专修科的才女。这真是佳偶天成，戴当即欣然订婚，至辛亥春在上海结婚。戴对他自己这段奇缘感到非常满意，曾作过一篇《良缘记》记述其事。

戴在《天铎报》的言论，一方面使他名噪一时，一方面却也使他成为当地清吏的眼中钉，因为戴的一支利笔，对两江总督张人骏等大张挞伐，不遗余力。终于，张人骏等采取报复行动了。他们指戴"毁谤朝政"，指名缉捕。这时正是戴新婚后不久，真是件大扫人兴的事。幸亏得到一位在上海会审公堂服务的友人关炯的援助，戴始没有被捕，亡命出国去了。

戴季陶先去日本长崎，但两个星期以后，他又偷偷地回到上海，再回到湖州，住在云巢山的庙里，躲了一段时期。不久，接到一位没有见过面的朋友雷铁崖自南洋打来的电报，邀请他去南洋的槟榔屿，做《光华报》的编辑。雷铁崖是同盟会的会员，《光华报》是革命党的报纸，雷是因仰慕戴天仇的文名而电邀，戴是由于想为革命作更多的宣传而成行。果然，戴于抵达槟榔屿后不久，即由雷铁崖和陈新政的介绍，参加了同盟会的组织，他入会时的主盟人则是黄金庆——同盟会南洋支部的主要负责人之一。

辛亥年八月十九日即一九一一年十月十日，轰动中外的武昌大革命爆发了。这位一向被认为一介书生的戴季陶立即离开南洋回到上海来，在大革命的洪流里，以实际的行动表现出他革命的勇气与决心。据丁士源《梅楞章京笔记》的记载，戴曾潜往武汉袭取了制造局，放火烧毁了川土货栈。然后又回到上海，与党人蓝天蔚（秀豪）、商震（起予）、蒋政源（春山）等出关到大连去，策划东北革命。张静江、黄复生也参加了这一计划，他们留在上海负责联络，负总责者则为沪军都督陈其美。中华民国于一九一二年一月一日正式成立了，孙中山先生以临时大总统的名义任命蓝天蔚为关外都督，戴季陶则被任为关外都督府的交通部长。稍后，戴随了蓝军进驻山东的烟台。这时南京临时政府曾令北伐先锋队司令刘基炎督率军舰运送一批军械到烟台，装备蓝军，械运到后，刘基炎却令运械军舰驶避登州，拒不移交蓝军。戴季陶发现了刘基炎这别有用心的行动，乃与蓝军的外交部长彭汉怀邀刘基炎至海容军舰会议，刘到后，戴与彭即将刘逼进一小屋内，以手枪威胁刘基炎，要他交出军械，刘见事态严重，遂应允交出半数。戴以一个从无战阵经验的青年人竟能逼使刘基炎惧而从命，闻者无不惊异。这是戴季陶在辛亥革命时，所亲身导演的一幕革命活剧。

由于南北和议告成，清帝退位，东北革命军事遂也宣告结束。戴此时与商震、蒋政源联名写给上海张静江、黄复生、陈其美、杨谱笙、蓝天蔚等人的五封信，乃是辛亥东北革命最珍贵的文献。

东北革命结束后，戴季陶回到上海，再度从事于新闻事业。他与《天铎报》的老同事李怀霜及同盟会同志周浩，共同创办了《民权报》，由周浩担任发行人，戴季陶担任总编辑，于一九一二年三月一日正式创刊。戴在《民权报》仍以天仇笔名著论，评论时政，激昂慷慨，对揭发袁世凯伪装赞同共和之假面具，尤无稍顾忌。戴可能是最早发现袁世凯阴谋的人，因此也是最早以文字从事讨袁的人，他曾辟了“直刀直入录”的专栏，专对袁世凯及其卵翼的官僚政客议员军阀，口伐笔诛。在一则题为《胆大妄为之袁世凯》的评论中，指责袁世凯任令张作霖在奉天暴戾咨睢，为借刀杀人之奸计。曾痛快淋漓地说：“袁世凯乃任其（张作霖）坐拥重兵，肆杀民党，作宗社党之伥灵，为外国人之鹯獭，是与借刀杀人何异！”

袁世凯而外，戴对蒋尊簋、唐绍仪、熊希龄、章炳麟、蒋雁行、杨廷栋，甚至黎元洪、谭人凤等，亦不稍假辞色。终于，袁世凯不能容忍了。那是一九一二年五月二十二日，租界当局的巡捕带了拘票，到民权报社来指名逮捕戴天仇。他们把拘票送给戴看，写明拘捕的理由是：“戴天仇鼓吹阅报者杀袁、唐、熊、章（即袁世凯、唐绍仪、熊希龄、章炳麟），应即提究。”戴没有申辩，即随巡捕来到捕房，被关进了暗室。这是戴季陶从事新闻以来所遭遇的第二次文字狱，他写过一篇《五月二十二夜》的短文，记述被捕的经过和感想。

好在五月二十二日之狱，以没有鼓吹暗杀的有力证据而获释。戴回到报馆后，曾引用发行人周浩的话，在编辑室的墙上，写下：

"报馆不封门不是好报馆，主笔不入狱，不是好主笔"，其态度之激昂与信心之坚强，可见一斑。论者每谓《民权报》之革命立场，较同盟会机关报之《民立报》，尤为显明。

天仇时代的戴季陶，确是为维护革命宗旨而从事于文字奋斗的一员健将。临时参议院于讨论中华民国国旗的选定时，江苏籍的参议员杨廷栋在议席上再四追问青天白日旗的由来，用意实在不善，戴因而在《民权报》上发表一篇题为《怪议员》的评论，讥评杨廷栋没有资格做民国这个共和国的议员。戴很激愤的说：

青天白日旗者，历来革命军起义所用之旗也。健儿身殉此旗者不知几千百，今日之所以能有共和国出现者，实应人人纪念此青天白日之旗，盖即纪念为求青天白日之光明而死之诸烈士也。由此观之，不知青天白日旗之历史，即不知共和国之历史；不知共和国历史而为议员，不亦羞乎？虽然是恐不止一杨廷栋也，则吾亦无言矣！

天仇时代的戴季陶，也确是一位意气横厉、声光逼人的青年政论家。他自《天铎报》至《民权报》所发表的言论，涵盖了国际外交、政治、财政、金融、实业、军事、社会、道德诸方面的问题，而其立论又都能显示出精辟的见解。以一位二十岁左右的青年而能有此卓越的表现，诚属难能可贵。戴是留学日本，了解日本甚深的人，也是最早指责日本政治方针之错误，揭发日俄合谋侵华之密约，而呼吁国人早为防制之人。在国家政治制度上，他提出了联邦论的主张；在国际外交的运用上，他作了有强权无公理的分析；在经济范围内，他发表了《我之中国经济观》，主张发展物质与资产以济物产阻滞、金融恐慌的时弊。戴这些具有创见的言论，在民国初年的思想界，代表着一个进步的方向。

天仇时代的戴季陶，对于中山先生军事顾问荷马李（Homer Lea, 1876—1912）的外交与军事思想，有所研究并有所偏爱。他在

《指日本政治方针之误》、《将来之英德战争》、《中华民国与联邦组织》等专论中，都曾引证荷马李的理论，但同时也曾加以批评。他在一九四二年在重庆中央训练团讲述中山先生的行谊时，曾证实在一九一二年与荷马李见过面，讨论过问题。他说荷马李曾告诉他说："我没有看过像总理这样的一个军事天才家。"

天仇时代的戴季陶，对以淳化社会道德为基础的社会改革，表现出高度的热诚，而且也有过实际的行动。他于一九一二年二月赴北京途中，曾与蔡元培、李石曾、宋教仁等二十六人，在所乘坐的新铭轮上，发起"社会改良会"的组织，又曾参加过蔡元培、李石曾、吴稚晖等倡导的"进德会"，与张继、张静江等同列为特别甲部的会员。于《都市罪恶论》一文中，戴大声疾呼地要求国人注意都市中道德堕落的问题，认为"欲造成强盛之国家，必先有良美之政治；欲获良美之政治，则社会道德实为其端；而言改良社会，则都市之道德问题，更不可不首先注意"。

天仇时代的戴季陶，在革命党的组织内，也是极为活跃的一员。他参与武昌革命战争与东北革命的事前已提及，他以《民权报》总编辑的身分，无形中就成了同盟会的发言人。同盟会于一九一二年八月改组为国民党后，戴被推为上海执行部评议部的议员，位居三十七名议员之首。十月之后，他兼了中山先生的机要秘书，所处的地位与所负的责任就更重要了。

四、追随中山先生十四年

据戴季陶自述，他第一次见到孙中山先生，是在一九〇五年初到日本留学的时候。这年戴才十六岁，只是个少年人，中山先生已四十岁，是中国革命同盟会的领袖。因此，戴虽见过中山先生，但并非就是与中山先生相识，戴自己也说，他“不过看见总理对同盟会的同志演说，知道总理是一个革命家，想到总理一定是很伟大的”。

辛亥年（一九一一年）春，戴因《天铎报》的文字风波，亡命到槟榔屿，并参加了同盟会，这是戴与革命组织发生直接的关系之始。这时候，中山先生的家属也寄居在槟榔屿，戴于此时却成了中山先生的两位女公子——十五岁的金琰和十四岁的金琬——的国文老师。戴说孙家两位小姐每天跟他学习两个小时的国文，他也常常到孙家去走走，但由于中山先生这时并不在槟榔屿，戴还是没有机会和中山先生见面，因此戴说：“这时本人对于总理还是不大认识。”

戴之获见中山先生，乃在辛亥十一月中山先生返国之后。中山先生系于辛亥十一月初六日（一九一一年十二月二十五日）自海外归抵上海，戴曾以党员身分谒见。一九一二年元旦，中山先生到南京就任临时大总统。由于南北和议的告成，清帝于二月十二日退位，中山先生乃于二月十三日向临时参议院辞却临时大总统职务，并荐袁世凯自代。临时参议院于二月十五日选举袁为中华民国第二任临时大总统，中山先生因于二月十八日派遣一个由蔡元培率领的代表团北上迎袁，戴也奉派为迎袁代表团人员之一，是为戴氏受知于中山先生之始。戴于抵达北京后曾见袁一面，他发现袁为人虚伪，判定其必有异图，于是独自离京南返，刚到天津，北京果然就发生了兵变。戴回到上海后，立即公开为文揭发袁的奸谋。

一九一二年十月，中山先生受任为督办全国铁路事宜，因设中国铁路总公司于上海，任戴为机要秘书，是为戴追随中山先生之始。戴夫人钮有恒女士在辛亥前后也加盟为同盟会员，为革命尽力，并深为中山先生所器重。这时中山先生四十六岁，戴只二十三岁，所以戴常以后进自居，曾说："本人在当年追随总理的同志中间，要算是最年轻的一个。"

从此以后，戴即常在中山先生身边，参与密勿。他说此后的十数年间，"总有三分之二的时间，没有离开总理过"。戴的主要任务是担任中山先生的记室，中山先生曾与同志们讲述建国之道，由戴笔记，百余日后，即辑为《民国政治纲领》及《钱币革命要义》两书。由于中山先生对戴的器重，他们之间的关系已在师友之间，超过一般同志之上。中山先生曾赠戴一幅对联，上联是"淡泊明志"，下联是"宁静致远"。后来戴担任"考试院长"时，把考试院的两座新楼命名为"明志楼"和"致远楼"，就是为了纪念中山先生赠联的深情厚意。

一九一三年二月，中山先生自上海去日本访问，戴以机要秘书身分随行，并担任译员。中山先生曾与三任日本首相的桂太郎，作过长达十五六小时的密谈，而由戴传译。这是一次非常重要的政治谈话，除戴外别无第四人知其详情。戴基于政治道德，保密了十五年之久，直到一九二八年，戴才追记于《日本论》中，证明中山先生与桂太郎当时曾有发起东亚联盟的计划。

三月二十日，国民党的代理理事长宋教仁为袁世凯购凶刺杀于上海沪宁车站。中山先生闻讯后，立即结束了在日本的访问，回到上海，于二十五日在黄兴同孚路的寓所，与国民党同志议商应付宋案办法。中山先生主张起兵讨袁，黄兴却主张静待法律解决；戴季陶不同意黄兴的主张，与黄再三地辩论：无奈黄兴不改变他的看法。六月中，袁世凯连续下令免除了国民党籍三都督——江西都督李烈钧、广东都督胡汉民、安徽都督柏文蔚——的职务，且已密派北兵南下，黄兴乃知起兵讨袁不可避免，开始作必要的部署。七月十二日，李烈钧首先在江西湖口发难讨袁，黄兴继于七月十四日到南京树起了江苏讨袁军总司令的旗帜，戴也赶往南京相助。及至七月二十八日，黄兴因讨袁军内变被迫离宁，戴季陶却仍然潜居于日本人经营的宾来馆内，秘密联络第一师和第八师的中级军官，图谋再举。但消息旋即泄露了，叛军到宾来馆来查捕，戴伪装为日人，讲日本话，才能化险为夷，离宁赴沪。

宁、沪讨袁军既败，中山先生被迫离沪渡日，戴也再度来到日

戴季陶与中山先生在日本横须贺镇守府欢迎会摄影（一九一三年）

本，和其他党人一样的做起亡命客来。袁世凯令他御用的北京总检察厅，下令通缉发动二次革命的国民党领袖们，分“首魁”及“执重要事务”两部分，黄兴等五人列名为“首魁”，戴天仇却被列为“执重要事务”的三十四名“通缉犯”之一。中山先生也同样以“关与乱事者”的“罪名”，为袁世凯明令通缉。

中山先生于东渡日本后，即着手筹组一个新党——中华革命党，继续策动讨袁。一部分同志如黄兴、李烈钧、柏文蔚等，对中华革命党的组织颇持异议，唯陈其美、张人杰、蒋中正及戴季陶等，则坚决支持中山先生的主张，并率先于一九一三年十月即宣誓加入中华革命党。这时的戴季陶，已被公认为党的重要干部，在田桐拟呈中山先生的一份《各省重要人物一览表》中，戴列为五十七位“重要人物”之一。

一九一四年春，戴曾随陈其美前往大连，策划讨袁。旋以时机尚未成熟，又回到日本。据陈其美写给周淡游的信上说，戴曾生过一次病，幸不久即告痊愈。张人杰和朱家骅这时正经过大连搭西伯利亚火车去欧洲留学，戴还曾穿了日本人的和服去接待他们。王新命则证明陈其美是当时东北革命运动的最高负责人，他所发的委任状除陈自己署名外，副署人却是戴天仇。

中华革命党于一九一四年六月正式成立后，中山先生以总理身分，任命戴季陶为中华革命党浙江支部长，戴虽未曾就职，中山先生对其倚恃之殷，可以概见。同年九月至十一月间，中山先生召集革命方略讨论会议于东京，前后开了十七次会，戴曾出席过九次，每次均担任书记，且被推为革命方略起草委员之一。

戴不仅是中华革命党的高级组织干部，且为宣传战线上的一员主将。中华革命党的机关报《民国杂志》自一九一四年五月十日创刊后，戴一直担任编辑职务，直到一九一六年四月他随中山先生返国时为止。于发表一般性的宣传文字外，戴负责撰写世界大事记的专栏，分欧洲、美洲及亚洲三部分，分别汇记所发生的大事，借以明了国际政治的发展情势。在叙述方法上，戴同时并用纵的倒叙法与横的扩叙法，使事件发生之根源及其在当时之各种关系，一目了然。欧战发生，中山先生对欧洲地理历史的研究甚为注意，对近东、中东的历史及地理形势亦同时重视，因之戴之所记，于中东、近东问题之分析，尤为详细，且多有独到之处。日本的一位军人本庄繁这时也在大学中讲授近东与中东地区的军事地理，有关欧洲的大事，他不时向中山先生请教，又由于戴掌中山先生记室及编辑《民国杂志》，本庄繁也常与戴谈论近东与中东问题。据戴的记忆，本庄繁当时的态度颇为恭谨，想不到他后来竟是发动“九一八”事变的日本军队司令官。

中山先生也常对同志们讲述中国的地理形势与国防计划。据戴季陶所记，他曾保存了中山先生当时讲解国防建设用的一张草图，上面画了许多圈、蓝杠子、红杠子，以及中山先生写的字。戴把这张草图装裱起来，于一九三二年送给蒋中正先生珍藏。

一九一六年四月二十七日，中山先生秘密地自东京回到上海来策划讨袁，戴季陶和廖仲恺同行。六月六日，袁死，讨袁军事遂告结束。黎元洪虽继袁为中华民国的大总统，实权却操在国务总理段祺瑞手里。段继承了袁的衣钵，仍然蔑视约法敌视国会，北方政象仍是一片阴霾，终于酿成一九一七年六月督军团叛变及七月张勋发动复辟的丑剧。当张勋在秘密策划复辟时，对日本运动甚力。中山先生为明了日本方面之态度，乃派戴季陶赴日本去调查。戴于六月二十一日到达东京，先去拜访日本海军军令部长秋山贞之中将，秋山告诉戴，中国不出十天就将有国体之变动，惟不过三天，仍将失败。戴再去拜访日本参谋本部次长田中义一中将，见田中会客厅的壁间挂有张勋所赠之泥金对联，又听到田中高声反对张勋复辟之声辩，辞出之时复发现田中的门外车水马龙，始恍然大悟，原来策动中国复辟的阴谋分子都会集在这里。戴是聪明人，看到这种情形，他已明白日本与张勋复辟的关系了。于是先写信向中山先生报告，随即返回上海。

复辟丑剧上演后，中山先生立即主张讨逆护法。一九一七年七月，中山先生自上海南下广州，戴亦偕行。军政府建立后，中山先生以大元帅名义任命戴季陶为法制委员会委员长。一九一八年二月，任为大元帅府代理秘书长，复奉命代理外交部长。这时，中山先生要陈炯明率领他的部队进驻粤东，并派遣文武干员去陈炯明处帮他整顿这支部队，计划训练成为一支真正的革命武力，所派干员中，有蒋中正与戴季陶。中山先生复以接洽对日外交，需要戴留在身边，因此召戴回广州，陈炯明亦愿戴长在汕头相助，电请中山先生准戴留汕，中山先生回电陈炯明说："介石知已留相助，惟季陶接洽对日事件，实难久离，盼嘱速返。"

一九一八年四月，中山先生的护法事业首先遭遇到挫折：一部分政学会一派的国会议员与桂、滇两系武人相勾结，提出了改组军政府案，把大元帅制改为七总裁制，阴谋拥护岑春煊为主席总裁。五月四日，国会非常会议竟然通过了改组军政府案，中山先生愤而辞去大元帅职务，于二十一日离粤赴沪，戴季陶和胡汉民也跟随中山先生回到上海。

自一九一八年七月至一九二〇年十月的两年多时间，中山先生在沪从事于著述，戴亦在上海从事于读书与研究，对中国的社会经济问题曾作深入的探讨。一九一九年这一年，正是所谓新思潮汹涌澎湃的时候，中山先生为掌握这一思想的趋势，先命戴季陶于六月八日创刊了《星期评论》，继于八月一日创办了《建设杂志》，由戴季陶、胡汉民、朱执信、廖仲恺等担任编辑。戴在这个时候所发表的文字，显示他对中国社会问题的认识，系从经济方面去着眼，对于解决中国社会问题的看法，以及对当时一些一知半解的共产主义者作的批评，则与中山先生的思想与看法，出于一辙。

一九二〇年居沪期间，戴曾兼营证券物品交易所的事业。这是戴一生中仅有的一次从事商业的纪录。令人惊奇的是戴以书生营商，成绩居然不坏。这年八月，中山先生令驻屯闽南的陈炯明部粤军回师广东，一部分饷糈，即系来自戴经营交易所的所得。中山先生很欣赏戴的经营能力，尝以货殖天才相许。次年夏天，戴与某一钱庄往来，误开一张支票超过其存款仅数十元，却被拒付。戴因深恨商人之唯利是图，不顾道义，决定此后再不与商人往来，所经营之交易所旋亦关闭。

中山先生于陈炯明部粤军回师广州，驱逐桂军及岑春煊等一班政客之后，回到广州，恢复军政府，继续护法事业，时已一九二〇年十一月。明年，军政府改制为中华民国正式政府，中山先生就任非常大总统，进行讨桂及北伐。戴则不时往来上海与广州之间，赞襄中山先生。他曾著成《改革期中的广东》一书，对中山先生回粤后对地方政治的改革，如禁烟禁赌、行政之整理、军队之改编、教育计划之厘订、法典的编纂等，都有所论列。有关法制之编纂，戴自言曾拟就数万言之法律案，并有数案在拟议中，其功实不可没。戴曾写信告诉蒋中正说："学究能事，本仅有此，虽曰偷生，尚足自恕耳。"

中山先生在广州开创的局面，由于一九二二年六月十六日陈炯明的叛变，而致前功尽弃。中山先生返沪后，发表宣言，主张二事：一为和平统一，目的在抵制吴佩孚当时所主张的武力统一政策；一为兵工救国，目的在劝导各地军人裁兵建设。中山先生同时也把握时局的主动，派汪兆铭、于右任分赴奉天和天津，与张作霖及段祺瑞联络。适于此时，四川省长刘成勋派向传义为代表，带了四川各将领的函件到上海来，向中山先生表示慰问之意，同时并欢迎戴季陶回川起草省宪。中山先生对于联省自治口号下的省宪运动虽不能同意，但也喜见四川将领有息争向善之心，于是派戴为代表，携函回川，劝告川军各将领通力合作，利用四川资源发展实业，以为全国之倡。十月，戴返川经汉口时，适遇四川各派的代表正在酝酿内战，戴苦劝无效，自知此次回川促成团结之任务无法达成，遂生悲观之念。当所乘轮船行至宜昌、宜都间之江面时，戴竟纵身投江自杀，所幸为一渔翁救起，得以不死。经此剧变，戴的人生观也为之大变，自此以后笃信佛教，久而益笃。

戴季陶在四川停留了一年，未能说服四川的将领们团结建设，甚感沮丧。他于一九二三年十二月间，又自四川回到了上海。这时中国国民党正进行全面的改组，中山先生派廖仲恺从广州到上海来，对同志们解释改组的原因与步骤，当即组织了上海临时执行委员会，推戴季陶、汪兆铭、张继、居正、叶楚伧、胡汉民、谢持等七人为委员。戴对于党的改组，本来是首先倡导的人，但于听过廖仲恺的报告后，却有了不同的意见。他当面告诉廖仲恺三点主张：一是绝对不可以借外款来作党费，如必须借款，也应依照以前的借款办法，绝对自由，不可因为借款而受到牵制；二是共产党员之加入国民党，必须造成单纯之党籍，而不可同时保有双重党籍——亦即跨党，以造成以后的纠纷；三是他本人绝对不担任中央执行委员，也不去广州出席全国代表大会，仅愿全权主持一所出版机构或一家报馆。廖仲恺不同意戴季陶这三点主张，他曾与戴“争论累日”，结果廖还是不能接受戴的意见，匆匆由沪返粤。

中山先生在广州了解戴的意见后，他立即电召戴季陶赴粤复命。这是戴所无法拒绝的，乃于一九二四年一月前往广州。既到广州，在中山先生面前，戴当然无法坚持自己的意见，况且中山先生业已指派戴为浙江省的代表，因此戴“为情势所迫，却不能不出席第一次全国代表大会”。大会系于一九二四年一月二十日开幕，中山先生指派戴为宣言审查委员，并于二十一、二十三两日代表宣言审查委员会向大会提出审查报告。大会期间，戴曾再被指派为组织章程审查委员及宣传审查委员。中山先生于二十九日向大会提出“对于感化游民土匪及军队努力宣传本党主义案”，亦由戴向大会说明其提案宗旨。三十日，中山先生向大会提出二十四位中央执行委员的名单，请大会表决，大会当即一致同意，戴在二十四位中央执行委员中，名列第七。三十一日，中央执行委员与监察委员举行联席会议，决定中央设置秘书处和组织、宣传、工人、农民、青年、妇女、调查、军事（后二者暂缓成立）等八个部，并推定常务委员三人以主持中央党务。戴当即被推为中央常务委员兼中央宣传部部长，与廖仲恺、谭平山共同主持党的中枢。

据戴季陶写信告诉蒋中正说，他曾将不能担任中央执行委员及不能负责政治中枢之意，当面向中山先生陈述过，但中山先生仍然提名戴为中央执行委员、中央常务委员及宣传部长要职，足见中山先生对其倚重之深。可是戴对于改组后的党事，深感有“组织有两重纪律，宣传有两重理论”的困难，故于大会闭幕之日，即离粤返沪，想避不就职。中山先生仍不放过戴氏，再三催促，戴乃再于三月中旬前来广州就职。

戴虽对此次改组抱消极态度，不过他也发现第一次全国代表大会的召开，将为国民革命开创出新的局面，曾于一九二四年一月二十七日致函四川同志，报告大会之性质与内容，称这次大会是“破天荒之创举”，并谓此次大会的精神在于“中山先生以三民主义之孤儿，付托于全国同志全体；要求全国同志，以革命的协作的规律的精神，负担此孤儿至于成立之责任”。

一九二四年四月十一日，中山先生以大元帅名义，任戴为大本营法制委员会委员长；二十八日，再任其为大本营参议。五月十三日，中山先生派戴季陶与胡汉民、汪兆铭、邵元冲等为黄埔军校政治教官，至六月十三日，更任命戴季陶为军校政治部主任。中山先生对戴愈重视，跨党分子对戴则愈加嫉妒。

目睹共产党员加入国民党后的态度，戴曾试图以说服方式，要共产党员放弃其共产党籍。是在五月二日即旧历三月二十九日，戴于参加公祭黄花岗烈士后，恳劝谭平山等共产党员牺牲其共产党籍，作一纯粹之国民党员，使国民党不致同时有两个中心，这样一切纠纷均可以消除，而组织工作也可以免除此一无形的障碍。戴的这一提议，却为谭平山当面拒绝了。戴一方面愤于此，一方面又痛于旧日国民党人之不觉悟、不合群、不努力，终又在“利用我者自利用，攻击我者自攻击”的痛苦情形下，决心求去。六月二十八日，戴季陶再度离粤赴沪。

时中央监察委员邓泽如、张继、谢持已于六月十八日，提案弹劾共产党。戴季陶在沪，主张召集一次扩大委员会议，俾全体同志于此会中，披肝沥胆，以相研讨，切实破除成见，以为根本之解决。中山先生接受了戴的意见，决定召集第二次中央执行委员会全体会议。中央执行委员会因于七月十日致电戴氏，请其即速返粤。不意戴于八月中旬到粤后，竟不为反共同志张继等人所谅解，致未能出席八月十九日至二十一日举行之中央全会，于是怏怏离去，是戴于同一年度内，二度离粤。

一九二四年十月，冯玉祥在北京发动了所谓“首都革命”，北方政情为之大变。十一月，中山先生应冯玉祥、段祺瑞及张作霖之邀，离粤北上，共商国是，于经过上海时，命戴以日文秘书名义随行。中山先生等一行经过日本，所发表之演说均由戴任翻译，在神户所作《大亚洲主义》之讲演，尤为轰动。十二月四日，戴随中山先生抵达天津。戴本来计划待北方事务告一段落后，再随中山先生访问欧洲；由于中山先生抵津后即已染病，暂不能远行，戴乃先行归沪，及中山先生入京病笃，戴再北上入京侍疾，想不到中山先生终告不起，于一九二五年三月十二日与世长辞。先一日，中山先生

戴季陶与中山先生等在上海丸中合影（一九二四年）

戴季陶与中山先生及日本友人合影（一九二四年）

签字遗嘱时，戴亦在场，与孙科、宋子文等同志签名于遗嘱之上，以作证明。

自一九一二年担任中山先生的机要秘书开始，戴季陶追随中山先生十四年，有一段时期，戴氏夫妇即住在中山先生家中，关系之密切有如家人。今亲见中山先生逝世，其内心的悲痛实难以言辞形容。他于接受新闻记者的访问时，以“崇高、伟大、仁慈”六字，来颂扬中山先生的人格，他于中山先生逝世三天之后，即发表一篇题目为《孝》的追悼文字，主张凡接受中山先生主义的人，应对中山先生尽孝——保持并发扬中山先生的思想传统，借以防制邪说异端的侵蚀。

据戴氏自称，他于侍病期间，曾于中山先生榻前陈述其对于三民主义的体认，系出于中国的正统思想，并请示可否就他仰钻所得，写为文字问世；中山先生于闻悉后，许以尽情倾吐。中山先生逝世半个月——三月二十七日——后，戴就在中山先生手著的《建国大纲》上面，写出了他对中山先生思想事业的最高评价：

先生之思想体系，不自西来，而发自中国固有之文化。先生之事业为创造新国，故一切制作，皆为特创，而不准据古代之成规。以文化道统言，为直承孔子；以制作之规模言，则尧舜以来之第一创造者，非其他一切圣哲所可批拟也。

五、社会思想与革命理论

随着第一次世界大战的结束，所谓新思潮的洪流涌进了中国。一九一九年五四运动的迸发，更为青年知识分子带来了强烈的刺激力。他们要求改革政治，刷新社会，解脱桎梏，实现自我；于是鼓吹新思想的刊物如雨后春笋，扬花吐艳，描绘新社会理想的学说汩汩荡荡，蔚为潮流。就在这样的背景下，马克思主义的思想紧随俄国革命胜利的消息，引起了一部分中国知识分子的兴趣，于是研究马克思主义也就成为当时的一种时尚了。

正当新思潮开始回旋激荡之际，中山先生和戴季陶都在上海从事于研究与著述。中山先生对于这般时代思潮的兴起，认为是件有价值的事；不过他也认为这种新思想的激荡，需要正确的指导。于是他掌握这一情势的发展，于一九一九年六月和八月间，先后创办了《星期评论》和《建设杂志》，宣扬以革命建国为中心的建设性理论，为国家建设描绘出清楚明确的蓝图，为社会发展指示出正确的道路。

《星期评论》是戴季陶承中山先生意旨而创办的，于一九一九年六月八日创刊。同时担任编辑的人尚有沈玄庐和孙棣三，其宗旨乃在评述世界大势与现代思潮，研讨社会问题，指导社会思想，期使当时不满于现状的青年人，能够了解：该打破的是哪些，该解放的是哪些，该建设的是哪些。戴在《星期评论》发表的文字不少，其主要的两篇是：《法的基础》和《国际同盟和劳动问题》。前者谈现代国家的新法治观念，暗示中国当前社会的一些不平等与不合理的现象，应予改革或破除；后者却是表示他对一个中心社会问题——劳动问题——的态度：反对罢工、罢市的煽动，主张以温和的社会思想来作合理的指导。

戴的这篇《国际同盟和劳动问题》为中山先生读到后，中山先生曾于一九一九年六月二十一日召戴面谈。两人有关社会问题的谈话记录，乃是今日我人所熟知的重要历史文献。戴当时向中山先生说明：目前这许多无组织无教育无训练而又没有准备的罢工，不但是个极大的危险，而且于工人本身也并不利；那些做煽动工夫的人，拿了一知半解系统不清的社会共产主义，传布在无知识的兵士中和工人里面，如果造成动乱，那真危险。中山先生完全同意戴的看法，认为"这确是一种危险"。中山先生和戴都同意："我们改革中国的主义，是三民主义，三民主义的精神就是要建设一个极自由极和平极平等的国家"；他们当前的任务是要："站在研究的批评的地位，做社会思想上的指导工夫。"

中山先生为指导社会思想，乃于一九一九年八月一日创办了《建设》。发刊词是中山先生亲自写的。他指出《建设》的目的是："鼓吹建设之思想，阐明建设之原理，广博吾党建设之主义，成为国民之常识，使人人知建设为今日之需要，使人人知建设为易行之事功。由是万众一心以赴之，而建设一世界最富强最快乐之国家，为民所有，为民所治，为民所享。"

《建设》办理的成绩甚优。不仅在言论出版方面，声光照耀，放一异彩，即在经营上亦年有盈余，开党办刊物之新纪录。《建设》之有此成绩，主要原因是做到了"人才济济，言论堂堂"。

戴在《星期评论》和《建设》发表的论著，集中于社会问题的探讨，而于劳动问题、妇女解放问题、社会病源问题、经济协作问题等，发挥尤为透辟。其对劳动问题的看法已如前述，对于妇女解放运动，戴认为与劳动问题有同样的意义和重要性，“形成社会改造运动的两方面”。他在《建设》上发表过一篇《劳动者解放运动与女子解放运动的交点》，认为“女子问题，在中国今天成了一个青年男女的死活问题”，不过他不同意单纯为妇女自身的利益来要求解放，主张要为全社会的利害着想，要“在社会的全组织上面去打算”。譬如妇女教育问题，不应当单从“大学为女子开放”的狭义观点上去谋解决，而应想到不论男女，都有很多人由于贫穷而不能受教育。当前的问题不仅是男女教育权平等的问题，而是应当从资产财富方面的关系上，谋全面性的解决，做到所有男女都能有受教育的均等机会与经济能力。

对于社会乱源的形成问题，戴有一篇《从经济上观察中国的乱源》，被认为是以唯物史观的立足点，来分析中国社会问题的形成。他认为中国社会的乱源，起于“生活落伍者”极大的“生活不安”，而“生活落伍者”的出现与“生活不安”的造成，又是“机器制造品输入”的结果；也就是因为机器制造品的输入，促成经济关系改变的结果。所以他说：说“破坏”，就是“经济上的旧物破坏”，说“建设”，就是“经济上的新物建设”。

诚然，戴氏于此时新思潮的激荡中，开始对马克思主义的理论，有了兴趣。他曾把威廉·里布列布的《马克思传》翻译出来，刊载于《星期评论》第三十一号；又把考茨基的两本书——《商品生产的性质》和《马克思资本论解说》——译过来，分别发表于上海《民国日报》的附刊《觉悟》与《建设》(一卷四号)。依据上海亚东图书馆计划出版的一套社会经济丛书的书目，戴还编过《资本论用语释义》、《社会主义纲要》和《劳动问题的研究》三书。不过，戴对马克思主义的兴趣，也只止于学理方面的介绍与研究，他说过一句话：“研究是改革的先驱，迷信是退化的基础”，显然他对当时被认为是新思想的社会经济学说的研究，目的乃在于探索改革的路向。同时，戴亦并未因研究马克思主义而稍离中山先生主义的范围，我人不可忘记他在《从经济上观察中国的乱源》一文最后说的一句话：“我这篇小论文，不过是略略的说明我的一种观察，至于适应上的研究，请看中山先生的《发展实业计划》和仲恺先生的《中华民国的领土和人民在新国家建设上的关系》。”

马克思学说之外，戴亦同时研究法国社会经济学家几德（原文为 Charles Gide，一般人多译为季特）的著作。他认为几德的《政治经济学》的出版，是中国经济学家的“幸福”，其内容与系统，都比同时出版的日人村津的《国民经济学原论》，“在学问上的价值，是要高一些”。戴写过一篇《几德氏政治经济学的批评》，指出几德的学说有五点特色：（1）相对的拒绝唯物史观，但认为有芟除唯心万能的效果；（2）相对的拒绝共产主义和集产主义，但认为在理论上有相当的价值和效用；（3）崇奉国家主义；（4）赞美社会连带主义；（5）赞美合作主义，认为这一制度的利益，在于不借革命的势力，不赖法律的作用，以资本主义所持的“竞争”与“自由”两种武器，去推翻资本主义。总之，“几德氏经济学的体系，是在调和个人与社会主义两者之间”。

戴很欣赏几德的合作主义与合作制度。他曾与薛仙舟讨论过合作社制度的建立与推广问题，并且在上海复旦大学，作过一连串关于合作理论与政策的演说，讲稿发表在《建设杂志》上，题目为《协作社的效用》。他之把英文 Cooperatative system 和 Co–operation 译为协作，而不以一般人所常用的合作制度和合作社，是由于他认为“合作”不如“协作”雅训而意义深远。戴认为这一种在欧洲发达的组织，虽有妥协性，但能排除资本主义的灾害，也符合中国的古制和当前需要，有许多效用，值得广为提倡。接着，他还亲自起草了一份《产业协作社法草案和理由书》，以利推行。戴氏这篇论文和有关说明，后来由中央宣传部汇集编印成一本小册，仍以《协作社的效用》为名，列为国民党丛刊之五。

一九一九、二〇年，戴与康白情、陈炯明等人，曾以书信往来方式，辩论过关于"革命"的理论问题。辩论的发动者是康白情，他于一九一九年八月五日在中华民国学生联合会评议部的闭会式中，听过中山先生关于介绍革命党的讲演，又去和中山先生辩论过一阵子之后，觉得对中山先生主张"革命为革命党毕生唯一的事业"的理论，不能同意，因此写一封信给戴季陶，主张要制造"新革命党"，并列举出"新革命党"所要具备的三个条件：一是"独立生活的技能"，二是"浪漫的质性"，三是"贞操"。戴认为康白情的论点不无问题，因此回一封信批评他。戴又有感于"社会上对于革命的恐怖，一天深一天，对于革命和革命者认识上的错感错觉，一天多一天"，因而把康白情的来信和自己的复信，以《革命，何故，为何》为题，发表在《建设杂志》上。在答复康白情的信中，戴提出了他对"革命"的意义的几点看法：

——革命的发生，是由于多数人生活组织上的缺陷，革命的目的，就是在一般的生活条件改善。

——革命是什么东西？是"大破坏"，是"大创造"；其积极的意义：(1) 全人类的普遍的平等的幸福，是革命究竟的目的；(2) 中国国家和社会的改造，是革命现在进行的目的；(3) 中国人民全体经济的生活改善，和经济的机会平等，是现在进行目的的理想形式；(4) 普遍的新文化运动，是革命的进行方法；(5) 知识上思想上的机会均等，和各个人理想的自由发展，是新文化运动的新意义；(6) 文字及语言之自由的普遍的交通，和交通器具的绝对普及（如注音字母），是造成理智上机会均等的手段；(7)"平和的组织的方法和手段"，是革命运动的新形式。其消极的意义：排除以兵伐兵，以官伐官那样的"以暴易暴的伪革命"。

——革命者具备的三种精神：(1) 由破坏力及创造力构成的革命精神；(2) 牺牲的精神——"义"的道德观念；(3) 自由的、平等的、博爱的精神——"仁"的道德观念。

戴这篇答复康白情的信《革命，何故，为何》发表后，不但康白情嚷着要再写信辩驳，这时在闽南漳州创办《闽星杂志》也以鼓吹新思想相标榜的陈炯明，也致函戴氏提出批评。另一位杨亦曾的批评信发表在上海的《时事新报》上，跟陈炯明走的陈秋霖则针对戴的另一篇《政治应该研究不应该研究？》有所指责。针对这些批评，戴于一九二〇年一月十三日发表一篇《致陈竞存论革命的信》，说"你不满意我的主张的地方，有些我承认的，有些我不承认的"。戴要陈炯明作《宣传者的宣传》，主张根据中山先生"知难行易"的原则，使不知者能知，进而联合知者来行。他也提到杨亦曾的批评，并针对杨亦曾"只有劳动者可以革命"的武断看法，说出他的主张："革命者只有两种：一种就是有知识的先觉者，以普遍的改造旧社会、旧政治，救济劳动者及失业者——流氓乞丐、土匪强盗——为己任的人；一种就是觉悟的劳动者、失业者，信奉一个普遍的社会改造、政治改造的理想，起来和环境奋斗的人。"

就戴于此时期发表的"革命"理论分析，显然他是着眼于革命的经济和文化因素。他重视劳动者，劳动者所追求的是经济生活；他强调知识分子的革命性，知识分子是新文化的创造者与社会政治改革的倡导者。在大前提上，戴的理论乃是当时时代背景的反映，这与当时一味高喊劳动者神圣而漠视社会其他成员的人们，是大异其趣的。正如戴希望陈炯明仿效俄国托罗次基的宣传方法，但却特别说明：这与托氏的主张没有关系；"我们所宣传的主义，当然是另外一种主义，那是不消说得的。"

六、由分权论到集权论*

民国建国之初，国人于国家政制应采取集权制还是分权制，意见分歧。戴季陶发表过一篇《地方分治论》，主张实行分权；其后，又在《民权报》发表《区域问题》，认为地方分权实更适合当时中国之需要。他说：民国初成，根基未固，人民知识程度亦甚浅薄，极易为野心家所操纵，以中央集权之名来破坏民国的基础；唯有行地方分权，始可免中央专制。戴氏的话，显然是针对袁世凯而说。证诸事实，袁后来果然以维持统一为名，尽收大权于一人之手，而代表地方民意之省议会，且被解散。戴氏当时以分权主张牵制袁世凯之独裁，事实上虽有困难，理论上则不无先见。

二次革命（一九一三年）失败后，戴东渡日本，参加中华革命党的讨袁行动，并任《民国杂志》的编辑。他于一九一四年七月，在《民国杂志》发表一篇《中华民国与联邦组织》，提出中国应采联邦制的主张来。戴认为联邦制并非造成一个支离破碎的国家，而是具有统一国法，对外具有全部主权的统一国家，不过在对内事务上实行分权制度而已。戴并指出当世两个联邦国家，德国最强，美国最富，足证联邦制度不仅不会招致国家的分裂，且可促成国家的富强。至于中国，戴认为国情上适于联邦组织，这是因为：(1) 就

---

* 简体版编者注：此节之前原第六节“反共的先驱”省略，此节原为第七节，现改为第六节。

历史看，中国文化之发达，乃由于地方分权，反之，文化之退步，则由于中央集权；周行分权，故文化特盛，秦行集权，而文化停滞。(2) 中国人民在传统上即有自治的能力，如地方团体、自卫团体、慈善团体、教育团体等，均具自治团体之功能，而乡党之制，尤为自治之起源。(3) 中国人在心理上，爱省之心较爱国为尤切，故省界之存在，乃为联邦组织之自然基础。戴并分析历代各省人才之集中中央而形成官僚竞争之实况，治藩方针造成民族隔阂的错误，以及中国周围之情势，希望能为将来民族联合留一余地，乃获得一项结论："中国应采用联邦组织"。不过，戴也同时声明："吾人所以主张联邦制者，为统一也，为扩张也；欲中国之分裂者，不足以语此，墨守退婴者，亦不足以语此。"

戴的联邦制主张发表后，当时却有人提出异议。有一位刘真写信给戴，指责戴的主张"正与历史相背"，再有两位签名为"倦游人"与"一介"者，对戴亦作严厉的批评。戴因此发表《对拙著中华民国与联邦组织之答问》一文，分别答复批评者所提出的疑难。

实在说来，联邦制的主张乃是对袁世凯独裁统治的一种抵制。不仅革命派的戴季陶有此主张；即进步党人如张东荪、丁世峄，也都在《中华杂志》上发表专文，为联邦制鼓吹。袁世凯死后，北洋军阀继续控制着北京政府，弁髦约法，摧残民意，中山先生因不得不倡导护法，以讨破坏民国根基之北洋武力。护法战争期间，湖南首当其冲，受祸最烈，因而湖南当政者乃提出联省自治之说，理论上固承袭民初联邦制之说，实质上却与戴季陶等人的原意，大异其趣。

一九二〇年以后，联省自治的口号开始喧腾于人口。湘、滇等省倡议制订省宪于先，川、浙等省军人亦竟继之于后。一九二二年秋，戴之应邀返川，任务之一即在主持制定四川省宪。经过将近一年的努力，终于产生了一部《四川省宪草案》。戴之所以对省宪运动表示支持，一方面是由于他原来就主张实行联邦制度，一方面是想以省宪来约束各军将领的行动，冀能消弭战乱。但联省自治的招牌，本来就是武夫们要的政治幌子，以联治之名，行割据之实，他们自然没有实行省宪的诚意，戴的希望也就因州乱的再度爆发而归于幻灭。

一九二四年一月，中国国民党召开第一次全国代表大会于广州，发表了一篇深具划时代意义的宣言，对制宪派、联省自治派、和平会议派、商人政府派，均予以摈斥。其论联省自治派的错误，在以各省之小军阀以谋剥取中央大军阀之权能，其结果“不过分裂中国，使小军阀各占一省，自谋利益”而已。戴季陶在大会中，是宣言审查委员之一，他对摈斥联省自治的主张，完全同意。此时，他显然已经完全放弃了分权制的主张，而转向支持集权制的理论。

一九二八年二月，中国国民党在南京举行二届四中全会，戴被推为中央执行委员会常务委员兼宣传部长，并与丁惟汾、于右任共同主持中央秘书处，这是戴翊赞中枢之始，此后他一直是维护中枢职权与尊严的热烈主张者。同年八月，二届五中全会在南京召开，戴与张人杰、李煜瀛联名提出五院制之中华民国国民政府组织法草案，戴又单独提出以中山先生一九二四年六月十六日在黄埔军校开学时的四言十二句训词，谱为党歌案，均经大会接受。十月，国民政府委员及五院院长发表，戴被推为国民政府委员兼考试院院长，他保有此一荣衔达二十年之久。

此后二十年内，戴在中国国民党内，也一直为中央执行委员及常务委员。自一九二八年至一九三八年间，任中枢决策机构之中央政治会议委员；中央政治会议改制为国防最高委员会后，戴仍为委员，且为常务委员；一九四六年三月，恢复中央政治会议，戴复任委员。二十年内，戴参与中央决策，于党务、法制、教育、外交、边政等根本大计，献议良多，其影响自亦至深至远。

自中山先生逝世以后，戴即以阐扬中山先生思想为职志。参与中枢大计之时，亦无不以实践中山先生遗教，巩固中心领导为着眼。一九二九年三月，中国国民党召开第三次全国代表大会于南京，戴起草后由中央常务委员会向大会提出了两项要案：一为确定以中山先生的五种遗教作为训政时期最高的根本法，一为确定三民主义的教育宗旨与实施方针，两案均经大会通过。这样一来，不独中山先生的思想得由理论成为法典，且使当时党内庞杂的言论定于一尊，国民政府的基础因得日益巩固。

由于戴氏熟悉中山先生遗教及国内外法制，立法院院长胡汉民特聘其为立法院顾问，参与立法。立法院所制订之各种法典，多经戴提示原则或经其审查，是戴氏于民国现代法制之建树，献替亦多。杨幼炯著《近代中国立法史》，于戴氏对于立法的影响，曾作申论。

戴氏表达其政治主张最为具体之文件，乃是他所起草的《中国国民党第五次全国代表大会宣言》。这次大会系于一九三五年十一月，在南京举行的，是北伐以来最重要的一次会议。当时“剿共”军事已经获得胜利，国民党内各方面的团结也出现端倪，各种建设突飞猛进，更由于蒋介石提倡新生活运动的影响，国内充满了蓬蓬勃勃的新气象。戴于这次大会中，受命起草被认为具有民族复兴基本纲领性质的大会宣言，因此能把生平所抱持的政治主张融汇于宣言中。他把宣言初稿提出于大会时，曾郑重声明：此稿是以一片至诚之心写成，且向佛前叩头始敢提出；不能用则当撤回，但不能修改一字一句。大会果然不加更动，照原稿通过发表，戴在党内的声望，可见一斑。这项宣言包括十大项目，其内容：

第一，崇道德以振人心；第二，兴实学以奠国本；第三，弘教育以培民力；第四，裕经济以厚民生；第五，慎考铨、严考绩，以立国家用人行政之本；第六，尊司法，轻讼累，以重人民生命财产之权；第七，重监察，励言官，以肃官方而伸民意；第八，重边政，弘教化，以固国族而成统一；第九，开宪治，修内政，以立民国确实巩固之基础；第十，恪遵总理遗教，恢复民族自信，确立正当之对外关系，以保持国家独立平等之尊严，而达世界大同之目的。

此次大会，并同时通过戴氏起草之《中国国民党党员守则前文》，勉党人“人人能成为世界上顶天立地之人，使中华民国成为世界上富强康乐之国”。其后国民党人每于集会时，无不宣读此项守则，戴氏之功，亦云伟矣！世人皆知戴为中国国民党之理论家，其理论经由二十年来参与中枢“制礼作乐”，已广被于年轻的一代。陈立夫推崇戴氏为一“不朽之政治家”，殆非虚饰之词。

戴季陶出席国民政府主席蒋介石就职大典后摄影（一九四三年，重庆）

七、教育思想与教育事业

戴季陶在其言论中，最早注意到教育问题是在一九一二年担任《民权报》总主笔时期。他发表过一篇《男女平等教育观》的评论文字，认为女子要获得参政权，必先要提高学问知识的程度；提高女子学问知识程度的门径，就是实施男女平等的教育；要使男女无分贫富贵贱都能受到平等教育，就必须实施强迫教育。因此，戴认为强迫教育一节，乃是从根本上解决中国教育问题的起点。“实行男女同等强迫教育之时，即新国民男女平等之日”，无论小学、中学与大学，“男女皆应于社会中享平等之权利”。戴这一主张，乃“大学为女子开禁的先声”，可是迟至九年之后，北京大学才开始有女生入学。

主持《民国杂志》、《星期评论》和《建设杂志》时，戴也同样注意到教育问题。特别是编辑《建设杂志》时代，戴与胡汉民、廖仲恺、朱执信，曾受中山先生之命，研究中小学教育及编辑中小学教科书。其第一步工作，集中于国文及本国史地三科之改良。惜甫经着手，担任总编辑职务之朱执信即殉难于虎门，中山先生亦于一九二〇年十一月重回广州，编纂工作遂告中断。

一九二四年六月，戴出任黄埔军校政治教官兼政治部主任，是为他办理军事政治教育之始。其任职时间虽短，然于几次讲演中，已可概见其教育思想中的重要一环：革命思想与救国志节，乃为教育的基础。一九二五年夏，戴于《停刊小广州增置社会常识栏的宣言》一文中，提出两句发人深省的警语，实际就是他的教育理论的基础。这两句警语是：

把中华民族从根救起来，
把世界文化迎头赶上去。

一九二六年九月，国民政府任命戴季陶为广州中山大学校长。他建议改为委员制，国民政府接受他的建议，仍任他为中山大学的委员长，这是戴办理大学教育之始。中山大学的前身是广东大学，为中山先生在世时所创设，虽无党立学校之名，却有党办学校之实。戴在委员长及校长名义之下，主持中山大学三年，到一九三〇年改任董事长。事实上，戴虽不再居于校长实职，但在精神上却一直影响着这所大学，成为他从事教育事业最值得纪念的一段经历。

戴在中山大学校长任内，于校务之整理，教授阵容之加强，图书仪器之扩充，农医教育的发展等，均有卓越成就。而对国家与青年贡献最大者，厥为戴在思想教育方面的努力。在国民党清党以前，青年人的思想是很迷乱的；清党之后，也仍有很多青年人陷于彷徨苦闷之中。针对这一事实，戴于一九二七年一年之内，对中山大学学生作过数十次苦口婆心的讲话，从历史、学术、国际现势及政治现实等方面，分析时代的思潮，指出中国的道路，并为青年人标定了努力奋斗的方向。这几十次讲话，于同年十二月辑印为一册《青年之路》。他在《中国民族唯一的生路》一章中，指出：列宁走的路，墨梭里尼走的路，凯末尔走的路，都是别人走的路，不是中国人走的路；中国人走的路，是要中国人去开。那么中国人开的路是什么？戴坚定的说："我们中国人，只有一条大路，就是孙中山先生替我们开的三民主义的大路。"

北伐统一之后，一部分中国国民党的干部提出了“党化教育”的口号，并且主张要行之于全国。戴反对这一主张，他在一九二七年向中央提出的“维持教育救济青年”一案中，指出：党化教育一词，不知从何而起；党化二字，内容既不确定，出处亦不明了，总理著作，大会议决，均无根据。戴认为中国国民党的主义是以党建国，以三民主义化民，教育方针当然是三民主义的国民教育。因此，他主张：“正名定义，宜直称三民主义教育。”

一九二八年五月，大学院——当时的最高教育行政机构——召集第一次全国教育会议于南京。戴时在中山大学校长任内，他先在广州邀集两广教育厅及岭南大学负责人员，共同商定了“确立教育方针，实行三民主义的教育建设，以立救国大计案”，提出于大会。在提案前言中，戴说明教育方针的重要：“政治之与教育，实为民族托命之两大工作，而教育则更为一切建设之基础，教育方针之当否，影响于国家社会之治乱。”提案的内容，包括四大原则、九项方针。四原则为：

（1）教育方针必以全国人民之生活、社会之生存、国民之生计、群众之生命为整个计划。

（2）教育方针，必须确实不易，公正不偏。

（3）党化教育一词，不能成立。

（4）教育根本，在确立三民主义的国民教育基础。

九项方针，分述中小学教育、女子教育、农业推广教育、体育、师范教育与教育学院、学生会之改造、谋教育之实际扩张者、奖学、确立教育经费之实施要领。这项提案，绵密周到，乃自蔡元培于一九一二年发表《新教育意见》以来，最有见地最有内容之教育文献。全国教育会议经讨论修正后，通过了戴的提案。自此以后，中华民国之教育，乃渐集中于三民主义的中心思想与民族复兴之一义。中国国民党第三次全国代表大会于一九二九年通过之中华民国教育宗旨及实施方针，国民会议于一九三一年制定之《训政时期约法》内《国民教育》一章之规定，均依据戴在第一次全国教育会议之提案。戴季陶，在制定民国教育宗旨与方针方面，实为最具影响力之一人。

戴所从事的教育事业，于中山大学外，次之即为中央党务学校。党校开办于一九二七年，戴为首任教务主任。一九二九年，改名为中央政治学校，设校务委员会，戴为校务委员，任期直到一九四六年政校改制为国立政治大学为止，前后计达二十年。中央政校附设之蒙藏学校及其五处分校之设立，乃为戴氏之主张与规划，其对边疆政教之推行，贡献甚大。

戴复于一九三二年，发起创办西北农业专科学校，并与张继、于右任共同担负筹备责任，为西北之开发造就人才，眼光可谓远大。其致陕西绥靖主任杨虎城的电文中，告杨："事业乃学术之本，西北将来宜注重农业推广，尤宜由学校经营广大之农林牧场，方为合宜。"

华侨教育，也是戴氏所最关切的问题。他认为华侨不仅对革命建国，曾作重大的贡献，且是发展中华民族至世界各地的前驱，华侨子弟尤为发扬民族文化并促成中西文化交融的先锋。政府对于侨民权益应予特别的保障，对于侨民教育更应予以特别的扶植。一九一二年，临时参议院讨论华侨代表权时，共和党籍参议员张伯烈、李国珍竟发言反对，戴当时即以天仇笔名发表《华侨代议权问题》于《民权报》，指反对华侨代议权乃参议院开院以来第一令人痛心之事，他并情感激动的斥责张、李："何物张伯烈、李国珍竟反对之，是弃侨民乎？抑别有肺肝乎？弃民者则应诛，若别具肺肝，是已自失其人格，则吾亦殊不讨之矣！"

广东大学开办之初，即有优待华侨子弟免试入学的规例。改制为中山大学，并由戴氏担任校长之后，为提高华侨子弟的祖国文化陶冶，对进入中山大学的华侨学生须经过编级测验，以根据其程度分班，凡国文、地理、历史成绩较差者，学校则予以义务补习，并设立华侨学生经理处及华侨教育询问处，直接帮助华侨的教育事业。一九二八年五月，国民政府召集华侨教育会议，亦系出自戴氏之倡议。戴并负责起草华侨教育会议宣言，建议政府：优先培养华侨小学师资，大学内设置有关科系培植移民干部，国内大学一律对华侨开放，并开设适合侨生的课程；驻外领事馆的组织亦应予以改良，使领事一面为商务官，一面为学务官，有权力和能力协助办理当地的侨民教育。

戴氏同时主张在华侨教育的实施中，应鼓励华侨与当地人民和平相处。因为，华侨的利益，华侨的生命，终要建筑在当地人民的民族利益与民族生命上面，才可以稳固而长久。戴认为这是三民主义信徒应有的认识与应采的政策，只有这样才是建立世界和平文化的基础。

一九三〇年四月一日，第一次全国运动大会在杭州开幕，戴被推为会长，为戴与体育界发生直接关系之始。戴重视国民体育，也热心于体育活动。当第十一届世界运动会于一九三六年在德国柏林举行时，国民政府欲派戴为政府代表，率团前往，戴即欣然接受。他于是年五月二十日偕秘书丁文渊自上海启程，至九月十四日回国。运动会闭幕后，曾访问法、比、荷、瑞典、波兰、瑞士、奥地利、意大利等国。在德国时，曾拜谒希特勒，并与德国军界宿将萨克特，国防部长勃隆拜尔洛以及司法部长佛郎克等过从，宾主相处至欢。此次参加世运，实也是一次有意义有收获的国民外交旅行。

童子军教育的推广，也是戴在教育方面的重要贡献之一。戴于一九二九年曾任中央训练部部长，也是他管理童子军教育之始。他先将中国国民党童子军的名称，改名并扩大为中国童子军，将童子军司令部改称中国童子军总会，由国民政府军事委员会委员长蒋中正任会长，戴以副会长身份，实际从事于童子军教育的领导。他不仅统一了童军的组织，制定了童军的总章，建筑了童军的会所和运动场地，更重要的是他亲自制定了《中国童子军教育纲领》，确定以忠孝仁爱信义和平的固有民族道德为训练最高原则。长年从事童军教育的徐观余于戴氏逝世之后，说过几句颇为平实的话："中国童子军事业十多年来突飞猛进，由散漫的组织而归于统一，由摹仿的训练而入于创造，由腹地发展到边疆，由祖国伸张到海外，全国多少男女多蒙其利，戴副会长首居其功。"

戴氏晚年，有感于中国古为礼教之邦，近世国民生活却有淫靡颓丧之象，乃究心于礼乐之研究与发扬，并有志于礼乐之制作。一九四三年，戴应国民政府主席蒋中正之请，召集教育、内政等部负责人员在重庆北碚之北泉举行会议，研拟制作中华民国礼制办法。戴又发表《中华民国礼制之基本观念》，于"礼"之"三类"、"四宜"、"四仪"、"六事"、"七用"等项内容，有所陈述。一九四四年，爰就所撰《礼制通议》五节连同他年来所作《读礼札记》四十二篇，并与朋友间商研礼制的函札，汇编为《学礼录》一书，公开问世。戴也曾计划写一本有关乐制的书，可惜未见完成。

戴季陶着童军制服照片

八、《日本论》，论日本

戴季陶在“天仇时代”，即是一位优异的国际问题评论家。从远东的国际疑云，到巴尔干半岛的险恶风暴；从日俄密约的续约，到预测未来的英德战火；从泛论国际法上的一般原则，到海牙和平会议的蠡测；戴都有精辟的评论文字发表。然则，在中国对外关系上，戴对日本的政情与政策了解最深，与日本朝野的接触最繁，对中日关系所发表的言论最多，而对两国政治与国民心理所发生的影响亦最大。毫无疑问的，戴是民国政治史上最著名声的日本问题专家。

戴之所以树立他对日本问题的权威，系基于两个原因：一是由于他早年留学日本，精通日语，并且屡次访问日本，与日本朝野广泛接触，因此能直接地迅速地了解日本政情的变化；一是由于他壮年时期翊赞中枢，对中国政府的立场和决策，知之最切，于观察中日问题时，能够知己知彼，因此所言多中肯綮。当然，戴有超人的智慧，于冷静分析后所作的预测什九准确，也是使人对他信任的一项因素。

就现存戴的著述看来，戴对日本的政策——尤其是日本的对华政策，一开始就采批评的态度，同时对于日本的当政者，一开始就提供善意的劝告。一九一二年，戴有一篇《指日本政治方针之误》的评论发表于《民权报》，对日本之不谋海上发展而汲汲于向中国大陆侵略，认为是一项错误。因为日本的国力可以并吞朝鲜，但绝无可能征服中国；集全力以向大陆扩张，其危机也就因此而伏。他引用美人荷马李之国家膨胀与萎缩理论，警告日本当局："日人既以全力侵略中国，将来中国一朝有膨胀之日，则报复之势亦必随之。"

一九一三年二月，戴随中山先生访问日本。六十天内，中山先生之一切演讲、宴会、访问、交涉，戴无不参与；尤其中山先生与桂太郎间政治性密谈，戴任翻译，是唯一的一位见证人。这一次访问，使戴对日本主政者的政策及中日两国关系的瞻望，都增加了了解。

二次革命失败后，戴与中山先生均亡命于日本。这次戴在日本居留达两年半之久，结识其贤士贵族，于其上层人物之性格思想与政情，皆洞彻无遗。他甚至参与了日本政治的活动，曾协助犬养毅的竞选，到处讲演，一日连数十次之多，深受日人欢迎。犬养虽未当选，然所差票数极微，故竞选对方对戴的活动能力，亦感惊服。

一九一七年六月，戴有第四次访日之行。这次是奉中山先生之命，调查日本对于张勋进行复辟的态度，并曾晤见日本海军军令部长秋山贞之，与参谋本部次长田中义一。他发现日本方面的某些人实为张勋阴谋的支持者，因此于返沪后，曾发表《关于日本之观察》一文，连续刊载于上海《民国日报》，对日本政局及其所谓"十年亲善政策"，提出温和的批评。

中山先生于一九一八年五月辞大元帅职，由广州经台湾、日本，回到上海，戴也随行。这次戴道经日本，是他第五次踏上日本的国土，由于停留时日不多，没有什么重要的活动。但对日本当局之不允中山先生在台湾多作停留，以及中山先生经过神户时日本官方的冷淡态度，都曾微示不满。戴于次年（一九一九年）发表一篇《我的日本观》，对日本的政策和人物，都有严格而公正的评论，对于中国人研究日本问题的缺乏与观察日本的错误，也都提出指责。他有段非常沉痛的话，国人不可不察：

“中国”这个题目，日本人也不晓得放在解剖台上解剖了几千百次，装在试验管里化验了几千百次。我们中国人却只是一味的排斥反对，几乎连日本字都不愿意看，日本话都不愿意听，日本人都不愿意见，这真叫做“思想上的闭关自守”，“知识上的义和团”了。

中国人——尤其是革命党人，有一个错误的观念，以为曾经支持过中国革命的日本人都是中国的友人。戴却严正地纠正了这一观念，他率直指出与中国革命有过关系的内田良平，是“一个专门主张侵略满蒙，并吞中国”的侵略者。

一九二四年十一月，戴从上海参加中山先生北上的行列，再度绕道日本。这是他第六次来到日本，曾在神户停留六天。这次访日，给日本人印象最深的一件事，是中山先生在神户高等女校关于《大亚洲主义》的讲演，当时是由戴译为日本话的，中山先生的《大亚洲主义》是中日两民族谋求合作共图东亚繁荣的基本纲领，可惜日本人没能领会中山先生为亚洲民族打算的深远用意。戴于一九二五年初回到上海后，有感于日本当局的执迷不悟，因再发表《就日本的东洋政策而言》的谈话，希望日本当局采用中国孟子所主张的国际政策，明了以大事小的道理，援助中国国民的独立运动，率先放弃治外法权并废除二十一条，以为列强之倡导。戴并要求日本政府尊重朝鲜与台湾人民的自由，允许两地人民设立议会与自治政府。

一九二七年春，国民革命军的武力已定底长江流域。中国国民党中央政治会议为向日本朝野说明国民革命的目的，并盼能与日本在平等的基础上，谋两国国民的亲善，因决议派戴氏为代表，赴日访问。这是戴的第七次访日，也是任务最重，刺激最深的一次访问——同时也是戴一生最后的一次访问日本。

戴这次访日，只有夫人钮有恒一人随行。他们系于一九二七年二月十四日，自上海搭山城丸启程，十七日抵门司，历访神户、东京、大阪、长崎等地，于三月三十一日回到上海。历时一月又半，发表讲演达八十余次，与日本朝野私人间的谈话亦有多次。日本政界人士如西园寺公望、涩泽子、佐芬利等人，虽对中国情势略有了解，对戴氏所述表示同情，但陆军部与参谋部人员及黑龙会分子，对戴氏则横暴骄慢而无礼，并公开显露出他们侵华的面孔。据戴氏自述，在陆军官邸的一次宴会中，陆军大臣竟以暴慢的态度说："致贺戴先生，革命党已得南京，昔年君等仅据有广东一隅之地，不足以言天下，南京则是国际舞台。一国之建立，需具实力，非恃空论；日本之有今日，乃武力争战胜利而来，诸君如何，请干吧！"戴亦不甘示弱，以既愤且怜的语气答曰："一国之能久大，自有其久大之渊源，中国立国五千年，强盛时代亦逾其半，非仅数十年富强之新兴国所易测度，将来如何，请看吧！"于是主客均默不作言。

在再一次黑龙会的宴会中，戴亦发现"席间唯见一片杀伐之气"。显然的，戴这次访日虽是一次不愉快的旅行，所负的任务并没达成，但却认识了日本侵华的真意，于回国复命时，"乃详述战祸之不可免，唯有努力于全国一致以自立自救者，求世界之和平"。戴于归国时，发表了《告日本国民书》，郑重告诉日木朝野：

欲求两国真正之和平，必须立于绝对平等相互之地位，而后得以增进东亚之和平，与世界人类之福祉。

戴于此次访日归来后，即发表了他的名著《日本论》，对日本国体与国策的形成及人物性格的分析，都作了彻头彻尾的评论。胡汉民说戴在这册《日本论》中，做了日本人的律师，同时又做了日本人的审判官——而且是极公平正直，不受托贿，不为势力所左右压迫的律师和审判官，确是至论。戴在这本书中，说“我们看日本过去的历史，在他的民族统一运动当中，同时就发生帝国主义的倾向”。对于田中义一，则判定“田中大将的将来，恐怕是失败的非英雄吧！”这不是铁面无私的法官判词吗？

田中义一出任首相后的日本政府，开始对中国革命势力采取敌对的政策。一九二七、二八年两次出兵山东，造成“五三惨案”的悲剧，使国人对日本的希望完全破灭，戴氏也同样愤激有加。一九二九年冬，一位日本大阪大正《日日新闻》的记者访问戴氏，戴即当面痛陈日本自欧战以来之侵华政策，说：“日本在欧战当中的举动，从协商国看来，从中欧同盟看来，都说日本是趁火打劫的强盗；从亚洲各民族看来，日本就是阻止亚洲民族自决的魔鬼，是侵略同文同种的残忍者，是欧洲世界侵略主义的帮凶。”

一九三一年“九一八事变”发生后，中枢组织了一个特种外交委员会，专商对付日本的政策。戴被任为这个委员会的委员长，副委员长是宋子文，秘书长是顾维钧，委员为颜惠庆等二十余人，均属老成谋国之士。是年十一月，戴根据特种外交委员会的研究意见，向中央政治会议提出了一份题《处理时局之根本方针》的报告，所作判断与建议，事实证明均为绝对的正确。如判断日本之军事政策，其目的必在完全占领东三省，事实果然如此；判断国际联盟对日本不能为有力之制裁，事实亦果不爽；判断日本将捣乱长江，不到三个月日本就果然发动“一·二八”事变，进攻上海；判断对日交涉，中国在国际上必得最后胜利，事实也果然如此。至于应付时局的政策，对内应“以团结民心保持政府人民之信任为根本要图”；对外政策则为：

（1）中国无论如何，决不先对日本宣战。

（2）须尽力维持各国对我之好感。

（3）须尽力顾虑实际利害，但至万不得已时，虽在军事上为民意而牺牲，亦所不恤，唯必须筹划取得真实之牺牲代价。

这一建议，当为中枢所采纳，并坚持至最后关头，卒能收最后胜利之效。一九四二年冬，戴在成都重睹此一具有重大历史价值的秘密文件时，曾感慨万端地说："倘使无主席蒋先生之睿智聪明，允文允武，择善固执，贯彻始终，恐中国之亡，可能发于二十一、二十二年间，二十六年之全面抗战，已无余地矣。"

日本侵华的结果，是一九四五年八月十四日的无条件投降。戴氏有《哀日本》之诗，认其失败乃由于日人忘恩负义所致。诗是这样的："儒家教人报德，佛家教人报恩，倭人两具不报，王仁造出忘仁。"

然则，戴氏于中日问题上，亦尝要求中国人"反求诸己"。他认为"中国弱，日本为中国之仇；中国强，则日本为中国之友"。日本之侵略中国，实亦由于中国之积弱不振，倘中国能奋发自强，复兴光辉之文化，造成一崇高伟大之民国，戴氏认为到那时候，"日本人自然服中国之服，诵中国之言，行中国之行，岂特为良友而已哉，真为中国人而已"。

九、东方联盟与东方文化

中国革命自始即具有国际意义，这已是近代史学者所一致公认的事实。中山先生晚年于讲演民族主义时，强调中华民族要对世界民族尽“济弱扶倾”的责任，遗嘱中也提到要“联合世界上以平等待我之民族，共同奋斗”，这都是中国革命之国际意义的精义所在。

继中山先生之后，阐述中国革命国际意义的国民党人，首推戴季陶。他在一九二四年中国国民党实行改组之际，即提出组织“民族国际”的方案，一九二六年接任中山大学校长之后，又制订设立东方民族院的计划；两者都是以东方民族的共同利益为出发点，以东方文化为基础，而以东方民族的共存共荣为终极目的。

据戴季陶本人自述，他所提倡的“民族国际”，实在就是中山先生的意旨，是“中山先生多年来的主张”；他并透露中山先生于一九一三年访问日本时，即曾与桂太郎谈论过中、俄、德、奥、土等国联盟的问题，戴并请准中山先生，以全权身份前往俄、德等国商洽此事，只以财政困难，不克实现。戴于一九二四年一月写给四川同志的一封长信中说明了这件往事，并特别说明中山先生之所以有此主张，乃是由于“念及中国与本党地位，皆非在国际上作一新势力，不能立足”。第一次世界大战结束后，民族主义的思潮形成世界思想的主流。可是帝国主义国家所控制的“国际联盟”摧残民族主义，俄共所御用的第三国际却利用民族主义，因此，戴氏认定

"由民族主义的利害关系和思想关系看，前述两种国际组织，都不能立脚"，一切被压迫的弱小民族，为要实现独立自主，应当从国际联盟与第三国际之外，另谋一条道路。这条道路，就是戴氏所主张的"民族国际"——把被压迫的各个国家和民族尤其是东方民族，联合起来，谋求自身的独立、平等、进步和发展。

一九二四年三月十四日，戴氏应上海大学校长于右任之请，到上大作了一次《东方问题与世界问题》的讲演，这可能是戴公开提出"东方问题"的第一次。不过，戴在这篇讲演中，仅泛论东方问题的意义及其形成，偏重于几个帝国主义国家在东方角逐的政策的分析，尚未谈到东方民族与民族国际的实质问题。直到一九二五年七月三十日，戴才在上海对新闻记者说明其倡组民族国际的内涵。他说，拟议中的民族国际，目的是要把五强（英、美、法、意、日）压迫下的各国家和弱小民族联合起来，以与帝国主义国际对抗；成员应以中俄德奥土五国为主，包括埃及、波兰、印度、阿富汗、俾路支、安南、高丽、菲律宾及南非各邦；这一国际，应召集在中国或土耳其，以人口经济力和地位来说，都应以中国作为这一国际的中心，必须要有一个常设机构，除了抗拒压迫之外，还要规划这些国家与民族间的国民经济、文化交通、国际法律、移民等问题，以促进经济文化的进步和发展。

同年九月一日，戴再对新闻界发表谈话，指出他所主张的民族国际，是一个三民主义的"新纵断国际"，与帝国主义的纵断国际及社会主义的横断国际，鼎足而三。弱小国家既不能向国际联盟哀求生路，也无法向第三国际谋求妥协，为了争取国家的独立与自由，只有结合为一个新的国际力量，去开辟独立自由与幸福繁荣的道路。

一九二七年四月，中国国民党实行清党，中俄间的关系起了变化，戴也修正了他对民族国际的意见，放弃与俄、德、奥、土联盟的主张，只着眼于东方民族的联合。他于一九二七年七月去广州就任中山大学校长后，提出设立东方民族院的计划，就完全划清了范围，将欧俄及西亚民族划出了东方民族的范围之外，而且，也放弃了“民族国际”中的政治考虑，只想“收容各弱小民族的学生之有志于社会科学和历史文化的研究者，共同从事东方文化的研究，单纯从学问上着眼”。

戴氏所指东方民族，系指东方的弱小民族而言。这些民族，戴氏把他们分为两类：第一，是在地理上、历史上、制度上，和中国早已成为一个共同生活体的国内各边疆民族，如满、蒙、回、藏，以及西南各省的苗蛮等族是。对这些民族，戴氏希望“使他们得高等的人类的觉悟，和我们中国民族，协力同心的建设中国的新文化”。第二，是在中国国境之外的朝鲜、安南、暹罗、缅甸、马来、印度等民族，戴氏认为这些民族与中国民族有“姻亲关系”，希望“使他们得到自由的教化，和我们协同一致地，努力于东方民族的自存与共存”。显然，戴所努力的，是以文化力量来结合中国境内的民族，同时也以文化力量提携中国邻近诸民族，以建立东方民族的共同阵线。

“努力于东方民族的自存和共存”，乃是戴季陶倡导东方民族共同阵线的目标。自存是每个民族必然的愿望，亦即民族独立与民族尊严的追求，这在被压迫的弱小民族而言，自存就是他们所热烈企求并努力奋斗以期其能够实现的最迫切要求。但是弱小民族的自存，必须要有共存的觉悟与行动来做保障，所以戴说“自存是共存之始，共存是自存之终”。自存是民族的自立与发展，共存是民族的平等与团结，戴氏东方民族阵线的方针，即在以民族独立与民族平等的基础上，从事民族的提携，促进民族的团结，共策东亚民族的繁荣；终结的理想则是经由民族的自存以实现人类的共存——这也就是实现世界大同的崇高理想的道路。

莫斯科也有东方大学的设立，专招纳东方各民族的青年。戴季陶唯恐有人误会他所提议设立的东方民族院，与莫斯科东方大学相类，因此特别在一次讲演中，说明莫斯科东方大学的设立，脱不了帝国主义国家施于殖民地的教育的气息和利己的心理。他指出莫斯科东方大学有五大缺点：第一，第三国际的理论和手段，都是西方优胜民族所计划想象的革命理论和手段；第二，他们对于弱小民族，总脱离不了支配统治的心理；第三，不顾各民族的知识能力和组织能力，而一意激励其从事武力斗争；第四，不以发扬各民族自由的文化与独立的文化为目的，而强用灌输的政治教育，以图造成一种世界革命的工具，鄙弃各民族自存与求共存的历史思想和历史原则；第五，目的不在教育学术本身，而把教育学术看成一种手段。至于他所计划的东方民族院，则恰好和莫斯科东方大学的目的和手段相反。戴说："我们所计划的东方民族院，是刚刚和他们的目的手段相反。我们是孙文主义的信徒，是三民主义的信徒；在三民主义的观念上，我们反对任何民族的压迫，我们要恢复中华民族的继绝世，举废国，治乱持危，厚往薄来的国家道德。善用我们中国民族在教育上、在学术上，较为自由的地位、能力、经济、时间，发展东方各被压迫民族的文化。同时借着他们的能力和知识，帮助我们许多学问上所必需的资料。"

由于政治环境的变化，东方民族院的计划虽未能完全实现，戴氏从东方文化的基础上，谋求东亚民族团结发展的努力，却未尝间断。一九三〇年间，他发起组织了一个"新亚细亚学会"——简称"新亚学会"，至一九三二年四月，正式宣告成立。戴并于一九三三年十二月，制定了《新亚细亚学会纲领》，开头即说明："新亚细亚学会，是确实实行三民主义，以复兴中华民族，发扬亚洲文化为目的之同志所结合"，其事业之一即为："研究亚洲各民族之历史地理政治社会宗教艺术文字语言物产经济等学术"——由文化的合作进而为政治的合作，戴氏的构想显在为东亚民族立长久共存之基础。

十、边患与边政

民国以来，对边务有真切认识，具远大眼光之政府官员，戴季陶而外，似别无其匹。戴氏虽未曾直接主持边政，然其熟谙边情，而又于中央边政决策能掬诚以尽言责，故论边政者，无不仰承戴氏。吴忠信于担任蒙藏委员会委员长时，凡重要兴革，辄就教于戴氏，可为明证。

戴在“天仇时代”，即以著论明析边患，有声于时。欧西诸强，虽均对中国抱侵略野心，然而为祸中国最大者，当为俄国和日本。日、俄于一九一二年第三次签订密约，阴谋瓜分中国东北及蒙古领土时，戴即在《民权报》为文揭发，大声疾呼：“光复之声犹存余响，亡国之痛又涌起于吾人脑中”，诚可谓国人之大痛！

日、俄相较，戴认为俄之为祸更大。一九三〇年十月十日，戴发表《中日俄三民族之关系》一文，认为中国势弱时，日本才能为中国之仇，中国强时，日本则可成为中国之友，至于俄国，“则将永为中国之敌”。他并预言：“自今而后，二三百年间，中俄两民族之斗争，必无已时，中国愈强，则斗争亦愈烈。”征诸近世纪来的史实，可知戴的看法极为正确。

日本要占领东北，俄国要控制蒙古，英国当时则图染指西藏。中国是个弱国，无法以武力对抗强敌，但可从心理上、文化上，促成边民的内向，以免为外敌所乘；同时促成中国民族的大融和，创造中国民族的新文化，如此中国方能繁荣发展，可大可久。这是戴氏由边患日亟，进而呼吁重视边政的基本立场。

戴氏认为中国边疆之满、蒙、回、藏诸族，与本部之汉族，上古时代乃同族同宗。其后因各族生活环境的差异，形成了文化发展上的迟速，但基本上同隶于代表东方文化的汉民族文化范围之内，则是无人可以否认的。所以，戴给马鹤天的著作《内外蒙古考察日记》作序时，即说明“汉族之与蒙古民族，系出一宗，族同一祖，但视其面貌骨骼，便已足自信不疑”，“藏回诸族，其理亦同”。基于这一同宗同祖的历史渊源，与当前唇亡齿寒，存亡攸关的现实环境，为各民族的共同发展，应加强边疆各民族的同化，以造成“形神俱一的中国民族”，及“真正统一的中华民国”，而后始能千载万世，发展无穷，“为人类文化之光。”

戴主张以汉民族的文化为中心，实现边疆各民族的同化，或有人认为此一观念，未必能为边疆各民族所接受，因而，“论国事者，多不敢明白主张以汉族为中心，而为同化”。戴却认为这种顾虑之起，是由于不了解下述三义：一是昧于“汉满蒙藏诸族，在人种上本为同宗之历史与文化，为人类共同幸福之道理，故亦不能自信，而复不敢信人”；二是昧于“得道者必天助，修德者能服人”的道理，对边民或意图辟地封侯，或效法欧美日本之殖民主义，赵尔丰之于川边，徐树铮之于蒙古，均犯此项错误，三是昧于民族同化的积极意义与平等精神。戴氏之意，民族同化的本义在共同造成一个中华民族，共同缔造一种新文化，各民族的传统与尊严，应予以保留与尊重，各民族之文化与宗教，亦应予以吸收与扶植。总之，戴认为促成民族同化的力量是道德仁义与文化教育，绝非武力金钱；其目的则在为边疆民族谋求幸福，为中国民族开拓前程，绝非拓边殖民，更非如近代帝国主义国家之对境内少数民族实施之愚民或消灭政策。

在边疆各族中，戴氏于西藏民族特具关切，这是基于地理上、文化上以及国防上的因素。地理上，戴认为“西藏之关系，不止西藏，康青蒙满，乃至南之滇边，北方新甘，俱在其心光笼照之中”。文化上，戴氏认为佛教思想是维系中国统一的一项力量，他说：“中国疆宇与政权之有今日，宗喀巴大师之德，实不可忘。盖自雪山以至于长白，数万里间，造成数百年之统一者，端在于此。”国防上，西藏更是一项制衡蒙、满的安定力量，戴说过一段话，非常发人深省：“西藏之于中国，其地位于西南；东之日，北之俄，中国之大敌也，一则欲挪中国之藩民之心北向，一则欲挪之东向，若有此一西南之信仰中心，确然存在，则人心自然不东而西，不北而南矣。”

戴氏深以为边政如处置得宜，不仅能消弭边患，且足以为国家民族立万世富强之基。因之，他矢志要在促进边疆民族的团结和融合上努力。他于一九三二年四月，从西安拍给军事委员会委员长蒋中正的一通电报中，表白他的心迹说：“弟为西北蒙藏贡献此身之意，早已矢之总理，迟早必完成此志，以报国家。”

中山先生于《实业计划》中，列“移民”一项为开发边疆的要务，戴认为此举不独可以开发边疆资源，充实边防，而且也是人口发展的自然趋势，与民族文化交融的有效途径之一。他在为华企云所著《中国边疆之实况》一书作的序文中，主张国内过密之人口，应向四个方向移殖：一为向北，移向东三省、蒙古及塞北三省；二为西北，移向甘肃、新疆；三为西南，移向西康、青海、西藏；四为内地开发，主张开辟各省尚有之荒地，以尽地利。不过，戴不主张盲目的移殖，那样是会失败的。他主张先要培植一些移民的人才，亦即养成一般“坚忍、刻苦、有学、有养、有胆、有识”的人，来做移民事业的骨干。他在中山大学校长任内，即曾计划在专门部中增设一个移民科，以“养成能够独立奋斗的移民领袖，作开辟荒芜，殖产兴业的基础”。

戴是边疆教育的热心倡导者，本文第八节已曾述及。边疆教育有两方面的意义：一是国内各大学及研究机构，有计划的研究边疆文化；一是为边疆民族设立学校，使其广受中国文化的陶冶。戴在中山大学计划开设西藏文学和哲学课程，洽请藏籍学者讲授西藏语文与佛教，又曾托请驻屯西康边境之川军总司令刘成勋代招康、藏青年赴粤受教，就是他对边疆教育理想的初步实践。刘成勋对这事也热心协助，招收之第一期康藏学生于一九二八年底，到达南京，戴遂变更叫他们赴粤受教的计划，建议中央，在中央党务学校内设立特别班以教育之。一九二九年，中央党务学校改制为中央政治学校，次年，即附设一所蒙藏学校以教育边地青年，继之改名为边疆学校，并于绥远之包头、甘肃之酒泉、青海之西宁、西康之康定、云南之大理，设立分校，于是范围更加扩大，边疆青年之回至内地接受中国文化陶冶者，亦因之增多。至一九三五年九月，即已有新疆缠回第二批学生到京，第三批亦正由印度来京途中，其中有的已在土耳其学校入学就读，只因为了接受祖国教化而甘愿退学来京，内向之心，令人感动。戴对此辈边地青年，爱护亦无微不至。曾依汉、唐旧制，为边疆学生改易汉名，大抵倚声为姓，彰德立名，西康学生以西字为志，新疆学生则以新字为识。今存戴氏《为第二期新疆缠回学生仿汉唐易名旧制易名文》，曾附载哈米德阿吉等二十一名缠回学生原姓名及易名表，如哈米德阿吉即易名哈美德，字新民，极为雅训，且寓深意。

对中央边疆政策之制订，戴氏尤多献替。中国国民党历届全国代表大会所发表之宣言及所决定之政策，戴氏恒为起草人或提案人，凡中山先生对于边疆民族之遗训及他自己对于边政边教之理想，都融汇于此等宣言与决议之中。其中，中国国民党第五次全国代表大会宣言第八项“重边政、弘教化，以固国族而成统一”，即是戴生平对边政所抱持的理想，亦是中央对边地政教措施的基本依据。

戴氏又尝以其有关边政之意见，以个人身份陈之于主管当局，主管当局亦多能虚心接纳。如一九三二年四月，戴致电蒋委员长中正，说："国家对于远人，一字都不可失信"；一九三四年五月，向中央政治会议建言："一切（边政）政策，不置重制度，而置重于人，不重于法，而重于礼"；一九三八年二月，致函教育部长陈立夫，告以"治边根本政策，须依据过去中央屡次议决案，重新厘定，实践尽先为当地土著人民谋利益之方针"；一九四二年七月，又对边疆问题，提示三事："一曰树立中央威信，以加强边胞之向心力；一曰选拔边疆人才，以鼓舞边民之事业心；一曰促进各种建设，以提高边地之文化经济水平。"诸如此端，皆为处理边务之至理名言，出于戴氏之口，亦多能行之于当时若干举措之中。

中央于边疆民族及边地政府间，自难免要派官置吏以推行政令。戴氏依据历史上拓边政策之得失，认为派人必须绝对慎重。他很景仰唐代文成、金城两位公主下嫁藏人后，于开化藏胞所作的贡献，认为"文成种文明之因，金城结圣胎之果。"对于赵尔丰、尹昌衡、陈毅、徐树铮等人，则认为"其政策根本错误"，故"其失更多"。戴认为派赴边地服务之人，必须为头等人才，他于致教育部长陈立夫的信中，曾有这样一段词意恳切的话："此时对于边地之政策，以绝对慎重为第一，中央以不轻易派人为原则。若不得已而派员，必须选择老成忠厚，不急功利，不务虚名，识大体重行谊者为良。总期以行修品端，表率边民，不可以小智小策，使年轻者蹈内地之覆辙，年老者生轻厌之感想。往古苏东坡先生之在琼崖，韩退之先生之在潮州，王阳明先生之在龙场，近代林文忠公之在新疆，类皆谪居远放，而皆能为当地造百年福德，留千载去思，其故可深长思矣。"

戴氏于边疆文化之发展，亦不时鼓吹、倡导。他起草的《新亚细亚学会纲领》第一条，述及该学会事业范围的第二项，即是："为发展国内各民族之文化，经营特殊教育事业、经济事业、社会事业，并为来内地求学之学生谋各种便利，对于边疆及内地人民之交通往来，特为之尽力帮助，以求达到中国文化民族之融和统一，而巩固民国之基础。"戴亦曾计划创办藏回蒙诸族的语文学校，惜以财力所限及抗战爆发，未能实现。

戴氏于边疆诸省发生纠纷或对中央政府有所误会时，亦尝运用其影响力，多方调协，消弭边祸于无形。如一九三五年发生之新疆政变及青海孙殿英部与马家军冲突问题，戴均力陈卓见于政府领袖之间，终能因应环境，和平解决。再如西藏达赖喇嘛于一九三三年逝世后，外间颇有承时用兵之主张，戴氏力辟其非，他两度写信给驻屯雅安之川军副军长向传义，斥用兵之主张为"幸灾乘危之举"，劝向"成仁义之师，行仁义之政，爱护汉番，视同一体"，向氏亦深明民族团结之义，遂未肇祸因。

十一、佛学研究与中印关系

戴季陶为虔诚的佛教信徒，也是中国近代卓越的佛理学者。

戴的皈依佛教，因缘有三：一方面是家世的因缘；他的祖父母、母亲都是佛教徒，幼时受此感化，对于释迦之教义，若具夙根。二方面是他个人经历的感悟，一九二二年秋宜昌投江不死，从黑暗中望见周围有白光一圈，由水面射出，遂悟此白光乃是佛光，是自己的生机，信佛之心，因而确定。三方面则是基于对佛教文化与民族统一的关系的认识；认为佛教文化是维系民族统一的一种精神力量，是东方文化的一项因素，欲求东方民族的团结与东方文化的发扬，就不能不有人崇信佛教，研究佛学，发扬佛理。他说："中央不能不与康藏人联系，我是佛教徒，我也管着二万里疆土。"

然而，戴却不同于一般佛教徒。一般佛教徒，对人生世事，多抱消极态度，戴的表现，却是积极而宏远，是"以出世的精神，作入世的事业"。一九三六年十二月"西安事变"发生后，戴在中央会议席上，慷慨陈词，声泪俱下，"神态简直像疯狂一般，大声疾呼的主张讨伐"，这岂是一个纯粹出世者所能表现出来的？

在佛理的研究与解释方面，戴也突破了故步自封的藩篱，拓广了佛理的义蕴，同时也提高了佛教的价值。首先，他结合了儒佛两家的理想。诚如陈大齐所说，戴是一位儒佛兼治的学者，不但佛学的造诣甚深，对于儒学尤研究有素。戴寓所的书室，榜有"坚白"二字。他所向往的坚白，当然不是名家所说的坚白，乃是孔子所说"不曰坚乎，磨而不磷，不曰白乎，涅而不缁"中的坚白。三十岁以后，开始喜读《易经》，五十四岁时曾作《易时大义》，又把《周易》卦象之辞写下来，以作座右之铭。他写信给蒋作宾时，也说深信"释迦慈悲之法，周孔仁义之教"的义理相通，为他终生服膺。

其次，他认为佛教义理与中山先生革命救国的宗旨也无二致。他告诉青康蒙藏等地的同胞说：总理的三民主义，完全是由牺牲自己，救人救世做起，此与大乘佛教普救众生之心，并无二致。他也告诉印度的国民们说：我绝对相信三民主义的精神，和皈依三宝的精神，完全一样。

再次，戴认为佛教徒与其他爱国同胞一样，应有民族意识的觉悟。救国救民与救教救己，义同一理，因此，佛教徒应认清当前最急要的任务，乃在全国民族的团结与统一。他于一九三二年五月致书达赖喇嘛，及其后屡次致书广慈、广慧两大师，均申明团结救国以救民保教之义。他于《发表四年间致广慈广慧两大师函电弁言》一文中，特别强调“保西藏之太平，亦所以保中国之太平；而团结全国各民族，以成一大国族，尤为救国救世之大道”。

尤有进者，戴毫无宗教上的偏见，他以容忍博大的精神，尊重一切教派。他于一九四四年十二月十八日写信给陈立夫和谷正纲时，即申明此义。他说：“传贤为信佛之人，斯天下所知，然而对一切教平等礼敬，斯亦信者所共悉。”他也同时说明他之信奉佛教，实际上也是为政府方面的方便。因为政府对全国宗教，不可不问；而要过问宗教，即不可不有人切实认真研究。

戴于振兴佛教的行动上，如对教义的阐扬，寺院的整建，经典的刊印，宗师的联络等，无不竭尽所能，不遗余力。其中尤以与班禅大师的契和，影响最大。班禅于一九三一年、一九三二年、一九三四年间三次晋京，均由戴氏筹划，并亲为接待。国民政府曾特任班禅为西陲宣化使，就职之日，蒙古王公及青海康藏滇边诸大寺法主来朝者，近二十人。一九三五年，中央决护送班禅回藏，所有筹议，戴均参与。不意班禅于回藏途中，竟于一九三七年在玉树圆寂。国民政府明令褒扬，追赠护国宣化广慧圆觉大师封号，戴氏复受命代表政府前往甘孜致祭。

由于信仰佛教并研究佛学，戴对中国和印度间的关系，特加重视。他认为印度与中国为邻，人口众多，土地广大，且为佛教的发源地，由于佛教的传入中国，使中印文化的交流由来最久。近世以来，中国为亚洲独立国家中之弱国，印度则久已沦为英人之殖民地，于争取民族独立自由的愿望与行动上，两国处境相同，利害与共。且两国人口的总和，几已占当时世界人口之半，因之两国之祸福兴衰，皆为世界人类利害安危之所系。因此，戴在早年时期，即对印度表示深切的同情，对印度民族领袖甘地及文学家泰果尔，表示高度的钦佩。壮年时期，更立愿为促进中印文化的交流而努力，希望能恢复“曾经亲密了一千年，又疏远了一千年”的两民族间的友谊。

一九三二年，戴发动捐赠一所完全的中国图书馆，给予印度的国际大学，并计划筹组中印学会。戴氏此议，获中国旅印学者谭云山之热心赞助，洽定中印学会的组织，印度方面由泰果尔负责，中国方面由戴氏负责。据谭云山于一九三四年十一月自印度归来时说，泰果尔的筹备工作进行顺利，甘地虽不加入，但“表示极好”。中国方面之中印学会于一九三五年五月三日正式成立，选举中央研究院院长蔡元培为理事长，戴为监事长，于是近世沟通中印关系的第一座桥梁乃告建立。

印度仍为英国的殖民地，戴氏于增进中印关系的用意在于协助印度民族，惟在行动上不能不考虑可能发生的政治影响，因此中印学会的活动也尽量避免政治色彩。学会的第一步工作，是着手于国内一切佛学书籍的购买，务期做到应有尽有，在军事委员会蒋委员长中正的协助下，此批图书均先后运往印度赠予国际大学。戴并希望印度各大学能开设中国国学与中国佛学的讲座，中国各大学中则可开设印度佛学及印度文明史等课程。

印度国际大学对于戴氏的赞助，深为感动，乃推戴氏为该校七位护法（相当于中国大学董事会之董事，而隆重过之）之一。至一九三七年三月，该校之中国学院正式成立。蔡元培与戴曾以中印学会理事长与监事长的身分，致电泰果尔表示欣慰，并声明：“愿共同努力，发扬东方之学术与文化，以进人类于和平幸福之域，而谋大同世界之实现。”

一九三九年八月，印度国大党领袖尼赫鲁到中国战时首都重庆访问。时戴氏适往成都，特嘱有关接待人士妥为接待，要以目前无碍于中英关系，而又有益于中印提携为原则，期使日本对印度数十年来之运动，失其效力。尼赫鲁获悉戴氏正留成都，因特别前往成都与戴详谈。尼赫鲁访华回印后，即遭英人禁锢。

丘吉尔于一九四〇年五月，继任英国首相，他深为印度的不合作行动所苦，颇愿中国方面能运用其影响力以缓和之。中国国民党因决定派戴氏为代表，前往印度访问。不意英国突于同年七月十八日与日本在东京签订协议，关闭滇缅路三个月。戴氏乃郑重声明：滇缅路一日不开放，他即一日不赴印度。至十月十八日，滇缅路重新开放，戴遂于十九日成行。戴氏此行，曾和印度各宗教、各族姓、各阶级、各行业的人士普遍接触。而在加尔各答之与泰果尔促膝长谈，在孟买之与甘地聚居三日，尤具国民外交之重大意义。时尼赫鲁在狱，戴氏并访问其家属。印度国际大学并请戴氏对学生讲述中印两国文化兴衰合离之因缘，戴遂作《中印两国文化兴衰离合因缘颂》以答之。戴氏此次访印，自称处处受着印人的亲切接待，英、印关系亦得因之稍趋缓和，论者每谓戴氏访印之行，实为蒋委员长中正于一九四二年二月访问印度之先声。

泰果尔于一九四一年八月逝世，他的哲嗣罗谛泰果尔以国际大学秘书长的名义，主持校务。仍聘戴氏为该校护法，戴亦致书罗谛泰果尔，以五事为祝，其第四事即为：敬愿两国国民，继两千年来两国先贤之志，能为道而舍身，体尊公爱众亲仁之心，互宏大道。戴在函中，并作“合九万万之国民，度二十万万之人类”的壮语。

中国抗日战争胜利，印度亦于战后获得独立，中印关系乃进入一新的时代。印度各学术宗教团体曾于一九四六年春间，托人洽请戴氏赴印出席各大学年会，波罗尼斯大学也商请戴氏前往讲学，并计划颁赠戴氏最高学位，可惜戴氏因病不克成行。及尼赫鲁于一九四七年三月，发起在新德里召集所谓泛亚会议，事先并未征求中国同意，而又列西藏为亚洲之一政治单位，发函邀请，颇令国人失望。而戴氏仍本其致力两国关系之主张，只表示“美则美矣，然而其发动未免过早”，仍主张派代表参加。及甘地于一九四八年一月三十日遇刺逝世，尼赫鲁又复持现实主义，戴氏致力增进中印关系近二十年之努力，遂不复继续。

十二、考试院二十年

戴季陶于一九二八年十月十日，在南京就任考试院院长至一九四八年七月十日卸职，历时共十九年又九个月，为民国以来担任政府首长历时最长的一位。他在考试院长任内，虽亦兼任其他职务并从事其他活动，然大部分时间与精力，均贡献于考试院，以是考试规模之奠定，考铨制度之确立，各项人才之选拔，考权职能之发挥等，均成之于戴氏之手。

考试为中国历代以来最为优良的抡才制度，不独可以确定人事制度之独立，且可为一般民间优秀子弟，辟一进身立业之途径。中山先生重视此良法美意，使之独立为五项治权之一，戴氏本其对中国文化之深厚素养，与对中山先生五权宪法精义之深切体认，参酌中国历代科举之利弊及现代之需要，擘划方案，制定法规，其设计之周详与施工之细致，论者评为中国自清末废科举兴学校以来，国家抡才制度之创举。

陈天锡对戴氏与考铨制度，曾作概括性的介绍。他述及戴氏任职近二十年来，单就创制之考铨法制规章一项，即达一百五十种之多；自高普考之细则至公务员之退休，所有官制、官规、铨奖、考成、进修、学位等，几无所不备。其虑事之周密，实异乎常人。

戴氏乃一富有创见之人。陈大齐说他“智慧过人，能见人所未及见，先天下之忧而忧”，确是知人之言。就考铨范围之内，特种考试之创制与博士学位授予法之坚持二事，尤足证明戴氏之远见。

考试法系于一九二九年八月一日公布。考试院于起草时，戴氏主张于高等考试与普通考试之外，设置特种考试，以为公务员任用上，辟一“准备而不一定用的轨道”。当时立法院于审议考试法草案时，曾有立法委员提出异议，戴氏据理答复之，闻者悦服。后来事实证明，特种考试较高普考更能适应特殊的需要，其举行的次数亦较当初预料者为多。考试法因有特种考试的规定，而增加了它的适应性，政府亦因有特种考试而可以罗致各种特殊需要的人才，或对某一特殊情况获得妥善的因应，如政府迁台以来，大专毕业学生之就业，国军退除役官兵之转职，以及甲等高级公务员之选拔等，均循特种考试的轨道进行，考试权之职能，亦由于特种考试之设置而大为发挥。

学位授予法系一九三一年四月二十二日公布。考试院于起草时，戴氏为尊崇学人的学术成就，于学士、硕士两级之外，设置博士一级，并规定“博士应选人”的两项资格是：(1) 获有硕士学位，在研究院所继续研究两年以上，经该院所考核成绩合格，并经提出于教育部审查，获得许可；(2) 在学术上有特殊著作，或曾任教公私立大学或独立学院三年以上，经教育部审查合格。博士学位应选人，须由博士学位评定会考试合格后，始由国家授予博士学位。戴之主张，乃着眼于学术水平之提高与学术权威之建立，以期能与世界各国学术水平看齐。当时行政、立法、司法三院院长谭延闿、胡汉民、王宠惠，均表示赞同，学位授予法遂于一九三一年七月一日开始实施。惜教育行政方面不能配合，迟延至一九四〇年后始提出“博士评定会组织法”及“博士学位考试细则”两种草案，咨商于考试院。又因博士学位应否依法由国家授予，意见争持，直至戴氏于一九四九年去世时，尚未定稿。政府迁台后，始将博士学位授予法修正施行，距戴氏之倡议已逾二十年了。

戴氏于国家考铨，建立制度之外，更以身示范，树立了负责、奖进与礼事干才的优良风气。

以言负责，戴于第一届高等考试时所表现的勇于负责的精神，可为楷模。第一届高等考试系于一九三一年七月，在首都南京举行。戴以考试院长，担任主考官兼典试委员长。于发榜后，深恐忙中有错，乃命主管人员复查落考之卷，果然发现一卷，分数本已及格，以记分人员之错误，致未能录取。戴认为此种误失虽出自僚属，实亦由于他督责部属工作过严，限期过紧，以致忙里有错。于是痛自劾责，除于落榜者予以补救外，立向国民政府自请严厉处分，结果罚俸三月。此种勇于负责、严于律己的精神，顿令僚属感动，社会称颂，一种负责认真的风气也因而在考试院中建立起来。

以言奖进，戴于考试院长任内，两度选派考试院职员与考试及格人员，出国考察。第一次是在一九三一年四月间，派考试院参事沈觐鼎、秘书许崇灏、铨叙部秘书长马洪焕、考选委员会专门委员陈有丰等四人，去日本考察人事制度。第二次是一九四七年，派遣十二人前往欧美考察考铨制度，其中半数系由院部会优秀职员中核派，半数由历届高考及格人员中考选。据陈天锡记述，戴氏于第一届高考举行后，曾拟将是届五类及格人员之列首选者，派遣出国深造，后以经费困难，遂告作罢。一九四五年一月，亦曾计划挑选考试院职员四人赴美欧考察，亦由于经费问题，未获国民政府同意。戴氏此举，一方面为撷取欧美日本人事制度之优点，以增益我国人事制度，使之更能适应现代社会之需要；一方面则为优秀职员及考试成绩特优人员，提供奋勉上进的机会，以为国家培植更多之高级人才，用意极为深远。

以言礼事干才，罗家伦、徐道邻之见信于戴氏，可为实例。中央党务学校初创时，戴任教务主任，罗家伦为副主任，对于选聘教授一事，戴完全委之于罗，理由是罗对学术人才方面知道的要比他多，而且也相信罗的严格与公正。至于徐道邻，戴是完全由于欣赏徐的才干，以诚心诚意的态度，从国防最高委员会礼聘而来，做考选委员兼甄核司长的。遣人敦聘之时，除亲笔写信外，还送四色礼品给徐母，请徐母劝徐起驾。徐到职后，又复信任有加，有“徐司长的意见，就是他戴先生的意见”的话。以考试院长之尊，有此谦礼信实之风，诚属难能。

戴自己说他的个性耿介无隐，但也具有拜纳嘉言的雅量。他曾呈请查禁黎锦晖所作《毛毛雨》等靡靡之音，又曾禁止顾颉刚疑大禹为虫的中学本国史；对吕思勉著书左袒秦桧而黜岳飞，他更大张挞伐；但对胡适建议各机关每年考绩时应淘汰百分之二，以使青年有进身之路，则虚心接纳。

戴氏主持考试院近二十年，建树甚大。但他谦抑为怀，其间曾上呈辞职十余次，均未为国民政府接受。其于最后上蒋中正之呈文，尚谦称“既鲜成绩，复多迟滞”。辞职获准后，由南开大学校长张伯苓接任行宪后之第一任考试院长。戴于交接典礼中致词时，尚提出中山先生对于“人尽其才”的准则——“教养有道，则天无枉生之才；鼓励以方，则野无抑郁之士；任使得法，则朝无幸进之途”，作为人事考铨之指导原则。其终生服膺中山先生遗教，此又一证。

十三、残病之躯，千岁之忧

戴自一九一七年种下精神衰弱病根，身体即一直不够健康。一九二五、二六年间一次大病，几濒于死。愈后又患神经病疼，阴雨之夕，常疼至不可忍耐。这一病症，终于成为他的致命之伤。

戴是个先天下之忧而忧的人。尤其是自一九三六年十月以后，中日间的紧张关系如箭在弦上，他因忧心忡忡，居常郁郁，也就更增加了病疼。一九三七年四月间，旧疾复发，在汤山医治了一个多月，虽告小可，但健康一直不能恢复。一九三九年五月八日，于前往国民政府参加国父纪念周时，未届礼成，即因久病体弱而致昏倒。经转往成都疗养半年多，才勉强回重庆销假办公。

对中日战争，戴始终抱有深忧。他在国民政府之国父纪念周、中央训练团、中央政治学校及中央军官学校等机构讲演，从日本立国条件及其政策之错误上分析，推论日本必败，但胜利是否属于中国，却避而不提。一次，何应钦听过戴的讲演后，问戴："日本既然必败，中国当然就是胜利者，你为何不继续讲明中国之胜利，以鼓舞听众？"戴的答复是："日本之必败，乃是咎由自取。但古今中外，战争的结果并非完全是一胜一败。中国之必胜与否，完全看我们自己的努力。现在来谈中国必胜，为时过早。"

战时的生活，当然极端困苦。戴认为战时苦则苦矣，而更大的艰危却在战后。他说战后之必有灾难，古今中外，事同一理。第一次世界大战后七八年，参战各国始得复苏。此次中日战争，既久且烈，中国人力物力的消耗，国土资源之破坏，均属空前，战后元气之恢复，其困苦艰难必较其他国家为多。但此一难关，也并非不可克服，只要人人有此认识，有此准备，去奢崇俭，一心一德，脚踏实地地去做，困难就可消除。戴说："国家之安危，完全操之在我，非外人所能完全阻挠，亦非外人所能帮助。"

一九四五年八月十四日，日本无条件投降。消息传出，全国上下无不欢欣若狂。戴在病中听到日本投降消息及满街爆竹欢呼之声，不但不感到兴奋，反而引为深忧，以致数日不能起床。起床后亦不见有喜色，他已预见战后灾祸之到来，不能不惄然于心。战后每见朋友及同志，戴常以三事劝勉：一要和气，二要忍耐，三要节省。他又把这三事写成一篇《三事偈》，每事以四言八句偈语来解释，三事文字上虽只有六字，戴却认为："非勇猛精进以大无畏精神不能行。"

战后灾难之始，国民政府应付当时之糜烂局面，捉襟见肘。戴氏目睹时艰，慨叹中国知边事者实在太少。他写信给四川省议会议长向育仁（传义），论："最近二十年间，中央对于此一重大问题（边事），既无人明白，而民间一切有知无知有学无学者，更无人了了。于是而演成今日之艰局苦局，此目前最可忧虑者也。"

俄军进据东北，拒不撤离。戴于一九四五年九月上旬，曾约同何应钦、白崇禧、张治中、朱家骅等，到陈立夫寓所，商谈东北问题。戴主张收复东北，不可操之过急，千万不能派兵出关，宜由当地自去应付。他举出历史上的若干事例，认为应当步步为营，先行巩固华北，如贸然派兵出关，必然遭受损失。当然，在维护国家尊敬与俯顺全国舆情的原则下，戴的主张不可能被采纳。事实的发展，却证明戴的看法十分正确。蒋中正于一九五六年发表《苏俄在中国》一书，提及当时进军东北接收主权一事时，亦认为是政策与战略上的一项错误。他说："东北的安危，换句话说，就是东北是否落在俄共手中，是一个国际安全有关的问题。当时中国既不能单独解决，也非直接对俄谈判所能解决，则我们应该采取停止接收的政策，一面将我们的部队集中平津，坚守榆关而以锦州为前进根据地；一面将东北问题提出联合国公断，同时公诸于世界舆论，课苏俄以应负之责任。"

时局愈益恶化，戴的忧思亦愈加深，以至到达"终日昏昏，心惊胆裂"的程度。一九四五年十一月，痛病复发，日夜不能成眠，有一次服安眠药过量，至不省人事。一九四六年二月，股际又生脓包，经四次手术始化险为夷。不意牙痛又起，神经骨疼，更至忍无可忍的境地，辗转经年，已不能从公。一九四八年六月，辞考试院长；国民政府特任戴为国史馆馆长，但病势不见起色，故辞不就职。又因继室赵季官夫人突患中风及脑膜炎，戴氏抱病照料医药，沉疴益重。十二月由京迁粤，病痛时作，唯靠服安眠药以求暂时之镇静。一九四九年二月十二日，不幸以服安眠药过量，而致长逝。享年六十岁。

十四、著述

戴季陶一生著述宏富，唯辛亥革命以前发表的文字已不可得，辛亥革命以后之著述经已搜编印行者，约三百万字。其灼见卓识，于民国政治、社会及学术，颇具影响力。兹以时代为经，事类为纬，对戴氏之著述生活与著作内容，略述梗概。

现存戴氏最早的文字，可能是他在一九一一年（辛亥）冬间，写给张静江、蓝天蔚、黄复生、陈其美、杨谱笙等人的五封信，其中有三封是与商震、蒋政源联名写的。这五封信的字数不算多，其价值却珍贵无比。因为这五封信是他参与策划东北革命的直接证据，也是辛亥革命时同盟会人在东北及山东活动的原始史料。这五封信，已编入中央党史会出版的《戴季陶先生文存续编》。

《戴天仇文集》是戴氏最早出版的一册文集，出版时间是一九一二年十二月，地点是上海。内容为辑录戴于一九一二年三月至十一月间，在《民权报》发表的时事论著。原本题名为《宋渔父戴天仇文集合刊》，经吴相湘加以详细比对，发现其中并无宋渔父的著作，遂正名为《戴天仇文集》，将其编入《中国现代史料丛书》第一辑，交由台北文星书店于一九六二年六月影印出版。全书分甲乙丙三篇：甲篇为《国际问题》，有文十四篇；乙篇为《国家与社会》，有短论三十三篇；丙篇为《单刀直入录》，有犀利精辟之短评一百一十五篇。这本文集内充满了危言与正论，反映出民初政治的一部分现象，也可以发现戴季陶青年时代的真面目。吴相湘的评价是："《戴天仇文集》正是一九一二年戴氏主持上海《民权报》笔锋锐利光芒万丈的谠论留真。——这些谠论的价值，显露出建国之初的一股正气。"

自一九一二年十月二十日至十一月二十七日的三十八天之间，戴在上海《民权报》连续发表了他纵谈国际政治的长篇专论，题目是《第三次平和会之研究》。全文分四章，一为《概言》；二为《第二次平和会议之结果》；三为《第三次平和会议之研究》，为本文之主体，分十四节，陈论有关义务的一般仲裁裁判条约、设立仲裁司法裁判所问题、限制军备、海战法规惯例、开战时期、领海范围、交战国私人之私权关系、战时及平时之空中领域制度、战时灯塔、外交官领事官之特权问题、法庭对于外国之权限、海峡运河中立等问题；四为《结论》。

一九一四——一九一六年间，戴在日本编辑《民国杂志》。两年多的岁月，他自然发表了不少文字，其中最能表达戴的思想、见地与人格的，是四篇专论和两篇随笔。四篇专论是：《中华民国与联邦组织》、《欧美时局观》、《世界时局观》与《中国革命论》，均已收入《革命先烈先进诗文选集》第四册《戴传贤选集》；两篇随笔是：《独语》与《百训》，业经收入《戴季陶先生文存续编》的“杂著”部门。其中，《中华民国与联邦组织》一文，被认为是戴在青年时代政治思想方面的代表作，他的联邦制的主张，影响于一九二〇年以后的联省自治浪潮，可是戴本人却由分权制的倡导人转变而成集权制的拥护者了。

一九一九——一九二〇年，是戴氏主编《星期评论》与《建设杂志》时期，也是他言论思想激烈奔放的时期。他的兴趣是多方面的，于讨论革命、经济、社会、劳工、妇女、哲学等问题外，并对唯物论与马克思主义发生了兴趣。他还在《新青年》七卷五号发表一篇《工读互助团与资本家的生产制》，与胡适、陈独秀等人讨论工读互助的可能性以及方向问题。

戴在《星期评论》发表的论著，绝大部分没能流传下来，只有一篇《法的基础》留下来了，但也不完全。在《建设》上发表的论文和评论，却是完整无缺。其中有八篇文章，是研究戴季陶的人不能够忽略的。依发表的时间先后排列，八篇文章是：(1)《我的日本观》；(2)《从经济上观察中国的乱源》；(3)《革命，何故？为何？》(复康白情的信)；(4)《致陈竞存论革命的信》；(5)《劳动者解放运动与女子解放运动的交点》；(6)《到湖州后的感想》；(7)《几德氏政治经济学的批评》；(8)《怀朱执信先生》。其中，《从经济上观察中国的乱源》一文，被认为是戴氏以唯物论观点分析中国社会问题的一篇著作。

一九一九、二〇年间，戴氏也悉心研究几德氏的合作理论与制度。他曾在复旦大学作过一连串介绍合作理论的讲演，又把几次讲稿汇集整理为《协作社的效用》一文，初发表于《建设杂志》，继又发行单行本。全文今已收入中央党史会出版的《戴季陶先生文存三续编》。

戴氏著作中之最具声光，最有价值者，乃是他在一九二五年一年内所发表，以阐扬中山先生正统思想为标的，实际却是建立国民党人反共理论的三种著作：《民生哲学系统表》、《孙文主义之哲学的基础》与《国民革命与中国国民党》。这三种著作，构成了共产党所说的“戴季陶主义”，也是一九二五、二六年间各地普遍展开的孙文主义运动的理论基础。这三种著作，曾经不止一次的重印，尤其《国民革命与中国国民党》一书，美籍中国历史学者韦慕庭（C. Martin Wilbur）评为“研究国共关系特别重要的著述”。

戴氏另外的一本书是《中国独立运动的基点》，由广州民智书局出版，辑录了戴氏在五卅惨案前后发表的四篇论说及谈话：(1)《因五卅惨案告中国国民》；(2)《指导五卅事件国民运动的注意点》；(3)《对英经济绝交与中国的独立运动》；(4)《东方问题与世界问题》。

一九二七年十二月，戴的《青年之路》在上海出版。这是指导青年思想的一本有力量、有价值的书，系戴在中山大学几十次讲稿的汇编。全文分三编，含二十章。第一编为《过去的回顾》：有十五章，从历史的发展与他个人党务与政治的经验上，指出青年人救国自救的方向；第二编是《对于中山大学的希望》，有五章，其中论及东方民族院与移民科的计划，也谈到华侨教育问题；第三编是《结论》，劝全国青年认清时势，勇猛精进，努力于备战救亡。戴预计十年之后中国将受到帝国主义的残暴攻击，此书出版刚及十年，卢沟桥事变果然爆发。

戴是国人公认的日本问题专家，也是真正了解日本民族，用心研究日本政治的一个人。关于日本的著述，他在一九一九年发表了一篇《我的日本观》，一九二八年出版了一本《日本论》。后者系由前者扩大改写而来，自然增加了更多的内容，也提出了若干新的看法。全文包括二十四节，从中国人研究日本的需要谈起，到日本人的“尚武、平和与两性生活”，于日本的历史、文化、国策、人物，都有精辟的评论，步步踏实，丝丝入扣。追述中山先生于一九一三年访日时与桂太郎的政治谈话，尤有价值。这册《日本论》，已有两个日本人——安藤文郎与中山志郎——把它译为日文发表。

北伐告成，国民政府奠定南京，戴出任考试院长，并翊赞中枢之后，他的意见则见于大宗的提案、宣言、讲词、报告及函札中。其中如《中国国民党第五次全国代表大会宣言》、《确定教育方针实行三民主义的教育建设以立救国大计案》、《青年思想的趋向与教育方针》、《总理行谊演讲词》等，均为国家基本大政之所凭借。

戴氏晚年，特别倡导礼乐的实施，借以弘扬礼教，复兴文化。一九四七年，戴著有《学礼录》一书，篇幅虽不多，却能表现出戴氏历年研究礼制的心得与成就。这书首为戴氏自述的《学礼录序》，正文分三章，一为《礼制通议前编初稿》五节，二为《读礼札记》一篇，三为《与友人论礼制服制书》五通。全文已收入《革命先烈先进诗文选集》第四册《戴传贤选集》。

戴于一九三一年后，开始搜集其著述文字，以毛笔抄录，成《孝园文稿》一书。线装，三十五册，分装七函，其一至三册为有关宗教之著述，四至三十五册辑录一九二〇至一九四八年发表之文稿。书稿现藏于中国国民党中央党史委员会。

戴氏逝世以后，陈天锡继续戴氏著述的搜编工作，首先根据《孝园文稿》加以整理增补，编为《戴季陶先生文存》四册，由中国国民党中央委员会于一九五九年戴氏逝世十周年纪念时出版。计含戴氏任职考试院长时期之各种公私文件函告，分政治、教育、学艺、党务、佛学、杂著、简牍等七部门。此后，陈天锡继续收集，复经中央党史会的协助，戴氏文存的《续编》、《三续编》等继续出版，戴的著述的整编工作遂告完成。

参考书目

（一）戴氏本人著述

《宋渔父戴天仇文集合刊》，一九一二年十二月出版，上海，全一册，中央党史会藏。

《戴天仇文集》，即《宋渔父戴天仇文集合刊》之影印本，一九六二年六月，台北文星书店影印，吴相湘校订，并予正名，全一册。

《第三次平和会之研究》，原载一九一二年十月二十日至十一月二十七日之上海《民权报》。中央党史会藏有《民权报》原件，内缺第十一、十八、二十、二十一等四次稿。

《中华民国与联邦组织》，原载《民国杂志》第一年第三号，一九一四年七月发行，东京，反映戴氏早期政治思想之重要论文。

《欧美时局观》，系戴氏以"思秋"笔名发表之时论，原载《民国杂志》第一年第三号，一九一四年七月，东京。今已收入《革命先烈先进诗文选集》第四册第二编。

《世界时局观》，原载《民国杂志》第一年第四号，一九一四年八月，东京。已收入《革命先烈先进诗文选集》第四册第二编。

《协作社的效用》，一九二〇年六月撰，原载《建设》，中国国民党中央宣传部重印，南京。

《民生哲学系统表》，一九二五年五月作于广州，为戴氏提出民生哲学之最早文献。

《孙文主义之哲学的基础》，一九二五年六月，上海。其后，中国国民党中央宣传部、中央训练团、阳明山庄等机构多次重印。并见《革命先烈先进阐扬国父思想论文集》第一册。

《国民革命与中国国民党》，一九二五年七月，上海。其后中国国民党中央宣传部等机构，多次重印。并见《革命先烈先进阐扬国父思想论文集》第二册，附邵元冲《读中国国民党与国民革命书后》。

《中国独立运动的基点》，广州民智书局发行，一九二九年初版，全一册。

《日本论》，一九二八年初版，上海。胡汉民为撰序文。台北“中央文物供应社”于一九五四年重印。并见《革命先烈先进诗文选集》第四册第二编。

《青年之路》，一九二七年十二月初版，上海。戴氏自撰序文。中国国民党中央组织部于一九三七年、一九四二年，两度重印。并见《革命先烈先进阐扬国父思想论文集》第三册。

《学礼录》，一九四四年印，重庆。已收入《革命先烈先进诗文选集》第四册第二编。戴氏自撰序言。

《孝园文稿》，手抄本，线装，三十五册，中央党史会藏。均已收入陈天锡编《戴季陶先生文存》。

《戴季陶先生文存》，陈天锡编订，中国国民党中央委员会出版，“中央文物供应社”发行，一九五九年三月，台北，全四册。

《戴季陶先生文存续编》，陈天锡编辑，中国国民党中央委员会党史史料编纂委员会出版，一九七一年十月，台北，全一册，四二四页。陈天锡撰《序言》及《编例》。

《戴季陶先生文存三续编》，陈天锡编辑，中国国民党中央委员会党史史料编纂委员会出版，一九七一年十月，台北，一册，三九二页。图片三帧，陈序，内容分言论著述、书翰呈文、纪念专文三部分。

《革命先烈先进诗文选集第四辑》，——《戴传贤选集》中国国民党中央委员会党史史料编纂委员会编辑，“中华民国”各界纪念国父百年诞辰筹备委员会出版，一九六五年十一月，台北。

《戴季陶先生墨迹》，杜元载主编，中国国民党中央委员会党史史料编纂委员会出版，一九七三年三月，台北。黄季陆序，杜元载跋。线装，一册，含遗照二帧，墨迹十八件。

《读礼札记》，共三十六篇，戴氏亲笔正楷写为屏条，计三十六幅。原件存中央图书馆，正中书局于一九六一年七月，影印成册。

（二）戴氏主编之报纸杂志

《天铎报》，庚戌（一九一〇年）创刊于上海，中央党史会藏有辛亥年（一九一一年）一、四、五、七等四个月份。

《民权报》，一九一二年三月，创刊于上海，中央党史会藏有一九一二年五月至十一月份，共五本。

《民国杂志》，一九一四年至一九一六年，东京。

《星期评论》，一九一九年六月创刊，上海，无存。

《建设》，一九一九年八月创刊，上海，中央党史会藏。

《上海民国日报》，一九二四年中国国民党改组后，中央执行委员会曾请戴指导上海《民国日报》之发行，戴并在该报发表有关东方问题之谈话多次。

《新生命杂志》，一九二七年十二月创刊，系戴与陈果夫、陈布雷等合办，上海。戴曾发表《写八觉经过及目的》一文，无存。

（三）戴氏之传记著述与纪念文字

《国史馆馆长原任考试院院长戴公墓表》，贾景德撰，见《改造》第十三期《戴季陶先生逝世二周年纪念专辑》、《革命先烈先进传》及《革命人物志》第八集。

《戴季陶先生年谱》，陈天锡编，中华日报社出版，一九五一年二月，全一册，三〇页。

《戴季陶先生编年传记》，陈天锡编，中华丛书委员会印行，一九五八年五月，台北，全一册，一七六页，谢健跋。

《戴季陶先生的生平》，陈天锡著，台湾商务印书馆出版，一九六八年五月初版，全一册，六一八页。

《戴天仇季陶传贤三位一体》，吴相湘撰，见《民国百人传》第二册，传记文学社出版，一九七一年一月，台北。

《戴传贤》，蒋永敬撰，见《中国文化综合研究》，页七三一九〇。

《戴季陶先生墨迹序》，黄季陆撰，见《戴季陶先生墨迹》，一一一页，为戴氏之一篇简传。

《戴季陶与早期反共运动》，黄季陆撰，原刊一九五九年七月十九日台北《新生报》。

《国父逝世与早期反共思想——介绍戴季陶先生宏扬国父正统思想之贡献》，黄季陆撰，见《中国历史学会史学集刊》第七期，一九七五年五月，台北。

《戴季陶先生逝世二周年纪念专辑》，见《改造》第十三期，中国国民党中央改造委员会编印，一九五一年三月一日出版。含纪念文字十三篇及祭文、诔词、诗词、挽联等。

《戴季陶先生文存三续编——纪念专文》，收录戴氏八秩冥诞纪念专文十九篇，附录戴氏逝世二周年纪念文字十三篇，逝世十周年纪念文字十七篇。

《五四运动前后之戴季陶与中山主义及马克思主义》（一九一八—一九二〇年），马时梓（Herman Mast III）述，见《中国现代史专题研究报告》第一辑，“中华民国”史料研究中心出版，一九七一年十二月，台北。附录戴著《从经济上观察中国的乱源》一文。

（四）有关专著

《国父全集》，（校定本）中国国民党中央委员会党史委员会编订，一九七三年六月出版，全六册。

《国父年谱》，（增订本）罗家伦主编，黄季陆增订，中央党史会出版，一九六九年十一月，台北，精装，全二册。

《国父孙中山先生传》，傅启学编著，黄季陆校订，“中华民国”各界纪念国父百年诞辰筹备委员会出版，一九六五年十一月，台北，全一册。

《一九二六年以前之蒋介石先生》，毛思诚编纂，陈布雷校订，秦孝仪重校，“中央文物供应社”出版，一九七一年十月重印本，全四册。

《陆军军官学校校史》，陆军军官学校校史编纂委员会编，一九六九年六月出版，全六册。

《民国初年之国民党史料》，系《革命文献》第四十一辑，罗家伦主编，中国国民党中央委员会党史史料编纂委员会出版，一九六七年十二月，台北。

《二次革命史料》，系《革命文献》第四十四辑，黄季陆主编，中国国民党中央委员会党史史料编纂委员会出版，一九六八年十二月，台北。

《中华革命党史料》，系《革命文献》第四十五辑，黄季陆主编，中国国民党中央委员会党史史料编纂委员会出版，一九六九年三月，台北。

《护法与护法军政府史料》，系《革命文献》第四十九辑，黄季陆主编，中国国民党中央委员会党史史料编纂委员会出版，一九六九年十二月，台北。
《革命先烈先进阐扬国父思想论文集》，中国国民党中央委员会党史史料编纂委员会编，“中华民国”各界纪念国父百年诞辰筹备委员会出版，一九六五年十一月，台北，全三册。内选辑戴氏论著六十二篇。
《从容共到清党》，李云汉著，“中国学术著作奖助委员会”出版，一九六六年五月，台北，全二册。
《中国国民党改组纪念民国日报特刊》，广州民国日报社编印，一九二四年二月出版，其中刊有戴氏《国民党的继往开来》长文。
《我与共产党》，陈公博撰，见《陈公博周佛海回忆录合编》，香港春秋出版社，一九六七年。
《我逃出了赤都武汉》，周佛海撰于一九二七年，见《陈公博周佛海回忆录合编》。
《胡汉民先生年谱稿》，蒋永敬著，见《中国现代史丛刊》第三册，吴相湘编，正中书局出版。
《陈布雷回忆录》，传记文学出版社再版本，一九六七年，台北。附录《陈布雷逝世经过及遗书》及纪念文字九篇。
《朱家骅年谱》，胡颂平编，传记文学出版社出版，一九六九年十月，台北。
《陈果夫的一生》，吴相湘著，传记文学出版社出版，一九七一年十月，台北。
《革命报人别记》，徐咏平著，正中书局印行，一九七三年，台北。有《戴天仇才高笔健》一篇。
《孙文主义学会与早期反共运动》，李云汉撰，原刊《中华学报》第一卷第一期，一九七四年一月，台北。

（五）外文专著

Mast, Herman W. (III). *An Intellectual Biography of Tai Chi–tao from 1891 to 1928*. Illinois, 1970.

Mast, Herman III and Saywell, William C. Revolution out of Tradition：The political Ide olgy of Tai Chi–tao. *Journal of Asian Studies*, Vol. XXXIV, No.1, November, 1974.

Saywell, William C. *The Thought of Tai Chi–tao, 1912–1928*. Toronto, 1969, Microfilm copy available after 1974 from the National Library of Canada at Oltawa.

Israel, John. *Student Nationalism in China, 1927–1937*. Stanford, California：Stanford University Press, 1966.

Wilbur, C. Martin and How, Julie Lien–ying, *Documents on Communism, Nationalism, and Soviet Advisers in China, 1918–1927*. New York：Columbia University Press, 1956.

图书在版编目（CIP）数据

中国历代思想家．现代．2 / 中华文化总会，王寿南主编；李霜青等著．—北京：九州出版社，2011.3
ISBN 978-7-5108-0857-9

Ⅰ．①中… Ⅱ．①中… ②王… ③李… Ⅲ．①思想家—评传—中国—现代 Ⅳ．①B2

中国版本图书馆CIP数据核字(2011)第026374号

中国历代思想家．现代．2

作　　者	中华文化总会　王寿南 主编　李霜青等 著
出版发行	九州出版社
出 版 人	徐尚定
地　　址	北京市西城区阜外大街甲 35 号（100037）
发行电话	(010)68992190/2/3/5/6
网　　址	www.jiuzhoupress.com
电子信箱	jiuzhou@jiuzhoupress.com
印　　刷	涿州市星河印刷有限公司
开　　本	880 毫米 ×1230 毫米　32 开
印　　张	15.125
字　　数	374 千字
版　　次	2011 年 5 月第 1 版
印　　次	2011 年 5 月第 1 次印刷
书　　号	ISBN 978-7-5108-0857-9
定　　价	35.00 元